Edgar Allan Poe
Unheimliche Geschichten

Edgar Allan Poe

Unheimliche Geschichten

Aus dem Amerikanischen von
Werner Beyer, Günther Greffrath,
Günther Steinig, Gisela Tronjeck,
Helmut und Christel Wiemken

Mit einem Nachwort von
Karl-Heinz Wirzberger

Jokers edition

Diese Ausgabe erschien erstmals 1966 als Band 305 der Sammlung Dieterich, Leipzig; Sammlung Dieterich ist eine Marke der Aufbau Verlag GmbH & Co. KG;

Die Deutsche Nationalbibliothek verzeichnet diese Publikation in der Deutschen Nationalbibliographie; detaillierte bibliographische Daten sind im Internet unter http://dnb.d-nb.de abrufbar.

Sonderausgabe für Jokers

Umschlagmotiv: A black and white version of a stencil of a heart in flames, © Coco Flamingo / gettyimages
Umschlaggestaltung: www.katjaholst.de
Satz und Layout: InterMedia, Ratingen
Printed in Czech Republic 2011
ISBN 978-3-86647-721-6
www.anacondaverlag.de
info@anacondaverlag.de

Inhalt

Eine Flaschenpost

Qui n'a plus qu'un moment à vivre,
N'a plus rien à dissimuler.
Quinault »Atys«

Über mein Vaterland und meine Angehörigen weiß ich nicht viel zu berichten. Lieblosigkeit und jahrelange Trennung haben mich endgültig von der Heimat geschieden und der Familie entfremdet. Ererbter Reichtum sicherte mir eine überdurchschnittliche Erziehung, und meine dem Denken zugewandte Veranlagung machte es mir möglich, die in der Jugend fleißig angehäuften Wissensschätze methodisch zu verarbeiten. Vor allem hatten es mir die Werke der deutschen Moralphilosophen angetan; doch nicht etwa, weil ich ihre gewandt und überzeugend vorgetragenen Torheiten blind bewundert hätte, sondern wegen der Genugtuung, die ich empfand, wenn meine unbeirrbare Logik ihre Fehlschlüsse mit souveräner Leichtigkeit bloßlegen konnte. Man hat mir die Nüchternheit meiner Veranlagung oft zum Vorwurf gemacht; ein gewisser Phantasiemangel ist mir als eine Art Verbrechen angekreidet worden, und der Pyrrhonismus meiner Ansichten hat schon seit je Anstoß erregt. Tatsächlich hat bei meiner Vorliebe für physikalische Betrachtungsweise wohl ein sehr verbreiteter Irrtum meiner Zeit auch auf meinen Geist abgefärbt – ich meine die Gewohnheit, alle Vorfälle und Erscheinungen, selbst wenn sie dafür denkbar ungeeignet sind, den Gesetzen jener Wissenschaft unterzuordnen. Im großen und ganzen konnte kaum jemand weniger anfällig dafür sein, sich aus den sicheren Bereichen exakter Wissenschaft durch das »Ignes fatui« des Aberglaubens weglokken zu lassen, als gerade ich. Ich halte es für angebracht, soviel über mich selbst vorauszuschicken, damit man die unglaubhafte Geschichte, die ich zu erzählen habe, nicht etwa als den ungezügelten Ausfluß wilder Phantasterei hinnimmt, sondern sie als den exakten Erfahrungsbericht eines nüchternen Geistes würdigt, dem Phantasiegebilde nie auch nur das geringste bedeutet haben.

Nach vielen Jahren, die ich in der Fremde auf Reisen verbracht hatte, schiffte ich mich im Jahre 18.. im Hafen Batavia auf der wohlhabenden und volkreichen Insel Java zu einer Reise nach dem Sunda-Archipel ein. Ich fuhr als Vergnügungsreisender – und nichts trieb mich dazu als eine Art nervöser Rastlosigkeit, die mich wie ein Dämon verfolgte.

Unser Fahrzeug war ein schönes, ungefähr vierhundert Tonnen großes, mit Kupferschrauben zusammengehaltenes Schiff, das in Bombay aus malabaresischem Teakholz erbaut worden war. Es hatte Baumwolle und Öl von den Lakkadiven geladen. Außerdem hatten wir Kokosfasergarn, Palmenzucker, Büffelmilchbutter, Kokosnüsse und ein paar Schalen Opium an Bord. Die Ladung war unsachgemäß gestaut und das Fahrzeug daher in Gefahr, leicht zu kentern.

Wir liefen unter einem sanften Windhauch aus und segelten viele Tage lang an der Ostküste Javas entlang, ohne daß die Einförmigkeit unserer Fahrt durch etwas Erregenderes als das gelegentliche Zusammentreffen mit einem der kleinen zweimastigen Küstenschiffe aus dem Archipel, den wir ansteuerten, unterbrochen worden wäre.

Als ich eines Abends, an die Heckreling gelehnt, Ausschau hielt, erblickte ich im Nordwesten eine sehr eigenartige, einzeln stehende Wolke. Sie war nicht nur wegen ihrer Farbe bemerkenswert, sondern auch deshalb, weil sie die erste Wolke war, die wir seit unserer Abfahrt aus Batavia zu Gesicht bekamen. Ich beobachtete sie aufmerksam bis zum Sonnenuntergang, wo sie sich unvermittelt nach Osten und

Westen ausbreitete und den Horizont mit einem schmalen Dunststreifen umgürtete, der wie eine lange, flache Küstenlinie aussah. Bald darauf wurde meine Aufmerksamkeit durch den düster-roten Anblick des Mondes und die sonderbare Erscheinung des Meeres aufs neue erregt. Die See veränderte im Handumdrehen ihr Aussehen, und das Wasser schien durchsichtiger als gewöhnlich. Obwohl ich den Meeresgrund deutlich erkennen konnte, sagte mir das ausgeworfene Lot, daß unser Schiff über einer Tiefe von fünfzehn Faden schwamm. Die Luft wurde nun unerträglich heiß und war von spiralförmig aufsteigenden Strömungen durchsetzt, wie man sie ähnlich über erhitztem Eisen beobachten kann. Als die Nacht heraufzog, erstarb jede Luftbewegung – eine vollkommenere Windstille ist nicht mehr vorstellbar. Eine Kerzenflamme brannte ohne die geringste wahrnehmbare Bewegung auf dem Heck, und ein langes, zwischen Zeigefinger und Daumen gehaltenes Haar hing schlaff herab, ohne daß man auch nur ein leichtes Zittern entdecken konnte. Da jedoch nach Meinung des Kapitäns kein Anzeichen einer Gefahr vorlag und wir merklich auf die Küste zutrieben, ließ er die Segel einziehen und den Anker auswerfen. Keine Wache wurde ausgestellt, und die hauptsächlich aus Malaien bestehende Mannschaft streckte sich auf Deck unbesorgt zur Ruhe aus. Ich ging hinunter – nicht ohne das deutliche Vorgefühl eines drohenden Unheils, ließ mich doch jedes Vorzeichen mit vollem Recht einen Wirbelsturm erwarten. Ich teilte dem Kapitän meine Befürchtungen mit, doch er beachtete meine Worte nicht und ließ mich stehen, ohne mich einer Antwort zu würdigen. Meine Unruhe war jedoch so groß, daß ich nicht einschlafen konnte, und ungefähr um Mitternacht ging ich wieder an Deck. Als ich den Fuß auf die oberste Stufe der Kajütentreppe setzte, erschreckte mich ein lautes, brausendes Geräusch, wie es etwa durch die raschen

Umdrehungen eines Mühlrads hervorgerufen wird, und ehe ich mir über seine wahre Bedeutung klarwerden konnte, spürte ich, wie das Schiff bis ins innerste Gefüge erbebte. Im nächsten Augenblick drückte uns ein wilder Schaumwirbel bis zum Kentern auf die Seite, brandete längsschiffs über uns dahin und fegte das ganze Deck vom Bug bis zum Heck leer.

Der außerordentlichen Gewalt des Windstoßes war die Rettung des Schiffs großenteils zu verdanken. Obwohl es fast völlig ins Wasser gedrückt worden war, hob es sich, als seine Masten über Bord gingen, nach einer Minute schwerfällig aus dem Meere, wankte unter dem ungeheuerlichen Druck des Sturmes eine Weile taumelnd hin und her und richtete sich schließlich wieder völlig auf.

Durch welches Wunder ich der Vernichtung entrann, läßt sich unmöglich sagen. Ich war vom Anprall der Wassermassen betäubt worden und fand mich, als ich wieder zu mir kam, zwischen Achtersteven und Steuerruder geklemmt. Mit großer Mühe kam ich wieder auf die Füße, und als ich mich benommen umblickte, hatte ich zuerst den Eindruck, daß wir mitten in die Brandungswellen geraten seien, so über alle Maßen und Vorstellungen schrecklich war der Wirbel des bergehoch aufgetürmten, schäumenden Ozeans, der uns in seinem Abgrund zu verschlingen drohte. Nach einiger Zeit hörte ich die Stimme eines alten Schweden, der sich im Augenblick, als wir den Hafen verließen, bei uns eingeschifft hatte. Ich machte mich ihm mit aller Stimmkraft bemerkbar, und sogleich kam er nach hinten auf mich zugeschwankt. Bald entdeckten wir, daß wir die einzigen Überlebenden waren. Außer uns waren alle an Deck über Bord gefegt worden. Der Kapitän und die Maaten mußten im Schlaf umgekommen sein, denn ihre Kajüten waren vom Wasser überflutet. Ohne Beistand konnten wir nur wenig für die Sicherheit des Schiffs ausrichten, ganz abgesehen davon, daß wir zunächst von der Erwartung, jeden Augenblick mit dem Schiff zu versinken, wie gelähmt waren und müßig verharrten. Unser Ankertau war natürlich schon beim ersten Sturmanprall des Hurrikans wie Bindfaden gerissen, sonst wären wir sofort verloren gewesen. Wir lenzten mit furchtbarer Geschwindigkeit vor der See, und die Wellen brachen ungehindert über uns hinweg. Die Zimmerung am Bug war schwer zerschlagen, und wir hatten fast in jeder Hinsicht beträchtlichen Schaden genommen; doch fanden wir zu unserer größten Freude die Pumpen unverstopft und stellten fest, daß sich unsere Ladung nicht wesentlich verschoben hatte. Die Hauptwut des Sturmes hatte sich schon ausgetobt, und wir sahen in der Stärke des Windes nur noch wenig Gefahr, doch blickten wir seinem gänzlichen Aufhören mit Verzweiflung entgegen, da wir mit gutem Grund annahmen, daß wir bei unseren beträchtlichen Sturmschäden in der dann folgenden furchtbaren Dünung unvermeidlich untergehen würden. Doch schien sich diese nur allzu berechtigte Befürchtung zunächst nicht so bald erfüllen zu wollen. Volle fünf Tage und Nächte – in denen wir uns kümmerlich von ein wenig Palmenzucker nährten, den wir unter großen Schwierigkeiten vom Vorderdeck holten – flog das entmastete Wrack mit einer sich jeder Berechnung entziehenden Geschwindigkeit vor den rasch aufeinanderfolgenden Böen eines Windes dahin, der, wenn er auch nicht die anfängliche Heftigkeit des Wirbelsturms erreichte, doch immer noch schrecklicher war als jeder Sturm, den ich bisher erlebt hatte. Während der ersten vier Tage lagen wir mit geringfügigen Veränderungen auf südsüdöstlichem Kurs und müssen die ganze Küste Neu-Hollands entlanggerast sein. Am fünften Tage brach außerordentliche Kälte ein, obwohl der Wind um einen weiteren Punkt auf Norden umgesprungen war. Die Sonne ging mit fahlgelbem Schein auf, stieg sehr wenige

Grad über den Horizont und sandte nur schwächliches Licht aus. Wolken waren nicht zu erblicken, doch nahm der Wind zu und blies in böenhafter, ungleichmäßiger Heftigkeit.

Um die Mittagszeit, soweit wir sie schätzungsweise feststellen konnten, wurde unsere Aufmerksamkeit wiederum vom Aussehen der Sonne gefesselt. Sie gab kein Licht im eigentlichen Wortsinne von sich, sondern leuchtete in trüber, schwermütiger Glut ohne Widerschein, als hätten sich alle Strahlen auf ihrem Wege totgelaufen. Kurz ehe sie in der aufgeschwollenen See versank, verlosch das Licht in ihrer Mitte, als hätte eine unerklärliche Gewalt es rasch erstickt. Sie war nur noch ein matter, silberartiger Reif, als sie in den unergründlichen Ozean hinabstürzte.

Vergebens erwarteten wir den Anbruch des sechsten Tages – des Tages, der für mich bis jetzt noch nicht angebrochen ist und für den Schweden niemals anbrach. Von nun an waren wir in pechschwarze Finsternis gehüllt, so daß wir zwanzig Schritt vom Schiff entfernte Gegenstände nicht mehr hätten sehen können. Ununterbrochen umgab uns ewige Nacht, und sie wurde nicht einmal durch das phosphoreszierende Meeresleuchten aufgehellt, das wir in den tropischen Gewässern gewohnt gewesen waren. Auch stellten wir fest, daß die vertraute Erscheinung von Gischt und Schaum, die uns bisher begleitet hatte, nicht mehr zu entdecken war, obwohl der Sturm mit unverminderter Heftigkeit wütete. Rings um uns war das Grauen, herrschte undurchdringliche Düsternis, erstreckte sich eine alles Leben erstickende Ebenholzwüste. Abergläubisches Entsetzen ergriff allmählich den Geist des alten Schweden, und meine Seele hüllte sich in stummes Staunen. Wir hielten es für mehr als nutzlos, am Schiff Hand anzulegen, banden uns, so gut es ging, am Stumpf des Besanmasts fest und blickten verzweifelt hinaus in die Wasserwelt. Wir hatten keine Möglichkeit, die Zeit zu berechnen, und konnten auch sonst unsere Lage in keiner Weise abschätzen. Wir waren uns jedoch der Tatsache voll bewußt, daß wir weiter als jeder Vorgänger nach Süden vorgedrungen waren, und wunderten uns sehr, nicht auf die; bekannte Eisbarriere zu stoßen. Dabei konnte jeder Augenblick unser letzter sein – jede einzelne der berghohen Wogen stürmte heran, um uns zu vernichten. Die Dünung übertraf alle Vorstellungen und Befürchtungen, und daß wir nicht sofort unter ihr begraben wurden, ist einfach ein Wunder. Mein Gefährte erwähnte die geringe Last unserer Ladung und hielt mir die ausgezeichneten Eigenschaften unseres Schiffes vor Augen, doch ich sah nur, wie hoffnungslos es war, jetzt noch zu hoffen, und bereitete mich trübsinnig auf den Tod vor, den meiner Ansicht nach nichts in der Welt länger als eine Stunde aufschieben konnte; denn mit jedem zurückgelegten Knoten schwoll die Dünung der schwarzen, gewaltigen Wassermassen immer unheildrohender und entsetzlicher an. Zuweilen sogen wir, bis über die Flugbahn des Albatros emporgehoben, die Luft gierig ein – dann wieder nahm uns die rasende Geschwindigkeit, mit der wir in eine Wasserhölle hinabglitten, wo die Luft dumpfig wurde und kein Laut den Schlummer der Kraken störte, die Besinnung.

Wir waren eben am Boden eines dieser Abgründe angelangt, als plötzlich ein Angstschrei meines Gefährten die Nacht durchgellte. »Sieh doch, sieh!« schrie er mir gellend in die Ohren. »Allmächtiger! Sieh nur, sieh!« Bei seinen Worten wurde ich eines düsteren trüb-roten Schimmers gewahr, der die Seitenwände der ungeheuren Kluft, in der wir lagen, herabströmte und unserem Deck einen rasch aufleuchtenden Glanz verlieh. Als ich die Augen nach oben richtete, erblickte ich ein Schauspiel, das mir das Blut in den Adern erstarren ließ. In furchtbarer Höhe unmittelbar über uns und am äußersten Rand des Steilabfalls schwebte ein riesiges, vielleicht viertausend Tonnen großes Schiff. Obwohl es auf dem Gipfel einer hundertmal so hohen Woge stand, übertraf seine anscheinende Größe immer noch die eines jeden bekannten Linienschiffs oder Ostindienfahrers. Der mächtige Schiffsrumpf war von einem tiefen, schmutzfarbenen Schwarz, das durch keine der sonst üblichen Schnitzereien und Verzierungen aufgelockert wurde. Aus den offenen Breitseiten ragte eine Reihe von Messingkanonen hervor, die mit ihrer polierten Oberfläche das Licht zahlloser, in der Takelage hin und her schwingender Gefechtslaternen zurückwarfen. Doch was uns vor allem mit Entsetzen und Erstaunen erfüllte, war die Tatsache, daß es sich inmitten dieses übernatürlichen Seegangs und des unbeherrschbaren Sturmwinds unter vollem Segeldruck behauptete. Als wir das Schiff zuerst erblickten, war nur der Bug zu sehen, wie er langsam aus dem dahinterliegenden düsteren, entsetzlichen Abgrund emporstieg. Einen Augenblick namenlosen Entsetzens lang hielt das Schiff auf schwindelnder Höhe an, als wollte es seine Erhobenheit betrachtend genießen, dann erbebte es, schwankte und schoß herunter.

Ich weiß nicht, welch plötzliche Geistesgegenwart mich in diesem Augenblick überkam. Ich taumelte so weit nach rückwärts, wie es nur möglich war, und sah dem drohenden Verderben furchtlos entgegen. Unser Fahrzeug gab endlich den Kampf auf und tauchte mit dem Bug ins Meer. Der Anprall der herabsausenden Masse traf demzufolge den Teil des Schiffskörpers, der schon unter Wasser lag, und die unausbleibliche Folge war, daß ich mit unwiderstehlicher Wucht in die Takelage des fremden Schiffs geschleudert wurde.

Während ich dahinflog, ging das Schiff über Stag und wendete, und dem damit verbundenen Durcheinander schrieb ich es zu, daß die Mannschaft meiner nicht gewahr wurde. Ohne große Schwierigkeit gelangte ich unbemerkt zur

Hauptluke, die ein Stück offenstand, und fand bald Gelegenheit, mich im Laderaum zu verstecken. Warum ich dies tat, vermag ich kaum zu erklären. Ein unbestimmtes Gefühl des Grauens, das mich beim Anblick der Seeleute dieses Schiffes sofort ergriffen hatte, war möglicherweise der Grund dafür. Es widerstrebte mir, mich Menschenwesen anzuvertrauen, die mir schon beim ersten, flüchtigen Blick in vieler Hinsicht so seltsam, unheimlich und furchteinflößend erschienen waren. Ich hielt es daher für angebracht, mir ein Versteck im Schiffsraum zu schaffen. Dies bewerkstelligte ich, indem ich ein paar Verschalbretter so weit beiseite schob, daß zwischen den gewaltigen Schiffsspanten ein geeigneter Zufluchtsraum für mich entstand.

Ich hatte kaum mein Werk vollendet, als mich Schritte im Laderaum zwangen, mein Versteck aufzusuchen. Mit unsicherem, schwankendem Gang kam ein Mann vorbeigewankt. Sein Gesicht konnte ich nicht sehen, doch gelang es mir, einen Gesamteindruck von ihm zu gewinnen. Alles an ihm deutete auf hohes Alter und körperliche Hinfälligkeit. Die Knie zitterten ihm unter der Last der Jahre, wie überhaupt seine ganze Gestalt unter der gleichen Bürde zu beben schien. Leise und stammelnd murmelte er in einer Sprache, die ich nicht verstand, etwas vor sich hin und wühlte dann in einer Ecke in einem Haufen seltsam aussehender Instrumente und zerfetzter Seekarten herum. In seinem Wesen schienen Charakterzüge der zweiten Kindheit mit der feierlichen Würde eines Gottes unharmonisch zusammenzuklingen. Endlich ging er an Deck, und ich sah ihn nicht wieder.

Ein Gefühl, für das ich keinen Namen habe, hält meine Seele umfangen – ein Empfinden, das keiner Analyse zugänglich ist, für das ich in der Vergangenheit keinen hinreichenden Maßstab finde und für das, wie ich fürchte, auch die Zukunft keine Lösung mehr bereithalten wird. Für eine

Geistesstruktur wie die meine ist das besonders schlimm. Ich werde also niemals – ich weiß, daß es nie geschehen wird – über die wahre Natur meiner Eindrücke und Vorstellungen Gewißheit erlangen. Doch ist es nicht weiter verwunderlich, daß diese Vorstellungen so nebelhaft sind, da sie aus so völlig neuartigen Quellen herrühren. Ein neuer Bezirk des Erkennens – eine neue Wesenheit hat sich meiner Seele erschlossen.

Nun ist es schon eine ganze Zeit her, seit ich zum erstenmal das Deck dieses schrecklichen Schiffs betrat, und ich glaube, die Strahlen meines Schicksals finden sich nun in ihrem Brennpunkt zusammen. Unbegreifliche Menschen! In Betrachtungen versunken, deren Wesen ich nicht ahnen kann, gehen sie an mir vorbei, ohne Notiz von mir zu nehmen. Mich vor ihnen zu verstecken, wäre reine Torheit, denn die Leute *wollen* mich einfach nicht sehen. Eben erst bin ich unmittelbar vor den Augen des Maats über das Deck gegangen, und es ist noch gar nicht lange her, daß ich mich in die Kajüte des Kapitäns gewagt habe und dort das Schreibmaterial an mich nahm, mit dem ich hier meine Aufzeichnungen mache. Ich werde das Tagebuch von Zeit zu Zeit weiterführen. Gewiß werde ich kaum die Gelegenheit finden, es der Welt zu übermitteln, doch will ich mich auf jeden Fall darum bemühen. Im letzten Augenblick will ich das Manuskript in einer Flasche verschließen und sie ins Meer werfen.

Etwas hat sich ereignet, was mir zu denken gab. Sind solche Vorfälle wirklich nur das Werk blinden Zufalls? Ich hatte mich auf Deck gewagt und mich gänzlich unbeachtet in der dort abgestellten Segeljolle auf einen Stapel unbenutzter Segel und alter Webeleinen niedersinken lassen. Während ich über mein eigenartiges Schicksal nachgrübelte, strich ich geistesabwesend mit einem Teerpinsel über die Kanten eines sauber gefalteten Leesegels, das in meiner Nähe auf einer Tonne lag. Jetzt ist das Leesegel über dem Schiff aufgezogen, und die gedankenlosen Pinselstriche haben sich zu dem Wort ERKENNTNIS ausgebreitet und zusammengeschlossen.

Ich habe letzthin viele neue Beobachtungen über Bau und Art des Schiffes angestellt. Obwohl es gut armiert ist, halte ich es doch nicht für ein Kriegsschiff. Takelage, Bauart und sonstige Ausrüstung würden einer solchen Annahme widersprechen. Was es *nicht ist,* kann ich also leicht feststellen; doch was es wirklich *ist,* wird sich, fürchte ich, kaum jemals sagen lassen. Ich weiß nicht, wie es zugeht, aber wenn ich mir seine fremdartige Bauart und die eigenartige Form der Spieren, seine riesige Größe und den übermäßigen Segelsatz, die strenge Einfachheit seines Bugs und das altertümliche Heck vor Augen halte, kommt mir zuweilen blitzartig das Gefühl, dies alles schon einmal gesehen zu haben, und die undeutlichen Erinnerungsbilder vermischen sich dann mit nicht mehr klar faßbaren Eindrücken aus alten Chroniken ferner Länder und längst entschwundener Zeiten.

Ich habe mir das Spantenwerk des Schiffs gründlich angesehen. Es ist aus einem mir völlig unbekannten Material. Das Holz ist ganz eigentümlicher Art, die um so mehr auffällt, als sie es eigentlich für diesen Verwendungszweck untauglich macht. Ich meine seine außerordentliche *Porosität,* die nichts mit den auf jenen Meeren selbstverständlichen Wurmlöchern und altersbedingter Vermorschung zu schaffen hat. Meine Beobachtung mag als übergenau, meine Schlußfolgerung als voreilig abgetan werden, aber das Holz schien mir alle Eigenschaften der Korkeiche zu besitzen, wenn man Korkeichenholz durch unnatürliche Mittel aufblähen und ausdehnen könnte.

Wenn ich jetzt den eben geschriebenen Satz nochmals überlese, fällt mir die stehende Redensart eines alten, von Wind und Wetter gezeichneten holländischen Fahrensmanns

Wort für Wort ein. »Das ist genauso sicher«, pflegte er zu sagen, wenn jemand an der Wahrheit seiner Erzählungen zweifelte, »wie es ein Meer gibt, wo das Schiff selber wächst und an Umfang zunimmt wie der lebendige Leib des Seemanns.«

Vor etwa einer Stunde brachte ich den Mut auf, mich in eine Gruppe der Mannschaft zu mischen. Die Leute schenkten mir keinerlei Beachtung, und obwohl ich mitten unter ihnen stand, schienen sie meine Anwesenheit überhaupt nicht wahrzunehmen. Wie der Mann, den ich zuerst im Laderaum gesehen hatte, wiesen sie alle die Kennzeichen ehrwürdigen Alters auf. Die Knie zitterten ihnen, und die Schultern hingen vor Altersschwäche herab; ihre welke, schlaffe Haut knatterte im Wind; sie sprachen mit leiser, zittriger, gebrochener Stimme; ihre Alters-Triefaugen glitzerten, und in ihren grauen Haaren wühlte entsetzlich der Sturm. Um sie herum lagen überall auf dem Deck mathematische Instrumente von wunderlicher und ganz veralteter Bauart.

Ich habe vor einiger Zeit das Aufziehen des Leesegels erwähnt. Von da an hat das Schiff direkt vor dem Wind seinen furchtbaren Südkurs beibehalten; vom Flaggenkopf bis zu den unteren Leesegelspieren hat es jeden Fetzen Leinwand gesetzt und taucht immer wieder seine Bramsegelnocken in die entsetzlichste Wasserhölle, die sich Menschenphantasie nur ausdenken kann. Ich habe soeben das Deck verlassen, wo ich unmöglich festen Stand finden konnte, obwohl die Mannschaft nur wenig Beschwernis zu empfinden schien. Es erscheint mir als das Wunder der Wunder, daß unser riesiger Schiffsrumpf nicht längst ein für allemal verschlungen worden ist. Sicherlich sind wir dazu verurteilt, ständig am Rande der Ewigkeit dahinzuschweben, ohne endgültig im Abgrund versinken zu dürfen. Über tausendmal gewaltigere Wogen, als ich sie je zuvor gesehen habe, gleiten wir mit der

Leichtigkeit der pfeilschnellen Seemöwe hinweg; die ungeheuren Wassermassen erheben zwar ihre Häupter über uns wie Dämonen der Tiefe, doch wie Dämonen, die nur drohen und nicht zerstören dürfen. Ich kann diese immer wiederkehrende Rettung vor dem Untergang nur der einzig natürlichen Ursache zuschreiben, die ein solches Verhalten des Fahrzeugs erklärlich macht. Ich muß annehmen, daß unser Schiff sich im Einflußbereich einer starken Meeresströmung oder eines heftigen Unterwassersogs befindet.

Ich habe dem Kapitän Auge in Auge in seiner eigenen Kajüte gegenübergestanden, aber er schenkte mir – wie zu erwarten war – keinerlei Beachtung. Obwohl für den flüchtigen Beobachter in seiner Erscheinung nichts den Eindruck erweckt, er könne mehr oder auch weniger als ein Mensch sein, mischte sich bei mir ein unwiderstehliches Gefühl der Verehrung und Scheu in die staunende Erregung, mit der ich ihn betrachtete. An Größe kommt er mir ungefähr gleich, das heißt, er mißt etwa fünf Fuß und acht Zoll. Er ist von ebenmäßigem, kräftigem Körperbau, der weder ungefüge erscheint noch einen sonstwie auffälligen Eindruck hinterläßt. Nein, es ist die Einzigartigkeit des Ausdrucks, der sein Antlitz prägt – es ist die nachdrückliche, die wundervolle, die ergreifende, in ihrer Übersteigerung so eindrucksvolle Erscheinung hohen Alters, die in mir etwas erregt und mitschwingen läßt – ein unaussprechlich inniges Empfinden. Seine Stirn scheint, obwohl sie nur wenig zerfurcht ist, durch Myriaden von Lebensjahren gezeichnet. Seine grauen Haare sind Urkunden der Vergangenheit, seine noch graueren Augen Sibyllen der Zukunft. Der Boden der Kajüte war mit seltsamen, durch eiserne Spangen verschlossenen Folianten, zerfallenden wissenschaftlichen Geräten und veralteten, längst vergessenen Karten übersät. Er stützte das Haupt in die Hände und ließ seine Augen fieberhaft und rastlos über ein Dokument schweifen, das ich für eine Beauftragung, eine Vollmacht hielt und das jedenfalls die Unterschrift eines Monarchen trug. Er murmelte – genau wie der Seemann, den ich im Laderaum sah – leise, verdrossene Worte vor sich hin; und obwohl er dicht neben mir stand, schien seine Stimme aus der Entfernung einer Meile an mein Ohr zu dringen.

Das Schiff und alles darauf atmet den Geist längst vergangener Zeiten. Die Seeleute gleiten hin und her wie Gespenster aus begrabenen Jahrhunderten; ihre Blicke verraten Unruhe und brennendes Verlangen, und wenn ihre Gestalten im grellen Schein der Gefechtslaternen meinen Weg kreuzen, beschleicht mich ein nie zuvor empfundenes Gefühl, obwohl ich mich doch mein Leben lang mit der Vorzeit befaßt und den Geist gestürzter Säulen in Baalbek, Palmyra und Persepolis eingesogen habe, bis meine Seele selber zur Ruine wurde.

Wenn ich jetzt um mich blicke, schäme ich mich meiner früheren Ängste. Wenn ich schon vor dem Sturm zitterte, der uns bisher begleitet hat, muß ich da nicht vor Entsetzen erstarren beim Toben eines Windes und dem Aufruhr eines Ozeans, dessen Gewalt mit Worten wie »Tornado« oder »Samum« nur ganz unzulänglich und nichtssagend bezeichnet werden kann? In der unmittelbaren Nähe des Schiffes herrscht tiefe, ewige Nacht und ein Chaos schaumloser Wassermassen; doch etwa in der Entfernung einer Meile tauchen undeutlich und unzusammenhängend auf beiden Seiten vor unseren Blicken riesige Eiswälle auf und verlieren sich hoch oben im trostlosen Himmel; sie scheinen die Grenzmauern des Weltalls zu sein.

Meine Annahme, das Schiff sei von einer Strömung erfaßt, bestätigt sich – wenn eine solche Bezeichnung einem Flutstrom gerecht werden kann, der an den weißen Eismassen heulend und kreischend entlangrast und mit der Geschwindigkeit eines hoch herabstürzenden Wasserfalls nach Süden dahindonnert.

Es scheint mir unmöglich, das Entsetzen, das mich erfaßt hat, mit Worten begreiflich zu machen; doch ist mein Drang, die Geheimnisse dieser schaudervollen Regionen zu entschleiern, noch stärker als meine Verzweiflung; er wird mir den Tod auch in seiner schrecklichsten Form erträglicher machen. Denn es ist ganz offenbar, daß wir einer unerhörten Erkenntnis entgegenrasen – einem Geheimnis, das wir nicht weitergeben können, weil seine Enthüllung mit unserer Vernichtung Hand in Hand geht. Vielleicht trägt uns die Strömung genau zum Südpol. Es läßt sich nicht leugnen, daß diese scheinbar so unsinnige Annahme alle Wahrscheinlichkeit für sich hat.

Die Mannschaft läuft rastlos und bebend auf dem Deck umher; doch sind die Gesichtszüge der Männer mehr von hoffnungsvoller Erwartung als von lähmender Verzweiflung geprägt.

Der Wind treibt uns immer noch vor sich her, und da wir eine Menge Leinwand gesetzt haben, hebt er zuweilen das Schiff buchstäblich aus dem Meere heraus! O Grauen über Grauen – das Eis öffnet sich plötzlich rechts von uns, nun auch links, und wir wirbeln mit schwindelerregender Schnelligkeit in ungeheuren konzentrischen Kreisen um ein gigantisches Amphitheater, dessen Wände sich oben in dunklen Fernen verlieren. Doch wird mir wenig Zeit bleiben, über mein Schicksal nachzugrübeln! Die Kreise werden rasch kleiner – der Sog des Strudels zieht uns rasend schnell hinab – und inmitten des Gebrülls, Geheuls und Donnergrollens von Ozean und Wind erbebt das Schiff – o Gott! und – es sinkt!

Anmerkung: Die Erzählung »Eine Flaschenpost« wurde im Jahre 1831 zum ersten Male veröffentlicht, und erst viele Jahre später lernte ich die Landkarten von Mercator kennen, auf denen dargestellt ist, wie das Weltmeer sich in vier Mündungen in den (nördlichen) Polarschlund ergießt, um dort von den Eingeweiden der Erde verschlungen zu werden. Der Pol selbst wird durch einen schwarzen Felsen von gewaltiger Höhe dargestellt.

Die Tatsachen im Fall Valdemar

Selbstverständlich will ich nicht den Anschein erwecken, als wäre es erstaunlich, daß der außergewöhnliche Fall des Herrn Valdemar lebhaft erörtert worden ist. Das Gegenteil wäre verwunderlich gewesen, besonders unter den obwaltenden Umständen. Durch den Wunsch aller Beteiligten, die Angelegenheit wenigstens fürs erste vor der Öffentlichkeit geheimzuhalten oder doch so lange, bis uns Gelegenheit für Nachforschungen gegeben war, und durch unsere Bemühungen, dies zu erreichen, kam eine entstellte oder übertriebene Darstellung in Umlauf, die die Quelle übler Auslegungen und natürlich auch starker Zweifel wurde.

Es erweist sich jetzt als notwendig, daß ich die *Tatsachen* berichte – soweit ich sie selbst begreife. Es sind kurz gefaßt die folgenden:

In den letzten drei Jahren war meine Aufmerksamkeit immer wieder auf den Mesmerismus hingelenkt worden, und vor etwa neun Monaten fiel mir ganz plötzlich auf, daß die Reihe der bis dahin gemachten Versuche einen sehr bemerkenswerten und ganz unverantwortlichen Mangel aufweist: Kein Mensch war bisher in articulo mortis – im Moment des Übergangs zum Tode – hypnotisiert worden. Zunächst blieb zu beobachten, ob bei einem Patienten unter solchen Bedingungen irgendeine Empfänglichkeit für magnetische Einflüsse vorhanden war, sodann, ob diese Empfänglichkeit – falls überhaupt vorhanden – durch den Zustand vermindert oder verstärkt wurde, und schließlich, in welchem Maße und für welche Zeitdauer sich der Eintritt des Todes durch diesen Prozeß hinausschieben ließ. Es gab noch andere Punkte zu klären, aber diese reizten meine Neugier am meisten, besonders der letztere, wegen der großen Bedeutung seiner Folgen.

Als ich nach jemand Umschau hielt, mit dessen Hilfe ich diese Einzelheiten untersuchen könnte, mußte ich an meinen Freund denken, Herrn Ernest Valdemar, den bekannten Herausgeber der »Bibliotheca Forensica« und Verfasser (unter dem Pseudonym Issachar Marx) der polnischen Fassungen des »Wallenstein« und des »Gargantua«. Herr Valdemar, der seit dem Jahre 1839 vornehmlich in Harlem, N. Y., gelebt hatte, ist – oder war – besonders auffallend durch seine hochgradige Magerkeit – seine unteren Gliedmaßen glichen sehr denen John Randolphs – und auch durch seinen weißen Backenbart, der in krassem Gegensatz zu seinem schwarzen Haar stand, so daß dieses irrtümlicherweise immer für eine Perücke gehalten wurde. Er war ausgesprochen nervöser Natur, was ihn für mesmeristische Versuche sehr geeignet machte. Zwei- oder dreimal war es mir ohne große Schwierigkeit gelungen, ihn einzuschläfern, doch in anderen Erwartungen, die seine seltsame Veranlagung naturgemäß in mir geweckt hatte, wurde ich enttäuscht. Sein Wille stand zu keiner Zeit unbedingt oder vollkommen unter meiner Herrschaft, und in bezug auf das Hellsehen konnte ich bei ihm keine zuverlässigen Ergebnisse erzielen. Ich schrieb mein Versagen in diesen Dingen stets seiner zerrütteten Gesundheit zu; denn einige Monate, ehe ich mit ihm bekannt wurde, hatten seine Ärzte chronische Schwindsucht bei ihm festgestellt. Er hatte übrigens die Gewohnheit, in aller Ruhe von seiner bevorstehenden Auflösung zu sprechen, als handele es sich um eine unvermeidliche und weiter nicht bedauerliche Angelegenheit.

Als mir die vorhin erwähnten Gedanken zum ersten Mal in den Sinn kamen, war es nur allzu natürlich, daß ich an Herrn Valdemar dachte. Ich kannte den stoischen Gleichmut des Mannes zu gut, um seinerseits irgendwelche Bedenken zu befürchten; und er hatte in Amerika keine Verwandten, die sich hätten einmischen können. Ich besprach die Angelegenheit ganz offen mit ihm, und zu meinem Erstaunen zeigte er lebhaftes Interesse. Ich sage Erstaunen, denn wenn er sich auch jederzeit meinen Versuchen bereitwillig zur Verfügung gestellt hatte, so hatte er mir doch nie ein Zeichen seiner Zustimmung für das, was ich tat, gegeben. Bei der Art seiner Krankheit ließ sich der Zeitpunkt des tödlichen Ausgangs genau vorausberechnen, und wir vereinbarten schließlich, er sollte etwa vierundzwanzig Stunden vor Ablauf der ihm von den Ärzten bezeichneten Sterbestunde nach mir schicken.

Es ist jetzt mehr als sieben Monate her, seit ich von Herrn Valdemar selbst die folgenden Zeilen erhielt:

»Mein lieber P.,
Sie können nun also kommen. D. und F. sind sich darin einig, daß ich nicht länger als bis morgen um Mitternacht durchhalten werde, und ich denke, sie haben den Zeitpunkt so ziemlich getroffen.

Valdemar.«

Ich erhielt diese Mitteilung eine halbe Stunde, nachdem sie geschrieben worden war, eine Viertelstunde später befand ich mich bereits im Zimmer des Sterbenden. Ich hatte ihn seit zehn Tagen nicht gesehen und war entsetzt über die furchtbare Veränderung, die in dieser kurzen Zeitspanne mit ihm vorgegangen war. Sein Gesicht war bleifarben, seine Augen völlig glanzlos, und die Abzehrung war so weit vorgeschritten, daß die Backenknochen sich durch die Haut gebohrt hatten. Er hatte ungewöhnlich viel Auswurf. Sein Puls war kaum zu fühlen. Dennoch blieben ihm in bemerkenswertem Maße seine geistigen Fähigkeiten und bis zu einem gewissen Grad auch seine Körperkräfte erhalten. Er sprach deutlich, nahm ohne Hilfe Linderungsmittel ein und war, als ich ins Zimmer trat, gerade dabei, Aufzeichnungen in seinem Taschenbuch zu machen. Er saß, von Kissen gestützt, im Bett. Die Doktoren D. und F. waren um ihn bemüht.

Nachdem ich Valdemar die Hand gedrückt hatte, nahm ich die beiden Herren beiseite und erhielt von ihnen einen ausführlichen Bericht über den Zustand des Patienten. Die linke Lunge war seit achtzehn Monaten in einem verkalkten oder knorpelähnlichen Zustand und daher völlig funktionsunfähig. Die obere Hälfte der rechten Lunge war ebenfalls teilweise, wenn nicht sogar ganz, verknorpelt, während die untere Partie nur noch eine eiternde Tuberkelmasse war. Mehrere ausgedehnte Durchbrüche waren vorhanden, und an einer Stelle waren feste Verwachsungen mit den Rippen aufgetreten. Diese Erscheinungen im rechten Lungenflügel bestanden erst seit verhältnismäßig kurzer Zeit. Die Verkalkung war ungewöhnlich rasch fortgeschritten; noch vor einem Monat hatte man keine Anzeichen dafür entdecken können, und die Verwachsung stellte man erst seit den letzten drei Tagen fest. Unabhängig von der Schwindsucht hatte man noch Verdacht auf Aortenerweiterung, hier jedoch machten die Verkalkungssymptome eine genaue Diagnose unmöglich. Nach Ansicht beider Ärzte mußte Herr Valdemar gegen Mitternacht des folgenden Tages – einem Sonntag – sterben. Jetzt war Sonnabend, sieben Uhr abends.

Als die Doktoren D. und F. den Kranken verließen, um sich mit mir zu unterhalten, hatten sie ihm ein letztes Lebewohl gesagt. Sie hatten nicht die Absicht gehabt, noch einmal zu kommen, aber auf meine Bitte erklärten sie sich bereit, am folgenden Abend gegen zehn Uhr nochmals zu erscheinen.

Als sie gegangen waren, sprach ich mit Herrn Valdemar ganz offen über seinen bevorstehenden Tod und auch eingehend über das Experiment, das ich vorhatte. Er erklärte sich noch immer dazu bereit, ja wünschte es sogar, und drängte mich, gleich damit zu beginnen. Ein Pfleger und eine Pflegerin versahen ihren Dienst, aber ich fühlte mich nicht ganz befugt, mich einer derartigen Aufgabe zu unterziehen, ohne daß bei einem plötzlichen Zwischenfall zuverlässigere Zeugen als diese beiden zur Verfügung standen. Ich verschob daher die Prozedur auf den nächsten Tag acht Uhr abends, als ich durch das Eintreffen eines Medizinstudenten, des Herrn Theodor L...l, den ich flüchtig kannte, aus meiner Verlegenheit befreit wurde. Es war ursprünglich meine Absicht gewesen, auf die Ärzte zu warten, aber ich sah mich gezwungen zu beginnen, erstens durch die dringenden Bitten des Herrn Valdemar, und zweitens durch meine Überzeugung, daß es nicht eine Minute zu verlieren galt, denn er verfiel zusehends. Herr L...l war so freundlich, meiner Bitte zu entsprechen, alle Vorkommnisse schriftlich niederzulegen. Und was ich hier berichte, ist zum großen Teil entweder eine Zusammenfassung oder eine wörtliche Wiedergabe seiner Aufzeichnungen.

Etwa fünf Minuten vor acht Uhr nahm ich den Patienten bei der Hand und bat ihn, Herrn L...l gegenüber so deutlich wie möglich zu erklären, ob er (Herr Valdemar) gewillt sei, in seinem augenblicklichen Zustand von mir mesmerisiert zu werden.

Er antwortete mit schwacher, doch gut verständlicher Stimme: »Ja, ich wünsche, mesmerisiert zu werden«, und fügte gleich hinzu: »Ich fürchte, Sie haben es zu lange hinausgeschoben.«

Noch während er sprach, begann ich mit dem Streichen, das sich nach meinen Erfahrungen schon früher als höchst wirkungsvoll erwiesen hatte, um ihn einzuschläfern. Kaum hatte ich meine Hand seitwärts über seine Stirn gezogen, als er schon sichtlich beeinflußt war, aber obwohl ich alle meine

Fähigkeiten ausschöpfte, war bis einige Minuten nach zehn Uhr, als wie vereinbart die Doktoren D. und F. vorsprachen, keine weitere sichtbare Wirkung festzustellen. Ich erklärte ihnen in wenigen Worten, was ich vorhatte, und da sie keine Einwände erhoben, weil der Patient schon im Todeskampf lag, setzte ich meine Versuche unverzüglich fort.

Ich strich jetzt aber nicht mehr seitwärts über seine Stirn, sondern von oben nach unten und konzentrierte meinen Blick ausschließlich auf das rechte Auge des Leidenden.

Zu dieser Zeit war sein Puls kaum zu fühlen, und seine röchelnden Atemzüge folgten einander in Abständen von einer halben Minute.

Dieser Zustand hielt eine Viertelstunde lang fast unverändert an. Nach Ablauf dieser Zeit aber entfloh der Brust des Sterbenden ein natürlich klingender, wenn auch sehr tiefer Seufzer, das röchelnde Atmen hörte auf – das heißt, das Röcheln war nicht mehr vernehmbar, die Atmungsintervalle blieben die gleichen. Die Gliedmaßen des Patienten waren eiskalt.

Fünf Minuten vor elf Uhr bemerkte ich untrügliche Zeichen des mesmeristischen Einflusses. Der glasige Blick seiner rollenden Augen verwandelte sich in jenen Ausdruck des nach *innen* gekehrten unruhigen Suchens, wie er nur in Fällen von magnetischem Schlaf vorkommt und unverkennbar ist. Mit ein paar raschen Strichen seitwärts über die Stirn brachte ich seine Augenlider zum Zittern wie bei beginnendem Schlaf, und mit ein paar weiteren Strichen schlossen sie sich vollends. Damit gab ich mich jedoch noch nicht zufrieden, sondern setzte meine Behandlung energisch und unter Aufbietung meiner ganzen Willenskraft fort, bis ich die Glieder des Eingeschläferten, die ich zuvor möglichst bequem gebettet hatte, zum völligen Erstarren brachte. Die Beine lagen ganz ausgestreckt, die Arme beinahe ebenso, sie ruhten nahe den Lenden auf dem Bett. Der Kopf war ganz leicht angehoben.

Über dieser Behandlung war es Mitternacht geworden, und ich ersuchte die anwesenden Herren, Herrn Valdemars Zustand zu prüfen. Nach einigen Versuchen gaben sie zu, daß er sich in einem ungewöhnlich tiefen magnetischen Trancezustand befand. Beide Ärzte waren nun aufs äußerste gespannt. Dr. D. beschloß sofort, die ganze Nacht bei dem Patienten zu bleiben, während Dr. F. sich mit dem Versprechen zurückzog, bei Tagesanbruch wiederzukommen. Herr L...l und die Krankenwärter blieben.

Wir ließen Herrn Valdemar bis gegen drei Uhr morgens völlig ungestört liegen, als ich zu ihm trat und ihn in genau demselben Zustand fand wie zu der Zeit, da Dr. F. fortgegangen war, das heißt, er lag in der gleichen Stellung. Der Puls war nicht zu fühlen, die Atmung sehr schwach (nur feststellbar, wenn man dem Patienten einen Spiegel vor die Lippen hielt), die Augen waren ganz natürlich geschlossen, die Glieder hart und kalt wie Marmor. Dennoch war das allgemeine Erscheinungsbild offensichtlich nicht das des Todes.

Als ich mich Herrn Valdemar näherte, machte ich den schwachen Versuch, seinen rechten Arm so zu beeinflussen, daß er meinem Arm folgte, indem ich diesen leicht über seinem Körper hin und her bewegte. Bisher hatte ich mit solchen Experimenten bei diesem Patienten niemals einen vollen Erfolg erzielt und hatte auch diesmal wenig Hoffnung. Zu meiner Verwunderung aber folgte sein Arm sehr bereitwillig, wenn auch matt, jeder Richtung, die mein Arm ihm zuwies. Ich entschloß mich, einige Worte an ihn zu wagen.

»Herr Valdemar«, sagte ich, »schlafen Sie?« Er gab keine Antwort, aber ein Zittern lief über seine Lippen, und das veranlaßte mich, die Frage immer wieder zu stellen. Bei der dritten Wiederholung ging ein leichter Schauer durch seinen ganzen Körper – die Augenlider hoben sich so weit, daß der Augapfel in einem weißen Streifen sichtbar wurde, die Lippen bewegten sich träge und brachten in einem kaum vernehmbaren Flüstern die Worte hervor: »Ja – schlafe jetzt. Wecken Sie mich nicht! – Lassen Sie mich so sterben!«

Ich befühlte seine Gliedmaßen, sie waren so starr wie zuvor. Der rechte Arm gehorchte nach wie vor der Anweisung meiner Hand. Ich fragte den Wachschläfer noch einmal: »Haben Sie Schmerzen in der Brust, Herr Valdemar?«

Diesmal kam die Antwort ungesäumt, aber noch schwerer zu verstehen als zuvor: »Keine Schmerzen – ich sterbe.«

Ich hielt es nicht für ratsam, ihn gerade jetzt weiter zu stören, und bis zur Ankunft des Dr. F. wurde nichts mehr gesprochen oder unternommen. Er kam kurz vor Sonnenaufgang und drückte sein grenzenloses Erstaunen darüber aus, den Patienten noch am Leben zu finden. Nachdem er ihm den Puls gefühlt und einen Spiegel an die Lippen gehalten hatte, bat er mich, den Wachschläfer nochmals anzusprechen. Und so fragte ich: »Herr Valdemar, schlafen Sie noch?«

Wie zuvor vergingen bis zu seiner Entgegnung einige Minuten, während derer der Sterbende seine Kräfte für eine Antwort zu sammeln schien. Als ich zum viertenmal die Frage stellte, sagte er mit ganz schwacher Stimme, fast unhörbar: »Ja, ich schlafe noch – sterbe.«

Es war nun die Meinung oder vielmehr der Wunsch der Ärzte, man sollte Herrn Valdemar in seiner augenblicklichen, allem Anschein nach ruhigen Verfassung unbehelligt lassen, bis der Tod einträte, und das – darin stimmten alle überein – mußte nun in wenigen Minuten der Fall sein. Ich beschloß jedoch, noch einmal zu ihm zu sprechen, und wiederholte einfach meine vorige Frage.

Während ich sprach, ging auf dem Gesicht des Wachschläfers eine seltsame Wandlung vor. Die Augen öffneten sich langsam, die Pupillen drehten sich aufwärts, die Haut wurde leichenblaß und glich eher weißem Papier als Pergament; die runden hektischen Flecke, die sich bis dahin deutlich mitten auf jeder Wange abgezeichnet hatten, *verloschen.* Ich wähle diesen Ausdruck, weil ihr plötzliches Verschwinden mich an nichts so sehr erinnert wie an das Ausgehen einer Kerze durch einen Atemstoß. Zur gleichen Zeit verzerrte sich die Oberlippe, die bis dahin die Zähne völlig bedeckt hatte, während der Unterkiefer mit hörbarem Ruck herunterklappte, so daß der weit offene Mund die geschwollene schwarze Zunge bis hinten sehen ließ. Ich darf wohl annehmen, daß keinem der Anwesenden die Schrecken des Totenbettes fremd waren, aber Herr Valdemar bot in diesem Augenblick einen so über jede Vorstellung hinausgehenden Anblick des Grauens, daß alle aus dem Bereich des Bettes zurückwichen.

Ich fühle jetzt, daß ich in dieser Erzählung einen Punkt erreicht habe, wo kein Leser mir mehr Glauben schenken wird. Es ist aber meine Pflicht, fortzufahren.

Es war nicht mehr das geringste Lebenszeichen an Herrn Valdemar festzustellen, und da wir ihn für tot hielten, wollten wir ihn gerade der Obhut der Pfleger überlassen, als seine Zunge heftig zu zittern begann. Das hielt wohl eine Minute lang an. Danach drang aus den klaffenden, regungslosen Kinnladen eine Stimme, die beschreiben zu wollen einfach vermessen wäre. Es gibt wohl zwei oder drei Eigenschaftswörter, die sich in gewissem Grade anwenden ließen; ich könnte beispielsweise sagen, der Laut klang rauh, gebrochen und hohl. Aber das Fürchterliche in seiner Ganzheit kann man nicht beschreiben, aus dem einfachen Grunde, weil ähnliche Laute noch nie ein menschliches Ohr erzittern ließen. Es gab indessen zwei Eigentümlichkeiten, die, so dachte ich damals und tue es noch heute, sehr wohl als charakteristisch für diesen Laut gelten können und dazu angetan sind, eine ungefähre Vorstellung von seiner unirdischen Eigenart zu vermitteln. Zum ersten schien die Stimme von sehr weit her, wie aus dem Schoß der Erde, an unser Ohr zu dringen, an meines wenigstens. Zum anderen – und jetzt fürchte ich wirklich, mich nicht verständlich machen zu können – empfand ich den Laut so, wie der Tastsinn gallertartige oder klebrige Dinge empfindet.

Ich habe sowohl von »Laut« als auch von »Stimme« gesprochen. Ich will damit sagen, daß der Laut deutlich, ja von einer wundersam schauerlichen Deutlichkeit der Silben war. Herr Valdemar *sprach* – offenbar antwortete er auf die Frage, die ich ihm ein paar Minuten vorher gestellt hatte. Ich hatte ihn bekanntlich gefragt, ob er noch schlafe. Er sagte nun: »Ja – nein; ich *habe* geschlafen – und nun – nun – *bin ich tot.*«

Keiner der Anwesenden versuchte, das unaussprechliche, schaurige Entsetzen zu leugnen oder zu unterdrücken, das die wenigen hervorgestoßenen Worte auslösen mußten. Herr L...l, der Student, fiel in Ohnmacht. Die Krankenpfleger verließen eilends das Zimmer, und nichts konnte sie bewegen, wieder zurückzukommen. Meine eigenen Empfindungen will ich dem Leser auch nicht versuchsweise nahebringen. Fast eine Stunde lang bemühten wir uns schweigend – es fiel nicht ein Wort –, Herrn L...l wieder zu beleben. Als er endlich zu sich kam, widmeten wir uns erneut der Untersuchung von Herrn Valdemars Zustand.

Er blieb in jeder Hinsicht unverändert, so wie ich ihn zuletzt beschrieben habe, nur daß der Spiegel keine Atmung mehr erkennen ließ. Ein Versuch, aus dem Arm Blut abzuziehen, schlug fehl. Ich muß noch erwähnen, daß sein Arm nicht mehr meinem Willen unterworfen war. Ich bemühte mich vergebens, ihn mit meiner Hand zu dirigieren. Das einzige unverkennbare Anzeichen des mesmeristischen Einflusses war nun die Vibration der Zunge, sobald ich eine Frage an Herrn Valdemar richtete. Er schien sich anzustrengen, eine Antwort zu finden, hatte aber nicht mehr genügend

Willenskraft. Allen Fragen gegenüber, die ihm von irgendeiner anderen Person als von mir gestellt wurden, schien er völlig unzugänglich, obwohl ich mich bemühte, jeden einzelnen in magnetischen Rapport zu ihm zu bringen. Ich glaube, ich habe nun alles berichtet, was zum Verständnis des damaligen Zustandes des Wachschläfers notwendig ist. Anderes Pflegepersonal wurde herbeigeholt, und um zehn Uhr verließ ich in Begleitung der beiden Ärzte und des Herrn L...l das Haus.

Am Nachmittag sprachen wir alle wieder vor, um den Patienten zu sehen. Sein Zustand war weiterhin unverändert. Wir erörterten nun, ob es zweckmäßig und tunlich sei, ihn aufzuwecken, kamen aber rasch überein, daß wir damit keinem guten Zweck dienen würden. Ganz offensichtlich war der Tod (oder was man so gemeinhin als Tod bezeichnet) durch das mesmeristische Verfahren aufgehalten worden. Es schien uns allen klar, daß das Aufwecken Herrn Valdemars die sofortige oder zumindest sehr rasche Auflösung zur Folge haben würde.

Von diesem Zeitpunkt an bis Ende voriger Woche – *für die Dauer von fast sieben Monaten* – machten wir unsere täglichen Besuche in Herrn Valdemars Haus, hin und wieder in Begleitung von Ärzten und anderen Freunden. Während dieser Zeit war das Befinden des Mesmerisierten *genauso,* wie ich es zuletzt beschrieben habe. Er stand unter der ständigen Beobachtung der Krankenwärter.

Letzten Freitag nun entschlossen wir uns endlich, ihn aufzuwecken oder wenigstens den Versuch zu wagen, ihn zu wecken, und es ist der vielleicht unglückliche Ausgang dieses Experimentes, der Anlaß zu so vielen Erörterungen in Laienkreisen gegeben und – ich kann es nicht anders bezeichnen – so viel ungerechtfertigtes Mitgefühl in der Öffentlichkeit ausgelöst hat.

Um Herrn Valdemar aus dem Trancezustand zu erwecken wandte ich die üblichen Streichbewegungen an. Sie blieben eine Zeitlang erfolglos. Das erste Anzeichen einer Wiederbelebung zeigte sich in der Abwärtsdrehung der Iris. Besonders bemerkenswert war dabei, daß beim Senken der Pupille zwischen den Lidern reichlich gelbliches Blutwasser herausfloß, das einen widerlichen, stechenden Geruch hatte.

Nun wurde vorgeschlagen, ich sollte versuchen, wie früher den Arm des Patienten unter meinen Einfluß zu bringen. Ich machte den Versuch ohne Erfolg. Dr. F. äußerte darauf den Wunsch, ich möge eine Frage stellen. Das tat ich mit folgenden Worten: »Herr Valdemar, können Sie uns erklären, welcher Art Ihre Gefühle oder Wünsche jetzt sind?«

Augenblicklich erschienen die hektischen Flecke auf den Wangen wieder, die Zunge zitterte oder rollte vielmehr heftig im Mund umher, obwohl Kiefer und Lippen starr wie zuvor blieben, und schließlich brach die gleiche gräßliche Stimme hervor, die ich bereits beschrieben habe: »Um Gottes willen! – schnell! – schnell! – Schläfern Sie mich ein – oder, schnell! – wecken Sie mich! – schnell! – *Ich sage Ihnen, ich bin tot!«*

Ich war völlig entgeistert und wußte einen Augenblick lang nicht, was ich tun sollte. Zunächst unternahm ich den Versuch, den Patienten wieder zu beruhigen; da mir dies aber durch den völligen Mangel an eigener Willenskraft mißlang, änderte ich meine Methode und bemühte mich nun ebenso eifrig, ihn aufzuwecken. Ich merkte rasch, daß mir dieser Versuch gelingen würde – oder zumindest bildete ich mir bald ein, einen vollen Erfolg zu erzielen; und ich bin davon überzeugt, daß alle Anwesenden darauf vorbereitet waren, den Patienten erwachen zu sehen.

Denn auf das, was wirklich eintrat, konnte wahrhaftig kein menschliches Wesen gefaßt sein.

Während ich rasch die mesmeristischen Streichbewegungen ausführte, inmitten der Ausrufe »tot! tot!«, die nicht etwa zwischen den Lippen des Leidenden, sondern geradezu aus der Zunge *hervorbrachen,* geschah es, daß sein ganzer Körper plötzlich in einer einzigen Minute oder gar noch schneller zusammenschrumpfte, zerfiel, unter meinen Händen *verfaulte.* Auf dem Bett, vor uns allen, lag eine nahezu flüssige Masse von widerwärtiger, abscheulicher Fäulnis.

Lebendig begraben

Es gibt gewisse Themen, für die brennendes Interesse besteht, die jedoch viel zu grauenerregend sind, als daß man sie zum Gegenstand künstlerisch-literarischer Gestaltung machen könnte. Als Phantasieprodukt muß der Schriftsteller sie meiden, wenn er nicht Anstoß oder Abscheu erregen will. Ohne gegen Gefühl und Geschmack zu verstoßen, können sie nur dann behandelt werden, wenn die Strenge und Majestät der Wahrheit sie heiligt und bestätigt. Wir erschauern zum Beispiel in »sensationsfreudigem Entsetzen« bei den Berichten vom Übergang über die Beresina, vom Erdbeben von Lissabon, von der Pest in London, vom Blutbad in der Bartholomäusnacht oder vom Erstickungstod der hundertdreiundzwanzig Gefangenen im Schwarzen Loch zu Kalkutta. Doch in diesen Berichten ist das, was uns erregt und unsere Anteilnahme hervorruft, Tatsache; es ist Realität, ist Geschichte. Als Erfindung eines Schriftstellers würden wir so etwas lediglich mit Abscheu betrachten.

Ich habe einige der bekannteren und verheerenderen Katastrophen angeführt; doch bei ihnen ist es ebensosehr das Ausmaß wie die Art des Unglücks, was unsere Phantasie so lebhaft beschäftigt. Ich brauche den Leser nicht daran zu erinnern, daß ich aus dem langen und schicksalsträchtigen Katalog menschlichen Elends auch hätte viele Einzelfälle herausgreifen können, die von tieferem Leid sprechen als jede dieser ungeheuerlichen Katastrophen. Das wahre Elend, das äußerste Weh, konzentriert sich um das Einzelwesen, nicht um eine unbestimmbare Menge. Daß der Mensch die furchtbaren Höhen und Tiefen der Qual als Einzelwesen und nicht als Masse auskosten muß, dafür wollen wir einem gütigen Gotte danken!

Lebendig begraben zu werden ist fraglos die entsetzlichste dieser Qualen, die einem Sterblichen jemals zum Schicksal werden kann. Und denkende Menschen werden kaum abstreiten, daß dies häufig, sogar sehr häufig geschehen ist und geschieht. Die Grenzlinien, die das Leben vom Tod scheiden, sind bestenfalls verschwommen und unbestimmt. Wer kann genau sagen, wo das eine endet und das andere beginnt? Wir wissen, daß es Krankheiten gibt, in denen alle wahrnehmbaren Lebensäußerungen aufzuhören scheinen, in Wirklichkeit aber nur vorübergehend aufgehoben sind. Es handelt sich dabei um ein zeitweiliges Aussetzen des unbegreiflichen Mechanismus. Eine gewisse Zeit vergeht, und irgendein unsichtbares, geheimnisvolles Wirkungsprinzip setzt die Zauberwalzen, das rätselhafte Räderwerk wieder in Gang. Noch war die Silberschnur nicht auf ewig gelöst und die goldene Schale nicht unwiederbringlich zerbrochen. Doch wo hat sich inzwischen die Seele aufgehalten?

Auch ganz abgesehen von der zwingenden Schlußfolgerung a priori, daß solche Ursachen entsprechende Wirkungen haben müssen – daß nämlich das wohlbekannte Auftreten dieser Fälle von aufgehobener Lebensäußerung natürlich dann und wann eine vorzeitige Beerdigung zur Folge haben muß –, abgesehen von dieser Überlegung also haben wir unmittelbare Zeugnisse medizinischer und alltäglicher Erfahrung als Beweis, daß tatsächlich eine beträchtliche Anzahl derartiger Beerdigungen stattgefunden hat. Ich könnte, wenn nötig, sofort hundert gutbeglaubigte Beispiele anführen. Ein sehr bezeichnender Fall, an dessen eigenartige Umstände sich einige meiner Leser vielleicht noch erinnern werden, ereignete sich vor nicht allzu langer Zeit im benachbarten Baltimore, wo er tiefe Anteilnahme und starke, weitverbreitete Erregung hervorrief. Die Frau eines der angesehensten Bürger – er war ein hervorragender Rechtsanwalt und Kongreßmitglied – wurde von einer plötzlichen, unerklärlichen Krankheit befallen, der alle Kunst der Ärzte nicht beikommen konnte. Nach schwerem Leiden starb sie, zum mindesten nahm man das an. Niemand vermutete, niemand hatte auch Grund zur Vermutung, daß sie nicht wirklich tot war. Sie ließ alle gewöhnlichen Anzeichen des Todes erkennen. Die Gesichtszüge zeigten das übliche hagere, eingefallene Aussehen. Die Lippen wiesen die bekannte Marmorblässe auf. Die Augen waren glanzlos. Körperwärme war nicht mehr vorhanden. Der Pulsschlag hatte aufgehört. Drei Tage lang wurde der Leichnam aufgebahrt und nahm in dieser Zeit eine steinerne Starre an. Das Begräbnis wurde wegen des raschen Fortschreiten« von Erscheinungen, die man für Verwesungsspuren hielt, so bald wie möglich angesetzt.

Die Dame wurde in ihrer Familiengruft beigesetzt, die dann drei Jahre lang unberührt blieb. Danach wurde sie geöffnet, um einen Sarkophag aufzunehmen – aber ach, welch fürchterlicher Schrecken erwartete den Gatten, der eigenhändig das Tor öffnete! Als die Türflügel nach außen und hinten schwangen, fiel ihm ein weiß angetanes Etwas klappernd in die Arme. Es war das Skelett seiner Frau in dem noch nicht vermoderten Leichengewand.

Eingehende Nachforschungen erwiesen, daß sie innerhalb der ersten zwei Tage nach ihrer Beisetzung wieder zum Leben erwacht sein mußte und daß ihre krampfartigen Bewegungen den Sarg von einem Sims oder Sockel herabstürzen ließen, so daß er am Boden zerbrach und sie hinausgelangen konnte. Eine Lampe voller Öl, die versehentlich in der Gruft zurückgelassen worden war, erwies sich als leer; das Öl konnte sich allerdings auch durch Verdampfung oder Verdunstung verflüchtigt haben. Auf der obersten der Stufen, die in die schaurige Kammer hinabführten, fand sich ein großes Bruchstück des Sarges, mit dem sie anscheinend gegen das eiserne Tor geschlagen und versucht hatte, Vorübergehende aufmerksam zu machen. Während sie damit beschäftigt war, hatte sie wahrscheinlich einen Schwächeanfall erlitten oder sie war vor Schreck und Grauen gestorben, und beim Fallen hatte sich ihr Leichentuch in irgendwelchem hervorstehenden Eisenwerk am Türinnern verfangen. In dieser Haltung blieb sie hängen und verweste aufrecht stehend.

Im Jahre 1810 wurde in Frankreich jemand unter Umständen lebendig begraben, die wieder einmal die Behauptung, die Wahrheit könne wunderbarer als die phantastischste Erzählung sein, weitgehend bestätigten. Die Heldin der Geschichte war eine Mademoiselle Victorine Lafourcade, ein junges Mädchen aus vornehmer Familie, reich und sehr schön. Einer ihrer zahlreichen Verehrer war Julien Bossuet, ein armer Literat oder Journalist aus Paris. Seine Begabung und sein liebenswürdiger Charakter hatten die Aufmerksamkeit der Erbin erregt, und sie schien ihn wahrhaft geliebt zu haben; doch ihr Standesstolz bewog sie am Ende doch, ihn abzuweisen und einen gewissen Monsieur Renelle, einen Bankier und nicht ganz unbedeutenden Diplomaten, zu heiraten. Nach der Hochzeit jedoch vernachlässigte sie dieser Herr, ja, er behandelte sie sogar in einem noch ausgesprocheneren Sinne schlecht. Nachdem sie einige leidvolle Jahre mit ihm verbracht hatte, starb sie – zumindest glich ihr Zustand so sehr dem Tode, daß jeder, der sie sah, sich davon täuschen ließ. Sie wurde in ihrem Heimatdorf beigesetzt, doch nicht in einer Gruft, sondern in einer gewöhnlichen Grabstätte. Voller Verzweiflung und immer noch von der Erinnerung an seine heiße Liebe erfüllt, reist der junge Liebhaber aus der Hauptstadt in die ferne Provinz, wo das Dorf liegt. Er hat den romantischen Plan, den Leichnam auszugraben und sich in Besitz der üppigen Haarflechten zu setzen. Er findet das Grab. Um Mitternacht gräbt er den Sarg aus, öffnet ihn und ist gerade dabei, das Haar abzuschneiden, als er in seinem Vorhaben plötzlich innehält; die geliebten Augen tun sich auf. Tatsächlich war die Dame lebendig begraben worden. Ihre Lebenskraft hatte sie noch nicht ganz verlassen, und so war sie durch die zärtlichen Berührungen ihres Liebhabers aus dem Schlummerzustand auferweckt worden, den man irrtümlicherweise für den Tod gehalten hatte. Außer sich vor Glück trug er sie in seine Unterkunft im Dorf. Er wendete gewisse, sehr wirksame Wiederbelebungsmittel an, die seinen medizinischen Kenntnissen Ehre machten; schließlich erwachte sie völlig zum Leben. Sie erkannte ihren Retter und blieb bei ihm, bis sie ihre ursprüngliche Gesundheit wiedererlangt hatte. Ihr Frauenherz war nicht von Stein, und dieser letzte Liebesbeweis genügte, es zu erweichen. Sie schenkte es Bossuet. Zu ihrem Gatten kehrte sie nicht mehr zurück, sondern verheimlichte ihm ihre Auferstehung und floh mit ihrem Geliebten nach Amerika. Zwanzig Jahre später kehrten die beiden nach Frankreich zurück in der Überzeugung, die Zeit habe das Aussehen der Dame so verändert, daß ihre Freunde sie nicht wiedererkennen würden. Sie täuschten sich jedoch, denn schon beim ersten Zusammentreffen erkannte Monsieur Renelle sie tatsächlich und erhob Anspruch auf seine Gattin. Diesen Anspruch wollte sie nicht anerkennen. Ein Gerichtshof gab ihrer ablehnenden Haltung recht und entschied, daß durch die besonderen Umstände wie auch durch die inzwischen verstrichene lange Zeit die Besitzansprüche des Gatten nicht nur aus Billigkeitsgründen, sondern auch rechtlich erloschen seien.

Das »Leipziger Journal der Chirurgie« – eine hochangesehene und bedeutende Zeitschrift, die man amerikanischen Verlegern für eine Ausgabe in englischer Übersetzung nur empfehlen kann – berichtet in einer ihrer neueren Nummern ein sehr betrübliches Ereignis ähnlicher Art.

Ein Artillerie-Offizier, ein Mensch von riesiger Statur und robuster Gesundheit, wurde von einem störrischen Pferd abgeworfen und zog sich eine ernste Gehirnerschütterung zu, die ihn sofort bewußtlos werden ließ; ein leichter Schädelbruch lag außerdem vor, doch sah man keine unmittelbare Gefahr. Eine Trepanation wurde erfolgreich durchgeführt. Man ließ ihm zur Ader und wandte viele andere der üblichen Linderungsmittel an. Allmählich verfiel er jedoch in einen immer hoffnungsloser werdenden Dämmerzustand, und schließlich nahm man an, er sei gestorben.

Das Wetter war warm, und er wurde mit ungehöriger Eile auf einem der öffentlichen Friedhöfe beerdigt. Seine Beisetzung fand an einem Donnerstag statt. Am folgenden Sonntag wimmelte der Friedhof wie üblich von Besuchern, und um die Mittagsstunde erregte die Erklärung eines Bauern beträchtliches Aufsehen, er habe, als er auf dem Grabe des Offiziers saß, deutlich eine Erdbewegung verspürt, als ob jemand drunten sich gegen die Erdlast stemmte. Anfangs war man kaum geneigt, seinen Beteuerungen Glauben zu schenken, doch verfehlten sein offensichtliches Entsetzen und die verbissene Hartnäckigkeit, mit der er auf seiner Aussage bestand, schließlich ihre Wirkung auf die Menge nicht. Spaten waren rasch herbeigeschafft, und in wenigen Minuten lag das übrigens unerhört flach ausgehobene Grab den Blicken so weit offen, daß der Kopf seines Insassen sichtbar wurde. Er war in diesem Augenblick offenbar tot, doch er saß fast völlig aufrecht in seinem Sarg, dessen Deckel er in seinem wahnsinnigen Bemühen zum Teil hochgestemmt hatte.

Er wurde unverzüglich ins nächste Krankenhaus gebracht, und dort stellte man fest, daß noch Leben in ihm war, wenn er auch in seinem Zustand der Asphyxie kaum noch Lebenszeichen aufwies. Nach einigen Stunden kam er zum Bewußtsein, erkannte anwesende Freunde und sprach in abgerissenen Sätzen von seinen Qualen im Grabe.

Aus seinem Bericht ging deutlich hervor, daß er unter der Erde über eine Stunde lang gewußt haben mußte, was mit ihm vorgegangen war, ehe er wieder in Bewußtlosigkeit versank. Das Grab war nachlässig und nur locker mit sehr durchlässigem Erdreich gefüllt, und so mußte eine gewisse Menge Luft hinabdringen. Er hörte die Schritte der Menge über sich und versuchte, sich seinerseits vernehmlich zu machen. Es war wohl der Betrieb auf dem Friedhof, der ihn, wie er sagte, aus seinem tiefen Schlaf erweckt haben mußte; doch kaum war er erwacht, als er sich auch schon seiner grauenvollen Lage voll bewußt wurde.

Der Zustand des Patienten soll durchaus zufriedenstellend gewesen sein, und er schien auf dem besten Wege zu völliger Genesung, als er der Scharlatanerie ärztlicher Experimentierlust zum Opfer fiel. Die galvanische Batterie wurde therapeutisch angewandt, und er erlag unerwartet einem jener abnorm heftigen Krampfanfälle, die der Apparat zuweilen zusätzlich auslöst.

Die Erwähnung der galvanischen Batterie erinnert mich allerdings auch an einen bekannten außergewöhnlichen Fall von Lebendigbegrabenwerden, wo ihre Wirkung es ermöglichte, einen seit zwei Tagen begrabenen jungen Juristen aus London ins Leben zurückzurufen. Der Vorfall ereignete sich im Jahre 1831 und erregte überall, wo davon gesprochen wurde, das größte Aufsehen.

Der Patient, Mr. Edward Stapleton, war offensichtlich an Typhus gestorben; im Krankheitsverlauf hatten sich jedoch anomale Symptome gezeigt, die den Wissensdurst seiner ärztlichen Betreuer erregten. Nach seinem scheinbaren Hinscheiden wurden seine Angehörigen gebeten, eine Leichenöffnung zu gestatten, was sie jedoch ablehnten. Wie es in solchen Fällen oft geschieht, entschlossen sich die Ärzte, den Leichnam ausgraben zu lassen und ihn in aller Stille privat zu sezieren. Die notwendigen Abmachungen wurden mit einigen der Leichenräuber, von denen es in London übergenug gibt, ohne Schwierigkeit getroffen, und in der dritten Nacht nach der Beerdigung wurde der angebliche Leichnam aus einem acht Fuß tiefen Grab exhumiert und in den Operationsraum einer Privatklinik gebracht.

Schon war auf dem Abdomen ein Einschnitt von ziemlicher Länge vorgenommen worden, als das frische, keinerlei Verwesungsanzeichen aufweisende Aussehen des Leichnams eine Anwendung der Batterie geraten erscheinen ließ. Ein Experiment folgte dem anderen, und die üblichen Wirkungen stellten sich ein; sie erbrachten keine ungewöhnlichen Resultate, außer daß in ein oder zwei Fällen die Zukkungen lebensechter erschienen als in den anderen.

Es wurde spät. Die Morgendämmerung kündete sich an, und so hielt man es für angebracht, sofort mit der Sektion zu beginnen. Ein Student jedoch, dem besonders daran lag, eine von ihm aufgestellte Theorie zu erproben, bestand darauf, die Batterie noch an einen der Brustmuskeln ansetzen zu dürfen. So legte man den Muskel durch einen flüchtigen Schnitt frei und setzte schnell den Kontakt an, als der Patient sich mit einer raschen, aber durchaus nicht zuckenden Bewegung vom Tisch erhob, in die Mitte des Raumes lief, sich ein paar Sekunden lang beunruhigt umschaute und dann sprach. Was er sagte, blieb unverständlich, doch war zu erkennen, daß er Worte und Silben bildete. Als er gesprochen hatte, stürzte er und schlug heftig auf dem Fußboden auf.

Einen Augenblick waren alle von Entsetzen gelähmt – doch die offenbare Dringlichkeit des Falls gab ihnen ihre Geistesgegenwart wieder. Man stellte fest, daß Mr. Stapleton am Leben und nur bewußtlos war. Nach Anwendung von

Äther kam er wieder zu sich und erlangte rasch die volle Gesundheit wieder. So war er seinen Angehörigen und Freunden wiedergeschenkt, denen man allerdings seine Auferstehung nicht eher mitteilte, als bis kein Rückfall mehr zu befürchten war. Ihre Verwunderung, ihr freudiges Staunen kann man sich vorstellen.

Die schaurigste Seite dieses Vorfalls kommt jedoch erst durch Mr. Stapletons eigenen Bericht zutage. Er sagt aus, er sei nie völlig ohne Bewußtsein gewesen – unvollkommen und verworren habe er alles wahrgenommen, was mit ihm und um ihn vorging – vom Zeitpunkt an, da ihn die Ärzte für *tot* erklärten, bis zum Augenblick, in dem er ohnmächtig auf dem Fußboden der Klinik niederstürzte. »Ich bin lebendig«, waren die unverstandenen Worte gewesen, die er in seiner Verzweiflung ausstoßen wollte, als er die Räumlichkeit der Sektionskammer erkannte.

Es wäre eine Leichtigkeit, noch zahlreiche andere, ähnliche Beispiele anzuführen, doch verzichte ich darauf, weil wir sie wirklich nicht erst heranzuziehen brauchen, um zu beweisen, daß verfrühte Beerdigungen tatsächlich vorkommen. Wenn wir dann noch in Betracht ziehen, wie selten es der Natur der Sache nach in unserer Macht steht, sie zu entdekken, müssen wir zugeben, daß solche Fälle sich *häufig* genug ereignen, ohne daß wir davon erfahren. Tatsächlich geschieht es selten, daß ein Friedhof aus irgendwelchen Gründen in größerem Umfange freigelegt wird, ohne daß Skelette in Stellungen gefunden werden, die zu den furchtbarsten Mutmaßungen Anlaß geben.

Wenn schon die Mutmaßung fürchterlich ist, wieviel furchtbarer muß dann ein solches Schicksal sein! Man kann es ohne Zögern aussprechen, daß kein Ereignis so grauenvoll äußerste körperliche und seelische Qual auszulösen vermag wie ein Begräbnis vor dem Tode. Die unerträgliche Beklemmung der Lungen – die erstickenden Dünste der feuchten Erde – die beengenden Totengewänder – das unabwendbare Eingeschlossensein in der engen Behausung – die Schwärze der absoluten Nacht – das alles verschluckende Meer der ewigen Stille – die unsichtbare, aber spürbare Anwesenheit des am Ende doch siegreichen Wurms – all dies, und dazu noch der Gedanke, daß es droben Licht, Luft und grünes Gras gibt, daß auf der Erde liebe Freunde leben, die herbeieilen würden, um uns zu retten, wenn sie nur von unserem Schicksal erführen, und die Gewißheit, daß sie von diesem Schicksal *niemals* etwas erfahren können, daß wir also ohne jede Hoffnung das Los der wirklich Toten teilen müssen – diese Überlegungen, sage ich, flößen dem immer noch schlagenden Herzen ein Übermaß von entsetzlichem und unerträglichem Grausen ein, vor dem auch die kühnste Phantasie zurückschrecken muß. Wir kennen nichts Qualvolleres auf der Erde – wir können uns selbst im tiefsten Höllenpfuhl auch im Traume nichts vorstellen, was halb so entsetzlich wäre. Daher finden alle Berichte über dieses Thema so tiefes Interesse, ein Interesse allerdings, das bei der heiligen Scheu, die wir vor der Sache als solcher haben, in meinem Ausmaß wesentlich, ja ganz ausschließlich davon abhängt, inwieweit wir von der *Wahrheit* solcher Berichte überzeugt sind. Was ich im folgenden berichten will, beruht auf eigener Tatsachenkenntnis – ist meine eigene unzweifelhafte, persönliche Erfahrung. Jahrelang wurde ich von Anfällen des eigentümlichen Leidens heimgesucht, das die Ärzte in Ermangelung einer genaueren Bezeichnung »Katalepsie« zu nennen pflegen. Obwohl die auslösenden wie auch die prädisponierenden Ursachen der Krankheit immer noch schleierhaft sind und sogar die eigentliche Diagnose nicht klar gestellt werden kann, so sind doch ihre augenfälligen Erscheinungsformen hinreichend bekannt. Vorkommende Abarten scheinen hauptsächlich quantitativer Natur zu sein. Manchmal liegt der Patient nur einen Tag lang oder sogar noch kürzere Zeit in einer Art gesteigerter Lethargie. Er ist empfindungslos und nach außen hin unbeweglich, doch ist die Herztätigkeit immer noch schwach wahrnehmbar; die Körperwärme bleibt stark abgemindert erhalten; ein leichter Anflug von Farbe bleibt in der Mitte der Wangen bestehen; und wenn man einen Spiegel vor die Lippen des Kranken hält, macht sich eine träge, ungleichmäßige und schwankende Lungentätigkeit bemerkbar. In anderen Fällen wiederum hält der Trancezustand Wochen, ja Monate an, wobei auch die genaueste Untersuchung mit den gründlichsten medizinischen Testmethoden zwischen dem Zustand des Leidenden und dem, was wir als endgültigen Tod bezeichnen, keine klaren Unterscheidungsmerkmale feststellen kann. Sehr häufig bleibt er nur deshalb vor einer verfrühten Beerdigung bewahrt, weil seine Angehörigen wissen, daß er schon früher kataleptische Anfälle erlitten hat, und daher auf der Hut sind, besonders natürlich dann, wenn keine Verwesungserscheinungen auftreten. Glücklicherweise entwickelt sich die Krankheit meist allmählich. Schon die ersten Anzeichen sind klar ausgeprägt und dabei eindeutig. Die aufeinanderfolgenden Anfälle nehmen immer deutlicheren Charakter an und dauern jeweils länger als die vorhergehenden. Hierin liegt die hauptsächliche Gewähr dafür, nicht vorzeitig begraben zu werden. Der Unglückliche, dessen *erster* Anfall schon die äußerste Stärke haben sollte – und das kommt gelegentlich vor –, würde fast unentrinnbar lebendig dem Grabe überantwortet werden.

Mein Fall wich in keiner wesentlichen Einzelheit von den Krankheitsbildern ab, wie sie in medizinischen Büchern verzeichnet sind. Zuweilen sank ich ohne sichtliche Ursache allmählich in einen Zustand von Halb-Koma oder halber Bewußtlosigkeit und verharrte darin ohne Schmerzen, ohne mich rühren, ja ohne denken zu können, doch mit einer dumpfen lethargischen Empfindung meines Daseins und der Anwesenheit derer, die mein Bett umstanden, bis mir die kritische Wende der Krankheit unvermittelt mein volles Bewußtsein wiedergab. Ein andermal wiederum überwältigte mich die Krankheit schnell und ungestüm. Ich wurde schwach und steif, empfand Kälteschauer und Schwindelgefühl und wurde mit einem Schlage hingestreckt. Dann war wochenlang alles leer und schwarz und still, und das Nichts wurde meine Welt. Völliges Auslöschen konnte nicht vollständiger sein. Aus solchen Anfällen erwachte ich jedoch nur stufenweise und weit langsamer, als sie mich ergriffen. Wie der Tag dem freundlosen, heimatlosen Bettler heraufdämmert, der die lange, trostlose Winternacht durch die Straßen geirrt ist – genauso zögernd – genauso unvollkommen – genauso willkommen kam das Licht der Seele zu mir zurück.

Abgesehen von meiner Neigung, in Dämmerschlaf zu verfallen, schien mein allgemeiner Gesundheitszustand jedoch gut zu sein, und ich spürte von jener Krankheit, die mich heimsuchte, normalerweise überhaupt nichts, es sei denn, man führe eine mit meinem normalen *Schlaf* verbundene Eigenart darauf zurück Wenn ich nämlich aus dem Schlummer erwachte, konnte ich niemals sofort in den vollen Besitz meiner Geisteskräfte gelangen und blieb viele Minuten lang in ziemlicher Verwirrung und Benommenheit befangen; sowohl meine geistigen Fähigkeiten im allgemeinen als auch mein Gedächtnis im besonderen blieben die ganze Zeit über in einem ausgesprochenen Schwebezustand.

Bei alledem hatte ich keine körperlichen Schmerzen, doch litt ich seelisch unendlich darunter. Meine Gedanken kreisten um Tod und Gruft. »Von Gräbern sprach ich, Würmern, Leichensteinen«, war in Todesphantasien befangen und vom Gedanken an ein Lebendigbegrabenwerden besessen. Der gespenstische Gedanke an die Gefahr, in der ich schwebte, verfolgte mich unablässig, quälte mich bei Tag, folterte mich bei Nacht. Wenn die mitleidlose Dunkelheit die Erde einhüllte, dann erbebte ich in Entsetzen vor meinen Gedanken – erbebte wie die schwankenden schwarzen Federn auf den Pferdeköpfen vor dem Leichenwagen. Wenn die Natur ihr Recht verlangte und mich nicht länger wachen ließ, wehrte ich mich bis zuletzt gegen den Schlaf – denn mit Schaudern dachte ich daran, daß ich mich beim Erwachen vielleicht in einem Grabe wiederfinden würde. Und wenn ich dann endlich in Schlummer versank, so geschah dies nur, um mich sofort in eine Welt von Wahngebilden zu stürzen, über der mit riesigen, schwarzen, überschatteten Schwingen die alles beherrschende Idee von Grab und Verwesung schwebte.

Von zahllosen düsteren Bildern, die mich in meinen Träumen heimsuchten und bedrückten, will ich nur eine einzige Vision aufzeichnen. Mir war, als läge ich in kataleptischer Trance von ungewöhnlicher Dauer und Tiefe. Plötzlich fühlte ich eine eiskalte Hand auf meiner Stirn, und eine ungeduldige, schnatternde Stimme flüsterte mir die Worte »Erhebe dich« ins Ohr.

Ich setzte mich auf. Die Dunkelheit war undurchdringlich. Ich konnte die Gestalt dessen, der mich erweckt hatte, nicht sehen. Ich konnte mich weder an den Zeitpunkt erinnern, an dem ich in meinen Trancezustand verfallen war, noch mir vorstellen, wo ich mich eigentlich befand. Während ich reglos dasaß, bemüht, meine Gedanken zu sammeln, ergriff die kalte Hand mich ungestüm am Handgelenk, schüttelte es ungeduldig, und die schnatternde Stimme sprach wieder: »Erhebe dich! Habe ich dir nicht geboten, dich zu erheben?«

»Und wer«, fragte ich, »bist du?«

»Ich trage keinen Namen in den Gefilden, in denen ich hause –«, erwiderte die Stimme trauervoll; »ich war ein

Sterblicher, doch nun bin ich ein Geist; ich war unbarmherzig, doch nun bin ich von Mitleid erfüllt. Du fühlst, wie ich schaudere. Die Zähne klappern mir beim Sprechen, doch nicht wegen der Kühle der Nacht – der Nacht ohne Ende. Aber dies Grauen hier ist unerträglich. Wie kannst *du* ruhig schlafen? Ich finde vor dem Aufschrei dieser unendlichen Qualen keine Ruhe. Was ich sehe, ist mehr, als ich ertragen kann. Raff dich auf! Komm mit hinaus in die Nacht da draußen und laß mich deinem Blick die Gräber öffnen. Ist es nicht ein Bild unsagbaren Jammers? – Schau um dich!«

Ich sah. Die unsichtbare Gestalt, die mich immer noch am Handgelenk gepackt hielt, hatte die Gräber der ganzen Menschheit vor meinem Blick aufdecken lassen, und von jedem strahlte der schwache Phosphorschein der Verwesung aus, so daß ich bis in die innersten Winkel und Tiefen blikken und dort die in ihre Grabtücher gehüllten Leichen in ihrem trauervollen und doch feierlichen Schlummer bei den Würmern erkennen konnte. Aber ach! Die Zahl der wirklichen Schläfer war um Millionen geringer als die derjenigen, die keineswegs schliefen; und es war überall ein schwaches, vergebliches Angehen und Ringen und eine schmerzvolle Unrast zu erkennen; und aus den Tiefen der zahllosen Gruben drang schwermütig das Rascheln der Leichengewänder all der Begrabenen; und auch unter denen, die sanft zu schlummern schienen, erblickte ich viele, die mehr oder weniger die starre, unbequeme Stellung gewechselt hatten, in der sie ursprünglich eingesargt worden waren. Und wieder sagte die Stimme zu mir, als ich dies alles schaute: »Ist es nicht – oh, ist es nicht ein wahrhaft jammervoller Anblick?« Doch ehe ich ein Wort der Erwiderung finden konnte, hatte die Gestalt ihren Griff um mein Handgelenk gelöst, der Phosphorschimmer erlosch, und die Gräber wurden rasch und mitleidlos wieder zugedeckt, während sich aus ihrer Tiefe ein Gewirr verzweifelnder Schreie erhob, die noch einmal riefen: »O Gott! Ist es nicht ein wahrhaft jammervoller Anblick?«

Nächtliche Phantasiegebilde wie diese wirkten weit in meine wachen Stunden schrecklich nach. Mein Nervensystem war völlig zerrüttet, und andauernde Angstzustände beherrschten mich. Ich hatte Bedenken, auszufahren oder spazierenzugehen oder sonst etwas zu unternehmen, das es nötig gemacht hätte, mich aus meinem Haus zu entfernen. Kurz, ich wagte mich nicht mehr aus der unmittelbaren Nähe der Menschen, die über meine kataleptische Veranlagung Bescheid wußten, um nicht Gefahr zu laufen, während eines Anfalls begraben zu werden, ehe mein eigentlicher Zustand festgestellt werden konnte. Ich zweifelte die Treue, die Zuverlässigkeit meiner liebsten Freunde an; ich fürchtete, sie könnten bei einem länger als gewöhnlich anhaltenden Dämmerzustand sich zu der Ansicht bekehren lassen, ich sei für immer entschlummert. Ich ging in meinem Argwohn sogar so weit, ihnen zuzutrauen, sie könnten, da ich ihnen viele Umstände bereitete, einen besonders ausgedehnten Anfall als willkommene Gelegenheit und Entschuldigung betrachten, mich ein für allemal loszuwerden. Vergebens suchten sie mich immer wieder durch die feierlichsten Versprechungen zu beruhigen. Ich ließ sie die heiligsten Eide schwören, mich unter keinen Umständen eher zu begraben, als bis die Verwesung so weit fortgeschritten sei, daß eine längere Aufbahrung unmöglich würde; und selbst dann wollten meine Todesängste der Vernunft nicht Gehör geben und jedem Trost unzugänglich bleiben. Ich traf eine Reihe ausgeklügelter Vorsichtsmaßnahmen. Ich ließ unter anderem die Familiengruft so umbauen, daß sie leicht von innen geöffnet werden konnte. Der leiseste Druck auf einen langen, weit in den Grabraum hineinragenden Hebel genügte, um die eisernen Torflügel auffliegen zu lassen. Auch Vorrichtungen für ungehinderten Zugang von Luft und Licht wurden angebracht, und in Reichweite des für mich bestimmten Sarges standen geeignete Behälter zur Aufnahme von Nahrung und Wasser. Der Sarg war warm und weich gepolstert und hatte einen Deckel, der sich nach dem Prinzip des Grufttors öffnen ließ; nur waren hier zusätzlich noch Federn angebracht, die bei der geringsten Bewegung des Körpers ausgelöst wurden und ihn befreiten. Überdies hing vom Dach der Gruft eine große Glocke herab, deren Seil durch eine Öffnung in den Sarg geleitet und an einer der Hände des Leichnams befestigt werden sollte. Doch ach, was vermag alle Vorsicht und Wachsamkeit gegen das dem Menschen vorbestimmte Schicksal? Nicht einmal diese klug ausgedachten Sicherheitsmaßnahmen genügten, vor den unausdenkbaren Qualen des Lebendigbegrabenwerdens einen Unglückseligen zu retten, dem eben diese Qualen vorherbestimmt waren!

Wieder einmal geschah es, wie es zuvor schon oft geschehen war, daß ich merkte, wie in mir aus völliger Bewußtlosigkeit das erste, schwache und undeutliche Gefühl für mein Dasein aufkeimte. Schneckengleich langsam dämmerte das erste, blasse Grau des Seelentags herauf. Stumpfes Unbehagen; apathisches Hinnehmen eines dumpfen Schmerzes; kein Sorgen – kein Hoffen – kein Wollen. Dann, lange danach, ein Klingen im Ohr; dann, nach noch längerer Zeit, ein prickelndes oder kribbelndes Gefühl in den Gliedmaßen; dann eine scheinbar endlose Periode wohltuender Stille, in der die erwachenden Gefühle sich ins Bewußtsein drängen; dann kurzes Zurücksinken ins Nichts; dann plötzliche Wiederbelebung. Endlich das leichte Zucken eines Augenlids, und unmittelbar danach ein elektrischer Schock des Entsetzens, tödlich und alles erfassend, der das Blut von den Schläfen wild zum Herzen strömen läßt. Und nun der erste, klare Versuch zu denken. Und nun der erste Versuch, sich zu erinnern. Und nun ein teilweiser, unendlich geringer Erfolg. Und nun hat die Erinnerung ihre Herrschaft soweit wiedergewonnen, daß mir mein Zustand zu einem gewissen Grade bewußt wird. Ich habe den Eindruck, daß ich nicht aus dem gewöhnlichen Schlafe erwacht bin. Ich entsinne mich, daß ich an Katalepsie leide. Und nun erst wird wie durch einen Ozeaneinbruch mein erschaudernder Geist vom Bewußtsein der einen, grausigen Gefahr überwältigt – von dem einen, gespenstischen, mich unentwegt beherrschenden Gedanken.

Als ich mich erneut von dieser Idee besessen fand, blieb ich minutenlang regungslos liegen. Warum wohl? Einfach weil ich nicht den Mut aufbrachte, mich zu rühren. Ich wagte nichts zu unternehmen, was meine Angst bestätigt hätte; und doch flüsterte mir etwas im tiefsten Innern zu: *Es gibt keinen Zweifel daran,* Verzweiflung – wie sie nur eine Qual wie die meine auslösen kann –, nur Verzweiflung bewog mich nach langem Zögern endlich, die schweren Augenlider zu heben. Ich hob sie. Es war dunkel – völlig dunkel. Ich wußte, daß der Anfall vorüber war. Ich wußte, daß ich die kritische Wendung des Anfalls längst überstanden hatte. Ich wußte, daß ich nun den Gebrauch meines Gesichtssinns längst wiedererlangt hatte – und dennoch war es dunkel – völlig dunkel – herrschte die tiefe, vollkommene Finsternis der ewigen Nacht.

Ich versuchte zu schreien; meine Lippen und die ausgedörrte Zunge mühten sich krampfhaft ab – doch keine Stimme drang aus den eingesunkenen Lungen, die wie unter dem Gewicht einer berghohen Last keuchten und bei jedem mühsamen Atemzug mit dem Herz um die Wette bebten und zuckten.

Als ich in dem Bemühen, laut zu schreien, die Kiefer bewegte, bemerkte ich, daß sie zusammengebunden waren, wie man das bei Leichen zu tun pflegt. Auch fühlte ich, daß ich auf etwas Hartem lag, und hart war auch das Material, das mich auf beiden Seiten eng zusammenpreßte. Bis dahin hatte ich noch nicht gewagt, ein Glied zu rühren – doch jetzt stieß ich mit aller Gewalt die Arme nach oben, die zuvor mit gekreuzten Handgelenken lang ausgestreckt gelegen hatten. Sie trafen auf einen festen, hölzernen Widerstand, der sich nur sechs Zoll vom Gesicht entfernt als Decke langhin erstreckte. Ich konnte nicht länger daran zweifeln, daß ich endlich in einem wirklichen Sarge ruhte.

Und nun tauchte inmitten meines unendlichen Elends ein süßer Hoffnungsschimmer auf – denn ich dachte an meine Vorsichtsmaßnahmen. Ich krümmte mich zusammen und machte krampfhafte Anstrengungen, den Deckel aufzuwerfen; er wollte sich nicht bewegen. Ich tastete an meinen Handgelenken nach dem Glockenstrang; er war unauffindbar. Und nun floh jeder Trost für immer, und eine noch tiefere Verzweiflung trat triumphierend die Herrschaft an; denn nun bemerkte ich auch noch das Fehlen der Polsterkissen, die ich so umsichtig vorgesehen hatte; und dann drang mir plötzlich auch noch der eigenartig herbe Geruch feuchter Erde in die Nase. Die Schlußfolgerung war zwingend. Ich befand mich *nicht* in der Gruft. Ich war also außerhalb meines Wohnorts, unter Fremden, in meinen Dämmerzustand verfallen – wann oder wie das geschehen konnte, wurde mir nicht klar. Sie waren es also gewesen, die mich wie einen Hund verscharrt, in irgendeinen gewöhnlichen Sarg eingenagelt und tief, ganz tief in ein gewöhnliches, namenloses *Grab* versenkt hatten.

Als mir diese entsetzliche Erkenntnis auch in den innersten Bereichen meiner Seele dämmerte, versuchte ich nochmals und mit aller Kraft, laut zu schreien; und dieser zweite Versuch gelang mir. Ein langgezogener, wilder, nicht enden wollender Aufschrei der Todesangst, ein Geheul der Verzweiflung durchhallte die Bereiche der unterirdischen Nacht.

»He, Sie da, hallo!« tönte eine rauhe Stimme als Antwort.

»Was, zum Teufel, ist denn hier los?« sagte eine zweite.

»Schern Se sich hier raus!« sagte eine dritte.

»Was soll denn das heißen, daß Se hier rumheulen wie 'n alter Köter?« sagte ein vierter; und hierauf wurde ich angepackt und mehrere Minuten lang ohne Umstände von diesen sehr roh erscheinenden Individuen gemeinsam derb umhergeschüttelt. Sie rüttelten mich nicht aus dem Schlafe auf, denn ich war hell wach gewesen, als ich den Schrei ausstieß – aber sie stellten mein Erinnerungsvermögen wieder voll und ganz her.

Die ganze Sache hatte sich in der Nähe von Richmond in Virginia zugetragen. In Begleitung eines Freundes war ich auf einem Jagdausflug an den Ufern des James River einige Meilen weit stromab gelangt. Die Nacht zog herauf, und ein Gewitter überraschte uns. Die Kabine einer kleinen, mit Gartenerde beladenen Schaluppe, die im Strom vor Anker lag, bot uns die einzig erreichbare Unterkunft. Wir richteten uns ein, so gut es ging, und verbrachten die Nacht an Bord. Ich schlief in einer der beiden auf dem kleinen Fahrzeug vorhandenen Kojen – und den Umfang der Kojen auf einer Schaluppe von sechzig bis siebzig Tonnen kann man sich leicht vorstellen. Die von mir benutzte hatte keinerlei Schlafzubehör. Sie war an ihrer breitesten Stelle achtzehn Zoll weit, und der Abstand ihres Bodens vom darüber verlaufenden Deck betrug genausoviel. Ich fand es äußerst schwierig, mich überhaupt hineinzuzwängen. Trotzdem schlief ich tief und fest, und meine ganze Vision – denn es war kein Traum und kein Alpdruck – entsprang natürlich meiner Lage in dieser Umgebung, der Voreingenommenheit meines gesamten Denkens und der schon erwähnten Schwierigkeit, erst geraume Zeit nach dem Erwachen wieder zu mir zu kommen und besonders mein Erinnerungsvermögen zurückerlangen zu können. Die Männer, die mich schüttelten, waren die Besatzung der Schaluppe und ein paar

Arbeiter, die sie entladen sollten. Von der Ladung selbst ging der erdige Geruch aus. Die Bandage um die Kiefer erwies sich als ein seidenes Taschentuch, das ich mir in Ermangelung meiner Nachtmütze um den Kopf gewunden hatte.

Die erduldeten Qualen jedoch entsprachen zweifellos voll und ganz denen, die man in einem wirklichen Grab erleiden würde. Sie waren fürchterlich – sie waren unausdenkbar grauenhaft. Doch aus Schlimmem erwuchs mir Gutes, denn das Übermaß der Qual bewirkte in meinem Geist unvermeidlich einen grundlegenden Umschwung. Meine Seele gewann wieder Spannkraft – gewann ihr Gleichmaß wieder. Ich unternahm weite Reisen. Ich widmete mich eifrig sportlichen Übungen. Ich atmete freie Himmelsluft. Ich dachte an anderes als an den Tod. Ich schaffte meine medizinischen Bücher ab. Den »Buchan« verbrannte ich gleich. Ich las keine »Nachtgedanken« mehr – keinen bombastischen Schund über Friedhöfe – keine Gruselgeschichten mehr, *wie zum Beispiel diese hier.* Kurz, ich ward ein neuer Mensch und führte ein normales Menschenleben. Seit jener denkwürdigen Nacht legte ich auch meine Grabesängste für immer ab, und mit ihnen verschwand das kataleptische Leiden, das wohl weniger ihre Ursache als ihre Folge gewesen war.

Es gibt Augenblicke, in denen selbst vor dem nüchternen Auge der Vernunft die Welt unseres traurigen Menschseins Ähnlichkeit mit einer Hölle annehmen kann; doch die Einbildungskraft des Menschen ist kein Carathis, und nicht jeder ihrer verborgensten Schlupfwinkel läßt sich ungestraft bloßlegen. Zwar kann die grausige Heerschar der Grabesschrekken leider nicht gänzlich als Phantasieprodukt abgetan werden; doch muß man sie schlafen lassen wie die Dämonen, in deren Begleitung Afrasiyab den Oxus hinabfuhr, wenn sie uns nicht verschlingen sollen – wir dürfen sie nicht wecken wenn wir nicht zugrunde gehen wollen.

Unterhaltung mit einer Mumie

Das gestrige »Symposium« war ein wenig zuviel für meine Nerven gewesen. Ich hatte elende Kopfschmerzen und war schrecklich müde. Statt also den Abend so zu verbringen, wie ich mir es ursprünglich vorgenommen hatte, erschien es mir vernünftiger, nur schnell eine Kleinigkeit zu essen und dann sofort zu Bett zu gehen.

Natürlich nur ein *leichtes* Abendbrot! Nun esse ich Welsh Rabbits schrecklich gern. Freilich ist mehr als ein Pfund davon nicht unbedingt und zu allen Tageszeiten zu empfehlen. Doch auch gegen zwei Pfund bestehen wohl keine ernsthaften Bedenken. Und zwischen zwei und drei ist der Unterschied doch wirklich recht unerheblich – es ist ja bloß eins mehr. Vielleicht habe ich es sogar auf vier gebracht. Meine Frau behauptet zwar, es waren fünf – aber da hat sie bestimmt zwei ganz verschiedene Dinge durcheinandergebracht. Die abstrakte Zahl fünf will ich ihr gut und gern zugestehn, aber dabei handelte es sich um die entsprechende Anzahl Flaschen Porterbier, sozusagen eine Zukost und Würze, ohne die man von Welsh Rabbits lieber die Finger lassen sollte.

Nachdem ich also meine bescheidene Mahlzeit bewältigt hatte, zog ich mir die Nachtmütze über die Ohren in der festen Hoffnung, sie bis zum nächsten Mittag nicht wieder abnehmen zu müssen. Ich bettete mein müdes Haupt auf das Kopfkissen und brachte es mit Hilfe eines ausgezeichneten Gewissens mühelos fertig, sofort in tiefen Schlaf zu sinken.

Doch wann hätten die Hoffnungen der Menschen sich jemals erfüllt? Ich konnte kaum mehr als dreimal zum Schnarchen gekommen sein, als jemand wie verrückt an der Hausklingel zerrte und dann auch noch ungeduldig die Tür mit dem Klopfer bearbeitete. Natürlich wachte ich sofort auf.

Eine Minute später – ich rieb mir immer noch die Augen – hielt mir meine Frau eine Nachricht von meinem alten Freund Doktor Ponnonner unter die Nase. Sie lautete:

»Komm unbedingt sofort zu mir, mein lieber alter Freund, sobald Du dies erhältst. Komm und teile unsre Freude. Endlich ist es mir nach langen, mit diplomatischem Geschick geführten Verhandlungen gelungen, von der Direktion unsres Stadtmuseums die Genehmigung zu erhalten, die Mumie zu untersuchen – Du weißt schon, welche ich meine. Ich habe die Erlaubnis, sie auszuwickeln und, wenn ich es für angebracht halten sollte, sie sogar zu öffnen. Nur wenige Freunde werden dabeisein – und Du gehörst natürlich dazu. Die Mumie ist schon in meinem Haus, und um elf Uhr fangen wir an, sie aufzurollen.

Dein Ponnonner.«

Als ich zu dem Wort »Ponnonner« gekommen war, fühlte ich mich so hell wach wie nur möglich. Ich sprang begeistert aus dem Bett, riß alles über den Haufen, was mir im Wege stand, und zog mich mit einer wahrhaft wunderbaren Geschwindigkeit an; dann stürmte ich hinaus und raste, so schnell ich konnte, zum Hause des Doktors.

Dort fand ich eine sehr ungeduldig harrende Gesellschaft schon versammelt. Sie hatten mein Eintreffen kaum erwarten können. Die Mumie lag auf dem Eßzimmertisch ausgestreckt, und kaum war ich eingetreten, als die Untersuchung auch schon begann.

Die Mumie war eine von den beiden, die vor mehreren Jahren ein Vetter Ponnonners, Hauptmann Arthur Sabretash, aus einem Grab in den Libyschen Bergen bei Eleithias – es liegt eine ganze Strecke oberhalb Thebens – mitgebracht hatte. Die Grabhöhlen dort sind zwar nicht so prächtig wie die Thebanischen Gräber, doch sind sie interessanter, weil sie viel mehr Szenen aus dem täglichen Leben der alten Ägypter in bildlicher Darstellung enthalten. Die Grabkammer, aus der unser Mumienexemplar entnommen worden war, soll an solchen Bildern besonders reich sein – die Wände waren über und über mit Freskomalereien und Basreliefs bedeckt, während Statuen, Vasen und prächtige Mosaikarbeiten Zeugnis von dem beträchtlichen Reichtum des Verstorbenen ablegten.

Der kostbare Fund war in genau dem gleichen Zustand im Museum aufgestellt worden, in welchem Hauptmann Sabretash ihn entdeckt hatte, das heißt, der Sarg war unbeschädigt erhalten. Acht Jahre lang hatte er so dagestanden, und das Publikum hatte ihn nur von außen betrachten können. Wir hatten hier also eine vollständige, unberührte Mumie vor uns, und alle, denen bekannt ist, wie äußerst selten eine nicht ausgeraubte, unbeschädigte Mumie unsere Küsten erreicht, können verstehen, daß wir guten Grund hatten, uns zu unserem großen Glück zu gratulieren.

Als ich an den Tisch herantrat, erblickte ich eine große Kiste, oder vielmehr einen großen Behälter, der bei zweieinhalb Fuß Tiefe etwa sieben Fuß lang und wohl drei Fuß breit war. Er war länglich, sah jedoch nicht wie ein Sarg aus. Das Material hielten wir zunächst für Holz der Sykomore (Platanus), doch beim Aufschneiden stellte sich heraus, daß es sich um Pappe oder, genauer gesagt, aus Papyrus hergestelltes Papiermaché handelte. Er war dicht mit Malereien bedeckt, die Begräbnisse und andere Trauerszenen darstellten, und dazwischen fanden sich in jeder nur möglichen Stellung gewisse Hieroglyphenfolgen, die zweifellos den Namen des Abgeschiedenen darstellen sollten. Glücklicherweise gehörte Mr. Gliddon zu unserer kleinen Gesellschaft, und er hatte keine Mühe, die Zeichen zu entziffern; sie waren einfache phonetische Symbole und bezeichneten das Wort *Allamistakeo.*

Es kostete uns einige Mühe, das Behältnis zu öffnen, ohne es zu beschädigen; doch als wir dies schließlich fertiggebracht hatten, stießen wir auf eine zweite, sargförmige Hülle, die an Umfang ganz beträchtlich kleiner war als die äußere, ihr aber sonst in jeder Hinsicht genau glich. Der Raum zwischen den beiden Behältnissen war mit einem Harz gefüllt, das die Farben der inneren Hülle bis zu einem gewissen Grade zerstört hatte.

Als wir die zweite Hülle öffneten (was sich ganz einfach bewerkstelligen ließ), stießen wir auf einen ebenfalls sargförmigen dritten Behälter, der sich vom zweiten nur durch sein Material unterschied, das aus Zedernholz bestand und immer noch den unverwechselbaren hocharomatischen, jenem Holz eigenen Duft ausströmte. Zwischen dem zweiten und dritten Behältnis war kein freier Raum – das eine war in das andere genau eingepaßt.

Als wir die dritte Hülle entfernten, entdeckten wir den Körper selbst und hoben ihn heraus. Wir hatten erwartet, ihn wie üblich in dicht aneinanderliegende Leinwandstreifen eingewickelt zu sehen, doch fanden wir statt dessen eine Art Papyrusfutteral, das mit einer Schicht reichvergoldetem und bemaltem Gips überzogen war. Die Malereien stellten die vermuteten vielfältigen Pflichten der Seele und die Vorführung des Toten vor verschiedenen Gottheiten dar, wobei zahlreiche völlig identische Menschengestalten auftraten, die sehr wahrscheinlich die einbalsamierte Person darstellen sollten. Vom Kopf bis zum Fuß verlief eine säulenförmig, das heißt senkrecht angeordnete Inschrift in phonetischen Hieroglyphen, die wiederum den Namen und die Titel des Toten sowie Namen und Titel seiner Verwandten wiedergaben.

Um den sonst unverhüllten Hals verlief ein breites Band aus zylindrischen Glasperlen verschiedener Farbe, die so angeordnet waren, daß sie Bilder der Gottheiten, des Skarabäus und anderer Symbole zusammen mit der geflügelten Kugel ergaben. Um den Leib schlang sich ein Band oder Gürtel ähnlicher Art.

Wir streiften die Papyrushülle ab und fanden das Fleisch vortrefflich erhalten und ohne wahrnehmbaren Geruch. Die Haut war rötlich, fest, glatt und schimmernd. Zähne und Haar befanden sich in gutem Zustand. Die Augen waren (so schien es) entfernt und durch Glasaugen ersetzt worden, die, von ihrem allzu starren Blick abgesehen, sehr schön und wunderbar lebensecht wirkten. Finger und Nägel waren glänzend vergoldet.

Aus der Rötung der Haut wollte Mr. Gliddon schließen, daß die Einbalsamierung ausschließlich mit Asphalt vorgenommen worden war; doch als er die Oberfläche mit einem stählernen Instrument abschabte und etwas von dem so erhaltenen Staub ins Feuer warf, machte sich der Geruch von Kampfer und süßlich duftenden Gummiharzen bemerkbar.

Wir suchten den Körper sehr sorgfältig nach den üblichen Öffnungen ab, durch die die Eingeweide herausgezogen werden, konnten aber zu unserer Überraschung keine Spur davon entdecken. Keiner von uns wußte damals, daß unversehrte oder ungeöffnete Mumien gar nicht so selten vorkommen. Das Gehirn wurde gewöhnlich durch die Nase herausgezogen und die Eingeweide durch einen Einschnitt an der Seite; dann wurde der Leichnam rasiert, gewaschen und eingesalzen; darauf ließ man ihn einige Wochen liegen, bis das eigentliche Einbalsamierungsverfahren begann.

Da keine Spuren einer künstlichen Körperöffnung zu finden waren, legte Doktor Ponnonner seine Instrumente für die Sektion bereit; ich stellte jedoch fest, es sei schon über zwei Uhr, worauf wir übereinkamen, die Untersuchung des Körperinneren auf den folgenden Abend zu verschieben. Wir schickten uns eben an, für heute Abschied zu nehmen, als jemand vorschlug, noch ein paar Experimente mit der Voltaischen Säule vorzunehmen.

Die Anwendung der Elektrizität auf eine mindestens drei- bis viertausend Jahre alte Mumie war zwar kein besonders geistreicher, aber immerhin so origineller Gedanke, daß wir ihn alle sofort aufgriffen. Mit ungefähr einem Zehntel Ernst und neun Zehntel Spaß machten wir eine elektrische Batterie im Sprechzimmer des Doktors bereit und trugen den Ägypter dorthin.

Es kostete uns viel Mühe, ehe es uns gelang, einige Teile des Schläfenmuskels freizulegen; er schien nicht so steinhart zu sein wie andere Teile des Körpers, ließ aber, wie wir von vornherein angenommen hatten, natürlich keinerlei Reaktion gegenüber dem galvanischen Strom erkennen, als wir ihn mit dem Draht in Berührung brachten. Dieser erste Versuch schon schien uns endgültig und überzeugend; wir lachten herzlich über unsere Albernheit und waren eben dabei, einander gute Nacht zu sagen, als mein Blick zufällig auf die Augen der Mumie fiel und dort erstaunt haftenblieb. Mein flüchtiger Blick hatte völlig ausgereicht, mich zu überzeugen, daß die Augäpfel, die wir alle für Glas gehalten und ursprünglich nur ihres unheimlich starren Blicks wegen bemerkenswert gefunden hatten, jetzt so weit von den Lidern bedeckt waren, daß nur ein kleiner Teil der Tunica albuginea, der Lederhaut also, sichtbar blieb.

Mit einem Ausruf machte ich die anderen auf diese Erscheinung aufmerksam, und sie fiel auch ihnen sofort auf.

Ich kann nicht behaupten, daß mich das Phänomen besonders *aufgeregt* hätte, weil in meinem Falle das Wort »aufgeregt« nicht der richtige Ausdruck meiner Gefühle gewesen wäre. Es ist jedoch möglich, daß ich ohne das Porterbier doch ein wenig nervös geworden wäre. Was die übrigen angeht, so versuchten sie gar nicht erst, ihr nacktes Entsetzen zu verhehlen. Doktor Ponnonner sah einfach bemitleidenswert aus. Mr. Gliddon brachte es auf geheimnisvolle Weise fertig, sich unsichtbar zu machen. Mr. Silk Buckingham wird, glaube ich, kaum den Mut aufbringen, leugnen zu wollen, daß er auf allen vieren unter den Tisch kroch.

Nach der ersten Verblüffung beschlossen wir jedoch selbstverständlich, unser Experiment sogleich fortzusetzen. Wir konzentrierten unsere Bemühungen jetzt auf die große Zehe des rechten Fußes. Über dem äußeren Os sesamoideum pollicis pedis, dem Sesambein der großen Zehe, machten wir einen Einschnitt und gelangten auf diese Weise an die Wurzel des Abduktormuskels. Wir machten die Batterie wieder einsatzbereit und brachten den Stromkreis mit den zerschnittenen Nervenenden in Kontakt – als die Mumie mit einer äußerst lebensechten Bewegung zunächst das rechte Knie so weit anzog, daß es fast den Bauch berührte, dann das Bein mit unvorstellbarer Kraft wieder streckte und dabei dem Doktor Ponnonner einen solchen Stoß versetzte, daß der würdige Herr wie der Pfeil aus einem Katapult durch ein Fenster auf die Straße drunten geschleudert wurde.

Wir stürzten *en masse* durch die Tür, um die verstümmelten Reste des armen Opfers aufzuklauben, trafen den Doktor aber glücklicherweise schon auf der Treppe, die er unglaublich schnell herauf eilte; er sprudelte von den kühnsten Theorien fast über und war mehr als je von der Notwendigkeit überzeugt, daß wir unser Experiment unbeirrt fortsetzen müßten.

Auf seinen Vorschlag hin machten wir demgemäß auf der Stelle einen tiefen Einschnitt in die Nasenspitze unseres Versuchsobjekts, während der Doktor die Nase ergriff und heftig daran zerrte, um den Kontakt mit dem Draht herzustellen.

Moralisch und physisch – im bildlichen wie im buchstäblichen Sinne genommen – war die Wirkung wahrhaft elektrisch. Zuerst einmal tat der Leichnam die Augen auf und blinzelte mehrere Minuten lang heftig, wie es Mr. Barnes in der Pantomimen-Aufführung macht; als zweites nieste er; als drittes setzte er sich auf; als viertes erhob er drohend die Faust vor Doktor Ponnonners Nase; als fünftes wandte er sich an die Herren Gliddon und Buckingham und redete sie in ausgezeichnetem Ägyptisch folgendermaßen an: »Ich muß schon sagen, meine Herren, daß ich von Ihrem Verhalten ebenso überrascht wie gekränkt bin. Von Doktor Ponnonner war nichts Besseres zu erwarten. Er ist ein kleiner, dicker Dummkopf, der es nicht besser *versteht*. Er kann mir nur leid tun, und ich verzeihe ihm. Doch Sie, Mr. Gliddon, und Sie, Silk, die Sie Ägypten bereist und sich dort so lange aufgehalten haben, daß man glauben könnte, Sie seien da geboren – Sie, sage ich, die Sie so lange unter uns geweilt haben, daß Sie vermutlich Ägyptisch genausogut sprechen, wie Sie Ihre Muttersprache schreiben – Sie, die ich stets als zuverlässige Freunde der Mumien zu betrachten Anlaß gehabt habe –, von *Ihnen* also hätte ich wirklich ein würdigeres Verhalten erwartet. Was soll ich davon denken, daß Sie hier ruhig dabeistehn und zusehn, wie ich so unfein behandelt werde? Wie soll ich es aufnehmen, daß Sie es Tom, Dick und Harry erlauben, mir in diesem elend kalten Klima einfach die Särge und Gewänder abzunehmen? In welchem Licht (um nun auf das Wesentliche zu kommen) soll ich es betrachten, daß Sie diesen erbärmlichen kleinen Schuft, den Doktor Ponnonner, ermutigen, mich an der Nase zu ziehen, ja ihm sogar noch dabei behilflich sind?«

Zweifellos wird man es für selbstverständlich ansehen, daß wir bei dieser unter so seltsamen Umständen gehaltenen Ansprache entweder alle auf die Tür zustürzten, nervöse Zustände bekamen oder in Ohnmacht fielen. Eine von diesen Möglichkeiten war meiner Meinung nach durchaus gegeben. Es wäre völlig verständlich gewesen, wenn wir unsere Zuflucht zu einer dieser Verhaltensweisen oder auch zu allen dreien genommen hätten. Und ich gebe Ihnen mein Wort darauf, daß ich beim besten Willen nicht zu sagen weiß, weshalb wir weder das eine noch das andere taten. Aber wahrscheinlich ist der wahre Grund im Geiste unseres Zeitalters zu suchen, das sich dem Gesetz des Widerspruchs völlig unterworfen hat, demgemäß alles durch Paradoxe erklären will und dabei das Unmögliche mit größter Selbstverständlichkeit für möglich hält. Vielleicht war es aber auch nur die völlige Natürlichkeit und der ganz und gar alltägliche Ton, womit die Mumie ihren Worten alles Erschreckende nahm. Nun – wie dem auch sei, jedenfalls läßt sich die Tatsache nicht bestreiten, daß keiner der Anwesenden besondere Angst verriet oder der Auffassung zu sein schien, etwas sei hier schiefgegangen oder habe eine gänzlich unerwartete Wendung genommen.

Ich jedenfalls war überzeugt, daß alles völlig in Ordnung ging, und ich trat nur einen Schritt zur Seite, um aus der Reichweite der Faust des Ägypters zu kommen. Doktor Ponnonner steckte die Hände in die Hosentaschen, blickte die Mumie wütend an und errötete ungewöhnlich heftig. Mr. Gliddon strich sich den Backenbart und zog seinen Hemdkragen hoch. Mr. Buckingham ließ den Kopf hängen und steckte den rechten Daumen in den linken Mundwinkel.

Der Ägypter sah ihn einige Minuten lang streng an und sagte endlich höhnisch: »Warum reden Sie nicht, Mr. Buckingham? Haben Sie gehört, was ich Sie gefragt habe, oder nicht? Vielleicht nehmen Sie endlich mal den Daumen aus dem Mund!«

Mr. Buckingham fuhr daraufhin leicht zusammen, nahm den rechten Daumen aus dem linken Mundwinkel und steckte dafür den linken Daumen in den rechten Winkel der eben erwähnten Körperöffnung.

Da sie von Mr. B. keine Antwort erhalten konnte, wandte sich die Mumie verdrießlich an Mr. Gliddon und verlangte unverblümt und sehr entschieden zu wissen; was wir eigentlich von ihr wollten.

Mr. Gliddon antwortete sehr ausführlich in ägyptischen Lauten, und wenn die amerikanischen Druckereien Hieroglyphen-Typen zur Verfügung hätten, würde es mir ein Vergnügen sein, seine ausgezeichnete Rede hier in Originalform wiederzugeben.

Ich darf wohl bei dieser Gelegenheit gleich einflechten, daß die gesamte folgende Unterhaltung, soweit die Mumie daran teilnahm, auf Alt-Ägyptisch geführt wurde, und zwar – was mich und die anderen nicht so weitgereisten Anwesenden betraf – mit Hilfe der Herren Gliddon und Buckingham, die freundlicherweise als Dolmetscher fungierten. Diese beiden Herren beherrschten die Muttersprache der Mumie mit unnachahmlicher Geläufigkeit und Eleganz, doch konnte ich nicht umhin zu bemerken, daß die weitgereisten Herren (zweifellos immer dann, wenn sie ganz moderne Begriffe einführten, die dem Fremden natürlich gänzlich unbekannt waren) gelegentlich ihre Zuflucht zur Zeichensprache und bildlichen Darstellung nehmen mußten, wenn sie einen besonderen Sinngehalt begreiflich machen wollten. So konnte Mr. Gliddon zum Beispiel dem Ägypter einmal den Ausdruck »Politik« nicht verständlich erklären, bis er mit einem Stück Holzkohle einen kleinen, knollnäsigen Herrn an die Wand skizzierte, der in abgetragener Kleidung auf einer Rednertribüne stand, das linke Bein zurückgezogen, den rechten Arm mit geballter Faust vorgestreckt, die rollenden

Augen zum Himmel erhoben und den Mund im Winkel von neunzig Grad aufgerissen. Ebensowenig gelang es Mr. Buckingham, den allerdings gänzlich modernen Begriff »Perücke« verständlich zu machen, bis er sich (auf Doktor Ponnonners Anregung hin) sehr bleich, aber gefaßt dazu entschließen konnte, die seinige abzunehmen.

Es ist wohl verständlich, daß Mr. Gliddon sich in seiner Ansprache hauptsächlich mit den ungeheueren Erkenntnissen befaßte, die der Wissenschaft durch das Auswickeln und Ausnehmen von Mumien im allgemeinen gewonnen werden, und daß er sich bei dieser Gelegenheit gleich bei der Einzelmumie namens Allamistakeo für alle Unannehmlichkeiten entschuldigte, die etwa ihr im besonderen zugefügt worden sein könnten. Er beschloß seine Rede mit der Andeutung (denn für mehr als eine solche konnte man seine Worte kaum auffassen), daß man nun, da diese belanglosen Einzelheiten zur Zufriedenheit aller völlig klargestellt seien, mit der beabsichtigten Untersuchung ruhig fortfahren könne. Bei diesen Worten legte Doktor Ponnonner seine Instrumente bereit.

Was die letzte Anregung des Redners anlangte, so schien Allamistakeo doch gewisse Bedenken zu haben, über deren eigentliche Natur ich allerdings nichts Genaues in Erfahrung bringen konnte; doch die vorgebrachten Entschuldigungen sah er, wie er ausdrücklich erklärte, für befriedigend an, worauf er vom Tisch kletterte und allen ringsum die Hand gab.

Als diese feierliche Handlung beendet war, machten wir uns sofort daran, die Schäden auszubessern, die das Skalpell unserem Versuchsobjekt zugefügt hatte. Wir vernähten die Wunde an seiner Schläfe, legten einen Verband um seinen Fuß und klebten ihm ein Quadratzoll schwarzes Pflaster auf die Nasenspitze.

Nun stellte sich heraus, daß der Graf (dies war anscheinend der Titel, der Allamistakeo zustand) leicht schauderte und eine Gänsehaut bekam – zweifellos infolge der Kälte. Der Doktor stürzte sofort zu seinem Kleiderschrank und kehrte alsbald mit einem schwarzen Frack zurück, einem Meisterstück aus Jennings Werkstatt, ferner einem Paar himmelblau karierter langer Hosen mit Steg, einem rosafarbenen Baumwollhemd, einer langschößigen Brokatweste, einem weißen Sackpaletot, einem Rohrspazierstock mit gebogenem Griff, einem Hut ohne Krempe, Lackstiefeln, strohgelben Glacéhandschuhen, einem Lorgnon, dem linken und rechten Teil eines künstlichen Kotelettenbarts und einer wallenden Halsbinde. Wegen des Größenunterschieds zwischen dem Grafen und dem Doktor (das Verhältnis war zwei zu eins) ergaben sich leichte Schwierigkeiten, als man diese Kleidungsstücke dem Ägypter anlegte; doch als es soweit war, konnte er durchaus als angezogen gelten. So reichte ihm Mr. Gliddon den Arm und geleitete ihn zu einem bequemen Sessel am Kamin, während der Doktor sofort nach dem Diener klingelte und einen hinreichenden Vorrat Zigarren und Wein bringen ließ.

Bald belebte sich die Unterhaltung. Natürlich betrafen viele der neugierigen Fragen die immerhin einigermaßen merkwürdige Tatsache, daß Allamistakeo immer noch am Leben war.

»Meiner Meinung nach«, bemerkte Mr. Buckingham, »wäre es für Sie längst an der Zeit, tot zu sein.«

»Wieso?« erwiderte der Graf höchlich verwundert. »Ich bin doch nicht viel älter als siebenhundert Jahre! Mein Vater ist tausend Jahre alt geworden und war noch keineswegs senil, als er starb.«

Hierauf erfolgte ein lebhafter Austausch von Fragen und Berechnungen, wobei eindeutig herauskam, daß man das Alter der Mumie völlig verkehrt eingeschätzt hatte. Es war fünftausendundfünfzig Jahre und einige Monate her, daß man den Ägypter in den Katakomben zu Eleithias beigesetzt hatte.

»Aber meine Bemerkung«, fuhr Mr. Buckingham fort, »bezog sich keineswegs auf Ihr Alter zur Zeit Ihrer Beisetzung – ich will im Gegenteil gern zugeben, daß Sie ein noch ziemlich junger Mann sind –, sondern bei meiner Anspielung hatte ich den ungeheueren Zeitraum im Auge, währenddessen Sie Ihrem Aussehen nach in Asphalt verpackt dagelegen haben müssen.«

»In was?« sagte der Graf.

»In Asphalt, in Erdpech«, wiederholte Mr. B.

»Ach so – ich habe eine undeutliche Vorstellung von dem, was Sie meinen; damit könnte man es unter bestimmten Bedingungen wohl auch machen, zweifelsohne – aber zu meiner Zeit benutzten wir dafür kaum etwas anderes als Quecksilberbichlorid.«

»Aber was wir besonders schwer verstehen können«, sagte Doktor Ponnonner, »ist, wie es zugeht, daß Sie seit fünftausend Jahren tot und in Ägypten begraben worden sind und doch heute quicklebendig hier sitzen und so frisch und gesund aussehen.«

»Wäre ich wirklich, wie Sie sagen, *tot* gewesen«, erwiderte der Graf, »dann ist es mehr als wahrscheinlich, daß ich auch heute noch tot sein würde; denn wie ich bemerkt habe, stekken Sie noch in den Kinderschuhen des Galvanismus und können damit nicht einmal das. ausrichten, was bei uns in der alten Zeit etwas ganz Alltägliches und Selbstverständliches war. Aber die Tatsache ist einfach die, daß ich in einen kataleptischen Dämmerzustand verfiel und meine besten Freunde zur Ansicht gelangten, daß ich entweder tot sei oder es zum mindesten sein sollte; sie balsamierten mich also sofort ein – ich darf wohl voraussetzen, daß Ihnen die Hauptgrundsätze des Einbalsamierungsverfahrens bekannt sind?«

»Nun ja, nicht ganz genau.«

»Aha, jetzt kann ich mir denken, wo es fehlt – ein beklagenswerter Bildungstiefstand! Nun, ich kann mich jetzt nicht auf Einzelheiten einlassen, doch muß ich so viel unbedingt klarstellen, daß ›Einbalsamieren‹ im eigentlichen Sinne des Wortes in Ägypten bedeutete, *alle* durch den Prozeß beeinflußbaren animalischen Funktionen auf unbestimmte Zeit zu einem vorläufigen Stillstand zu bringen. Ich gebrauche den Ausdruck ›animalisch‹ in seiner weitesten Bedeutung, die das seelische und vitale Sein gleichberechtigt neben dem physischen umfaßt. Ich betone nochmals: Das Grundprinzip der Einbalsamierung bestand bei uns darin, *alle* dem Prozeß zugänglichen animalischen Funktionen sofort zum Stillstand zu bringen und in einem dauernden *Schwebezustand* zu erhalten. Kurz gesagt, die betreffende Person blieb in dem Zustand, in dem sie sich zum Zeitpunkt der Einbalsamierung gerade befand. Nun gehöre ich glücklicherweise dem Geblüt des Skarabäus an und wurde daher *lebendig* in dem Zustand einbalsamiert, in dem Sie mich augenblicklich vor sich sehen.«

»Dem Geblüt des Skarabäus!« rief Doktor Ponnonner aus.

»Ja. Der Skarabäus war das *Abzeichen,* meinetwegen das Wappen, einer sehr vornehmen und sehr edlen Patrizierfamilie. ›Aus dem Geblüt des Skarabäus sein‹ bedeutet also nur, zu jener Familie zu gehören, deren *Abzeichen* der Skarabäus ist. Ich drücke mich also bildlich aus.«

»Doch was hat dieser Umstand damit zu tun, daß Sie noch am Leben sind?«

»Nun, es ist in Ägypten allgemein üblich, einem Leichnam vor der Einbalsamierung die Eingeweide und das Gehirn zu entnehmen. Nur das Geschlecht der Skarabäer machte diesen Brauch nicht mit. Wenn ich also kein Skarabäer gewesen wäre, stände ich jetzt ohne Eingeweide und

Gehirn da – und ohne das eine wie das andere lebt es sich nicht besonders bequem.«

»Das kann ich mir denken«, sagte Mr. Buckingham, »und ich darf wohl annehmen, daß alle unbeschädigten und *vollständig erhaltenen* Mumien, die uns vor Augen kommen, dem Geschlecht der Skarabäer angehören.«

»Zweifellos.«

»Ich dachte«, warf Mr. Gliddon schüchtern ein, »der Skarabäus sei eine der ägyptischen Gottheiten.«

»Eine der ägyptischen ... *was?«* rief die Mumie und sprang auf.

»Gottheiten!« wiederholte der Ägyptologe.

»Mr. Gliddon, ich bin wirklich erstaunt, Sie solches Zeug schwatzen zu hören«, sagte der Graf und nahm wieder auf seinem Stuhle Platz.

»Kein Volk auf der ganzen Erde hat jemals mehr als *eine Gottheit* anerkannt. Der Skarabäus, der Ibis waren bei uns (bei anderen sind es ähnliche Geschöpfe gewesen) die Symbole oder *Medien,* über die wir unsere Ehrfurcht vor dem Schöpfer bekundeten, der viel zu erhaben ist, als daß man sich ihm unmittelbarer nähern könnte.«

Hierauf trat eine Gesprächspause ein. Schließlich wurde die Unterhaltung von Doktor Ponnonner wieder in Gang gebracht.

»Es ist also nicht unwahrscheinlich, nach allem, was Sie uns erklärt haben«, sagte er, »daß in den Katakomben am Nil noch weitere Mumien aus dem Geschlechte der Skarabäer in lebensfähigem Zustand erhalten geblieben sind.«

»Daran ist nicht zu zweifeln«, erwiderte der Graf; »alle Skarabäer, die zufällig lebend einbalsamiert worden sind, leben noch. Selbst einige, die *absichtlich* so einbalsamiert worden sind, können von ihren Testamentsvollstreckern übersehen und vergessen worden sein und noch im Grabe liegen.«

»Würden Sie die Güte haben, uns zu erklären«, sagte ich, »was Sie unter ›absichtlich lebend Einbalsamierten‹ verstehen?«

»Aber mit größtem Vergnügen«, antwortete die Mumie, nachdem sie mich lässig durch das Lorgnon gemustert hatte – denn es war das erstemal, daß ich eine direkte Frage an sie zu richten gewagt hatte.

»Mit dem größten Vergnügen«, sagte der Graf. »Die gewöhnliche Lebensdauer des Menschen belief sich zu meiner Zeit auf ungefähr achthundert Jahre. Nur wenige Menschen starben, wenn sie nicht einem Unfall erlagen, vor dem Alter von sechshundert Jahren; wenige lebten länger als zehn Jahrhunderte; doch acht wurden als die natürliche Altersgrenze angesehen. Nach Entdeckung der Einbalsamierungsmethoden, wie ich sie Ihnen schon beschrieben habe, kamen unsere Philosophen auf den Gedanken, daß man eine lobenswerte Neugier befriedigen und gleichzeitig den Interessen der Wissenschaft einen wertvollen Dienst erweisen könne, wenn man seine naturbedingte Lebenszeit ratenweise ablebte. Für die Geschichtswissenschaft war, wie die Erfahrung lehrte, etwas dieser Art sogar unerläßlich. Da konnte zum Beispiel ein Historiker, wenn er das Alter von fünfhundert Jahren erreicht hatte, mit großer Mühe ein Buch schreiben und sich danach sorgfältig einbalsamieren lassen; seinen jeweiligen Testamentsvollstreckern hinterließ er dann die Anweisung, ihn nach dem Ablauf einer bestimmten Frist – sagen wir, nach fünf- oder sechshundert Jahren – wieder ins Leben zurückrufen zu lassen. Wenn er nach Ablauf dieser Zeit jedoch sein Dasein wiederaufnahm, konnte er ausnahmslos feststellen, daß sein großes Geschichtswerk in eine Art Kladde für zufällige Notizen und Einfälle verwandelt worden war – das heißt in eine Art literarische Arena einander widerstreitender Mutmaßungen, ungelöster Probleme und persönlichen

Gezänks ganzer Horden von erbitterten Kommentatoren. Diese Mutmaßungen und so weiter, die unter der Flagge von Anmerkungen oder Berichtigungen segelten, hatten, wie es sich dann herausstellte, den ursprünglichen Text so restlos überwuchert, verzerrt, verdreht und verschüttet, daß der Autor mit einer Laterne herumsuchen mußte, um sein eigenes Buch zu entdecken. Und wenn er es dann endlich wieder zusammen hatte, war die ganze Sucherei, wie er sich sagen mußte, die aufgewandte Mühe nicht wert gewesen. Nachdem der Historiker sein Werk also gänzlich neu gefaßt hatte, galt es als seine selbstverständliche Pflicht und Schuldigkeit, aus seiner eigenen Kenntnis und Erfahrung heraus alles richtigzustellen, was die Geschichtsforschung über die Zeit seines ursprünglichen Lebens nun auszusagen wußte. Dieser Prozeß der Neufassung und Richtigstellung, wie er von verschiedenen unserer Weisen und Gelehrten von Zeit zu Zeit vorgenommen wurde, hatte die wohltätige Wirkung, daß sie unsere Geschichtsschreibung davor bewahrte, in reine Fabelei abzusinken.«

»Verzeihen Sie«, sagte Doktor Ponnonner da und legte die Hand leicht auf den Arm des Ägypters, »verzeihen Sie, Herr Graf, aber darf ich mir erlauben, Sie einen Augenblick zu unterbrechen?«

»Aber gewiß, mein Herr«, erwiderte der Graf und richtete sich höflich auf.

»Ich möchte Ihnen nur eine Frage stellen«, sagte der Doktor. »Sie sprachen von Richtigstellungen, die der Historiker an den über seine eigene Lebenszeit umgehenden *Überlieferungen* vornimmt. Bitte sagen Sie mir doch, zu wieviel Prozent diese vorhandene Kabbala, dieser märchenhafte Wust, durchschnittlich für richtig befunden wird?«

»Im allgemeinen stellte sich heraus, daß die Kabbala, wie Sie das Zeug sehr richtig nennen, in ihrer Genauigkeit völlig den nicht neugefaßten Geschichtswerken entsprach – das heißt, in beiden war in allen Fällen kein Jota zu finden, das nicht völlig und grundsätzlich verkehrt gewesen wäre.«

»Aber da es nun eindeutig feststeht«, fuhr der Doktor fort, »daß seit Ihrer Einsargung wenigstens fünftausend Jahre verstrichen sind, darf ich wohl mit Recht annehmen, daß sich zum mindesten die Geschichtswerke Ihrer Epoche und sicher wohl auch die Überlieferungen über das eine, allgemein interessierende Thema, die Weltschöpfung nämlich, mit hinreichender Zuverlässigkeit aussprechen, da diese ja, wie Sie wohl wissen dürften, nur ungefähr zehn Jahrhunderte zuvor stattfand.«

»Wie bitte?« sagte Graf Allamistakeo.

Der Doktor wiederholte seine Ausführungen, aber es bedurfte noch vieler zusätzlicher Erklärungen, bis der Fremdling verstand, was gemeint war. Endlich erwiderte er zögernd: »Ich muß gestehen, daß mir die von Ihnen angedeuteten Gedankengänge völlig neu sind. Zu meiner Zeit bin ich nie jemandem begegnet, der die eigenartige Vorstellung gehegt hätte, das Universum (oder diese Welt, wenn Ihnen das lieber ist) habe überhaupt einen Anfang gehabt. Ich erinnere mich allerdings, einmal, aber auch nur einmal, entfernte Andeutungen über den Ursprung des *Menschengeschlechts* vernommen zu haben, und zwar von einem Manne, der viele phantastische Theorien zusammengrübelte; und auch er gebrauchte das Wort *Adam* (oder rote Erde), das Sie in diesem Zusammenhang erwähnen. Er gebrauchte es jedoch in genetischem Sinne in Hinblick auf die Urzeugung aus schlammiger Erde (nur weil tausend der niederen Arten durch eine solche Keimung entstehen) – in Hinblick auf die Urzeugung, sage ich, von fünf großen Menschenrassen, die gleichzeitig an fünf verschiedenen und nahezu gleich großen Teilen der Erdkugel auf diese Weise entstanden.«

Hier zuckten wir alle mit den Achseln, und einer oder zwei von uns griffen sich gar mit vielsagender Miene an die Stirn. Mr. Silk Buckingham warf einen verstohlenen Blick auf das Hinterhaupt und dann auf das Vorderhaupt Allamistakeos und sprach: »Die lange Dauer des menschlichen Lebens zu Ihrer Zeit im Verein mit der gelegentlichen Praxis, es, wie Sie uns erklärt haben, in Raten zu verbringen, muß in der Tat viel zur allgemeinen Entwicklung der Wissenschaft und zu einer erstaunlichen Anhäufung von Kenntnissen beigetragen haben. Ich möchte daher annehmen, daß die ausgesprochene Unterlegenheit der alten Ägypter auf naturwissenschaftlichem Gebiet, wie sie bei einem Vergleich mit den modernen Menschen und insbesondere den Yankees zutage tritt, der größeren Dicke des ägyptischen Schädels zuzuschreiben ist.«

»Ich muß abermals gestehen«, erwiderte der Graf äußerst verbindlich, »daß es mir schwerfällt, Sie zu verstehen; bitte, welche Einzelzweige der Naturwissenschaft meinen Sie denn im besonderen?«

Nun redeten alle durcheinander und legten ihm ausführlich und bis ins einzelne die Theorien der Gallschen Schädellehre, Phrenologie genannt, und die Wunder des tierischen Magnetismus dar.

Der Graf ließ uns ruhig ausreden und erzählte dann ein paar Anekdoten, aus denen unwiderleglich hervorging, daß Urbilder von Gall und Spurzheim in Ägypten schon vor so langer Zeit geglänzt hatten und dann wieder aus der Mode gekommen waren, daß man sich kaum noch an sie erinnerte; er bewies uns, daß die Manipulationen Mesmers ganz erbärmliche Taschenspielereien waren, wenn man ihnen die unbezweifelbaren Wunder der Thebanischen Weisen gegenüberstellte, die Läuse und vieles Ähnliche erschaffen konnten.

Hier fragte ich den Grafen, ob sein Volk imstande gewesen sei, Verfinsterungen der Himmelskörper vorauszuberechnen. Er lächelte beinahe verachtungsvoll und bejahte die Frage.

Dies brachte mich etwas aus der Fassung, aber ich begann trotzdem, ihm weitere Fragen über sein astronomisches Wissen zu stellen. Da flüsterte mir einer von uns, der bisher den Mund noch nicht aufgetan hatte, ins Ohr, was dies anbelange, solle ich lieber Ptolemäus (wer mag das bloß wieder sein?) und einen gewissen Plutarch »De facie lunae« zu Rate ziehen.

Dann wollte ich von der Mumie etwas über Brenngläser und optische Linsen und über die Glasherstellung im allgemeinen wissen; doch ich war mit meinen Fragen noch gar nicht am Ende, als mich der sonst so schweigsame Teilnehmer unserer Untersuchung abermals leise am Ellbogen berührte und mich inständig bat, um Gottes willen doch einen Blick in den Diodorus Siculus zu werfen. Der Graf jedoch fragte mich statt einer Antwort nur, ob wir modernen Menschen etwa Mikroskope besäßen, die es uns ermöglichten, Kameen in der Art der alten Ägypter zu schneiden. Während ich mir gerade überlegte, wie ich diese Frage beantworten sollte, blamierte sich der kleine Doktor Ponnonner ganz entsetzlich.

»Aber sehen Sie sich einmal unsere Architektur an!« rief er zum Schrecken der beiden Fachgelehrten aus, die ihn erfolglos grün und blau kniffen.

»Sehen Sie sich doch bloß mal«, schrie er begeistert, »den New Yorker Bowling-Green-Springbrunnen an, oder, wenn Sie dies zu sehr überwältigen sollte, werfen Sie einen kurzen Blick auf das Kapitol in Washington, D. C.!«, und der gute kleine Mediziner ließ es sich nicht nehmen, die Ausmaße des erwähnten Bauwerks genau und in allen Einzelheiten aufzuzählen. Er berichtete, daß allein der Portikus mit nicht weniger als vierundzwanzig Säulen geschmückt sei, die in Zwischenräumen von zehn Fuß aufgestellt seien und von denen jede einen Durchmesser von fünf Fuß habe.

Der Graf sagte, er bedauere, sich im Moment nicht auf die genauen Ausmaße eines der berühmten Bauwerke der Stadt Esna besinnen zu können, dessen Grundstein in grauer Vorzeit gelegt wurde, aber dessen Ruinen in einer riesigen Sandebene westlich von Theben zur Zeit seiner Beisetzung noch zu sehen waren; er erinnere sich indessen (was die Säulenhalle betraf), daß eine davon, die zu einem unbedeutenden Palast in einer Art Vorstadt namens Karnak gehörte, aus hundertvierundvierzig Säulen bestand, die in Zwischenräumen von fünfundzwanzig Fuß aufgestellt waren und deren jede einen Umfang von siebenunddreißig Fuß hatte. Diesen Portikus erreichte man vom Nil her auf einer zwei Meilen langen Allee aus Sphinxen, Statuen und Obelisken, die zwanzig, sechzig und hundert Fuß hoch waren. Der Palast selbst erstreckte sich, soweit er sich erinnern konnte, in der einen Richtung zwei Meilen weit und könnte gut und gern einen Gesamtumfang von sieben Meilen haben. Seine Wände waren innen und außen über und über mit prächtigen Hieroglypheninschriften bedeckt. Er wollte es nicht als unbedingt *erwiesen* hinstellen, daß man zwischen diese Außenmauern fünfzig oder sechzig Kapitole des guten Doktors hätte bauen können, doch sei es keineswegs ausgeschlossen, daß man zwei- bis dreihundert davon ohne große Mühe hätte hineinquetschen können. Und dabei war dieser Palast in Karnak nur ein unbedeutendes, kleines Bauwerk. Er (der Graf) könne jedoch mit gutem Gewissen die vom Doktor geschilderte geniale Konstruktion, die Großartigkeit und Einmaligkeit des Springbrunnens in Bowling-Green nicht in Frage stellen. Er müsse zugeben, daß nichts dergleichen jemals in Ägypten oder sonstwo zu sehen gewesen sei.

Nun fragte ich den Grafen, was er zu unseren Eisenbahnen zu bemerken hätte.

»Nichts Besonderes«, erwiderte er; doch erschienen sie ihm ziemlich schwach, ziemlich schlecht konstruiert und schwerfällig gebaut. Sie hielten natürlich keinen Vergleich aus mit den riesigen, in gerader Linie und völlig eben verlaufenden und mit eisernen Rinnen versehenen Dämmen aus, auf denen die Ägypter ganze Tempel und aus einem Stück bestehende Obelisken von hundertfünfzig Fuß Höhe transportierten.

Ich sprach von unseren gigantischen mechanischen Hilfsmitteln.

Er gab zu, daß wir davon einiges verständen, fragte mich aber, wie ich es damit wohl fertiggebracht hätte, auch nur in dem kleinen Palast von Karnak die Kämpfergesimse auf die Querbalken zu heben.

Diese Frage beschloß ich zu überhören und wollte nun wissen, ob er eine Vorstellung von Artesischen Brunnen habe; doch er zog nur die Augenbrauen hoch, während Mr. Gliddon mir heftig zublinzelte und mir leise sagte, einer davon sei erst kürzlich von Ingenieuren entdeckt worden, die in der Großen Oase nach Wasser bohren sollten.

Ich brachte dann die Rede auf unseren Stahl, doch der Fremdling rümpfte die Nase und fragte mich, ob wir mit unserem Stahl so feine Ornamente und Bilder ausmeißeln könnten, wie sie auf den Obelisken zu sehen sind und die samt und sonders mit kupfernen Werkzeugschneiden ausgeführt worden seien.

Dies brachte uns dermaßen aus der Fassung, daß wir es für ratsam hielten, unsern Angriff auf das Gebiet der Metaphysik zu verlagern. Wir ließen ein Exemplar des Buches »Das

Zifferblatt« holen und lasen aus einigen Kapiteln etwas vor, was nicht besonders klar war, was die Bostoner Metaphysiker jedoch »die große Fortschrittsbewegung« nennen.

Der Graf bemerkte nur, große Bewegungen seien zu seinen Lebzeiten etwas furchtbar Alltägliches gewesen, und was den Fortschritt anlangte, so habe er sich einmal zu einer Art Landplage entwickelt, aber vorwärtsgeschritten sei er niemals.

Wir sprachen dann von der Herrlichkeit und Bedeutung der Demokratie und hatten viel Mühe, die großen Vorteile begreiflich zu machen, deren wir uns in einem Staate erfreuten, wo es ein uneingeschränktes allgemeines Wahlrecht und keinen König gab.

Er hörte sehr interessiert zu und schien sich nicht wenig zu amüsieren. Als wir fertig waren, sagte er, vor langer, langer Zeit hätte sich in Ägypten etwas sehr Ähnliches zugetragen. Dreizehn Provinzen waren urplötzlich auf den Gedanken gekommen, sich »frei« zu erklären und der übrigen Menschheit damit ein großartiges Beispiel zu geben. Sie beriefen eine Versammlung ihrer weisen Männer ein und heckten die genialste Verfassung aus, die sich überhaupt denken läßt. Eine Zeitlang ging alles bemerkenswert gut, nur ihre Gewohnheit, viel Wesens von sich selber zu machen, wirkte ungewöhnlich und gab zu denken. Die ganze Sache endete jedoch schließlich in der Vereinigung der dreizehn Staaten mit einigen fünfzehn oder zwanzig anderen unter dem Zeichen der widerlichsten und unerträglichsten Despotie, die es je auf Erden gab.

Ich fragte, wie der Despot denn hieß, der die Gewalt an sich gerissen hatte.

Soweit der Graf sich erinnern konnte, war sein Name »Mob« gewesen.

Da ich nicht wußte, was ich dazu sagen sollte, sprach ich etwas lauter und bedauerte, daß den Ägyptern die Dampfkraft unbekannt gewesen sei.

Der Graf blickte mich recht erstaunt an, gab jedoch keine Antwort. Der schweigsame Herr jedoch versetzte mir mit dem Ellbogen einen heftigen Rippenstoß, sagte mir, ich hätte mich nun genug blamiert, und wollte wissen, ob ich tatsächlich so dumm sei und nicht wüßte, daß die moderne Dampfmaschine auf die uns durch Salomon de Caus vermittelte Erfindung des Heron zurückgeht.

Jetzt drohte uns ernsthaft eine vernichtende Niederlage; doch zum Glück hatte Doktor Ponnonner sich wieder so weit gefaßt, daß er uns zu Hilfe kommen konnte; er fragte, ob das ägyptische Volk ernsthaft behaupten wolle, es könne sich auf dem allerwesentlichsten Gebiet, nämlich dem der Kleidung, mit den modernen Menschen messen.

Da blickte der Graf hinab zu seinen Hosenstegen, ergriff dann das Ende eines seiner Frackschöße und hielt es sich einige Minuten lang dicht vor die Augen. Endlich ließ er es fallen, und sein Mund zog sich allmählich von einem Ohr bis zum anderen breit, doch kann ich mich nicht erinnern, daß er etwas zu erwidern wußte.

Hierauf faßten wir wieder Mut; der Doktor trat mit großer Würde auf die Mumie zu und bat sie, offen und auf Ehre wahrheitsgemäß zu sagen, ob die Ägypter *jemals* in ihrer langen Geschichte sich auf die Herstellung von Ponnonners Hustenpastillen oder Brandeths Grippepillen verstanden hätten.

Wir warteten mit äußerster Spannung auf eine Antwort – doch vergebens. Es kam keine. Der Ägypter errötete und ließ den Kopf hängen. Noch nie hat es einen vollkommeneren Triumph gegeben; noch nie wurde eine Niederlage mit so wenig Fassung hingenommen. Ich konnte den Anblick der armen Mumie in ihrer Demütigung einfach nicht ertragen. Drum griff ich nach meinem Hut, verbeugte mich steif vor dem Grafen und ging.

Als ich zu Hause anlangte, war es bereits nach vier Uhr, und ich ging sofort zu Bett. Jetzt ist es zehn Uhr morgens. Seit sieben bin ich auf und schreibe diese Aufzeichnungen zu Nutz und Frommen meiner Familie und der ganzen Menschheit nieder. Von der Familie übrigens werde ich nun nichts mehr zu sehen bekommen. Meine Frau ist eine Xanthippe. Wirklich, ich habe dieses Leben und das ganze neunzehnte Jahrhundert gründlich satt. Ich bin überzeugt, daß es auf allen Gebieten bergab geht. Außerdem möchte ich gern wissen, wer im Jahre 2045 Präsident sein wird. Sobald ich mich also rasiert und einen Schluck Kaffee zu mir genommen habe, gehe ich gleich mal zu Ponnonner hinüber und lasse mich für zwei Jahrhunderte einbalsamieren.

Das Gespräch zwischen Eiros und Charmion

Πῦρ σοι ποσοίσω
Feuer will ich an dich legen.
Euripides, »Andromache«

EIROS: Warum nennst du mich Eiros?

CHARMION: So wirst du hinfort immer heißen. Auch *meinen* irdischen Namen mußt du vergessen und mich Charmion anreden.

EIROS: So ist dies also doch kein Traum!

CHARMION: Träume kennen wir nicht mehr; doch von diesen Mysterien ein andermal. Voller Entzücken sehe ich dich lebensfrisch und verstandesklar vor mir. Schon ist der Schattenschleier von deinen Augen gefallen. Fasse Mut und fürchte nichts. Die dir zugemessenen Tage der Starre sind vergangen, und morgen will ich selbst dich in die ungeminderten Freuden und Wunder deines neuen Daseins einweihen.

EIROS: Fürwahr, die Erstarrung ist vorüber; ich fühle keine Spur mehr davon. Die furchtbare Qual und das schreckliche Dunkel sind von mir gewichen, und ich höre das rasende, brausende, entsetzliche Tönen nicht mehr, das da klang wie die »Stimme von vielen Wassern«. Doch meine Sinne sind verwirrt, Charmion, von all dem *Neuen,* das unverhüllt auf sie einstürmt.

CHARMION: In wenigen Tagen wird all das überwunden sein – doch verstehe ich dich recht gut und kann mit dir fühlen. Zehn Erdenjahre sind es nun her, seit mir widerfuhr, was dir widerfährt, und doch ist das Leiden noch in mir lebendig. Du hast nun alle Qual hinter dir, die du im Eden erdulden mußt.

EIROS: Im Eden?

CHARMION: Gewiß, im Eden.

EIROS: O Gott! – Schone mich, Charmion! Dies alles überwältigt mich in seiner Herrlichkeit – das bisher Unbekannte und nun Bekannte, die einst erahnte, Ungewisse Zukunft, die nun zur erhabenen, gewissen Gegenwart geworden ist.

CHARMION: Plag dich nicht jetzt mit solchen Gedanken. Morgen wollen wir darüber sprechen. Noch bebt dein Geist, und deine Erschütterung wird sich lindern, wenn du schlichte Bilder des Gewesenen heraufbeschwörst. Blicke nicht um dich und nicht voraus – blicke zurück. Ich brenne vor Verlangen, einzelnes über jenes gewaltige Ereignis zu hören, das dich in unsere Mitte schleuderte. Berichte mir davon. Wir wollen uns über vertraute Gegenstände in der altvertrauten Sprache der Welt unterhalten, die auf so fürchterliche Weise zugrunde ging.

EIROS: Ja, fürchterlich – unsagbar fürchterlich! Das ist fürwahr kein Traum.

CHARMION: Nein, hier träumt man nicht mehr. Hat man mich sehr betrauert, mein Eiros?

EIROS: Betrauert, Charmion? Oh, aus tiefstem Herzen. Bis zu jener allerletzten Stunde hing eine Wolke tiefster Wehmut und innigen Schmerzes über deinem Hause und den Deinen.

CHARMION: Und jene letzte Stunde – sprich mir davon. Bedenke, daß ich außer der bloßen Tatsache der Katastrophe nichts weiß. Damals, als ich aus der Gemeinschaft der Menschen ausschied und durch das Grab in die Nacht einging – damals wurde, wenn ich mich recht entsinne, ein Unheil, wie es euch überwältigt hat, nicht im geringsten erwartet. Allerdings kannte ich die spekulative Philosophie jener Zeit kaum.

EIROS: Das Unheil in seiner damaligen Erscheinungsform kam freilich, wie du schon sagtest, gänzlich unerwartet; doch sind ähnliche Katastrophen und ihre Möglichkeiten schon seit langem von den Astronomen erörtert worden. Ich brauche dir wohl kaum zu sagen, mein Freund, daß schon um die Zeit, als du uns verließest, allgemein angenommen wurde, daß die Stellen in der Heiligen Schrift, die von der endgültigen Vernichtung alles Bestehenden durch Feuer sprechen, nur in bezug auf den Erdball verstanden werden dürften. Doch über den unmittelbaren Anlaß der Vernichtung gingen die Annahmen seit der Zeit in die Irre, in der unser astronomisches Wissen die Kometen ihres Schreckens als Flammenträger entkleidet hatte. Die sehr geringe Dichte dieser Himmelskörper war einwandfrei nachgewiesen worden. Man hatte beobachtet, wie sie zwischen den Jupitermonden hindurchgingen, ohne die Masse oder die Umlaufbahn dieser Satelliten merklich zu verändern. Schon seit langem hatten wir also diese Wanderer im Weltall als gasförmige Gebilde von unfaßbar geringer Dichte angesehen, die selbst im Falle eines Zusammenstoßes unserem kompakten Erdball keinesfalls Schaden zufügen könnten. Eine solche unmittelbare Berührung wurde nicht im mindesten als gefährlich erachtet, denn die chemische Zusammensetzung aller Kometen war genau bekannt. Daß ausgerechnet unter *ihnen* einer sein sollte, der die angedrohte Feuerkatastrophe über uns hereinbrechen lassen könnte, wurde schon seit vielen Jahren für indiskutabel gehalten. Doch seltsamerweise grassierten gerade neuerdings wieder Wunderglaube und der Hang zu verstiegenen Wahngebilden, und wenn auch nur einige wenige unter den Ungebildeten bei der Ankündigung der Astronomen, ein *neuer* Komet sei aufgetaucht, von wirklicher Angst gepackt wurden, so wurde die Ankündigung dennoch ganz allgemein mit einer gewissen Unruhe und einigem Argwohn aufgenommen.

Die Daten des seltsamen Himmelskörpers wurden alsbald berechnet, und alle Beobachter stimmten sogleich darin überein, daß seine Bahn in ihrem Perihel sehr dicht an die Erde heranführen würde. Zwei oder drei Astronomen minderen Ansehens behaupteten sogar steif und fest, eine direkte Berührung sei unvermeidlich. Die Wirkung dieser Erkenntnis auf die Menschen kann ich dir nur schwer schildern. Ein paar Tage lang sträubten sie sich, einer Behauptung Glauben zu schenken, die ihr so lange mit nur irdischen und alltäglichen Betrachtungen beschäftigter Geist einfach nicht fassen konnte. Doch eine Tatsache, von der Leben und Sterben abhängt, bahnt sich bald ihren Weg in das Begriffsvermögen auch der Schwerfälligsten und Unempfänglichsten. Schließlich ließen sich alle überzeugen, daß die astronomische Wissenschaft nicht trog, und machten sich mit der Ankunft des Kometen vertraut. Zunächst schien er sich nicht allzu schnell zu nähern; auch erschien sein Anblick nicht weiter ungewöhnlich. Er war von trübem Rot und hatte einen nur schwach wahrnehmbaren Schweif. Sieben oder acht Tage lang konnten wir keine wesentliche Vergrößerung seines scheinbaren Durchmessers und nur eine partielle Änderung seiner Farbe wahrnehmen. Mittlerweile traten die alltäglichen Angelegenheiten der Menschen ganz in den Hintergrund, und alles Interesse wandte sich der von den Naturwissenschaftlern eingeleiteten Erörterung über die physikalische Natur des Kometen zu. Selbst die gänzlich Unwissenden suchten ihr träges Fassungsvermögen derartigen Überlegungen zugänglich zu machen. Die wissenschaftlich Gebildeten verschwendeten *nun* ihre geistigen und seelischen Fähigkeiten nicht mehr darauf, Ängste zu beschwichtigen oder eine Lieblingstheorie um jeden Preis als bestätigt zu erweisen. Sie suchten – sie lechzten geradezu nach der einzig richtigen Erkenntnis. Sie strebten mit aller Kraft nach vervollkommnetem Wissen. Die *Wahrheit* erhob ihr Haupt in der strahlenden Lauterkeit ihrer Kraft und in ihrer alles überragenden Majestät, und die Weisen beugten demütig die Knie und beteten an.

Daß unserm Erdball oder seinen Bewohnern durch den befürchteten Zusammenstoß physischer Schaden erwachsen würde, war eine Ansicht, die unter den Gebildeten stündlich an Boden verlor; und den Gebildeten überließ man es jetzt ohne Widerstand und Einschränkung, das Denken und die Phantasie der Menge zu lenken. So wurde nachgewiesen, daß die Dichte des Kometenkerns weit geringer war als die unseres flüchtigsten Gases, und die Tatsache, daß ein ähnlicher Besucher, ohne Schaden anzurichten, zwischen den Jupitermonden hindurchgegangen war, wurde immer wieder hervorgehoben und trug wesentlich dazu bei, Schrecken zu beschwichtigen. Mit einem von der Furcht beschwingten Eifer zogen Theologen immer wieder die biblischen Prophezeiungen heran und legten sie ihren Gemeinden so wortgläubig und unverblümt aus, wie man es bei ihnen noch nie erlebt hatte. Daß die endgültige Vernichtung der Erde durch Feuer bewirkt werden müsse, wurde mit einem Glaubenseifer vorgetragen, der alle überzeugte; und die Erkenntnis, daß die Kometen von nichtfeuriger Beschaffenheit waren (das wußte jetzt jedermann), trug das ihre dazu bei, alle von der Besorgnis, die in der Bibel prophezeite große Katastrophe stehe unmittelbar bevor, weitgehend zu befreien. Es ist bemerkenswert, daß die im Volke verbreiteten abergläubischen Vorstellungen und der vulgäre Irrglaube, der Komet kündige Pestilenz und Krieg an – ein

Irrglaube, der bisher bei jedem Erscheinen eines Kometen zu verzeichnen gewesen war –, diesmal überhaupt nicht auftauchten. Wie durch eine plötzliche, krampfhafte Anstrengung hatte die Vernunft den Aberglauben mit einem einzigen Schwunge von seinem Throne gestürzt. Auch der schwächste Verstand hatte durch diese außergewöhnliche Hingabe an ein wissenschaftliches Problem an Kraft gewonnen.

Jedoch entbrannte eine eifrige Diskussion darüber, welche geringfügigeren Übelstände aus dem Zusammenprall erwachsen könnten. Die Wissenschaftler sprachen von geringen geologischen Störungen, von wahrscheinlichen Änderungen des Klimas und damit auch der Vegetation sowie von möglichen magnetischen und elektrischen Einflüssen. Viele vertraten jedoch die Ansicht, daß überhaupt keinerlei sichtbare oder bemerkbare Wirkung zu erwarten sei. Während der Meinungsstreit dergestalt im Gange war, rückte sein Gegenstand allmählich näher heran; sein scheinbarer Durchmesser wurde größer und sein Glanz strahlender. Die Menschheit ward bleicher, als er so auf sie zukam. Alle menschliche Geschäftigkeit hörte auf.

Die allgemeine Gefühlshaltung nahm eine entscheidende Wendung, als der Komet endlich einen Umfang erreicht hatte, der alles übertraf, was zuvor je bei Kometen beobachtet worden war. Jetzt gaben die Menschen die vielleicht noch insgeheim gehegte Hoffnung, die Astronomen könnten sich geirrt haben, endgültig auf und mußten nun einem unabwendbaren Unheil ins Auge sehen. Jetzt konnten sie ihr Entsetzen nicht mehr als phantastisch und trügerisch abtun. Auch den Stärksten schlug das Herz bang in der Brust. Sehr wenige Tage genügten indessen, derartige Gefühle in noch unerträglichere Empfindungen übergehen zu lassen. Wir konnten dem fremdartigen

Himmelskörper nicht mehr mit *herkömmlichen* Gedankengängen beikommen. Seine *historischen* Attribute wurden gegenstandslos. Er bedrängte uns mit einem grauenhaft *neuartigen* Schauder. Wir empfanden ihn nicht mehr als astronomische Himmelserscheinung, sondern als einen Alpdruck, der unser Herz belastete und unseren Geist überschattete. Unbegreiflich schnell hatte er den Charakter eines gigantischen, aus schwacher Flammenbildung gefügten Feuermantels angenommen, der sich von Horizont zu Horizont spannte.

Noch ein Tag, und die Menschen atmeten wieder freier auf. Es war offensichtlich, daß wir uns schon im Einflußbereich des Kometen befanden; und doch lebten wir noch. Wir nahmen an uns sogar eine ungewöhnliche körperliche und geistige Beweglichkeit wahr. Die außerordentlich geringe Dichte des Gegenstands unserer Furcht war unverkennbar, denn alle Himmelskörper blieben durch ihn hindurch klar sichtbar. Inzwischen hatte sich unsere Vegetation merklich verändert, und aus diesem vorhergesagten Umstand gewannen wir Vertrauen in die Voraussicht unserer Gelehrten. Eine zuvor gänzlich unbekannte, ungehemmte Üppigkeit des Blattwuchses brach aus allem, was zum Pflanzenreich gehörte.

Noch ein weiterer Tag – und das Unheil hatte uns immer noch nicht ganz erfaßt. Jetzt war es offensichtlich, daß sein Kern uns erst noch erreichen mußte. Ein wilder Gefühlsumschwung hatte alle Menschen erfaßt, und so löste das erste *Schmerzempfinden* ganz allgemein ein hemmungsloses Wehklagen und Entsetzen aus: Diese erste Schmerzempfindung äußerte sich als heftiges Engegefühl in Brust und Lungen und als unerträgliche Trockenheit der Haut. Es ließ sich nicht mehr verhehlen, daß unsere Atmosphäre grundlegend in Mitleidenschaft gezogen worden war; nun wurden die Zusammensetzung dieser Atmosphäre und die möglichen Veränderungen, denen sie unterworfen werden könnte, zum allgemeinen Gesprächsthema. Das Ergebnis der Untersuchung ließ wie ein elektrischer Schlag das Herz jedes Menschen vor Schrecken zutiefst erbeben.

Es war schon lange bekannt, daß die uns umgebende Lufthülle ein Gemisch von Sauerstoff- und Stickstoffgas darstellte, und zwar im Verhältnis von einundzwanzig Teilen Sauerstoff und neunundsiebzig Teilen Stickstoff in jeweils hundert Atmosphäreneinheiten. Der Sauerstoff, die Grundlage jeder Verbrennung und Wärmeentwicklung, war für die Erhaltung tierischen Lebens absolut notwendig und war überhaupt der mächtigste und energieträchtigste Wirkstoff in der ganzen Natur. Im Gegensatz dazu war Stickstoff außerstande, tierisches Leben oder die Flamme zu erhalten. Ein unnatürlicher Sauerstoffüberschuß mußte, wie festgestellt worden war, zu einer solchen Intensivierung organischen Lebens führen, wie wir sie vor kurzem erst erlebt hatten. Es war die Weiterentwicklung dieses Gedankengangs, die notwendige Folgerung daraus, die solchen Schrecken hervorgerufen hatte. Was würde geschehen, wenn der *Stickstoff gänzlich der Atmosphäre entzogen würde?* Eine unabwendbare, alles verzehrende, alles erfassende, schlagartige Verbrennung – also die vollkommene, bis in die kleinsten und schrecklichsten Einzelheiten hinein zutreffende Erfüllung jener Feuer und Entsetzen herabbeschwörenden Drohung der Propheten der Heiligen Schrift.

Warum soll ich dir, mein Charmion, den nun entfesselten Wahnsinn der Menschheit ausmalen? Eben jene geringe Dichte des Kometen, die uns zuvor mit Hoffnung erfüllt hatte, wurde nun zur Quelle der bittersten Verzweiflung. Gerade in seiner unvorstellbar feinen gasförmigen Struktur lag, wie wir nun klar erkannten, die Besiegelung unseres Schicksals. Mittlerweile ging wieder ein Tag dahin und nahm den letzten Hoffnungsschimmer mit sich. Wir keuchten in der sich rasch verändernden Luft nach Atem. Das rote Blut raste wild in seinen Bahnen dahin und suchte sie vergebens zu sprengen. Wilder Wahnsinn ergriff alle Menschen; sie streckten die Arme steif zu den drohenden Himmeln empor, sie zitterten und schrien laut auf. Der Kern des Vernichters lag jetzt auf uns; selbst hier in Eden schaudere ich noch, wenn ich daran denke. Laß es mich kurz machen – kurz wie das bittere Ende. Einen Augenblick lang war nichts als ein überstarkes, düsteres Leuchten, das alles umhüllte und alles erfüllte. Dann – laß uns die Knie beugen, Charmion, vor der allgewaltigen Majestät des großen Gottes! –, dann erscholl ein donnernder, alles durchdringender Laut, als käme er aus SEINEM eigenen Munde, und gleichzeitig wandelte sich die ganze irdische Ätherhülle, in der wir lebten, schlagartig in eine so ungeheuerliche Flamme, daß selbst die reine Erkenntnis der Engel im hohen Himmel nicht ausreicht, einen Namen für die alles überstrahlende Leuchtkraft und die alles verzehrende Brandglut zu finden. Damit ging alles zu Ende.

Die Heilmethode von Doktor Teer und Professor Feder

Im Herbst des Jahres 18.. führte mein Weg auf einer Reise durch die südlichsten Provinzen Frankreichs nur wenige Meilen an einer sogenannten »Maison de Santé«, einer privaten Irrenanstalt, vorüber, über die ich in Paris von befreundeten Medizinern schon viel gehört hatte. Da ich noch niemals eine derartige Anstalt besichtigt hatte, wollte ich mir die günstige Gelegenheit auf keinen Fall entgehen lassen und schlug deshalb meinem Reisegefährten (einem Herrn, den ich erst vor einigen Tagen zufällig kennengelernt hatte) vor, für die Besichtigung der Anstalt ein paar Stunden zu opfern. Damit erklärte er sich jedoch nicht einverstanden, weil er erstens Eile und zweitens eine ganz natürliche Abscheu vor dem Anblick eines Geisteskranken habe. Er bat mich jedoch, nicht etwa aus bloßer Rücksicht auf ihn ein Vorhaben aufzugeben, das mich so interessierte, und versprach, gemächlich weiterzureiten, so daß ich ihn noch im Laufe desselben Tages, auf jeden Fall aber am nächsten Tage einholen könnte. Als er sich verabschiedete, kam mir der Gedanke, es werde vielleicht gar nicht so einfach sein, Zutritt zu dem Grundstück zu erlangen, und ich teilte ihm meine Besorgnis mit. Er erwiderte, daß ich in dieser Beziehung tatsächlich Schwierigkeiten zu erwarten hätte, wenn ich mit dem Direktor, Monsieur Maillard, nicht persönlich bekannt sei oder nicht wenigstens einen Empfehlungsbrief vorweisen könne, da die Bestimmungen in diesen privaten Irrenanstalten strenger gehandhabt würden als in öffentlichen Krankenhäusern. Er selbst habe, so fuhr er fort, vor einigen Jahren die Bekanntschaft Maillards gemacht, und er wolle mir gern den Gefallen tun, mit mir bis zum Tor zu reiten und mich vorzustellen; jedoch könne er es bei seinem

Widerwillen vor Geisteskranken nicht über sich bringen, das Haus zu betreten.

Ich dankte ihm, und wir bogen von der Hauptstraße auf einen grasüberwachsenen Nebenweg ab, der sich nach einer halben Stunde in einem dichten Wald am Fuße eines Berges fast verlor. Zwei Meilen noch mußten wir durch diesen feuchten, düsteren Wald reiten, bis wir die »Maison de Santé« erblickten. Es war ein romantisches, sehr heruntergekommen aussehendes Schloß, ja es schien vor Alter und Verwahrlosung kaum noch bewohnbar. Sein Anblick erfüllte mich mit solchem Grauen, daß ich mein Pferd zügelte und schon halb entschlossen war, wieder umzukehren. Dann jedoch schämte ich mich meiner Schwäche und ritt weiter.

Als wir auf das Tor zuritten, bemerkte ich, daß es einen Spalt offenstand und das Gesicht eines Mannes herauslugte. Gleich darauf kam er heraus, trat auf uns zu, redete meinen Begleiter beim Namen an, schüttelte ihm herzlich die Hand und bat ihn abzusteigen. Es war Monsieur Maillard selber. Er war ein stattlicher, gut aussehender Kavalier der alten Schule mit geschliffenen Umgangsformen und einer Miene, die in sehr eindrucksvoller Weise Ernst, Würde und Autorität ausstrahlte.

Nachdem mein Begleiter mich bekannt gemacht, meinen Wunsch, die Anstalt zu besichtigen, vorgebracht und von Monsieur die Versicherung erhalten hatte, er werde mir in jeder Weise entgegenkommen, verabschiedete er sich von mir, und ich sah ihn nie wieder.

Als er fortgeritten war, nötigte mich der Direktor in einen kleinen, sehr hübschen Empfangsraum, der außer anderen äußerst geschmackvollen Einrichtungsgegenständen viele Bücher, Graphiken, Topfblumen und Musikinstrumente aufwies. Ein gemütliches Feuer prasselte im Kamin. Am Klavier saß eine junge und sehr schöne Dame; sie hatte eben eine Arie von Bellini gesungen, unterbrach sich jedoch bei unserem Eintritt und empfing mich mit gewinnender Höflichkeit. Sie sprach leise, wie überhaupt ihr ganzes Wesen zurückhaltend und ängstlich wirkte. Auch glaubte ich Spuren eines tiefen Kummers in ihren ungewöhnlich bleichen, wenn auch für meinen Geschmack durchaus nicht unangenehm blassen Zügen zu entdecken. Sie trug tiefe Trauer und erregte in mir ein Gefühl von Achtung, Teilnahme und Bewunderung.

Wie ich schon in Paris gehört hatte, wurde Monsieur Maillards Anstalt nach den Grundsätzen eines Heilverfahrens betrieben, das in Laienkreisen »Besänftigungsmethode« genannt wird – daß also jegliche »Bestrafung« vermieden wird – ja daß man sich nur selten zur Isolierung der Patienten entschließt, sondern ihnen, während sie unauffällig beobachtet werden, viel scheinbare Freiheit gewährt und den meisten erlaubt, sich im Hause und Garten in ihrer normalen Kleidung völlig ungezwungen zu bewegen.

Im Hinblick auf diese Tatsache drückte ich mich der jungen Dame gegenüber sehr vorsichtig aus, denn ich konnte ja nicht sicher wissen, ob sie normal war; auch leuchteten ihre Augen immer wieder in einem gewissen unruhigen Glanz auf, so daß ich halb zur Annahme neigte, sie müsse zu den Patienten gehören. Ich beschränkte meine Bemerkungen also auf allgemeine Redensarten und auf Feststellungen, von denen ich annehmen mußte, daß sie nicht einmal auf Geisteskranke unangenehm oder erregend wirken könnten. Sie gab auf alles, was ich sagte, ganz vernünftige Antworten, und auch ihre eigenen Bemerkungen zeugten von völlig gesundem Menschenverstand; doch war ich mit den Eigenarten der Geisteskranken schon viel zu lange und viel zu gründlich vertraut, als daß ich mich durch eine scheinbare geistige Gesundheit hätte ohne weiteres täuschen lassen, und so führte ich denn die Unterhaltung mit derselben Vorsicht weiter, mit der ich sie begonnen hatte.

Gleich darauf brachte ein gut aussehender livrierter Diener ein Tablett mit Obst, Wein und anderen Erfrischungen herein, wovon ich mir etwas zulangte, während die Dame kurz danach das Zimmer verließ. Als sie ging, blickte ich meinen Gastgeber fragend an.

»Nein«, sagte er, »aber nein – ein Familienmitglied – meine Nichte, und überdies eine sehr gebildete Dame.«

»Ich bitte Sie wegen meines Verdachts tausendmal um Entschuldigung«, erwiderte ich, »doch werden Sie mir gewiß verzeihen können. Die ausgezeichnete Methode, nach der Sie die Dinge hier handhaben, hat in Paris vollste Anerkennung gefunden, und so hielt ich es durchaus für möglich, wissen Sie ...«

»Ja, ja, aber gewiß – sprechen Sie nicht weiter – im Gegenteil, ich müßte mich eher für die löbliche Vorsicht bedanken, die Sie gezeigt haben. Bei jungen Menschen treffen wir selten so viel Voraussicht an, und mehr als einmal hat es nur durch die Gedankenlosigkeit unserer Besucher unglückselige Zwischenfälle gegeben. Früher, als ich noch das alte Verfahren anwandte und die Patienten sich überall frei bewegen konnten, geschah es oft, daß sie durch gedankenlose Besucher, die das Haus besichtigen wollten, zu gefährlichen Tobsuchtsanfällen erregt wurden. Daher war ich gezwungen, eine strenge Besucherordnung einzuführen, und niemand wurde mehr in das Grundstück eingelassen, auf dessen Umsicht und Besonnenheit ich mich nicht verlassen konnte.«

»Als Sie noch Ihr *altes* Verfahren anwandten?« sagte ich und wiederholte dabei seine eigenen Worte. »Soll das etwa heißen, daß Ihre ›Besänftigungsmethode‹, von der ich so viel gehört habe, nicht mehr angewandt wird?«

»Es ist nun schon mehrere Wochen her«, erwiderte er, »daß wir beschlossen haben, sie endgültig aufzugeben.«

»Wirklich, Sie überraschen mich!«

»Ja, mein Herr«, sagte er und seufzte, »wir fanden es unbedingt erforderlich, zu den alten Methoden zurückzukehren. Die *Gefahren* des Besänftigungssystems waren ja schon von Anfang an nie zu verkennen gewesen, und seine Vorteile sind weit überschätzt worden. Ich glaube sagen zu dürfen, daß die Methode in dieser Anstalt vielleicht mehr als in jeder anderen gründlich und gewissenhaft ausprobiert worden ist. Wir haben alles getan, was eine vernünftig angewandte Humanität verlangen konnte. Schade, daß Sie uns nicht schon früher einmal aufgesucht haben, um sich selbst ein Bild davon zu machen. Aber ich darf wohl annehmen, daß Ihnen die ›Besänftigungsmethode‹ in allen Einzelheiten vertraut ist.«

»Doch nicht ganz so. Was ich davon gehört habe, stammt aus dritter oder vierter Hand.«

»Ich kann also die Methode ganz allgemein damit charakterisieren, daß bei ihrer Anwendung die Patienten mit Rücksicht behandelt wurden – daß man ihnen den Willen ließ. Wir haben den Wahnvorstellungen der Irren nie widersprochen. Im Gegenteil, wir duldeten sie nicht nur, wir ermutigten sie sogar, und viele unserer dauerhaften Heilerfolge sind auf diese Weise erzielt worden. Kein Argument wirkt auf die schwache Vernunft der Irrsinnigen so überzeugend wie die *reductio ad absurdum,* also der Nachweis der Sinnwidrigkeit. Wir haben zum Beispiel Leute hier gehabt, die sich für Hühner hielten. Die Kur bestand nun darin, dies als Tatsache hinzunehmen, den Patienten für dumm zu erklären, wenn er die Tatsache nicht folgerichtig anerkannte, und ihm eine Woche lang jede andere Nahrung als die eines Huhnes zu verweigern. Auf diese Art konnte man mit ein wenig Korn und Sand geradezu Wunder wirken.«

»Aber bestand die ganze Methode nur in dieser Art der Beruhigung?«

»Keineswegs. Wir legten auch großen Wert auf Unterhaltung harmloser Art, wie zum Beispiel Musik, Tanzen, gemeinsame Freiübungen; Kartenspiele, bestimmte Bücher und so weiter. Wir taten so, als behandelten wir jeden einzelnen wegen irgendeiner gewöhnlichen Krankheit, und das Wort ›Geisteskrankheit‹ kam nie über unsere Lippen. Ein wesentlicher Punkt unserer Methode bestand darin, jeden Geisteskranke anzuhalten, auf das Tun aller anderen aufzupassen. Der Einsicht und dem guten Willen Irrsinniger Vertrauen zu schenken, bedeutet, die Patienten mit Leib und Seele zu gewinnen. Auf diese Weise wurde es uns auch möglich, ohne einen kostspieligen, umfangreichen Stab von Krankenwärtern auszukommen.«

»Und Sie wendeten keinerlei Zwangsmaßnahmen und Strafen an?«

»Nicht die geringsten.«

»Und Sie haben Ihre Patienten niemals in Zellen gesperrt?«

»Sehr selten. Dann und wann, wenn die Krankheit eines Patienten zu einer Krise führte oder in plötzliche Raserei ausartete, haben wir ihn in eine geheimgehaltene Zelle eingeschlossen, damit die übrigen nicht von ihm angesteckt wurden, und haben ihn dort festgehalten, bis wir ihn wieder mit seinen Gefährten zusammenkommen lassen konnten – denn mit Tobsucht befassen wir uns nicht. Tobsüchtige geben wir gewöhnlich an die öffentlichen Heilstätten ab.«

»Und nun haben Sie das alles wieder abgeschafft – und, wie Sie glauben, zum Vorteil der Kranken?«

»Ganz bestimmt. Die alte Methode hatte ihre Nachteile, ja sogar ihre Gefahren. Glücklicherweise ist sie jetzt in allen ›Maisons de Santé‹ Frankreichs als veraltet aufgegeben worden.«

»Was Sie da sagen«, erwiderte ich, »überrascht mich sehr, denn ich war überzeugt, daß Geisteskrankheiten heutzutage in keinem Teil des Landes anders behandelt würden.«

»Sie sind noch jung, lieber Freund«, erwiderte der Gastgeber, »doch die Zeit wird noch kommen, wo Sie es lernen werden, sich über das, was in der Welt vorgeht, auf Ihr eigenes Urteil zu verlassen und nicht auf das Geschwätz anderer. Glauben Sie nichts, was Sie hören, und nur die Hälfte von dem, was Sie sehen. Was nun unsere Irrenanstalten anlangt, so ist es ganz augenscheinlich, daß irgendein Dummkopf Sie falsch unterrichtet hat. Nach dem Essen jedoch, wenn Sie sich von der Anstrengung Ihres Ritts hinreichend erholt haben, wird es mir ein Vergnügen sein, Sie durch das ganze Haus zu führen und Sie mit einer Behandlungsmethode vertraut zu machen, die meiner Meinung nach – und auch nach der Ansicht aller, die sie jemals angewandt sahen – die unvergleichlich erfolgreichste aller bisher entwickelten Therapien ist.«

»Ihre eigene?« fragte ich. »Eine, die Sie selbst entwickelt haben?«

»Ich bin stolz darauf«, erwiderte er, »bestätigen zu können, daß dies der Fall ist – wenigstens bis zu einem gewissen Grade.«

In dieser Art unterhielt ich mich mit Monsieur Maillard ein paar Stunden lang, während er mich durch die Gartenanlagen und Gewächshäuser der Anstalt führte.

»Meine Patienten kann ich Ihnen vorläufig noch nicht vorführen«, sagte er. »Auf ein empfängliches Gemüt wirkt diese Art Schaustellung immer mehr oder weniger abstoßend, und ich möchte Ihnen nicht vor dem Essen den Appetit verderben. Wir werden also zunächst einmal speisen. Da kann ich Ihnen einen Kalbsbraten à la Sainte-Menehould mit Blumenkohl in Veloutésoße und danach ein Glas Clos de Vougeôt anbieten – das wird Ihre Nerven hinreichend kräftigen.«

Um sechs Uhr rief man uns zum Essen, und mein Gastgeber geleitete mich in einen großen Speisesaal, wo eine zahlreiche Gesellschaft schon versammelt war – im ganzen etwa fünfundzwanzig bis dreißig Personen. Sie waren offenbar vornehmere Leute – bestimmt alle von guter Herkunft –, obwohl, wie mir scheinen wollte, ihre Kleidung extravagant kostspielig war und etwas zu auffällig residenzstädtische Eleganz betonte. Ich stellte fest, daß mindestens zwei Drittel der Gäste Damen waren und besonders einige von ihnen eine Kleidung trugen, die man in Paris bestimmt nicht für den letzten Schrei des guten Geschmacks angesehen haben würde. So waren zum Beispiel viele weibliche Wesen, die kaum weniger als siebzig Jahre alt sein konnten, mit Schmuckstücken wie Ringen, Armbändern und Ohrringen geradezu überladen und zeigten dafür Busen und Arme in anstößiger Enthüllung. Auch konnte ich beobachten, daß sehr wenige der Kleider gut geschneidert waren – oder zum mindesten, daß sehr wenige ihren Trägerinnen paßten. Als ich mich weiter umschaute, entdeckte ich auch das interessante Mädchen, dem mich Monsieur Maillard im Empfangssalon vorgestellt hatte; zu meiner großen Überraschung trug sie einen Reifrock mit Stöckelschuhen und eine schmutzige Haube aus Brüsseler Spitzen, die ihr viel zu groß war und ihr Gesicht lächerlich klein erscheinen ließ. Als ich mit ihr bekannt geworden war, hatte sie tiefe Trauer getragen, was ihr sehr gut stand. Kurz, die Kleidung der ganzen Gesellschaft hatte einen Anflug leichter Verrücktheit, so daß ich zunächst wieder auf meinen ursprünglichen Gedanken kam, ich habe es hier mit der praktischen Anwendung der Besänftigungsmethode zu tun, und annahm, Monsieur Maillard habe mich absichtlich bis nach dem Essen hinters Licht führen wollen, um mir während der Mahlzeit unbehagliche Empfindungen zu ersparen, wenn ich wissentlich gemeinsam mit Geisteskranken speisen müßte. Doch dann erinnerte ich mich, in Paris gehört zu haben, daß die Menschen in den südlichen Provinzen überaus exzentrisch seien und noch einer Unzahl veralteter Vorstellungen und Bräuchen huldigten; und als ich dann gar mit mehreren Mitgliedern der Gesellschaft ins Gespräch kam, zerstreuten sich meine Befürchtungen sofort und vollkommen.

Der Speisesaal selbst genügte zwar einigermaßen den Ansprüchen auf Behaglichkeit und Geräumigkeit, war aber nicht allzu elegant eingerichtet. Zum Beispiel war der Fußboden nicht mit einem Teppich belegt, doch findet man das in Frankreich häufig. Auch die Fenster hatten keine Vorhänge, und die geschlossenen Fensterladen waren mit diagonal angebrachten Eisenschienen gesichert wie bei uns die Geschäfte. Der Raum nahm, wie ich bemerkte, einen ganzen Flügel des Schlosses ein, und demgemäß waren die Fenster an drei Seiten des Parallelogramms angebracht, während die Tür durch die vierte Wand führte. Im ganzen waren nicht weniger als zehn Fenster vorhanden.

Der Tisch war prachtvoll gedeckt; er war mit Tafelgeschirr und noch mehr mit Delikatessen geradezu überladen. Der verschwenderische Luxus wirkte einfach barbarisch. Es waren so viele Fleischgerichte aufgetragen, daß man sämtliche Nachkommen des Riesen Enak damit hätte bewirten können. Noch nie hatte ich eine solche hemmungslose Vergeudung der guten Gaben der Welt erlebt. Doch schien überhaupt alles von sehr geringem Geschmack zu zeugen, und meine an sanftes Licht gewöhnten Augen wurden von dem unerhörten Glanz einer Unzahl von Wachskerzen schmerzhaft geblendet; sie waren in silbernen Leuchtern auf der Tafel und im ganzen Saal verteilt – wo sich nur irgendein Platz dafür gefunden hatte. Mehrere Diener trugen die Speisen auf, und am äußersten Ende des Raumes saßen sieben oder acht Leute mit Fiedeln, Pfeifen, Posaunen und einer Trommel auf einem langen Tisch. Diese Burschen fielen mir während des Essens durch eine unendlich vielseitige, nur durch einige Pausen unterbrochene Lärmproduktion auf die Nerven; es sollte offenbar Musik sein und schien alle Anwesenden zu unterhalten, nur eben mich nicht.

Im ganzen kam mir doch alles, was ich da sah, recht bizarr und wunderlich vor – aber die Welt beherbergt nun einmal die unterschiedlichsten Geschöpfe mit allen nur möglichen Denkgewohnheiten und den seltsamsten Umgangsformen. Auch war ich schon so viel und so weit gereist, daß mir das »nil admirari« zur Selbstverständlichkeit geworden war; so nahm ich denn gelassen rechts von meinem Gastgeber Platz und sprach den guten Dingen vor meiner Nase herzhaft und mit ausgezeichnetem Appetit zu.

Bei alledem war eine lebhafte, allgemeine Unterhaltung im Gange. Die Damen redeten, wie gewöhnlich, sehr viel. Bald zeigte es sich, daß fast alle Anwesenden gebildete und wohlerzogene Menschen waren; und mein Gastgeber floß von heiteren Anekdoten geradezu über. Er schien nicht die geringsten Bedenken zu haben, die Rede auf seine Stellung als Direktor einer Irrenanstalt zu bringen, wie denn überhaupt zu meiner Überraschung das Thema »Geisteskrankheiten« der beliebteste Gesprächsstoff aller Anwesenden war. So wurden sie nicht müde, vergnügliche Geschichten über die wunderlichen Einfälle der Patienten zum besten zu geben.

»Da hatten wir mal einen hier«, sagte ein kleiner dicker Herr, der rechts neben mir saß –, »der Kerl bildete sich ein, er wäre ein Teekessel – übrigens, finden Sie es nicht auch ganz besonders eigenartig, wie oft ausgerechnet diese fixe Idee Geisteskranke befällt? Es gibt in ganz Frankreich kaum eine Irrenanstalt, die nicht wenigstens einen menschlichen Teekessel vorweisen könnte. Der erwähnte Herr hier bei uns war ein Teekessel aus Britanniametall und versäumte es nie, sich jeden Morgen mit Schlämmkreide und einem Wildlederlappen blank zu polieren.«

»Und dann«, sagte ein hochgewachsener Mann, der uns gerade gegenüber saß, »hatten wir – es ist noch gar nicht so lange her – hier einen Menschen, der es sich in den Kopf gesetzt hatte, er wäre ein Esel – womit er, wie Sie sagen werden, in übertragenem Sinne gar nicht so unrecht hatte. Er machte uns eine Menge Umstände, und wir hatten viel Mühe, ihn nicht zu üppig werden zu lassen. Eine ganze Zeitlang wollte er bloß Disteln essen, doch davon haben wir ihn bald geheilt, indem wir darauf bestanden, daß er wirklich nichts anderes zu essen bekam. Und dann schlug er auch noch dauernd aus – sehen Sie: so – und so …«

»Monsieur De Kock, ich wäre Ihnen sehr verbunden, wenn Sie sich anständig benehmen wollten!« unterbrach ihn eine alte Dame, die neben diesem Anekdotenerzähler saß. »Bitte halten Sie doch Ihre Füße ruhig! Sie haben meinen ganzen Brokat kaputt gemacht! Läßt es sich bitte denn wirklich nicht umgehen, eine Bemerkung mit derartigen praktischen Vorführungen zu illustrieren? Unser Freund hier wird Ihre Ausführungen sicherlich auch ohne dies alles begreifen. Auf Ehre, Sie sind selber ein beinahe genauso großer Esel wie der, für den sich der arme Unglückliche hielt. Jedenfalls benehmen Sie sich dementsprechend, so wahr ich lebe.«

»Mille pardons! Ma'm'selle!« erwiderte der so angesprochene Monsieur De Kock –, »bitte tausendmal um Verzeihung, ich wollte Ihnen nicht zu nahe treten – Ma'm'selle Laplace, Monsieur De Kock gibt sich die Ehre, Ihnen ein Glas Wein zuzutrinken.«

Dabei verbeugte Monsieur De Kock sich tief, küßte sich selbst feierlich die Hand und stieß dann mit Ma'm'selle Laplace an.

»Gestatten Sie, mon ami«, sagte jetzt Monsieur Maillard, »gestatten Sie mir, Ihnen einen Bissen Kalbsbraten à la Sainte-Menehould zukommen zu lassen – Sie werden finden, daß er besonders delikat schmeckt.«

In diesem Augenblick gelang es drei kräftigen Bediensteten gerade noch, eine Platte von enormem Umfang ohne

Unfall auf dem Tisch abzusetzen; genaugenommen war es ein Tranchierbrett, auf dem etwas lag, das ich zuerst für Vergils »monstrum horrendum, informe, ingens, cui lumen ademptum« hielt. Bei näherer Betrachtung stellte sich jedoch heraus, daß es nur ein im ganzen gebratenes kleines Kalb war; es lag auf den Knien und hielt einen Apfel im Maul – so, wie man in England einen Hasen anrichtet.

»Vielen Dank«, erwiderte ich; »um der Wahrheit die Ehre zu geben; ich mache mir nicht eben viel aus Kalbsbraten à la Sainte – wie nannten Sie ihn doch gleich? –, denn er bekommt mir nicht recht. Ich werde lieber zu einem anderen Gericht übergehen und etwas von dem Kaninchenbraten dort kosten.«

Es standen nämlich noch mehrere kleinere Platten auf der Tafel mit einem Gericht, das mir aus dem ganz gewöhnlichen französischen Wildkaninchen zu bestehen schien – übrigens ein Leckerbissen, den ich jedem nur empfehlen kann.

»Pierre«, rief der Hausherr, »wechsle den Teller dieses Herrn und servier ihm ein Rückenstück von diesem ›Karnickel à la Katz‹.«

»Wovon?« fragte ich.

»Von diesem Karnickel à la Katz.«

»Ach nein, danke – ich hab' mir's anders überlegt. Ich werde mir lieber eine Scheibe von diesem Schinken zulangen.«

Bei diesen Provinzlern weiß man wirklich nie, was man vorgesetzt kriegt, dachte ich. Jedenfalls mag ich nichts von ihrem Karnickel à la Katz, und erst recht nichts von ihrer Katz à la Karnickel.

»Und dann«, sagte ein leichenblasses Individuum am Ende der Tafel, das den Faden der Unterhaltung wieder dort aufnahm, wo er abgerissen war, »und dann hatten wir unter vielen anderen Verrücktheiten mal 'nen Patienten hier, der hartnäckig behauptete, er sei ein Cordoba-Käse, mit einem

Messer in der Hand herumlief und alle Bekannten dringend aufforderte, sich doch mitten aus seinem Bein eine kleine Scheibe herauszuschneiden.«

»Das war ein ganz großer Narr, zweifellos«, warf ein anderer ein, »aber er hielt keinen Vergleich aus mit einem gewissen Jemand, den wir mit Ausnahme dieses fremden Herrn alle kennen. Ich meine den Mann, der sich für eine Flasche Champagner hielt und immer mit einem Knall und Gezisch losging, hören Sie mal zu: so …«

Dabei steckte er – was mir übrigens ziemlich unfein vorkam – den rechten Daumen in den linken Mundwinkel, zog ihn mit einem Laut heraus, der dem Knall eines Korken ähnelte, und erzeugte dann durch geschicktes Anlegen der Zunge an die Zähne einige Minuten lang ein scharf zischendes und sprudelndes Geräusch, um das Überschäumen des Champagners nachzuahmen. Ich sah deutlich, daß Monsieur Maillard von einem derartigen Benehmen nicht eben entzückt war, doch sagte er nichts, und die Unterhaltung wurde von einem sehr mageren kleinen Mann mit großer Perücke wieder aufgenommen.

»Und dann gab es hier mal 'nen Dummkopf«, sagte er, »der sich fälschlicherweise für einen Frosch hielt; nebenbei bemerkt sah er auch ziemlich so aus. Den hätten Sie sehen sollen, mein Herr« – dabei wandte er sich an mich –, »Sie hätten wirklich was davon gehabt, wenn Sie gesehen hätten, wie natürlich er das machte. Ja, mein Herr, wenn der Mann tatsächlich *kein* Frosch war, dann kann ich nur feststellen, daß es jammerschade ist. Der konnte quaken – hören Sie, so: Koax, Ko-o-o-ax!, und zwar in der schönsten Tonart, die es gibt, in b-Moll; und wenn er sich gar mit den Ellbogen auf den Tisch legte – vorher mußte er natürlich ein paar Glas Wein trinken – und den Mund aufblies – sehen Sie, so … und mit den Augen rollte – sehen Sie, so … und dann so unglaublich schnell damit blinzelte – sehen Sie, so ..., ja, mein Herr – und hinter dieser Behauptung stehe ich mit meiner ganzen Persönlichkeit –, da hätten Sie sich vor Staunen über die Genialität dieses Menschen einfach nicht lassen können.«

»Zweifellos, ganz gewiß«, sagte ich.

»Und dann«, sagte jemand anderes, »da war doch noch Gaillard der Kleine hier, der sich für eine Prise Schnupftabak hielt und tief bekümmert war, weil er sich nicht selber zwischen Daumen und Zeigefinger fassen konnte.«

»Ja, und dann dieser Jules Desoulières, der ganz einzig in seiner Art war und die verrückte Idee kultivierte, daß er ein Kürbis wäre. Nun lag er dem Koch dauernd in den Ohren, er solle ihn zu Pasteten verarbeiten – was der Koch entrüstet ablehnte. Aber ich bin gar nicht so ganz sicher, ob nicht ein Kürbis à la Desoulières ausgezeichnet geschmeckt hätte!«

»Das finde ich sehr erstaunlich von Ihnen!« sagte ich und blickte Monsieur Maillard forschend an.

»Ha, ha, ha!« lachte der Herr Direktor, »he, he, he! hi, hi, hi! ho, ho, ho! hu, hu, hu! – sehr gut, großartig! Sie dürfen das nicht weiter erstaunlich finden, mon ami; unser Freund hier ist ein Witzbold – ein Spaßvogel. – Sie dürfen nicht alles wörtlich nehmen, was er sagt.«

»Und dann«, sagte ein anderes Mitglied der Tischgesellschaft, »hatten wir noch Bouffon den Großen hier – das war auf seine Art auch eine ganz außergewöhnliche Persönlichkeit. Er wurde aus Liebeskummer verrückt und bildete sich ein, er hätte zwei Köpfe. Einen davon erklärte er für den Kopf Ciceros; doch den anderen hielt er für zusammengesetzt: vom oberen Stirnrand bis zum Mund sollte er von Demosthenes und vom Mund bis zum Kinn von Lord Brougham stammen. Es ist nicht ganz ausgeschlossen, daß er sich irrte, aber er überzeugte Sie ohne weiteres davon, daß er recht hatte, denn er war ein Mann von gewaltiger Beredsamkeit. Die

Redekunst ging ihm über alles, und er war ihr so leidenschaftlich ergeben, daß er keine Gelegenheit auslassen konnte, sich darin zu produzieren. Zum Beispiel pflegte er so wie ich jetzt auf den Tisch zu springen und – und ...«

Hier legte ihm ein neben ihm sitzender Freund die Hand auf die Schulter und flüsterte ihm ein paar Worte ins Ohr, worauf er ganz unvermittelt zu reden aufhörte und sich wieder in seinen Stuhl zurücksinken ließ.

»Und dann«, sagte der Freund, der geflüstert hatte, »dann gab es auch noch diesen Boullard, den Kreisel. Ich nenne ihn Kreisel, weil er von der komischen, wenn auch keineswegs unvernünftigen Idee besessen war, er sei in einen Kreisel verwandelt worden. Sie hätten vor Lachen gebrüllt, wenn Sie gesehen hätten, wie er sich drehte. Passen Sie auf: so drehte er sich wohl eine Stunde lang immer auf einem Absatz um sich selbst, sehen Sie, so ...«

Da leistete ihm der Freund, den er vorhin durch sein Geflüster unterbrochen hatte, denselben Liebesdienst.

»Aber dann war Ihr Monsieur Boullard eben verrückt«, rief eine alte Dame, so laut sie konnte, »und noch dazu auf sehr blöde Art verrückt; denn wer, gestatten Sie mir die Frage, hat jemals was von einem menschlichen Kreisel gehört? Das ist einfach absurd. Da war Madame Joyeuse viel vernünftiger, wie Ihnen bekannt sein dürfte. Sie hatte zwar auch einen Sparren, aber der widersprach doch wenigstens nicht dem gesunden Menschenverstand und machte außerdem allen, die die Ehre ihrer Bekanntschaft hatten, reine Freude. Nach reiflicher Überlegung war ihr nämlich klargeworden, daß sie durch irgendeinen Zufall in einen Hahn verwandelt worden war. Wie sie die Flügel schlug, das war einfach großartig, so – so – so, und gar ihr Gekrähe, das war köstlich und himmlisch! Kikeriki! kikeriki! Kikerikikikikiki-i-i-i-i!«

»Madame Joyeuse, ich wäre Ihnen sehr verbunden, wenn Sie sich benehmen wollten!« unterbrach sie unser Gastgeber ziemlich wütend. »Entweder verhalten Sie sich, wie es sich für eine Dame gehört, oder Sie verlassen sofort unsere Tischgesellschaft – Sie haben die Wahl.«

Die Dame (nach der Beschreibung, die sie soeben von Madame Joyeuse geboten hatte, war ich sehr erstaunt, sie selbst als Madame Joyeuse angeredet zu hören) errötete bis über die Stirn und schien über den Tadel außerordentlich beschämt zu sein. Sie ließ den Kopf hängen und erwiderte keinen Ton. Doch eine andere, jüngere Dame griff das Thema wieder auf. Es war mein schönes Mädchen aus dem Empfangssalon.

»Na ja, Madame Joyeuse war wirklich verrückt!« rief sie. »Dagegen lag im Verhalten von Eugénie Salsafette ein gutes Stück gesunder Menschenverstand. Sie war ein sehr schönes und überaus zurückhaltendes junges Mädchen, das die übliche Art, sich anzuziehen, für unanständig hielt und es vorzog, beim Anziehen aus den Kleidern heraus –, statt in sie hineinzuschlüpfen. Und dabei geht das doch so einfach. Man braucht es bloß so zu machen und dann so – so und dann wieder so, und dann ...«

»Mon dieu! Ma'm'selle Salsafette!« rief hier ein Dutzend Stimmen zugleich. »Was machen Sie nur? – Halten Sie ein! – Das genügt! Wir sind genau im Bilde, wie es gemacht wird! Halt! Halt!« und mehrere Personen sprangen schon von ihren Sitzen auf, um Ma'm'selle Salsafette daran zu hindern, als Mediceische Venus aufzutreten, als die Szene sehr wirkungsvoll durch eine Folge von lauten Schreien irgendwoher aus dem Hauptgebäude des Schlosses auf einen unerwarteten Höhepunkt geführt wurde.

Ich muß zugeben, daß diese Schreie auch mir ziemlich auf die Nerven gingen, doch für die gesamte übrige Gesellschaft hatten sie wahrhaft bemitleidenswerte Folgen. Noch nie in meinem Leben habe ich vernünftige Menschen so tief erschrecken sehen. Alle wurden sie leichenblaß, duckten sich in ihren Stühlen zusammen, in denen sie vor Entsetzen zitterten und mit den Zähnen klappten und ängstlich lauschten, ob sich die Schreie wiederholen würden. Und sie wiederholten sich – lauter und scheinbar näher – und dann ein drittes Mal sehr laut, und dann noch ein viertes Mal, doch mit offensichtlich verminderter Stärke. Bei diesem unverkennbaren Abklingen der Lautstärke gewann die Gesellschaft sofort ihre gute Laune wieder – alle sprühten, ganz wie zuvor, vor Leben und lustigen Geschichten über. Jetzt erst wagte ich es, mich nach der Ursache der Störung zu erkundigen.

»Ach, nur eine Bagatelle, eine bloße Kleinigkeit«, sagte Monsieur Maillard. »Wir sind an so was gewöhnt und kümmern uns kaum darum. Die Irrsinnigen lassen dann und wann ein Heulkonzert erklingen – einer regt den andern an, wie es zuweilen nachts bei einer Hundemeute der Fall ist. Gelegentlich kommt es jedoch vor, daß nach diesem Brüllkonzert ein gemeinsamer Ausbruchsversuch unternommen wird, was natürlich als nicht ganz ungefährlich zu betrachten ist.«

»Und wie viele Patienten stehen augenblicklich unter Ihrer Obhut?«

»Gegenwärtig sind es nicht mehr als insgesamt zehn.«

»Wohl meistens Frauen, nicht?«

»O nein – alles sind Männer, und verdammt kräftige Kerle, das kann ich Ihnen sagen.«

»Nein so was! Und ich war immer der Meinung, daß die Mehrheit der Geisteskranken vom zarteren Geschlecht gestellt wird.«

»Im allgemeinen stimmt das schon, doch nicht in allen Fällen. Vor einiger Zeit hatten wir ungefähr siebenundzwanzig Patienten hier, und davon waren nicht weniger als achtzehn Frauen; doch dann hat sich alles sehr verändert, wie Sie sehen.«

»Ja – sehr verändert, wie Sie sehen«, unterbrach hier der Herr, der vorhin Ma'm'selle Laplace mit den Füßen gegen das Schienbein getreten und ihren Brokat beschädigt hatte.

»Ja – sehr verändert, wie Sie sehen!« stimmte die ganze Gesellschaft gleichzeitig ein.

»Haltet eure Zungen im Zaum – das gilt für jeden von euch!« rief mein Gastgeber in höchstem Zorn, worauf die ganze Gesellschaft fast eine Minute lang sich totenstill verhielt. Die eine Dame gehorchte Monsieur Maillard sogar buchstäblich, streckte ihre ungewöhnlich lange Zunge heraus und hielt sie treu und brav mit beiden Händen bis zum Ende der Szene fest.

»Und diese Dame da«, sagte ich zu Monsieur Maillard, wobei ich mich zu ihm hinbeugte und ihm ins Ohr flüsterte – »diese gute Dame, die soeben gesprochen hat und die so schön krähen kann, die ist doch, wie ich annehmen möchte, harmlos – ganz ungefährlich, wie?«

»Harmlos!« stieß er in ungeheuchelter Überraschung heraus, »wieso – was können Sie damit andeuten wollen?«

»Also hier nur leicht gestört?« sagte ich und deutete auf meinen Kopf. »Ich darf wohl annehmen, daß sie nicht besonders – ich meine, nicht gefährlich geisteskrank ist, wie?«

»Mon dieu! Das also bilden Sie sich ein? Diese Dame, Madame Joyeuse, ist eine gute alte Freundin von mir und genauso normal wie ich selber. Sie ist manchmal ein bißchen exzentrisch, gewiß – aber Sie wissen doch, alle alten Frauen – alle sehr alten Frauen – sind mehr oder weniger exzentrisch!«

»Aber gewiß«, sagte ich, »aber gewiß – und dann sind die übrigen Damen und Herren wohl ...«

»Meine Freunde und Krankenwärter«, unterbrach mich Monsieur Maillard und richtete sich abweisend auf – »meine sehr guten Freunde und Helfer.«

»Was, sie alle?« fragte ich. »Diese Frauen und all die anderen?«

»Sie können sich darauf verlassen«, sagte er, »ohne die Frauen könnten wir überhaupt nicht auskommen; sie sind die besten Irrenwärterinnen der Welt; sie haben eine ganz besondere Art, wissen Sie; ihre leuchtenden Augen haben eine wunderbare Kraft – so etwas Ähnliches wie die hypnotische Wirkung, die von der Schlange ausgeht, verstehen Sie!«

»Aber gewiß«, sagte ich, »aber gewiß! Doch führen sie sich ein wenig seltsam auf, wie? – ich meine, sie sind ein wenig komisch, wie? – ist das nicht auch Ihre Ansicht?«

»Seltsam! – komisch! – ja, meinen Sie das wirklich? Gewiß, wir sind nicht besonders förmlich und zimperlich hier im Süden – lassen uns gern ein bißchen gehen – genießen das Leben mit allem Drum und Dran, wissen Sie ...«

»Aber gewiß«, sagte ich – »durchaus verständlich.«

»Und dann steigt einem dieser Clos de Vougeôt ein bißchen in den Kopf, wissen Sie – er ist ein wenig schwer – das sehen Sie wohl ein, was?«

»Aber gewiß«, sagte ich, »habe volles Verständnis dafür. Übrigens, Monsieur, habe ich richtig verstanden, wenn ich annehme, daß die Heilmethode, die Sie jetzt an Stelle der berühmten Besänftigungsmethode anwenden, durch außerordentliche Strenge und Härte gekennzeichnet ist?«

»Keineswegs. Natürlich müssen wir die Kranken streng isolieren, doch die Behandlung – die medizinische Behandlung, meine ich – wird von den Patienten eher als angenehm empfunden.«

»Und diese neue Heilmethode haben Sie selbst entwickelt?«

»Nicht ganz und gar. Gewisse Grundzüge gehen auf Doktor Teer zurück, von dem Sie ja auf jeden Fall gehört haben müssen, während ich einige Sonderheiten meines Behandlungssystems, wie ich gern anerkennen will, den Vorarbeiten des berühmten Feder verdanke, mit dem Sie, wenn ich nicht irre, in enger freundschaftlicher Beziehung zu stehen die Ehre haben.«

»Zu meiner Schande muß ich gestehen«, erwiderte ich, »daß ich die beiden Herren nicht einmal dem Namen nach kenne.«

»Großer Gott!« rief mein Gastgeber entsetzt aus, schob seinen Stuhl heftig zurück und hob die Hände zum Himmel empor. »Sicher habe ich nicht richtig gehört! Sie wollten doch nicht etwa sagen, wie? – daß Sie von dem gelehrten Doktor Teer oder dem berühmten Professor Feder noch nie etwas gehört haben?«

»Leider muß ich meine Unwissenheit bekennen«, erwiderte ich; »denn man soll ja stets und vor allem der Wahrheit die Ehre geben. Doch fühle ich mich tief beschämt, mit den Werken dieser zweifellos außergewöhnlichen Gelehrten nicht bekannt zu sein. Ich werde mir aber sofort ihre Werke beschaffen und sie gründlich durcharbeiten. Monsieur Maillard, Sie haben mich wirklich – das muß ich offen eingestehen –, Sie haben mich wirklich zutiefst beschämt.«

Und das stimmte auch.

»Hören Sie auf davon, mein lieber junger Freund«, sagte er gütig und drückte mir die Hand – »kommen Sie, trinken Sie ein Glas Sauterne mit mir!«

Wir tranken. Die übrigen folgten rückhaltlos unserm Beispiel. Sie schwatzten – sie scherzten – sie lachten – sie vollführten tausendfachen Unsinn – die Fiedeln kreischten – die Trommel lärmte – die Posaunen brüllten, als ob jede der eherne Stier des Phalaris wäre – und das Ganze wuchs sich, je mehr der Wein die Szene beherrschte, allmählich zu so etwas wie einem immer schlimmer werdenden Pandämonium aus. Bei alledem setzten Monsieur Maillard und ich unsere Unterhaltung bei einigen Flaschen Sauterne und Vougeôt brüllend fort; denn ein mit normaler Stimme vorgebrachter Laut hatte nicht mehr Aussichten, vernommen zu werden, als die Stimme eines Fisches auf dem Grunde der Niagarafälle.

»Und dann, werter Herr«, brüllte ich ihm ins Ohr, »haben Sie doch vor dem Essen etwas von der Gefahr angedeutet, die mit der alten Besänftigungsmethode verbunden sein soll. Wie steht es damit?«

»Ja«, erwiderte er, »gelegentlich war es wirklich recht gefährlich. Die Geisteskranken sind ja in ihren Launen unberechenbar, und meiner Meinung nach, die auch von Doktor Teer und Professor Feder geteilt wird, ist es niemals ratsam, sie unbeaufsichtigt herumlaufen zu lassen. Ein Irrsinniger kann wohl eine Zeitlang ›besänftigt‹ sein, wie man so sagt, aber schließlich muß bei ihm stets mit dem Ausbruch eines Tobsuchtsanfalls gerechnet werden. Außerdem ist seine große Schlauheit geradezu sprichwörtlich. Wenn er etwas Verrücktes plant, verbirgt er sein Vorhaben mit geradezu wunderbarer Verschlagenheit, und die Geschicklichkeit, mit der er geistige Gesundheit simuliert, stellt den Psychiater beim Studium des menschlichen Geistes vor eins der schwierigsten Probleme. Wenn ein Geisteskranker *vollkommen* normal erscheint, dann ist es höchste Zeit, ihn in die Zwangsjacke zu stecken.«

»Aber die Gefahr, von der Sie eben sprachen, verehrter Herr – haben Sie selbst, solange Sie die Anstalt leiten, praktische Erfahrungen gemacht, die es Ihnen riskant erscheinen lassen, einem Geisteskranken zu viel Freiheit zu gewähren?«

»Hier – eigene Erfahrungen gemacht? – nun, das kann man wohl sagen. Zum Beispiel ist es noch gar nicht so lange her, daß hier in dieser Anstalt etwas ganz Eigenartiges passiert ist. Damals wandten wir noch, wie Sie wissen, die ›Besänftigungsmethode‹ an, und die Patienten liefen frei herum. Sie verhielten sich bemerkenswert gut – mit voller Absicht –, und gerade aus der Tatsache, daß die Burschen sich so *bemerkenswert* korrekt aufführten, hätte jeder mit etwas Sinn und Verstand schließen können, daß sie eine ganz große Teufelei vorhatten. Und richtig, eines schönen Morgens fanden die Wärter sich an Händen und Füßen gefesselt, als ob sie selber die Irrsinnigen wären, und zwar durch die Irrsinnigen, die sich nun selbst als Wärter aufspielten.«

»Was Sie nicht sagen! So etwas Verrücktes hab' ich mein Lebtag nicht gehört!«

»Es ist aber Tatsache – und zwar ging alles auf einen blöden Kerl zurück – einen Geisteskranken natürlich –, der es sich irgendwie in den Kopf gesetzt hatte, ein weit besseres Regierungssystem erfunden zu haben, als es jemals auf der Welt gab – ein Behandlungssystem für Geisteskranke, meine ich natürlich. Nun wollte er wohl, wie ich vermute, seine neue Methode ausprobieren und brachte die übrigen Insassen dazu, mit ihm eine Verschwörung zum Sturz der herrschenden Gewalt zu bilden.«

»Und es ist ihm tatsächlich gelungen?«

»Daran besteht nicht der geringste Zweifel. Die Wärter und die Gewarteten mußten bald ihre Rollen vertauschen. Doch auch das stimmt nicht genau mit den Tatsachen überein, denn die Geisteskranken waren ja frei gewesen, und die Wärter wurden nun in Zellen gesperrt und leider sehr wenig achtungsvoll behandelt.«

»Aber ich darf wohl annehmen, daß sehr bald eine Gegenrevolution durchgeführt wurde? So konnten die Zustände ja nicht lange bleiben. Die benachbarte Landbevölkerung – auch Besucher, die die Anstalt besichtigen wollten – würde unbedingt Alarm geschlagen haben.«

»Da irren Sie sich. Dafür war der Anführer der Rebellen viel zu schlau. Er ließ überhaupt keine Besucher ein – nur eines Tages ausnahmsweise einen sehr wenig intelligent aussehenden jungen Mann, vor dem er keine Angst zu haben brauchte. Er ließ ihn also zur Abwechslung die Anstalt besichtigen – machte sich sozusagen einen kleinen Spaß daraus. Und als er ihn hinreichend gefoppt hatte, ließ er ihn wieder hinaus, ließ ihn seiner Wege gehen.«

»Und wie lange haben nun eigentlich die Geisteskranken die Herrschaft innegehabt?«

»Oh, bestimmt sehr lange – ganz gewiß einen Monat – wieviel länger kann ich nicht genau sagen. Die ganze Zeit über haben sich die Irrsinnigen aber ein schönes Leben gemacht – darauf können Sie Gift nehmen. Sie legten ihre abgetragenen Kleidungsstücke ab und statteten sich mit den Familienbeständen an Kleidung und Juwelen großzügig neu aus. Die Weinkeller des Schlosses waren reichlich versehen, und diese Verrückten verstehen sich verteufelt gut aufs Weintrinken. Die haben gut gelebt, das kann ich wohl sagen.«

»Und wie war die Behandlung – ich meine die besondere Behandlungsmethode, die der Anführer der Rebellen nun einführte?«

»Nun, was das anbelangt, so muß ein Geisteskranker, wie ich schon bemerkte, nicht unbedingt ein Dummkopf sein, und ich bin fest davon überzeugt, daß seine Methode viel besser war als die vorher angewendete. Es war eine ganz großartige Behandlungsmethode – einfach – klar – ohne alle Schwierigkeiten – sie war einfach wunderbar – sie war …«

Hier wurden die Ausführungen meines Gastgebers durch eine weitere Folge von Schreien rauh unterbrochen – sie klangen genauso wie die, die uns schon kurz zuvor so beunruhigt hatten. Diesmal schienen sie jedoch von schnell näher kommenden Personen auszugehen.

»Grundgütiger Himmel!« stieß ich entsetzt hervor.

»Ganz bestimmt sind die Irrsinnigen jetzt ausgebrochen!«

»Ich fürchte sehr, daß dies der Fall ist«, entgegnete Monsieur Maillard und wurde ungewöhnlich blaß. Kaum hatte er seinen Satz zu Ende gesprochen, als auch schon laute Rufe und Flüche unterhalb der Fenster zu hören waren, und unmittelbar darauf ließ es sich nicht mehr bezweifeln, daß einige Leute draußen sich gewaltsam Eingang in das Zimmer zu erzwingen suchten. Die Tür wurde offenbar mit einem Vorschlaghammer bearbeitet, und auch an den Fensterläden wuchtete und rüttelte jemand mit aller Kraft.

Nun folgte ein schreckliches Durcheinander. Zu meiner äußersten Verwunderung kroch Monsieur Maillard hastig unter den Anrichtetisch. Von ihm hätte ich mehr Kaltblütigkeit erwartet. Die Mitglieder des Orchesters, die in der vorhergehenden Viertelstunde anscheinend zu betrunken gewesen waren, um ihrer Pflicht nachzukommen, sprangen sofort auf die Füße, eilten zu ihren Instrumenten, kletterten wieder auf den Tisch, stimmten in schöner Einmütigkeit den »Yankee Doodle« an und ließen ihn während des ganzen folgenden Tumults zwar nicht ganz richtig, doch dafür mit geradezu übermenschlicher Energie ununterbrochen weiter ertönen.

Inzwischen war der Herr, den man vorhin mit einiger Schwierigkeit davon zurückgehalten hatte, nun endlich auf den Tisch zwischen die Flaschen und Gläser hinaufgesprungen. Sobald er einigermaßen sein Gleichgewicht wiedergefunden hatte, begann er eine Rede, die zweifellos ganz hervorragend und hinreißend war, wenn man sie nur hätte hören können. Gleichzeitig fing der Mann, der sich für einen Kreisel hielt, mit gewaltigem Kraftaufwand an, sich um sich selbst zu drehen; er streckte dabei die Arme rechtwinklig vom Körper aus, so daß er beinahe wie ein richtiger Kreisel wirkte und jeden umriß, der ihm in die Quere kam. Als ich nun auch noch Champagnerflaschen in geradezu unglaublicher Weise knallen und schäumen hörte, mußte ich entdecken, daß die Geräusche von dem Manne ausgingen, der schon während des Essens die Flasche jenes köstlichen Getränks so vortrefflich nachgeahmt hatte. Und dann begann auch noch der Froschmann sein Gequake auszustoßen, als ob das Heil seiner Seele von jedem Laut abhinge, den er von sich gab. Doch alles wurde von dem unermüdlichen Iah-Geschrei eines Esels übertönt, das sich aus der Mitte des ganzen Tumults erhob. Und gar meine alte Freundin Madame Joyeuse – nun, ich hätte um der armen alten Dame willen ein paar Tränen vergießen können, so leid tat sie mir, wie sie furchtbar bestürzt in ihrer Kaminecke stand und nichts weiter tun konnte, als unaufhörlich laut »Kikeriki – Kikerikiiii« zu schreien.

Und nun kam der Höhepunkt – die Katastrophe des Dramas. Da dem Ansturm der Aufständischen draußen außer Schreien, Kreischen und Kikeriki-Rufen kein Widerstand entgegengesetzt wurde, gelang es ihnen schnell und beinahe gleichzeitig, die zehn Fenster einzudrücken. Nie werde ich das Erstaunen und Entsetzen vergessen, womit ich durch diese Fenster eine ganze Heerschar von vermeintlichen Schimpansen, Orang-Utans und großen schwarzen Pavianen vom Kap der Guten Hoffnung hereinbrechen und sich prügelnd, tretend, kratzend und heulend Hals über Kopf auf uns stürzen sah.

Ich bekam einen furchtbaren Hieb – wonach ich unter ein Sofa rollte und ruhig liegenblieb. Nachdem ich dort etwa fünfzehn Minuten zugebracht hatte und den Vorgängen im Saal mit angespannter Aufmerksamkeit gefolgt war, fand ich eine befriedigende Erklärung der ganzen Tragödie. Monsieur Maillard hatte offenbar, als er mir von dem Irrsinnigen erzählte, der seine Mitpatienten zum Aufstand aufgewiegelt hatte, nur seine eigenen Heldentaten berichtet. Dieser Herr war tatsächlich noch vor zwei oder drei Jahren Direktor der Anstalt gewesen, war aber dann selbst verrückt und unter die Patienten eingereiht worden. Diese Tatsache war meinem Reisebegleiter, der mich vorgestellt hatte, unbekannt gewesen. Die unversehens überwältigten Wärter – zehn an der Zahl – waren zunächst gründlich geteert, dann sorgfältig gefedert und schließlich in die Zellen im Keller gesperrt worden. Dort hatte man sie länger als einen Monat gefangengehalten, und Monsieur hatte ihnen großzügigerweise nicht nur den Teer und die Federn (worin seine neue Methode bestand), sondern auch noch etwas Brot und überreichlich Wasser zukommen lassen, denn damit wurden sie täglich übergossen. Schließlich konnte einer von ihnen durch die Kanalisation entkommen und die anderen befreien.

Die »Besänftigungsmethode« ist, wenn auch mit wesentlichen Einschränkungen, im Schloß wieder eingeführt worden, doch muß ich Monsieur Maillard insofern recht geben, als seine eigene »Behandlungsmethode« in ihrer Art vortrefflich war. Wie er sehr richtig bemerkte, war sie »einfach, klar und brachte keinerlei Unannehmlichkeiten mit sich« – nicht die geringsten.

Es bleibt nur noch festzustellen, daß ich, obwohl ich jede Bibliothek Europas nach den Werken von Doktor Teer und Professor Feder abgesucht habe, trotz redlichster Bemühungen bis heute noch kein einziges Exemplar davon auftreiben konnte.

Das Geheimnis um Marie Rogêt*

Eine Erzählung im Anschluß an den
»Doppelmord in der Rue Morgue«

Es gibt eine Reihe idealischer Begebenheiten, die der Wirklichkeit parallel läuft. Selten fallen sie zusammen. Menschen und Zufälle modificiren gewöhnlich die idealische Begebenheit, so daß sie unvollkommen erscheint, und ihre Folgen gleichfalls unvollkommen sind. So bei der Reformation; statt des Protestantismus kam das Luthertum hervor.

Novalis »Moralische Ansichten«

Selbst unter den gelassensten Denkern gibt es nur wenige, die sich nicht gelegentlich zu einem unbestimmten und doch erregenden Halbglauben an das Übersinnliche hinreißen ließen, wenn ihnen *Zufälle* begegnen, die so wunderbar erscheinen, daß der Verstand sich weigert, sie als bloße Zufälle hinzunehmen. Derartige Gefühle – denn der Halbglaube, von dem ich rede, erreicht nie die volle Kraft des *Gedan-*

* Bei der Erstveröffentlichung der »Marie Rogêt« waren die nachträglich beigegebenen Fußnoten nicht erforderlich; da jedoch seit dein traurigen Vorfall, auf dem die Erzählung beruht, einige Jahre vergangen sind, erscheint es ratsam, sie dem Text beizufügen und außerdem einige Erläuterungen allgemeiner Art vorauszuschicken. In der näheren Umgebung New Yorks wurde ein junges Mädchen, Mary Cecilia Rogers, ermordet; obwohl ihr Tod heftiges und lange anhaltendes Aufsehen verursachte, war sein Geheimnis, als diese Erzählung (im November 1842) geschrieben und veröffentlicht wurde, noch ungelöst. Indem der Autor vergeblich über das Schicksal einer Pariser Grisette berichtet, folgt er tatsächlich den wesentlichen Umständen des Mordes an Mary Rogers bis in alle Einzelheiten; nur die weniger wichtigen Tatsachen werden entsprechend abgewandelt. So wird jede Folgerung, die sich auf

kens – lassen sich nur selten gänzlich unterdrücken, es sei denn unter Zuhilfenahme der Lehre vom Zufall oder, wie der Fachausdruck lautet, der Wahrscheinlichkeitsrechnung. Diese jedoch ist ihrem Wesen nach reine Mathematik – und so kommt es zu der seltsamen Tatsache, daß die exakteste aller Wissenschaften auf die Schatten und Gespinste des Unfaßbarsten angewandt wird.

Es wird sich zeigen, daß die außergewöhnlichen Einzelheiten, die zu veröffentlichen man mir nahelegte, in ihrer Abfolge den Beginn einer Kette fast unerklärlich gleichzeitiger *Zufälle* bilden, in deren abschließendem Gliede wohl alle Leser den kürzlich in New York begangenen Mord an Mary Cecilia Rogers wiedererkennen werden.

Als ich mich vor ungefähr einem Jahr in einer Erzählung unter dem Titel »Der Doppelmord in der Rue Morgue« bemühte, einige bemerkenswerte Wesenszüge meines Freundes, des Chevalier C. Auguste Dupin, abzuzeichnen, glaubte ich nicht, daß ich dieses Thema je wiederaufnehmen würde. Eine Reihe ungewöhnlicher Umstände, die Dupins Eigenart anschaulich werden ließen, hatte mir erlaubt, meine einzige Absicht einer Charakterschilderung voll zu verwirklichen. Ich hätte noch andere Beispiele anführen können,

die Fiktion gründet, zugleich auf die Wahrheit anwendbar – und die Erhellung der Wahrheit war der Sinn der Erzählung.

»Das Geheimnis um Marie Rogêt« wurde fern vom Schauplatz der Mordtat geschrieben. Zeitungsberichte waren die einzige Informationsquelle. So entging dem Verfasser vieles, das ihm von Nutzen gewesen wäre, hätte er sich an Ort und Stelle befunden und den Tatort besichtigen können. Dennoch ist es vielleicht nicht unangebracht, darauf hinzuweisen, daß die Geständnisse zweier Personen (eine davon ist die Madame Deluc der Erzählung), die unabhängig voneinander und lange nach der Veröffentlichung abgelegt wurden, nicht nur die Schlußfolgerungen des Verfassers im allgemeinen, sondern auch sämtliche angenommenen Einzelheiten voll und ganz bestätigen, die zu diesen Schlußfolgerungen führten.

ohne damit mehr zu beweisen. Begebnisse der jüngsten Zeit veranlaßten mich jedoch durch ihre überraschende Entwicklung, weitere Einzelheiten mitzuteilen, denen vielleicht sogar der Anschein eines erzwungenen Geständnisses anhaftet. Angesichts dieser Vorfälle, von denen ich erst kürzlich Nachricht erhielt, sollte es seltsam anmuten, wenn ich über das schweigen wollte, was ich schon vor längerer Zeit sah und hörte.

Als die tragischen Ereignisse um den Tod der Madame L'Espanaye und ihrer Tochter ihren Abschluß gefunden hatten, schien der Fall auch für meinen Freund Dupin abgetan zu sein – er überließ sich wieder seiner alten Gewohnheit schwermütigen Grübelns. Abstrakten Gedankengängen selbst jederzeit zugeneigt, folgte ich bereitwillig seinen Launen; wir bewohnten weiterhin die Räume am Faubourg Saint-Germain, kümmerten uns nicht um die Zukunft und ließen die Gegenwart bedenkenlos an uns vorübergleiten, indem wir unsere trübselige Umwelt in unsere Träume verwebten.

Freilich blieben diese Träume nicht gänzlich ungestört. Man wird sich unschwer vorstellen können, daß die Rolle, die mein Freund in jenem Drama der Rue Morgue gespielt hatte, ihren Eindruck auf die Pariser Polizei nicht verfehlte. Den Beamten war der Name Dupin vertraut und geläufig. Er hatte die einfache Methode der Schlußfolgerungen, mit deren Hilfe er das Rätsel gelöst hatte, außer mir keinem Menschen erläutert – nicht einmal dem Polizeipräfekten; so ist es keineswegs verwunderlich, daß man die ganze Angelegenheit nahezu für ein Mirakel und Dupins analytische Fähigkeiten für reine Intuition hielt. Zwar hätte ihn seine Offenheit veranlassen können, jeden, der dieses Vorurteil erwähnte, eines Besseren zu belehren; es war seine Gleichgültigkeit, die ihn davon abhielt, sich weiterhin mit einer Sache zu befassen, die ihn längst nicht mehr interessierte. Dennoch kam es so weit, daß er in den Augen der Polizei zu einer Art Leitstern wurde; es geschah nicht selten, daß die Präfektur versuchte, sich seiner Hilfe zu versichern. Einer der bemerkenswertesten dieser Fälle war der Mord an einem jungen Mädchen namens Marie Rogêt.

Dieser Vorfall ereignete sich etwa zwei Jahre nach der Bluttat in der Rue Morgue. Marie, deren Vor- und Zuname so auffällig an den Namen jener jungen New Yorker Zigarrenverkäuferin erinnert, war die einzige Tochter der Witwe Estelle Rogêt. Ihr Vater war gestorben, als sie noch ein Kind war; nach seinem Tode hatten Mutter und Tochter bis ungefähr achtzehn Monate vor dem Mord, von dem hier berichtet werden soll, zusammen in der Rue Pavée Saint-Andrée* gewohnt; die Mutter führte, von Marie unterstützt, eine Fremdenpension. Dabei blieb es, bis Marie ihr zweiundzwanzigstes Lebensjahr vollendet hatte und ihre ausnehmende Schönheit die Aufmerksamkeit eines Parfumhändlers erregte, der einen der Läden im Kellergeschoß des Palais-Royal besaß und dessen Kundschaft vor allem aus jenen verwegenen Abenteurern bestand, die diese Gegend heimsuchen. Monsieur Le Blanc** wußte sehr wohl, daß es ihm Vorteile bringen würde, wenn die schöne Marie in seinem Laden bediente; sein großzügiges Angebot wurde von dem Mädchen bereitwillig angenommen, wenn auch die Mutter erst nach längerem Zögern ihre Einwilligung erteilte.

Die Hoffnungen des Händlers erfüllten sich; die Schönheit der freundlichen Verkäuferin ließ sein Geschäft bald weithin bekannt werden. Doch als sie ungefähr ein Jahr bei ihm gearbeitet hatte, versetzte ihr plötzliches Verschwinden

* Nassau Street.

** Anderson.

aus dem Laden ihre Bewunderer in Unruhe; Monsieur Le Blanc konnte ihre Abwesenheit nicht erklären; Madame Rogêt war außer sich vor Angst und Sorge. Die Zeitungen griffen den Fall unverzüglich auf, und selbst die Polizei war im Begriff, ernsthafte Recherchen anzustellen, als Marie eines schönen Morgens – nachdem sie eine Woche lang fortgeblieben war – bei bester Gesundheit, wenn auch mit ein wenig betrübter Miene, ihren gewohnten Platz hinter dem Ladentisch wieder einnahm. Alle Nachforschungen, die nicht privater Natur waren, wurden natürlich sofort eingestellt; wie ihre Mutter antwortete auch Marie auf alle Fragen, sie habe die vergangene Woche im Hause einer Verwandten auf dem Lande verbracht. So legte sich die Aufregung; die Sache geriet in Vergessenheit, denn das Mädchen verließ bald darauf – angeblich, um der zudringlichen Neugierde der Leute zu entgehen – die Parfumerie für immer und suchte in der Wohnung ihrer Mutter in der Rue Pavée Saint-Andrée Zuflucht.

Etwa fünf Monate nach ihrer Rückkehr wurden ihre Freunde abermals durch ihr plötzliches Verschwinden erschreckt. Drei Tage vergingen, ohne daß man etwas von ihr hörte. Am vierten Tag fand man ihren Leichnam in der Seine* treibend, dicht an dem Ufer, das dem Viertel der Rue Pavée Saint-Andrée gegenüberliegt, nicht weit entfernt von der einsamen Gegend der Barrière du Roule**.

Das Grauenhafte dieser Mordtat (denn daß ein Mord begangen worden war, stand von Anfang an fest), die Schönheit und Jugend des Opfers, vor allem aber der Umstand, daß viele Leute die Ermordete kannten – dies alles trug dazu bei, die leicht erregbaren Bewohner von Paris in Aufruhr zu ver-

* Hudson River.

** Weehawken.

setzen. Ich erinnere mich keines ähnlichen Vorfalls, der ein so weites und andauerndes Echo gefunden hätte. Über der Erörterung dieses unerschöpflichen Gesprächsstoffs vergaß man mehrere Wochen lang sogar die wichtigsten politischen Tagesfragen. Der Präfekt setzte alle Hebel in Bewegung; natürlich wurde, soweit es irgend möglich war, auch die gesamte Pariser Polizei zur Aufklärung des Falles eingesetzt.

Als man den Leichnam entdeckte, schien es unwahrscheinlich, daß sich der Mörder länger als ein paar Tage den unverzüglich angestellten Nachforschungen entziehen könnte. Erst nach Ablauf einer Woche hielt man es für angebracht, eine Belohnung auszusetzen, die zunächst freilich nur tausend Francs betragen sollte. Die Untersuchung wurde inzwischen eifrig, wenn auch nicht immer sehr planvoll weitergeführt; man verhörte zahlreiche Personen ohne den geringsten Erfolg. Da nach wie vor jeder Anhaltspunkt zur Lösung des Geheimnisses fehlte, nahm die allgemeine Erregung ständig zu. Am Abend des zehnten Tages verfiel man darauf, die ursprünglich ausgesetzte Summe zu verdoppeln; als schließlich auch die zweite Woche vergangen war und sich die Vorurteile, die man in Paris stets gegen die Polizei hegt, mehrfach in bedrohlichem Aufruhr Luft gemacht hatten, entschloß sich der Präfekt, eine Summe von zwanzigtausend Francs »für die Überführung des Mörders« auszusetzen – oder, falls sich herausstellen sollte, daß die Tat von mehreren Personen begangen wurde, »für die Überführung eines der Mörder«. In dem Anschlag, der diese Belohnung bekanntgab, wurde gleichzeitig jedem Mittäter, der sich stellen und gegen seine Komplicen aussagen würde, volle Straflosigkeit zugesichert. Diesem Aufruf war überall noch die Bekanntmachung eines privaten Bürgerausschusses beigegeben, in der die vom Präfekten ausgesetzte Summe um weitere zehntausend Francs erhöht wurde. Die gesamte Belohnung betrug somit nicht weniger als dreißigtausend Francs – eine außergewöhnliche Summe, wenn man die geringe gesellschaftliche Stellung des Mädchens bedenkt oder die Häufigkeit derartiger Bluttaten in den großen Städten.

Niemand zweifelte daran, daß sich das Geheimnis um diesen Mord in kürzester Frist lichten würde. Doch obgleich man ein oder zwei Verhaftungen vornahm, die eine Klärung versprachen, ergab sich kein Indiz, das die verdächtigen Personen mit der Tat in Zusammenhang gebracht hätte – sie wurden infolgedessen wieder entlassen.

Es mag seltsam erscheinen – als Dupin und ich von diesem Vorfall, der die Öffentlichkeit so sehr erregt hatte, zum ersten Male hörten, waren seit der Auffindung des Leichnams bereits drei volle Wochen verstrichen, in denen sich nicht der geringste Anhaltspunkt ergeben hatte. In Studien vergraben, die unsere ganze Aufmerksamkeit beanspruchten, hatten wir seit fast einem Monat das Haus nicht mehr verlassen, keine Besuche empfangen und kaum einen flüchtigen Blick auf die politischen Leitartikel der Zeitungen geworfen. Die erste Nachricht von dem Morde erhielten wir durch Monsieur G., den Polizeipräfekten, in eigener Person. Er besuchte uns am frühen Nachmittag des 13. Juli 18.. und blieb bis in die späten Nachtstunden. Das Mißlingen all seiner Bemühungen, der Mörder habhaft zu werden, bedrückte ihn – sein Ruf, so behauptete er mit einer Miene, die nur ein Pariser aufsetzen kann, stünde auf dem Spiel, es gehe sogar um seine Ehre. Auf ihm ruhten die Blicke der Öffentlichkeit, und es gäbe kein Opfer, das er nicht mit Freuden brächte, wenn der Fall nur aufgeklärt werden könnte. Er beschloß seine ein wenig seltsame Rede mit einem Kompliment auf das, was er Dupins *Feingefühl* nannte, und machte ihm dann ein unverblümtes und durchaus großzügiges Angebot, welches mitzuteilen ich mich nicht für befugt halte –

und das übrigens auch mit dem eigentlichen Thema meines Berichts nichts zu schaffen hat.

Das Kompliment wies mein Freund zurück, so gut er konnte; das Angebot dagegen nahm er an, obwohl seine Vorteile nicht von Dauer waren. Nachdem man sich geeinigt hatte, begann der Präfekt sogleich, seinen Standpunkt zu erläutern und sich in langen Ausführungen über das Beweismaterial zu verbreiten. Er redete lange und zweifellos gelehrt; ich warf dann und wann eine Bemerkung ein, und der Abend verrann in Langeweile. Dupin, der still in seinem gewohnten Sessel saß, war die Verkörperung des andächtigen Zuhörers. Er trug während des ganzen Gesprächs eine Brille; ein gelegentlicher Blick unter ihre grünen Gläser genügte, mich davon zu überzeugen, daß er während der sieben oder acht bleiern zähen Stunden, die dem Aufbruche des Präfekten vorangingen, zwar lautlos, aber darum nicht weniger fest schlief.

Am nächsten Morgen verschaffte ich mir auf der Präfektur eine Zusammenstellung des bisher ermittelten Beweismaterials; außerdem in den verschiedenen Redaktionen je ein Exemplar aller Zeitungen, die bisher entscheidende Informationen über die traurige Angelegenheit abgedruckt hatten. Nach Aussonderung aller bereits eindeutig widerlegten Meldungen ergab sich folgendes Bild:

Marie Rogêt hatte die Wohnung ihrer Mutter in der Rue Pavée Saint-Andrée am Sonntag, dem 22. Juni 18.., morgens gegen neun Uhr verlassen. Bevor sie ging, unterrichtete sie einen gewissen Monsieur Jacques Saint-Eustache* von ihrer Absicht, den Tag bei einer Tante zu verbringen, die in der Rue des Drômes wohnte. Die Rue des Drômes ist eine kurze, enge, aber belebte Gasse in der Nähe des Flußufers –

* Payne.

auf dem kürzesten Wege etwa zwei Meilen von der Pension der Madame Rogêt entfernt. Saint-Eustache war Maries Verlobter; er wohnte in der Pension und nahm auch seine Mahlzeiten dort ein. Es war verabredet, daß er seine Braut bei Anbruch der Nacht abholen und nach Hause begleiten sollte. Am Nachmittag begann es jedoch heftig zu regnen, und da er annahm, sie würde die Nacht bei ihrer Tante verbringen – wie sie es unter ähnlichen Umständen schon vorher getan hatte –, hielt er es nicht für notwendig, die Verabredung einzuhalten. Später am Abend hörte man Madame Rogêt – eine gebrechliche alte Dame von siebzig Jahren – die Befürchtung aussprechen, »sie werde Marie nie wiedersehen«; doch diese Bemerkung erregte damals kaum Aufmerksamkeit.

Am Montag stellte man fest, daß das Mädchen nicht in der Rue des Drômes gewesen war; und als am nächsten Tag noch keine Nachricht von ihr eintraf, begann man an verschiedenen Orten der Stadt und ihrer Umgebung mit der verspäteten Suche. Erst am vierten Tage nach ihrem Verschwinden erbrachten die Nachforschungen ein eindeutiges Ergebnis. An diesem Tage – es war der 25. Juni, ein Mittwoch – erfuhr ein gewisser Monsieur Beauvais*, der zusammen mit einem Freunde in der Nähe der Barrière du Roule, an dem der Rue Pavée Saint-Andrée gegenüberliegenden Seine-Ufer, nach Marie forschte, daß einige Fischer einen Leichnam ans Land gebracht hatten, den sie im Fluß treiben sahen. Nach einigem Zögern identifizierte ihn Beauvais als den des Mädchens aus der Parfumerie. Sein Freund erkannte ihn sofort.

Das Gesicht war mit dunklem Blut überströmt, das zum Teil aus dem Mund hervorquoll. Man sah keinen Schaum, wie es bei Menschen der Fall ist, die lediglich ertrunken sind;

* Crommelin.

auch Verfärbungen der Zellgewebe waren nicht festzustellen. An der Kehle zeigten sich Quetschungen und Fingereindrücke. Die Arme lagen über der Brust und waren bereits steif – die rechte Hand zusammengeballt, die linke halb geöffnet. Am linken Handgelenk fanden sich zwei Hautabschürfungen rings um den Arm, die offenbar von Seilen herrührten, vielleicht auch von einem einzigen, mehrfach umgeschlungenen Seil. Ferner entdeckte man Schürfwunden am rechten Handgelenk und über den ganzen Rücken, vor allem in der Gegend der Schulterblätter. Zwar hatten die Fischer ein Seil benutzt, um die Leiche an Land zu ziehen, doch waren die Abschürfungen nicht darauf zurückzuführen. Das Gewebe des Halses war stark geschwollen; Schnitte oder Quetschungen, wie sie durch Schläge hervorgerufen werden, waren nicht festzustellen. Man fand jedoch ein Stück Spitze, welches so fest um den Hals geschnürt war, daß man es kaum sah; es verschwand völlig unter dem geschwollenen Fleisch und war mit einem Knoten befestigt, der unter dem linken Ohr lag. Dies allein hätte genügt, den Tod herbeizuführen. Die Aussage der Ärzte bezeugte mit Nachdruck den tugendhaften Charakter der Toten. Sie sei, so hieß es, brutaler Gewalt zum Opfer gefallen. Der Zustand, in dem man die Leiche fand, war so, daß Freunde sie ohne Schwierigkeit identifizieren konnten.

Die Kleidungsstücke waren vielfach zerrissen und in Unordnung. Vom Kleid war ein fußbreiter Streifen losgerissen, vom Rocksaum bis zur Taille; er war nicht abgetrennt, sondern dreimal um die Taille herumgeschlungen und im Rükken mit einer Art Knoten befestigt. Der oberste Unterrock bestand aus feinem Musselin; aus ihm war ein achtzehn Zoll breiter Streifen herausgerissen, und zwar völlig fadengerade und sorgfältig. Man fand ihn – lose geschlungen, aber mit festgezogenem Knoten – um den Hals des Mädchens. Über

Spitze und Musselinstreifen waren die Hutbänder geschlungen, an denen der Hut hing. Der Knoten, der sie zusammenhielt, war nicht von der Art, wie ihn eine Dame bindet, sondern eine Ziehschleife oder ein Schifferknoten.

Nach der Identifizierung wurde der Leichnam nicht wie üblich in die Morgue gebracht – diese Formalität schien überflüssig –, sondern unweit der Stelle, wo man ihn an Land gezogen hatte, hastig beerdigt. Beauvais bemühte sich nach Kräften, die Sache zu vertuschen; infolgedessen vergingen mehrere Tage, bis die Öffentlichkeit davon Kenntnis erhielt. Schließlich aber griff eine Wochenzeitung* die Angelegenheit auf. Der Leichnam wurde exhumiert und nochmals untersucht, ohne daß neue Anhaltspunkte ermittelt werden konnten. Allerdings wurden die Kleider diesmal der Mutter und den Freunden der Toten vorgelegt; sie bezeugten eindeutig, daß das Mädchen sie beim Verlassen des Hauses getragen hätte.

In der Zwischenzeit nahm die Erregung ständig zu. Man verhaftete verschiedene Personen und mußte sie dann wieder entlassen. Vor allem wurde Saint-Eustache verdächtigt; anfangs war er nicht in der Lage, schlüssig anzugeben, wo er den Sonntag verbracht hatte, an dem Marie verschwunden war. Später jedoch legte er dem Präfekten mehrere eidesstattliche Erklärungen vor, die über jede Stunde des fraglichen Tages hinreichende Auskunft gaben. Während die Zeit ergebnislos verstrich, waren tausend einander widersprechende Gerüchte im Umlauf; die Zeitungen ergingen sich in *Mutmaßungen.* Unter diesen erregte ein Gedanke das größte Aufsehen: daß Marie noch lebe – daß es sich bei der in der Seine gefundenen Leiche möglicherweise um eine andere Unglückliche handelte. Ich halte es für richtig, dem Leser einige

* Der New Yorker »Mercury«.

Abschnitte mitzuteilen, in denen diese Vermutung vertreten wird, und gebe im folgenden eine *wörtliche* Übersetzung aus »L'Étoile«*, einer im allgemeinen mit großem Geschick redigierten Zeitung:

»Mademoiselle Rogêt verließ das Haus ihrer Mutter am Sonntag, dem 22. Juni, am Vormittag – wie es heißt, in der Absicht, ihre Tante oder eine andere Verwandte in der Rue des Drômes zu besuchen. Seit dieser Stunde hat sie nachweislich niemand mehr gesehen. Es gibt keinerlei Spuren oder Nachrichten von ihr ... Auch haben wir keine Beweise, daß Marie Rogêt nach Sonntag, dem 22. Juni, neun Uhr morgens, noch unter den Lebenden weilte – es steht lediglich fest, daß sie bis zu dieser Stunde gelebt hat. Am Mittwoch wurde gegen zwölf Uhr mittags die Leiche einer Frau aufgefunden, die am Ufer der Barrière du Roule im Wasser trieb. Selbst wenn wir annehmen, daß Marie Rogêt binnen dreier Stunden nach Verlassen des elterlichen Hauses ins Wasser geworfen wurde, blieben nur drei Tage

Frist – auf die Stunde genau drei Tage. Es wäre indessen töricht, wollte man voraussetzen, daß die Mordtat – wenn überhaupt ein Mord an ihr begangen wurde – so früh verübt worden wäre, daß die Mörder den Leichnam noch vor Mitternacht ins Wasser werfen konnten; wer sich so grauenhafter Verbrechen schuldig macht, zieht die Nacht dem Tage vor ... Wenn es sich also bei der im Fluß gefundenen Leiche wirklich um Marie Rogêt gehandelt haben soll, so kann sie unseres Erachtens nur zwei und einen halben Tag im Wasser gelegen haben – oder höchstens drei Tage. Alle Erfahrung lehrt, daß die Leichen von Ertrunkenen oder Leuten, die man unmittelbar nach ihrem gewaltsamen Tode ins Wasser geworfen hat, erst nach sechs bis zehn Tagen eine

* Der New Yorker »Brother Jonathan«, herausgegeben von H. Hastings Weld.

Zersetzung erfahren, die ausreicht, sie an die Oberfläche zu bringen. Selbst wenn über den Leichnam hinweg eine Kanone abgefeuert wird, so daß er aufsteigt, bevor er zumindest fünf oder sechs Tage im Wasser gelegen hat, versinkt er wieder, wenn er in Ruhe gelassen wird. Worin, so fragen wir, sollte in diesem Falle der Grund eines Abweichens von den normalen Wegen der Natur zu suchen sein? ... Wäre die Leiche bis Dienstagabend in ihrem verstümmelten Zustand an Land behalten worden, so hätte man am Ufer eine Spur der Mörder finden müssen. Überdies bleibt zweifelhaft, ob sie so schnell zur Oberfläche hätte aufsteigen können – selbst wenn sie erst zwei Tage nach Eintritt des Todes in den Fluß geworfen worden wäre. Schließlich ist es vollends unwahrscheinlich, daß Verbrecher, die einen Mord begehen – auf die Art, wie man es hier vermutet –, ihr Opfer ins Wasser werfen, ohne es durch ein Gewicht zum Sinken zu bringen, wenn eine solche Vorsichtsmaßnahme keinerlei Schwierigkeiten bieten würde.«

Der Verfasser führt weiterhin aus, der Körper müsse »nicht nur drei, sondern mindestens fünfmal drei Tage« im Wasser gelegen haben, da er schon so stark in Verwesung übergegangen war, daß Beauvais ihn nur mit Mühe identifizieren konnte; dieser Punkt war jedoch vollständig widerlegt worden. Ich fahre in der Übersetzung fort:

»Wie sehen denn nun die Tatsachen aus, die Monsieur Beauvais zu der Aussage veranlaßten, er zweifle nicht daran, daß es sich um den Leichnam Marie Rogêts handle? Er schlitzte den Ärmel ihres Kleides auf und fand, wie er behauptete, Merkmale, die ihn von ihrer Identität überzeugten. In der Öffentlichkeit vermutete man durchweg, es habe sich bei diesen Merkmalen um eine Art Narben gehandelt. Doch er wischte den Arm ab und fand – *Haare* darauf; das Unbestimmteste also, das man sich nur vorstellen kann, und von gleich geringer Beweiskraft wie die Tatsache, daß man in einem Ärmel einen Arm findet. Monsieur Beauvais kehrte an diesem Abend nicht nach Hause zurück, schickte jedoch am Mittwochabend gegen sieben Uhr eine Nachricht zu Madame Rogêt, daß die Untersuchung noch im Gange wäre. Selbst wenn wir zugestehen, daß Madame Rogêt ihrer Gebrechlichkeit und ihres Kummers wegen nicht hinübergehen konnte – und das wäre bereits ein beträchtliches Zugeständnis –, so hätte es doch gewiß jemanden geben müssen, der die Mühe auf sich genommen hätte, der Untersuchung an Ort und Stelle beizuwohnen – wenn man überhaupt glaubte, es handle sich um die Leiche Maries. Aber niemand ging hin. In der Rue Pavée Saint-Andrée fiel kein Wort über die Angelegenheit, das auch nur den Nachbarn im gleichen Hause zu Ohren gekommen wäre. Monsieur Saint-Eustache, der Verehrer und zukünftige Ehemann Maries, im Hause ihrer Mutter wohnhaft, hat ausgesagt, er habe von der Auffindung des Leichnams seiner Braut erst am nächsten Morgen erfahren, als Monsieur Beauvais in sein Zimmer trat und es ihm mitteilte. Die Nachricht wurde, wie uns scheint, angesichts ihres verhängnisvollen Inhalts doch reichlich kühl hingenommen.«

Auf diese Weise versuchte die Zeitung den Eindruck zu erwecken, als hätten Maries Angehörige die Botschaft mit einer Gleichgültigkeit aufgenommen, welche die Annahme, es handle sich um ihre Leiche, von vornherein ausschloß. Die Andeutungen des Blattes liefen darauf hinaus, daß Marie – aus Gründen, die mit Verunglimpfungen ihres Lebenswandels zusammenhingen – auf Anraten ihrer Freunde die Stadt verlassen hätte und daß die gleichen Freunde die Gelegenheit, daß man in der Seine eine Leiche fand, die dem Mädchen ähnlich sah, ausgenützt hätten, um die Öffentlichkeit von ihrem Tode zu überzeugen. Doch »L'Étoile« war wieder einmal voreilig. Daß von Gleichgültigkeit nicht die Rede sein konnte, stand eindeutig fest; die alte Dame war außerordentlich geschwächt und zu erregt, um irgendwelchen Pflichten nachkommen zu können; Saint-Eustache, weit davon entfernt, die Hiobsbotschaft kühl hinzunehmen, gebärdete sich, vom Schmerz verstört, so rasend, daß Monsieur Beauvais einen Freund und Verwandten bitten mußte, auf ihn achtzugeben und zu verhindern, daß er der Untersuchung des inzwischen exhumierten Leichnams beiwohnte. Und obwohl in »L'Étoile« überdies noch behauptet wurde, daß der Leichnam auf Kosten der Öffentlichkeit zum zweiten Male bestattet worden wäre, weil die Familie ein großzügiges Angebot, das ein privates Begräbnis ermöglichen sollte, brüsk ausgeschlagen hätte, und daß kein Mitglied der Familie bei der Bestattungsfeier zugegen gewesen wäre – obwohl dies alles behauptet wurde, um den Eindruck, den »L'Étoile« zu erwecken suchte, zu bekräftigen, war *jeder einzelne Punkt* inzwischen eindeutig widerlegt. In einer späteren Ausgabe der Zeitung wurde der Versuch unternommen, den Verdacht auf Beauvais zu lenken. Es hieß dort:

»Damit ändert sich einiges in dieser Angelegenheit. Wir erfuhren, daß Monsieur Beauvais, als im Hause Madame Rogêts eine gewisse Madame B. zu Besuch weilte und er selbst im Begriffe war, auszugehen, der genannten Madame B. mitteilte, man erwarte einen Gendarmen im Hause; sie solle nichts aussagen, sondern seine Rückkehr abwarten und die Sache ihm überlassen ... Wie die Dinge im Augenblick liegen, scheint Monsieur Beauvais alles allein in Händen zu halten. Ohne Monsieur Beauvais kann kein einziger Schritt unternommen werden; einerlei, in welcher Richtung man vorgeht, man rennt immer wieder gegen ihn an ... Er hat aus irgendeinem Grunde beschlossen, daß außer ihm niemand etwas mit dem Gerichtsverfahren zu tun haben dürfe;

folglich schob er alle männlichen Angehörigen – ihren Darstellungen nach auf höchst eigenartige Weise – aus dem Wege. Überdies scheint ihm sehr daran gelegen zu haben, die Verwandten von der Besichtigung des Leichnams abzuhalten.«

Den gegen Beauvais wachgerufenen Verdacht schien die folgende Tatsache noch zu bestärken. Ein paar Tage vor dem Verschwinden des Mädchens hatte ein Besucher in Beauvais' Geschäftsraum während dessen Abwesenheit im Schlüsselloch der Tür eine Rose entdeckt – und den Namen »Marie« auf einer danebenhängenden Schiefertafel.

Der allgemeine Eindruck jedoch schien, soweit wir den Zeitungen entnehmen konnten, dahin zu gehen, daß Marie einer Verbrecherbande zum Opfer gefallen war – daß man sie über den Fluß geschleppt, mißhandelt und ermordet hatte. »Le Commerciel«*; ein vielgelesenes Blatt, verfocht diese weitverbreitete Annahme mit allem Nachdruck. Ich zitiere eine oder zwei seiner Spalten:

»Wir sind überzeugt, daß die Nachforschungen sich – soweit sie die Barrière du Roule betrafen – bisher auf der falschen Fährte bewegten. Daß jemand, der wie dieses junge Mädchen Tausenden von Leuten bekannt war, auch nur drei Straßen weit gekommen wäre, ohne von irgendwem gesehen zu werden, ist schlechterdings unmöglich; und wer Marie Rogêt gesehen hätte, würde sich dieser Begegnung auch erinnert haben, denn sie interessierte alle, die sie kannten. Sie verließ das Haus zu einer Zeit, in der die Straßen voller Menschen sind ... es ist unmöglich, daß sie den Weg bis zur Barrière du Roule oder zur Rue des Drômes zurückgelegt hätte, ohne zumindest von einem Dutzend Personen erkannt zu werden; dennoch hat sich niemand gemeldet, der sie außer-

* Das New Yorker »Journal of Commerce«.

halb des elterlichen Hauses gesehen hätte, und es gibt – jene Aussage über die von ihr *geäußerten Absichten* nicht eingerechnet – keinerlei Beweise dafür, daß sie überhaupt ausgegangen ist. Ihr Kleid war zerrissen, um ihre Taille geschlungen und verknotet – an ihm ist der Leichnam wie ein Bündel getragen worden. Hätte man den Mord an der Barrière du Roule begangen, so wäre diese Maßregel überflüssig gewesen. Doch der Umstand, daß man den Leichnam in der Nähe der Barrière fand, beweist keineswegs, daß er auch dort ins Wasser geworfen wurde. Ein Streifen, zwei Fuß lang und einen Fuß breit, war aus dem Unterrock des unglücklichen Mädchens herausgerissen und unter dem Kinn um den Hals gebunden worden – vermutlich, um sie am Schreien zu hindern. Dies taten Männer, die keine Taschentücher besitzen.«

Ein oder zwei Tage vor dem Besuch des Präfekten in unserem Hause lief bei der Polizei jedoch eine wichtige Meldung ein, die zumindest das Hauptstück der Beweisführung des »Commerciel« zu entkräften schien. Zwei kleine Knaben, die Söhne einer gewissen Madame Deluc, drangen beim Herumstreifen in dem Wäldchen nahe der Barrière du Roule zufällig in ein dichtes Gebüsch ein, in dem drei oder vier Steine eine Art Sitz mit Rückenlehne und Fußstütze bilden. Auf dem oberen Stein lag ein weißer Unterrock, auf dem zweiten ein seidenes Tuch. Auch ein Sonnenschirm, Handschuhe und ein Taschentuch wurden hier gefunden. Das Taschentuch war mit dem Namen »Marie Rogêt« gezeichnet. Ringsum in den Dornsträuchern entdeckte man Kleidfetzen. Der Boden war zertrampelt, Zweige geknickt – alle Anzeichen sprachen dafür, daß hier ein Kampf stattgefunden hatte. Zwischen Dickicht und Flußufer waren Zäune umgelegt worden, und auf dem Boden fand man Spuren, aus denen geschlossen werden konnte, daß eine schwere Last darübergeschleift worden war.

Eine Wochenzeitung, »Le Soleil«*, bedachte diese Entdeckung mit den folgenden Bemerkungen, die nur die Ansicht der gesamten Pariser Presse wiederholten:

»Sämtliche Gegenstände haben eindeutig zumindest drei oder vier Wochen dort gelegen. Sie waren unter der Einwirkung des Regens bereits weitgehend verschimmelt; sie klebten vor Schimmel zusammen. Sie waren vom Grase um – und teilweise sogar überwachsen. Die Seide des Sonnenschirms war zwar noch kräftig, aber das Garn der Innennähte war eingelaufen. Der obere, enggefaltete Teil war verschimmelt und verfault, er riß, als man den Schirm aufspannte ... Die von den dornigen Sträuchern herausgerissenen Kleidfetzen waren etwa drei Zoll breit und sechs Zoll lang. Einer gehörte zum Saum des Kleides und war geflickt; das andere Stück stammte aus der Rockbahn, nicht aus dem Saum. Sie hingen wie herausgetrennte Streifen auf dem Dornbusch, etwa einen Fuß über dem Boden ... Es kann mithin kein Zweifel mehr bestehen, daß der Schauplatz dieser entsetzlichen Tat gefunden ist.«

Als Folge dieser Entdeckung ergaben sich weitere Beweise. Madame Deluc sagte aus, daß sie unweit der Barrière du Roule am Ufer des Flusses ein Gasthaus besäße. Die Gegend ist einsam – ungewöhnlich einsam. Nur am Sonntag pflegt das Gesindel der Stadt mit Booten über den Fluß zu setzen und sich hier ein Stelldichein zu geben. An dem fraglichen Sonntag war gegen drei Uhr nachmittags ein junges Mädchen zum Gasthaus gekommen – in Begleitung eines ebenfalls jungen Mannes von dunkler Gesichtsfarbe. Beide hielten sich eine Weile dort auf. Als sie gingen, schlugen sie einen Weg ein, der zu dem nahe gelegenen dichten Wäldchen führt. Das Kleid des Mädchens erregte Madame Delucs

* Die »Philadelphia Saturday Evening Post«, herausgegeben von C. I. Peterson.

Aufmerksamkeit, weil es dem Kleide einer verstorbenen Verwandten von ihr sehr ähnlich sah. Besonders fiel ihr ein Halstuch auf. Bald nach dem Aufbruch des Paares erschien eine Horde von Strolchen, die lärmten und randalierten, aßen und tranken, ohne zu zahlen, danach in der gleichen Richtung verschwanden wie der junge Mann und das Mädchen, in der Dämmerung zum Gasthaus zurückkehrten und über den Fluß setzten, als hätten sie es sehr eilig.

Am gleichen Abend hörten Madame Deluc und ihr ältester Sohn kurz nach Einbruch der Dunkelheit in der Nähe des Gasthauses das Schreien einer weiblichen Stimme. Die Schreie klangen laut und verzweifelt, dauerten jedoch nicht lange an. Madame Deluc erkannte nicht nur das im Dickicht gefundene Halstuch wieder, sondern auch das Kleid, in dem der Leichnam gefunden worden war. Nun erklärte auch ein Omnibuskutscher namens Valence*, daß er Marie an dem fraglichen Sonntag gesehen hätte, als sie in Begleitung eines jungen Mannes von dunkler Gesichtsfarbe mit einer Fähre über die Seine gesetzt sei. Er, Valence, habe Marie gekannt und sei völlig sicher, sich nicht getäuscht zu haben. Die im Dickicht gefundenen Gegenstände wurden von Maries Verwandten eindeutig wiedererkannt.

Die Nachrichten und Beweisstücke, die ich so auf Dupins Anregung hin aus den Zeitungen zusammengestellt hatte, ergaben noch einen weiteren, zweifelsohne höchst aufschlußreichen Umstand. Wie sich zeigte, hatte man unmittelbar nach der erwähnten Auffindung der Kleidungsstücke den leblosen – oder nahezu leblosen – Körper von Maries Verlobtem Saint-Eustache in der Nähe jenes Ortes entdeckt, der nun allgemein als Schauplatz des Verbrechens galt. Neben ihm fand man ein leeres Fläschchen mit der Aufschrift »Lau-

* Adam.

danum«. Sein Atem verriet das Gift. Er starb, ohne noch einmal zu sprechen. Ein Brief, den er bei sich trug, enthielt nur wenige Worte über seine Liebe zu Marie und die Absicht, seinem Leben ein Ende zu machen.

»Ich brauche Ihnen wohl kaum zu erläutern«, sagte Dupin, nachdem er meine Notizen gelesen hatte, »daß dies ein weit schwierigerer Fall ist als der Mord in der Rue Morgue, von dem er sich übrigens in einem wesentlichen Punkt unterscheidet. Hier handelt es sich um ein *gewöhnliches,* wenngleich grauenhaftes Verbrechen, das nichts übertrieben Maßloses an sich hat. Sie werden sehen, daß man gerade deshalb glaubte, das Geheimnis wäre leicht zu lösen, anstatt seine Schwierigkeit einzusehen. Aus dem gleichen Grunde hielt man es zu Anfang für überflüssig, eine Belohnung auszusetzen. Die Mannen des Präfekten konnten ohne weiteres verstehen, wie und weshalb eine solche Tat begangen wird. Sie konnten sich einen Hergang – in mannigfacher Form – und ein Motiv – oder viele Motive – vorstellen; nur weil es nicht ausgeschlossen war, daß der Hergang der Tat einer der zahllosen möglichen Formen entsprach und daß eines der möglichen Motive zugrunde lag, nahmen sie als erwiesen hin, daß das Mögliche zugleich wirklich sein *mußte.* Sie hätten besser daran getan, die Leichtigkeit, mit der sich die verschiedenen Möglichkeiten vorstellen ließen – den Umstand, daß jede von ihnen ohne weiteres einleuchtete –, als Warnzeichen der Schwierigkeiten zu verstehen, die sich einer Aufklärung des Falles in den Weg stellen würden – nicht aber als Gewähr seiner Lösbarkeit. Ich sagte schon einmal, daß sich der. Verstand auf der Suche nach der Wahrheit an den Dingen entlangtastet, die über die Ebene des Gewöhnlichen hinausragen. In Fällen wie diesem sollte man nicht zuerst fragen, ›was ist geschehen?‹, sondern vielmehr, ›was gibt es, das nie zuvor geschah?‹ Bei ihren Nachforschungen im Hause der

Madame L'Espanaye* ließen sich die Beamten des Herrn G. durch das völlig *Ungewöhnliche* der Tatumstände entmutigen und verwirren; für einen geschulten Verstand lag gerade hierin das sicherste Vorzeichen eines schnellen Erfolges. Der gleiche Verstand könnte an der Gewöhnlichkeit aller Tatbestände im Falle des Mädchens aus der Parfumerie eher verzweifeln – und gerade hieraus schlossen die Beamten der Präfektur auf eine einfache Lösung.

Im Falle der Madame L'Espanaye und ihrer Tochter gab es bereits zu Beginn unserer Untersuchung keinerlei Zweifel mehr, daß ein Mord begangen worden war. Der Gedanke an Selbstmord blieb von vornherein ausgeschlossen. Nun, mit der Möglichkeit des Selbstmordes brauchen wir auch in diesem Falle nicht zu rechnen; der an der Barrière du Roule aus dem Wasser gezogene Leichnam wurde unter Begleitumständen gefunden, die in diesem wichtigen Punkt keine Alternative gestatten. Es wurde jedoch vermutet, daß es sich bei dieser Leiche nicht um Marie Rogêt handeln könnte; nur für die Ergreifung ihres Mörders ist eine Belohnung ausgesetzt, und nur auf sie beziehen sich unsere Abmachungen mit dem Präfekten. Wir kennen diesen Herrn beide gut genug. Es hat wenig Sinn, ihm vorschnell zu vertrauen. Wenn wir mit unserer Untersuchung bei dem gefundenen Leichnam beginnen, von ihm aus einen Mörder aufspüren und dann schließlich feststellen müssen, daß es sich nicht um Maries Leiche handelt – oder wenn wir mit Marie beginnen, ihre Spur verfolgen und sie finden, jedoch nicht ermordet –, dann wäre unsere Mühe in jedem Fall umsonst, denn wir haben es mit Monsieur G. zu tun. Für unsere Zwecke – wenngleich auch nicht im Sinne der Gerechtigkeit – ist es deshalb unerläßlich, daß wir

* Siehe »Der Doppelmord in der Rue Morgue«.

zuallererst die Identität der Leiche mit der vermißten Marie Rogêt zu klären suchen.

Die in ›L'Étoile‹ veröffentlichten Argumente haben in der Öffentlichkeit Eindruck gemacht; daß das Blatt selbst von ihrer Wichtigkeit überzeugt ist, zeigt die Art, in der es einen seiner Artikel zu dieser Affäre beginnen läßt. ›In verschiedenen Morgenzeitungen des heutigen Tages‹ – so heißt es dort – ›war von dem *überzeugenden* Artikel in der Montagausgabe der ›Étoile‹ die Rede.‹ Mich überzeugt der Artikel eigentlich nur von dem Eifer seines Verfassers. Wir dürfen nicht vergessen, daß unseren Zeitungen im allgemeinen mehr daran liegt, Sensationen hervorzurufen und Aufsehen zu erregen, als die Sache der Wahrheit zu fördern; das letzte Ziel wird nur verfolgt, wenn es sich mit dem ersteren vereinbaren läßt. Ein Blatt, das sich nur der marktgängigen Ansicht anschließt – mag diese Ansicht auch noch so begründet sein –, verschafft sich keinen Ruf bei der Menge. Die meisten Leute halten nur den für weise, der sich zur allgemeinen Auffassung in *schärfstem Widerspruch* befindet. In der Literatur wie im logischen Denken findet das *Epigramm* die unmittelbarste und verbreitetste Anerkennung – in beiden Fällen freilich eine Anerkennung von niederstem Rang.

Ich will damit folgendes sagen: Mehr als die überzeugende Kraft der Idee, daß Marie Rogêt noch lebt, ist die in ihr zum Ausdruck gebrachte Mischung aus Epigramm und Melodrama der Grund, der ›L'Étoile‹ dazu brachte, sie zu vertreten – und die Ursache ihrer günstigen Aufnahme in der Öffentlichkeit. Prüfen wir also die Argumentation des Blattes in ihren Hauptpunkten, und bemühen wir uns, die Widersprüche, die darin enthalten sind, zu vermeiden.

Zunächst ist es die Absicht des Verfassers, aufzuzeigen, daß die Zeitspanne zwischen Maries Verschwinden und der Auffindung des im Fluß treibenden Leichnams zu kurz war –

und daß es sich deshalb nicht um die Leiche Maries handeln könne. Er legt es also von vornherein darauf an, diese Zeitspanne zu verkürzen, soweit es irgend angeht. In dieser Absicht allzu eifrig, stürzt er sich schon zu Beginn in leere Vermutungen. ›Es wäre indessen töricht‹. – so schreibt er –, ›wollte man voraussetzen, daß die Mordtat – wenn überhaupt ein Mord begangen wurde – so früh verübt worden wäre, daß die Mörder den Leichnam noch vor Mitternacht ins Wasser werfen konnten.‹ Natürlich gibt es für uns nur eine Antwort: *warum?* Weshalb ist es töricht, vorauszusetzen, daß das Mädchen *bereits fünf Minuten* nach Verlassen des elterlichen Hauses ermordet worden wäre? Weshalb ist es töricht, vorauszusetzen, daß der Mord zu irgendeinem Zeitpunkt an diesem Tage geschah? Morde richten sich nicht nach der Uhr; wäre die Tat irgendwann zwischen neun Uhr morgens und dreiviertel zwölf in der Nacht begangen worden, so wäre immer noch Zeit gewesen, ›Die Leiche vor Mitternacht ins Wasser zu werfen‹. Die Annahme läuft also im Grunde darauf hinaus, daß die Mordtat überhaupt nicht am Sonntag begangen wurde – und wenn wir ›L'Étoile‹ diese Behauptung zugestehen, können wir dem Blatt auch jede andere Freiheit erlauben. Indes darf man sich vorstellen, daß der Satz ›Es wäre indessen töricht, wollte man voraussetzen, daß etc.‹ – wie immer er auch im Druck ausgesehen haben mag – in den Gedanken seines Verfassers *die folgende Form* aufwies: ›Es wäre töricht, vorauszusetzen, daß der Mord – wenn überhaupt ein Mord begangen wurde – früh genug vollbracht sein könnte, daß die Mörder die Leiche noch vor Mitternacht ins Wasser werfen konnten; es wäre töricht, so meinen wir, dies vorauszusetzen und dabei gleichzeitig die Ansicht zu vertreten (wozu wir fest entschlossen sind), daß die Leiche erst *nach* Mitternacht ins Wasser geworfen wurde‹ – ein Satz also, der in sich zwar nicht recht folgerichtig ist, aber doch nicht so gänzlich widersinnig wie der gedruckte.

Wäre es meine Absicht«, fuhr Dupin fort, »die *Beweisführung* von ›L'Étoile‹ nur zu widerlegen, so könnte ich es mit dem bisher Gesagten bewenden lassen. Aber es geht hier nicht um ›L'Étoile‹, sondern um die Wahrheit.

So wie er dasteht, hat der fragliche Satz nur eine Bedeutung; und diese Bedeutung habe ich aufgezeigt. Nun heißt es, hinter den Worten den Gedanken zu suchen, der offensichtlich ausgedrückt werden sollte, ohne daß es voll und ganz gelungen wäre. Der Zeitungsschreiber wollte sagen, es sei unwahrscheinlich, daß die Mörder – einerlei, zu welcher Tages- oder Nachtstunde der Mord begangen wurde – es gewagt hätten, die Leiche vor Mitternacht zum Fluß zu tragen. Gerade hier steckt eine Voraussetzung, die ich nicht billigen kann: Es wird vorausgesetzt, daß der Mord an einem Orte und unter Umständen begangen wurde, die es notwendig machten, die Leiche zum Fluß zu *tragen*. Die Ermordung kann ebensogut am Flußufer stattgefunden haben oder auf dem Flusse selbst; gerade dann hätte es – zu jeder Stunde des Tages oder der Nacht – besonders nahegelegen, die Leiche ins Wasser zu werfen; zumindest wäre es die einfachste Art gewesen, sich ihrer zu entledigen. Verstehen Sie bitte, daß ich hier nichts als wahrscheinlich oder mit meiner eigenen Ansicht übereinstimmend hinstellen will; meine Ausführungen bezogen sich bisher noch nicht auf die *Tatsachen* des Falles. Ich möchte Sie nur vor dem Ton warnen, in dem ›L'Étoile‹ *Mutmaßungen* verbreitet; nur deshalb ziehe ich die Teilfolgerungen ans Licht, von denen das Blatt ausgeht.

Nachdem es auf diese Art eine Grenze gezogen hat, die seinen vorgefaßten Absichten entspricht, und nachdem es voraussetzte, daß die Leiche – falls es sich überhaupt um Maries Körper handelt – nur sehr kurze Zeit im Wasser gelegen haben könnte, fährt das Blatt fort:

›Alle Erfahrung lehrt, daß die Leichen von Ertrunkenen oder Leuten, die man unmittelbar nach ihrem gewaltsamen Tod ins Wasser geworfen hat, erst nach sechs bis zehn Tagen eine Zersetzung erfahren, die ausreicht, sie an die Oberfläche zu bringen. Selbst wenn über den Leichnam hinweg eine Kanone abgefeuert wird, so daß er aufsteigt, bevor er zumindest fünf oder sechs Tage im Wasser gelegen hat, versinkt er wieder, wenn er in Ruhe gelassen wird.‹

Diese Behauptungen wurden von sämtlichen Zeitungen in Paris stillschweigend hingenommen – mit Ausnahme des ›Moniteur‹*. Dieses Blatt versucht, zumindest den Teil des Satzes zu widerlegen, der sich auf die ›Leichen von Ertrunkenen‹ bezieht, indem es fünf oder sechs Fälle aufzählt, in denen die Leichen nachweislich ertrunkener Menschen treibend aufgefunden wurden, bevor die Zeitspanne verstrichen war, auf die ›L'Étoile‹ so großen Wert legt. Freilich hat der Versuch des ›Moniteur‹, die grundlegende Annahme der ›Étoile‹ zu entkräften, indem er dieser Annahme widerstreitende Sonderfälle zitiert, etwas höchst Unphilosophisches an sich. Selbst wenn es möglich gewesen wäre, anstelle von fünf Beispielen fünfzig Fälle namhaft zu machen, in denen Leichen bereits nach zwei oder drei Tagen an der Oberfläche trieben – selbst dann hätte man diese fünfzig Beispiele mit Recht als Ausnahmen von der in ›L'Étoile‹ beigebrachten Regel ansehen können, solange die Regel selbst nicht widerlegt war. Wenn man aber die Regel anerkennt – und der ›Moniteur‹ bestreitet sie keineswegs, sondern verweist nur auf die Ausnahmen –, bleibt die Behauptung der ›Étoile‹ in vollem Umfange bestehen. Denn diese Behauptung will

* Der New Yorker »Commercial Advertiser«, herausgegeben von Col. Stone.

lediglich darauf hinweisen, es wäre *unwahrscheinlich,* daß eine Leiche in weniger als drei Tagen zur Oberfläche aufsteigt; und diese Unwahrscheinlichkeit wird die Position von ›L'Étoile‹ so lange stützen, bis die in so naiver Weise angeführten Gegenbeispiele zahlreich genug sind, um eine entgegengesetzte Regel zu bilden.

Sie werden einsehen, daß Einwände zu diesem Punkt nur stichhaltig sind, wenn sie gegen die Regel selbst erhoben werden; folglich müssen wir das *Gesetz* dieser Regel prüfen. Im allgemeinen ist der menschliche Körper weder bedeutend leichter noch wesentlich schwerer als das Wasser der Seine – will sagen: sein spezifisches Gewicht in normalem Zustande entspricht ungefähr der Menge Süßwasser, die er verdrängt. Die Körper fleischiger, aufgeschwemmter Leute mit zartem Knochenbau und im allgemeinen die von Frauen sind leichter als die magerer, grobknochiger Menschen und überhaupt von Männern; das spezifische Gewicht des Flußwassers verändert sich unter dem Einfluß der Gezeiten des Meeres. Läßt man die Gezeiten unberücksichtigt, so kann man sagen, daß es nur *sehr* wenige Menschen gibt, deren Körper – selbst in Süßwasser – *von sich aus sinken werden.* Nahezu jeder, der in einen Fluß fällt, kann sich treiben lassen, wenn er sein spezifisches Gewicht ungefähr mit dem des Wassers in Übereinstimmung bringt – anders gesagt, wenn er seinen Körper möglichst vollständig unter Wasser hält. Die beste Haltung für jemanden, der nicht schwimmen kann, ist die gestreckte, in der man sich auch an Land bewegt, wobei der Kopf in den Nacken gelegt und eingetaucht wird; nur Mund und Nase bleiben über der Oberfläche. In dieser Haltung kann man sich ohne Schwierigkeit und Anstrengung treiben lassen. Freilich ist erwiesen, daß die Gewichte des Körpers und der verdrängten Wassermasse genau aufeinander abgestimmt sind und daß schon eine Kleinigkeit dieses Gleichmaß erheblich stört. Beispielsweise bedeutet ein Arm, der aus dem Wasser herausgestreckt und damit seiner Stütze beraubt wird, eine zusätzliche Belastung, die ausreicht, den ganzen Kopf untertauchen zu lassen, während die zufällige Unterstützung durch ein kleines Stück Holz uns in die Lage versetzt, den Kopf so hoch zu heben, daß wir uns umschauen können. Wer nicht schwimmen kann, wirft unfehlbar die Arme hoch und versucht gleichzeitig, den Kopf in der gewohnten Lage aufrecht zu halten. Folglich geraten Mund und Nase unter Wasser, das beim Atmen in die Lungen eindringt. Auf die gleiche Art gelangt Wasser in den Magen; entsprechend dem Gewichtsunterschied zwischen der Luft, die ursprünglich diese Hohlräume ausfüllte, und der Flüssigkeit, die sich nun darin befindet, wird der ganze Körper schwerer. Der Unterschied reicht im allgemeinen aus, ihn zum Sinken zu bringen; bei Leuten mit leichtem Knochenbau und ungewöhnlichem Fettansatz genügt er jedoch nicht – sie bleiben selbst dann an der Oberfläche, wenn sie ertrunken sind.

Ein Leichnam, den wir auf dem Grunde des Flusses vermuten, wird dort liegenbleiben, bis sein spezifisches Gewicht auf irgendeine Weise geringer geworden ist als das des verdrängten Wassers. Unter anderem kann die Verwesung diese Wirkung hervorrufen. Als Folge der Zersetzung bilden sich Gase, welche die Körperhöhlen und das Zellgewebe auftreiben und jenes schreckliche, *gedunsene* Aussehen hervorrufen. Ist dieser Vorgang so weit vorgeschritten, daß der Körper ohne entsprechende Zunahme seines *Eigengewichtes* beträchtlich aufgetrieben ist, dann wird sein spezifisches Gewicht geringer sein als das des verdrängten Wassers, und er steigt zur Oberfläche empor. Die Zersetzung jedoch unterliegt zahllosen Einflüssen, wird durch zahllose Umstände beschleunigt oder verzögert – durch die Hitze und Kälte der Jahreszeit, den Mineralgehalt oder die Reinheit des Wassers, seine Tiefe,

Strömung oder Stagnation – wie auch durch die Beschaffenheit des Körpers selbst; es macht einen Unterschied, ob er bei seinem Tode krank oder gesund war. Daraus ergibt sich, daß man in keinem Falle auch nur mit annähernder Genauigkeit den Zeitpunkt bestimmen kann, nach dessen Verlauf die Leiche durch die Zersetzung an die Oberfläche getrieben wird. Unter gewissen Bedingungen kann es innerhalb einer Stunde geschehen – unter anderen kann es ganz ausbleiben. Es gibt Chemikalien, mit deren Hilfe man animalische Körper *für immer* vor der Verwesung bewahren kann; das Bichlorid des Quecksilbers gehört zu ihnen. Doch selbst von der Zersetzung abgesehen, können sich – was recht häufig vorkommt – im Magen durch die saure Gärung pflanzlicher Stoffe (oder aus anderen Gründen in anderen Körperhöhlen) genügend Gase bilden, um jene Ausdehnung zu bewirken, die den Körper aufsteigen läßt. Die Wirkung, die durch das Abfeuern einer Kanone erzielt wird, beruht auf einfacher Schwingung, die entweder die Leiche aus dem weichen Schlamm oder Morast löst, in dem sie liegt, woraufhin andere Kräfte – ihr Wirken vorausgesetzt – sie aufsteigen lassen, oder aber die Zähigkeit faulender Zellgewebe überwindet, so daß sich die Körperhöhlen unter dem Druck des Gases ausdehnen.

Nachdem wir die Grundlagen der Sache jetzt vor uns haben, ist es ein leichtes, mit ihrer Hilfe die Behauptungen von ›L'Étoile‹ nachzuprüfen. ›Alle Erfahrung lehrt‹, so heißt es in diesem Blatt, ›daß die Leichen von Ertrunkenen oder Leuten, die man unmittelbar nach ihrem gewaltsamen Tode ins Wasser geworfen hat, erst nach sechs bis zehn Tagen eine Zersetzung erfahren, die ausreicht, sie an die Oberfläche zu bringen. Selbst wenn über den Leichnam hinweg eine Kanone abgefeuert wird, so daß er aufsteigt, bevor er zumindest fünf bis sechs Tage im Wasser gelegen hat, versinkt er wieder, wenn er in Ruhe gelassen wird.‹

Dieser ganze Absatz ist, wie sich jetzt zeigt, ein zusammenhangloses Gewebe aus Widersprüchen. Die Erfahrung lehrt *keineswegs,* daß ›die Leichen von Ertrunkenen‹ erst nach sechs oder zehn Tagen so stark verwest wären, daß sie wieder zur Wasseroberfläche aufsteigen. Sowohl Wissenschaft als auch Erfahrung lehren vielmehr, daß die Zeitspanne bis zu ihrem Aufsteigen unbestimmt ist und sein muß. Wenn weiterhin ein Leichnam durch das Abfeuern einer Kanone an die Oberfläche gebracht wurde, wird er *keineswegs* ›wieder versinken, wenn er in Ruhe gelassen wird‹ – jedenfalls nicht, bevor die Verwesung so weit fortgeschritten ist, daß die entstandenen Gase entweichen können. Nun möchte ich Ihre Aufmerksamkeit noch auf den Unterschied lenken, der zwischen den ›Leichen von Ertrunkenen‹ und denen von ›Leuten, die man unmittelbar nach ihrem gewaltsamen Tode ins Wasser geworfen hat‹, gemacht wird. Obwohl der Verfasser den Unterschied zugibt, faßt er beide dann doch wieder unter der gleichen Regel zusammen. Ich habe ausgeführt, wie es kommt, daß der Körper eines Ertrinkenden schwerer wird als die von ihm verdrängte Wassermenge – daß er also überhaupt nicht sinken würde, wenn er nicht die Arme herausstreckte und unter Wasser zu atmen versuchte, wobei sich seine Lungen anstatt der ursprünglich darin befindlichen Luft mit Wasser füllen. Sowohl die Bewegungen als auch das Atemholen unterbleiben bei ›Leuten, die unmittelbar nach ihrem gewaltsamen Tode ins Wasser geworfen‹ werden. In diesem Falle ist die *allgemeine Regel, daß der Körper überhaupt nicht versinkt – eine Tatsache,* die in der Redaktion von ›L'Étoile‹ offenbar unbekannt ist. Erst wenn die Zersetzung außerordentlich weit fortschreitet und das Fleisch sich bereits von den Gebeinen ablöst – erst dann, und nicht *früher,* werden wir die Leiche aus dem Blick verlieren.

Was also ist nun von der Behauptung zu halten, daß es sich bei der aufgefundenen Leiche nicht um Marie Rogêt handeln könne, weil sie schon nach drei Tagen an der Oberfläche trieb? Als Frau wäre sie selbst nach dem Ertrinken möglicherweise nicht versunken, oder sie hätte, wenn sie versunken wäre, schon nach vierundzwanzig Stunden oder noch früher wieder auftauchen können. Nun aber besteht kein Zweifel, daß sie nicht ertrank; da sie tot war, als man sie ins Wasser warf, hätte sie zu jedem beliebigen Zeitpunkt nach ihrer Ermordung treibend gefunden werden können.

›Wäre die Leiche‹, so heißt es in ›L'Étoile‹ weiter, ›bis Dienstagabend in ihrem verstümmelten Zustand an Land behalten worden, so hätte man am Ufer eine Spur der Mörder finden müssen.‹ Es ist nicht einfach, in dieser Äußerung die Absicht des Verfassers auf den ersten Blick zu durchschauen. Er will einem möglichen Einwand gegen seine Theorie begegnen – dem Einwand nämlich, daß der Leichnam zwei Tage an Land behalten und infolgedessen *rascher* verwest sein könnte, als wenn er sich im Wasser befunden hätte. Wenn dies der Fall gewesen wäre, so vermutet der Autor, hätte er am Mittwoch an der Oberfläche erscheinen *können*; er hält diesen Umstand freilich für die *einzige* Bedingung. Also beeilt er sich darzulegen, daß die Leiche *nicht* an Land behalten wurde: wäre es so, dann ›hätte man am Ufer eine Spur der Mörder finden müssen‹. Ich denke, diese Folgerung nötigt Ihnen ein Lächeln ab; Sie können nicht einsehen, auf welche Art das bloße *Vorhandensein* der Leiche am Ufer dazu führen sollte, die Spuren der Mörder zu *vervielfachen.* Ich kann es ebensowenig.

›Schließlich ist es vollends unwahrscheinlich‹, fährt das Blatt fort, ›daß Verbrecher, die einen Mord begehen – auf die Art, wie man es hier vermutet –, ihr Opfer ins Wasser werfen, ohne es durch ein Gewicht zum Sinken zu bringen, wenn eine solche Vorsichtsmaßnahme keinerlei Schwierigkeiten bieten würde.‹ Man beachte diese geradezu lachhafte Gedankenverwirrung. Niemand – nicht einmal ›L'Étoile‹ – bestreitet, daß die *aufgefundene Leiche* das Opfer eines Mordes wurde. Die Zeichen der Gewaltanwendung sind allzu eindeutig. Aber dem Verfasser des Artikels liegt eben lediglich daran, nachzuweisen, daß es sich nicht um Maries Leiche handelt. Er will ja nicht beweisen, daß das gefundene Mädchen keines gewaltsamen Todes gestorben wäre, sondern nur, daß Marie nicht ermordet wurde. Seine Bemerkung beweist jedoch nur das erstere: Hier ist ein Leichnam, dem kein Gewicht angebunden wurde; wäre er von Mördern ins Wasser geworfen, so hätten sie gewiß nicht versäumt, ihn zu beschweren; folglich wurde er nicht von Mördern hineingeworfen. Wenn überhaupt etwas bewiesen wird, so ist es dies. Die Frage der Identität wird überhaupt nicht berührt – die Bemühungen des Verfassers laufen nur darauf hinaus, dem zu widersprechen, was er einen Augenblick zuvor zugab: ›Wir sind völlig überzeugt, daß es sich bei der gefundenen Leiche um eine ermordete Frau handelt.‹

Selbst in diesem einen Absatz ist das nicht der einzige Fall, in dem der Verfasser, ohne es zu wollen, gegen sich selbst argumentiert. Wie ich schon sagte, will er darauf hinaus, die Zeitspanne zwischen Maries Verschwinden und dem Auffinden der Leiche als zu kurz darzustellen. Dennoch *betont* er, daß kein Mensch das Mädchen sah, seit es das Haus der Mutter verlassen hatte. ›Wir haben keine Beweise‹, heißt es, ›daß Marie Rogêt nach Sonntag, dem 22. Juni, neun Uhr morgens, noch unter den Lebenden weilte.‹ Da dieses Argument ganz offensichtlich eine unvollständige Folgerung enthält, hätte er die Frage wohl besser auf sich beruhen lassen; wenn jemand Marie beispielsweise am Montag oder Dienstag gesehen hätte, so hätte sich die fragliche Zeitspanne noch mehr verkürzt – was, den Folgerungen des Autors entsprechend, die Wahrscheinlichkeit noch mehr verringert hätte, daß es sich bei der Leiche um Marie handelte. Aber nein – es ist geradezu erheiternd zu sehen, wie ›L'Étoile‹ sich in dem festen Glauben, damit ihre Behauptungen zu unterstützen, gerade auf diesen Punkt versteift.

Überfliegen wir nun noch einmal jenen Teil des Berichts, der von der Identifizierung der Leiche durch Beauvais handelt. Was die *Haare* auf dem Arm angeht, war ›L'Étoile‹ offenbar nicht aufrichtig. Monsieur Beauvais ist kein Narr, der sich beim Identifizieren des Leichnams mit dem Hinweis begnügt hätte, es wüchsen *Haare auf dem Arm*. Kein Arm ist *völlig* unbehaart. Die *verallgemeinernde* Ausdrucksweise, die ›L'Étoile‹ sich gestattet, ist eine glatte Verdrehung der Zeugenaussage: Der Zeuge muß irgendeine *Besonderheit* dieser Haare erwähnt haben – eine Besonderheit in Farbe, Dichte, Länge oder Anordnung.

›Ihr Fuß‹, so heißt es in dem Blatt, ›war klein – das sind Tausende von Füßen. Ihre Strumpfbänder und Schuhe können ebensowenig als Beweismittel gelten, denn Schuhe und Strumpfbänder werden paketweise verkauft. Das gleiche wäre von den Blumen auf ihrem Hut zu sagen. Ein Umstand, auf den Monsieur Beauvais mit Nachdruck hinweist, nämlich daß die Schnalle des Strumpfbandes versetzt worden war, besagt gar nichts – die meisten Frauen ziehen es vor, ein Paar Strumpfbänder mit nach Hause zu nehmen und sie dort auf die richtige Weite zu bringen, anstatt sie beim Kauf im Laden auszuprobieren.‹ Hier ist es schwer, an die Ernsthaftigkeit des Verfassers zu glauben. Hätte Monsieur Beauvais bei seiner Suche nach Marie einen Leichnam gefunden, der dem des vermißten Mädchens in Größe und Aussehen geglichen hätte, so konnte er – ohne die Frage der Bekleidung überhaupt zu stellen – bereits zu der Ansicht gelangen, daß seine

Suche erfolgreich war. Fand er – neben der Übereinstimmung von Erscheinung und Gestalt – auf dem Arm eine besondere Art von Haaren, so wäre er in dieser Meinung nur bestärkt worden; seine Sicherheit hätte im Verhältnis zur Eigentümlichkeit oder gar Seltenheit dieses Haarwuchses zugenommen. Wenn Maries Füße klein waren und die der Leiche ebenfalls, so steigerte sich die Wahrscheinlichkeit der Identität nicht nur in arithmetischer, sondern in geometrischer Progression. Kommen endlich noch die Schuhe dazu, denen gleich, die sie am Tage ihres Verschwindens trug, so wird – einerlei, ob diese Schuhe ›paketweise‹ verkauft werden – die Wahrscheinlichkeit nahezu zur Gewißheit. Was an sich noch kein Identitätsbeweis wäre, läßt als bestätigende Tatsache den Fall völlig eindeutig werden. Finden sich endlich noch Blumen auf dem Hut, denen entsprechend, die das vermißte Mädchen trug, so brauchen wir nicht länger zu suchen. Schon *eine* Blume würde ausreichen – wie aber, wenn es sogar zwei oder drei sind? Jedes weitere Merkmal ist eine vielfache Bestätigung – jeder Beweis *gesellt* sich nicht nur einfach zu den anderen, sondern *verstärkt* sie um das Hundert- oder Tausendfache. Entdeckt man an der Toten dann noch Strumpfbänder, wie die Lebende sie trug, so wäre es einfach töricht, die Suche fortzusetzen. Diese Strumpfbänder wurden obendrein durch Versetzen der Schnalle auf die gleiche Weise enger gemacht, wie Marie es tat, kurz bevor sie das Haus verließ; jetzt noch zu zweifeln, wäre Wahnsinn oder Heuchelei. Wenn ›L'Étoile‹ behauptet, das Verengern der Strumpfbänder sei ein sehr gewöhnlicher Brauch, so zeigt sich darin nur die Hartnäckigkeit der vorgebrachten Irrtümer. Die Elastizität dieser mit einer Schnalle geschlossenen Strumpfbänder beweist an sich schon, daß das Verengern etwas *Ungewöhnliches* ist; ein Gegenstand, der so gemacht ist, daß er sich von selbst anpaßt, wird nur in den seltensten Fällen noch einer zusätzlichen Anpassung bedürfen. Daß Maries Strumpfbänder auf diese Weise verengert werden mußten, ist also ein Zufall im engsten Sinne des Wortes – sie allein hätten eindeutig die Identität bewiesen. Indes ist es nicht so, daß man nur die Strumpfbänder des vermißten Mädchens an der Leiche fand, oder nur ihre Schuhe, ihren Hut, nur die Blumen auf ihrem Hut, nur ihre Füße oder eine besondere Art von Haaren auf dem Arm, nur eine allgemeine Übereinstimmung in Erscheinung und Gestalt – nein: dies alles fand man *gleichzeitig!* Ließe es sich beweisen, daß der Herausgeber von ›L'Étoile‹ angesichts all dieser Tatsachen *immer* noch zweifelte, so bestünde in seinem Falle kein Bedürfnis nach einer Kommission *de lunatico inquirendo.* Er hielt es eben für klug, dem Gerede der Anwälte nachzueifern, die sich in der Regel damit zufriedengeben, die rohgeschnitzten Entscheide der Gerichte aufzuwärmen. Ich könnte hinzufügen, daß so manches, was vor Gericht nicht als Beweis gilt, vom Verstande als überzeugendes Beweismittel gewertet wird. Denn die Gerichte verfahren nach den allgemeinen Prinzipien der Beweisführung – nach anerkannten, *kodifizierten* Rechtsgrundsätzen – und weigern sich, in Sonderfällen von ihnen abzuweichen. Gewiß, das starre Festhalten am Prinzip, das Verleugnen andersgearteter Ausnahmen ist ein sicherer Weg, auf lange Sicht ein *Maximum* an Wahrheit zu ermitteln; im Grunde ist dieses Verfahren also richtig und sinnvoll – wenngleich feststeht, daß es in Einzelfällen zu weitreichenden Irrtümern führen kann.*

* »Eine Theorie, die auf den Eigenschaften eines Gegenstandes beruht, kann folglich nicht am Gegenstande selbst entwickelt werden, wer Einzelfälle nach ihren Ursachen einstuft, hört auf, sie nach ihren Wirkungen zu bewerten. Das Recht jeder Nation beweist, daß die Gerechtigkeit aufhört, wo das Gesetz zur Wissenschaft, zum System wird. Die Irrtümer, zu denen eine blinde Unterwerfung unter kodifizierte Prinzipien das bürgerliche Recht verleitete, zei-

Die gegen Beauvais vorgebrachten Verdächtigungen können wir in einem Atemzuge abtun. Den wahren Charakter dieses guten Mannes werden Sie längst erkannt haben. Er gehört zu den *Übereifrigen* mit romantischen Neigungen und wenig Verstand. Jeder so veranlagte Mensch wird sich bei einem *wirklich* aufregenden Ereignis so verhalten, daß er sich bei allzu klugen oder böswilligen Leuten verdächtig macht. Wie sich aus Ihren Notizen ergibt, hat Monsieur Beauvais sich verschiedentlich mit dem Herausgeber von ›L'Étoile‹ unterhalten und ihn natürlich beleidigt, indem er die Ansicht zu äußern wagte, es handle sich ungeachtet der Theorie des Blattes eindeutig um Maries Leichnam. In der Zeitung heißt es: ›Er besteht auf der Behauptung, es handle sich um Maries Leiche, kann jedoch außer den von uns bereits erwähnten Umständen keinen Beweis anführen, der andere überzeugen könnte.‹ Selbst wenn man nicht darauf eingehen will, daß ein stärkerer Beweis, der ›andere überzeugen könnte‹, *nie und nimmer* beizubringen gewesen wäre, könnte man immerhin erwähnen, daß ein Mensch in einem solchen Falle überzeugt sein kann, ohne daß er in der Lage wäre, auch nur einen einzigen Beweisgrund zur Überzeugung anderer beizubringen. Nichts ist unbestimmter als der Eindruck von der persönlichen Identität eines Menschen. Jeder erkennt seinen Nachbarn, und dennoch kann man nur in seltenen Fällen angeben, *woran* man ihn erkennt. Der Herausgeber von ›L'Étoile‹ hatte also kein Recht, Monsieur Beauvais' unbegründete Überzeugung als Kränkung aufzufassen.

Die Verdachtsmomente, die gegen ihn vorgebracht wurden, stimmen weit besser zu meiner Annahme *romantischen*

gen sich in der Häufigkeit der Fälle, in denen die Gesetzgeber sich gezwungen sahen, die Rechtsgrundlage wiederherzustellen, die dem Gesetz verlorengegangen war.« – Landor.

Übereifers als zu der Vermutung des Verfassers, er sei schuldig. Haben wir uns erst einmal diese nachsichtigere Auffassung zu eigen gemacht, so fällt es uns nicht mehr schwer, die Rose im Schlüsselloch zu begreifen, das Wort ›Marie‹ auf der Schiefertafel, die Tatsache, daß er ›alle männlichen Angehörigen aus dem Wege schob‹, sein Interesse ›die Verwandten von der Besichtigung des Leichnams abzuhalten‹, die an Madame B. gerichtete Ermahnung, nicht vor seiner Rückkehr ins Haus mit dem Gendarmen zu sprechen – schließlich sogar seinen offensichtlichen Entschluß, daß ›niemand außer ihm mit dem Gerichtsverfahren befaßt sein dürfe‹. Meines Erachtens war Beauvais fraglos ein Verehrer Maries; sie kokettierte mit ihm, und ihm lag daran, den Anschein zu erwecken, als besäße er ihre Zuneigung und ihr volles Vertrauen. Ich habe zu diesem Punkt nichts weiter anzumerken. Und nachdem die Beweisaufnahme alle Behauptungen von ›L'Étoile‹, die sich auf die *Gleichgültigkeit* der Mutter und der Verwandten beziehen, voll und ganz widerlegt hat – übrigens wäre diese Gleichgültigkeit auch mit der Annahme, daß sie den Leichnam für den Maries hielten, völlig unvereinbar –, können wir nunmehr fortfahren, als wäre die Frage der *Identität* zu unserer vollsten Zufriedenheit gelöst.«

»Und was halten Sie von den Äußerungen des ›Commerciel‹?« fragte ich.

»Daß sie im Grunde weit mehr Beachtung verdienen als alles andere, was in dieser Sache veröffentlicht wurde. Aus den Prämissen wird scharfsinnig und logisch richtig gefolgert – wenn auch, zumindest in zwei Fällen, die Prämissen auf fehlerhafter Beobachtung beruhen. ›Le Commerciel‹ will zu verstehen geben, daß Marie nicht weit vom Hause ihrer Mutter von einer Bande gemeiner Strolche überfallen worden wäre. ›Es ist schlechterdings unmöglich‹, so behauptet man, ›daß jemand, der wie dieses junge Mädchen für Tausende von Leuten eine bekannte Erscheinung war, auch nur drei Straßen weit gekommen wäre, ohne von irgendwem gesehen zu werden.‹ Dies ist der Gedankengang eines Mannes, der im öffentlichen Leben steht und dessen Gänge durch die Stadt sich durchweg auf die Umgebung der öffentlichen Gebäude beschränken. Er weiß, daß er von seinem Büro aus nur selten ein Dutzend Ecken weit gehen könnte, ohne erkannt und gegrüßt zu werden; er weiß, wie viele Leute er kennt und von wie vielen er gekannt wird – also vergleicht er seinen Bekanntenkreis mit dem des Mädchens, kann keinen großen Unterschied feststellen und kommt zu dem Schluß, daß Marie auf ihren Wegen ebenso häufig erkannt werden müsse wie er. Aber gerade dies könnte nur dann der Fall sein, wenn ihre Gänge so gleichförmig und auf einen engen Bezirk beschränkt wären wie die seinen. Er bewegt sich regelmäßig in wenigen Straßen, die von vielen Leuten benutzt werden, welche ihn beobachten, weil seine Beschäftigung der ihren verwandt ist. Von Maries Wegen darf man vermuten, daß sie immer wieder wechselten; in diesem besonderen Falle ist es sogar sehr wahrscheinlich, daß sie völlig andere Straßen benutzte als gewöhnlich. Der Vergleich, den der Autor des ›Commerciel‹ offensichtlich bei seinem Gedankengang voraussetzte, wäre nur dann erlaubt, wenn beide Personen die ganze Stadt durchquerten; die gleiche Größe des Bekanntenkreises vorausgesetzt, wären in diesem Falle auch die Chancen gleich, daß die nämliche Zahl persönlicher Begegnungen stattfände. Was mich betrifft, so halte ich es nicht nur für möglich, sondern sogar für mehr als wahrscheinlich, daß Marie zu jeder beliebigen Tageszeit durch irgendeine der zahlreichen Straßen zwischen ihrer eigenen und der Wohnung ihrer Tante hätte gehen können, ohne auch nur einen einzigen Menschen zu treffen, der sie kannte – oder den sie kannte. Will man diese Frage im richtigen Lichte sehen, so muß man sich stets das sehr ungleiche Verhältnis zwischen dem persönlichen Bekanntenkreis selbst der namhaftesten Einwohner von Paris und der Gesamtbevölkerung vor Augen halten.

Die Überzeugungskraft, mit der die Vermutungen des ›Commerciel‹ vorgetragen werden, nimmt jedoch noch erheblich ab, wenn man die *Zeit* berücksichtigt, zu der das Mädchen aus dem Hause ging. ›Sie verließ das Haus zu einer Zeit‹, erklärt ›Le Commerciel‹, ›in der die Straßen voller Menschen sind.‹ Das stimmt nicht. Es war um neun Uhr morgens. An jedem Tag der Woche herrscht um diese Zeit auf den Straßen der Stadt tatsächlich ein dichtes Gedränge – *nur eben nicht am Sonntag.* An den Sonntagen halten sich die meisten Leute gerade um neun Uhr in ihren Wohnungen auf, um sich zum *Kirchgang vorzubereiten.* Wie seltsam verlassen die Stadt an jedem Sonntagmorgen zwischen acht und zehn Uhr wirkt, kann keinem aufmerksamen Beobachter entgehen; zwischen zehn und elf sind sie dicht bevölkert – nicht aber zu der frühen Stunde, die hier in Frage kommt.

Noch in einem weiteren Punkt sind die *Beobachtungen* des ›Commerciel‹ fehlerhaft. Es heißt dort: ›Ein Streifen, zwei Fuß lang und einen Fuß breit, war aus dem Unterrock des unglücklichen Mädchens herausgerissen und unter dem Kinn um den Hals gebunden worden – vermutlich, um sie am Schreien zu hindern. Dies taten Männer, die keine Taschentücher besitzen.‹ Ob diese Annahme begründet ist oder nicht, werden wir später herauszufinden versuchen; mit den ›Männern, die keine Taschentücher besitzen‹, meint der Herausgeber jedenfalls die niedrigste Sorte von Herumtreibern. Gerade diese gehören indes zu den Leuten, bei denen man stets ein Taschentuch findet – selbst wenn sie nicht einmal ein Hemd besitzen. Vermutlich hatten Sie schon selbst Gelegenheit zu der Feststellung, wie unentbehrlich in den letzten Jahren das Taschentuch für jeden richtigen Gauner geworden ist.«

»Und was haben wir von dem Artikel in ›Le Soleil‹ zu halten?« fragte ich.

»Es ist ein Jammer, daß sein Verfasser nicht als Papagei geboren wurde – er wäre der namhafteste Papagei aller Zeiten geworden. Er begnügt sich damit, einzelne Punkte aus den bereits veröffentlichten Mutmaßungen zu wiederholen, nachdem er sie mit löblichem Fleiß aus allen nur möglichen Zeitungen zusammengetragen hat. ›Sämtliche Gegenstände‹, so heißt es, ›haben *eindeutig* zumindest drei oder vier Wochen dort gelegen ... es kann mithin *kein Zweifel* mehr bestehen, daß der Schauplatz dieser entsetzlichen Tat gefunden ist.‹ Die an dieser Stelle von ›Le Soleil‹ lediglich aufgewärmten Tatbestände haben meine Zweifel an der Sache nicht vermindert – wir werden sie später, unter einem anderen Gesichtspunkt, noch genauer betrachten.

Fürs erste sollten wir uns anderen Dingen zuwenden. Auch Ihnen kann nicht entgangen sein, mit welch bemerkenswerter Nachlässigkeit der Leichnam untersucht wurde. Zwar hatte man die Frage der Identität rasch geklärt – man sollte sie zumindest geklärt haben; aber es gab noch andere Punkte, über die man sich Klarheit verschaffen mußte. War der Leichnam irgendwelcher Gegenstände *beraubt* worden? Trug das Mädchen, als es das Haus verließ, irgendwelchen Schmuck? Wenn ja – fand man ihn noch an der Leiche? Diese wichtigen Fragen hat die Beweisaufnahme völlig unberücksichtigt gelassen; es gibt noch mehr Einzelheiten von gleicher Bedeutsamkeit, die man gleichfalls außer acht ließ. Wir müssen versuchen, uns hier durch eigene Recherchen Aufklärung zu verschaffen. Überdies sollte auch der Fall Saint-Eustache nochmals überprüft werden – ich hege keinerlei Verdacht gegen ihn, aber wir müssen Schritt für Schritt vorgehen und uns vergewissern, ob die *eidesstattlichen Erklärungen,* die über seinen Aufenthalt an jenem Sonntag Auskunft geben, eindeutig der Wahrheit entsprechen. Erklärungen dieser Art können leicht zur Irreführung benutzt werden. Sollte jedoch alles seine Richtigkeit haben, so können wir Saint-Eustache aus unserer Untersuchung ausklammern. Wenn wir in seinen Angaben Fehlhinweise finden, so würde sein Selbstmord den Verdacht bestätigen – andernfalls wäre er jedoch durchaus erklärlich und gäbe uns keinerlei Veranlassung, vom geraden Weg der Analyse abzuweichen.

Ich schlage nun vor, daß wir den Kern dieser Tragödie verlassen und unsere Aufmerksamkeit auf ihre Randerscheinungen richten. Zu häufig begeht man bei Untersuchungen dieser Art den Fehler, die Recherchen auf das Nächstliegende zu beschränken und die beiläufigen oder nebensächlichen Ereignisse außer acht zu lassen. Die Beweisaufnahme und Erörterung des Falles auf das scheinbar Wesentliche zu begrenzen, gehört zu den beklagenswerten Praktiken des Gerichtsverfahrens. Die Erfahrung hingegen hat gelehrt – und die wohlverstandene Logik wird es beweisen –, daß ein erheblicher, vielleicht sogar der größere Teil der Wahrheit auf dem Umweg über das anscheinend Unwichtige gefunden wird. Dem Sinne, wenn auch vielleicht nicht dem Buchstaben dieses Prinzips gemäß, ist es dem modernen Denken gelungen, das *Unvorhersehbare mitzuberechnen.* Aber vielleicht verstehen Sie mich nicht. Die Geschichte der menschlichen Erfindungen hat immer wieder gezeigt, daß wir die meisten und wertvollsten Erkenntnisse dem Beiläufigen, dem Nebensächlichen und dem Zufall verdanken. So ist es mittlerweile nötig geworden, im Hinblick auf den Fortschritt des Ganzen auch die Erfahrungen zu verwerten, die sich rein zufällig und im Felde des Unerwarteten ergeben. Von der Vergangenheit auf die Zukunft zu schließen, entspricht nicht mehr dem philosophischen Denken. Der *Zufall* ist eine erlaubte Grundannahme; er wird für uns zum Gegenstand sicherer Berechnungen; wir schließen das Unvorhersehbare und Unerwartete in die mathematische Formel ein.

Ich wiederhole es: Daß der *größte* Teil der Erkenntnis beiläufigen Erfahrungen zu verdanken ist, steht eindeutig fest; ich handle lediglich im Sinne des Prinzips, das hinter dieser Tatsache steckt, wenn ich im vorliegenden Fall die Untersuchung vom bereits begangenen und deshalb unfruchtbaren Boden des Ereignisses selbst auf die Begleitumstände verlagere. Während Sie die Richtigkeit der eidesstattlichen Erklärungen nachprüfen, werde ich die Zeitungen noch gründlicher durchsehen, als Sie es schon getan haben. Bisher haben wir nur das eigentliche Feld der Ermittlungen abgegrast; es sollte mich jedoch wundern, wenn uns eine umfassende Durchsicht sämtlicher Blätter, wie ich sie vorhabe, nicht einige bestimmte Anhaltspunkte lieferte, die unsere Recherchen in eine sichere *Richtung* weisen.«

Dupins Vorschlag folgend, prüfte ich die Angelegenheit der eidesstattlichen Erklärungen bis in jede Einzelheit. Das Ergebnis bestätigte ihre Richtigkeit und damit die Unschuld von Saint-Eustache. Mein Freund vertiefte sich inzwischen mit einer Gründlichkeit, die mir völlig zwecklos erschien, in das Studium der verschiedenen Zeitungen. Nach Ablauf einer Woche legte er mir die folgenden Auszüge vor:

»Vor dreieinhalb Jahren verursachte das Verschwinden der gleichen Marie Rogêt aus der Parfumerie des Monsieur Le Blanc im Palais-Royal in ähnlicher Weise Aufsehen, wie es gegenwärtig der Fall ist. Damals jedoch erschien sie nach Ablauf einer Woche wieder hinter ihrem Ladentisch – wohl und munter, wenn man von einer auffallenden Blässe ihres Gesichts absieht. Ihre Mutter und Monsieur Le Blanc gaben an, sie habe die Woche bei Freunden auf dem Lande verbracht;

die ganze Angelegenheit wurde eilig vertuscht. Wir nehmen an, daß ihr augenblickliches Verschwinden einer ähnlichen Laune entsprungen sein mag und daß sie in einer Woche oder einem Monat wieder unter uns weilen wird.« – »Abendzeitung«, Montag, der 23. Juni.*

»Eine gestrige Abendzeitung verweist auf ein früheres, geheimnisvolles Verschwinden der Mademoiselle Rogêt. Es ist allgemein bekannt, daß sie die Woche ihres Fernbleibens aus der Parfumerie von Monsieur Le Blanc in Gesellschaft eines jungen Schiffsoffiziers verbrachte, der seines Lebenswandels wegen keinen guten Ruf genießt. Vermutlich veranlaßte sie ein Streit, für den man der Vorsehung danken sollte, nach Hause zurückzukehren. Wir kennen den Namen des betreffenden Lothario, der zur Zeit in Paris stationiert ist, unterlassen es jedoch aus naheliegenden Gründen, ihn zu veröffentlichen.« – »Le Mercure«, Dienstag, der 24. Juni, Frühausgabe.**

»Ein gemeines Verbrechen wurde vorgestern in der Umgebung der Stadt begangen. Ein Herr ließ sich mit Frau und Tochter in der Dämmerung von sechs jungen Männern, die in einem Boot in Ufernähe auf der Seine umherruderten, über den Fluß setzen. An der Gegenseite stiegen die Passagiere aus. Sie hatten das Boot bereits weit hinter sich gelassen, als die Tochter bemerkte, daß sie ihren Sonnenschirm darin vergessen hatte. Sie kehrte zurück, um ihn zu holen, wurde von der Bande ergriffen, auf den Fluß hinausgerudert, geknebelt, brutal mißhandelt und schließlich unweit der Stelle, wo sie mit ihren Eltern das Boot bestiegen hatte, wieder an Land gesetzt. Die Verbrecher sind entkommen; jedoch ist die Polizei auf ihrer Spur und wird zumindest einige

* Der New Yorker »Express«.

** Der New Yorker »Herald«.

von ihnen bald festgenommen haben.« – »Morgenzeitung«, 25. Juni.*

»Wir erhielten einige Zuschriften, die Mennais** beschuldigen, das kürzlich begangene Verbrechen auf dem Gewissen zu haben; da dieser Ehrenmann jedoch durch die gerichtliche Untersuchung völlig entlastet wurde und unsere Leser in ihren Zuschriften gelegentlich weniger gewissenhaft als eifrig erscheinen, halten wir es nicht für geraten, sie zu veröffentlichen.« – »Morgenzeitung«, 28. Juni.***

»Wir erhielten mehrere in dringlichem Tone gehaltene Zuschriften, die sich inhaltlich offenbar auf verschiedene Quellen berufen und es als nahezu gewiß erscheinen lassen, daß die bedauernswerte Marie Rogêt einer der zahllosen Gaunerbanden zum Opfer fiel, die sonntags die Umgebung der Stadt unsicher machen. Unsere eigene Ansicht stimmt mit dieser Vermutung durchaus überein; wir werden versuchen, einige dieser Zuschriften in einer unserer nächsten Ausgaben abzudrucken.« – »Abendzeitung«, 30. Juni.****

»Am Montag sah ein beim Zollamt beschäftigter Kahnschiffer ein leeres Boot die Seine hinabtreiben. Die Segel lagen auf dem Boden des Bootes. Der Schiffer vertäute es an der Anlegebrücke des Zollamtes. Am nächsten Morgen war es ohne Wissen der Beamten von dort weggeholt worden. Das Steuerruder befindet sich noch an der Anlegestelle.« – »La Diligence«, Donnerstag, der 26. Juni.*****

* Der New Yorker »Courier and Inquirer«.

** Mennais gehörte zu den Personen, die anfänglich verdächtigt und festgenommen, dann aber in Ermangelung jeglicher Beweise wieder auf freien Fuß gesetzt wurden.

*** Der New Yorker »Courier and Inquirer«.

**** Die New Yorker »Evening Post«.

***** Der New Yorker »Standard«.

Als ich diese Auszüge las, erschienen sie mir nicht nur nebensächlich – ich vermochte nicht einzusehen, was sie mit dem Fall zu tun hatten, der uns beschäftigte. Ich wartete auf Dupins Erläuterung.

»Im Augenblick habe ich nicht vor«, sagte er, »mich mit den ersten beiden Auszügen aufzuhalten. Ich habe sie vor allem abgeschrieben, um Ihnen die außergewöhnliche Nachlässigkeit der Polizei vor Augen zu führen, die sich – soweit ich den Präfekten recht verstand – nicht einmal der Mühe unterzog, die Spur des erwähnten Seeoffiziers zu verfolgen. Es wäre reine Torheit, anzunehmen, daß zwischen dem ersten und dem zweiten Verschwinden Maries kein Zusammenhang bestehen *könnte*. Schließen wir uns der Auffassung an, daß ihre erste Entführung mit einem Streit zwischen den Liebenden endete und die Enttäuschte daraufhin nach Hause zurückkehrte; dann wären wir ohne weiteres darauf vorbereitet, eine zweite *Entführung* – vorausgesetzt, wir *wüßten,* daß es sich um eine solche handelt – in dem Sinne zu verstehen, daß sich der Verführer ein zweites Mal an sie herangemacht hat. Statt in ihr das Ergebnis neuer Anträge von Seiten eines Unbekannten zu vermuten, neigen wir zu der Ansicht, die Affäre als ›Auffrischung‹ eines alten Verhältnisses zu betrachten – nicht aber als Beginn eines neuen. Daß der Mann, mit dem Marie schon einmal entwichen ist, ihr ein zweites Mal den gleichen Vorschlag machte, ist doch zehnmal wahrscheinlicher, als daß ein Mädchen, dem ein solcher Antrag bereits von einem Manne gemacht wurde, ihn abermals von einem anderen Manne erhält. Überdies möchte ich Sie darauf aufmerksam machen, daß der Zeitraum zwischen der festgestellten ersten und der vermuteten zweiten Entführung nur um ein paar Monate länger ist, als die Kreuzfahrten unserer Kriegsschiffe im allgemeinen zu dauern pflegen. Ist der Liebhaber an seinem ersten Schurkenstreich gehindert worden, weil er auf See gehen mußte? – hat er die erste Gelegenheit nach seiner Rückkehr wahrgenommen, die üblen Pläne voranzutreiben, die noch nicht ausgeführt waren – die *er selbst* noch nicht ausgeführt hatte? Von alldem wissen wir nichts.

Freilich könnten Sie einwenden, daß im zweiten Falle *keine* Entführung stattfand. Gewiß nicht – aber woher wissen wir, daß nicht eine diesbezügliche Absicht vorlag, die erst nachträglich verhindert wurde? Abgesehen von Saint-Eustache und Beauvais, wissen wir von keinem anerkannten, offenen und ehrenhaften Verehrer Maries. Von einem Dritten ist nirgends die Rede. Wer also ist der heimliche Anbeter, von dem die Angehörigen – *zumindest die meisten von ihnen* – nichts wissen, mit dem sich Marie aber am Sonntagmorgen trifft und dem sie so sehr vertraut, daß sie nicht zögert, bis zum Einbruch der Abenddämmerung mit ihm in den Dickichten an der Barrière du Roule zu bleiben? Ich wiederhole die Frage: Wer ist dieser heimliche Liebhaber, von dem zumindest der *größere* Teil ihrer Verwandten nichts weiß? Und was bedeuten die seltsam hellsichtigen Worte der alten Madame Rogêt, an jenem Tage, an dem Marie das Haus verließ – ›ich fürchte, ich werde sie nicht wiedersehen‹?

Selbst wenn wir uns nicht vorstellen können, daß Madame Rogêt um den Entführungsplan wußte – dürfen wir dann nicht zumindest annehmen, daß Marie eine solche Absicht hegte? Sie erklärte beim Verlassen des Hauses, ihre Tante in der Rue des Drömes besuchen zu wollen, und bat Saint-Eustache, sie am Abend dort abzuholen. Auf den ersten Blick widerspricht dieser Umstand meiner Vermutung – doch überlegen wir weiter. *Daß* sie sich mit einem Mann traf, mit ihm über den Fluß setzte und erst gegen drei Uhr nachmittags die Barrière du Roule erreichte, ist bekannt. Also muß sie, schon als sie ihre Einwilligung gab, den Mann – *in irgendeiner ihrer Mutter bekannten oder auch unbekannten Absicht* – zu begleiten, daran gedacht haben, unter welchem Vorwand sie das Haus verlassen konnte. Ihr muß die Überraschung, der Verdacht bewußt gewesen sein, den ihr Verlobter Saint-Eustache empfinden würde, wenn er zur vereinbarten Zeit in der Rue des Drömes nach ihr fragte und feststellte, daß sie nicht dagewesen war – wenn er mit dieser beunruhigenden Nachricht in die Pension zurückkehrte und sie auch dort nicht vorfand. Diese Dinge muß sie sich unbedingt überlegt haben. Sie muß den Verdacht Saint-Eustaches und den allgemeinen Argwohn vorhergesehen haben. Sie kann nicht daran gedacht haben, zurückzukehren und dem Argwohn die Stirn zu bieten; jedoch wird dieser Argwohn für sie völlig bedeutungslos, wenn wir annehmen, daß sie *nicht* zurückkehren wollte.

Nehmen wir doch einmal an, daß sie ungefähr folgende Überlegungen anstellte: Ich habe vor, mich mit jemandem zu treffen, um mit ihm zu entfliehen – oder aus irgendeinem anderen, nur mir selbst bekannten Grund. Es ist wichtig, daß wir dabei nicht gestört werden und daß uns genügend Zeit bleibt, einer Verfolgung zu entgehen – ich werde also vorgeben, ich wollte meine Tante in der Rue des Drômes besuchen und den Tag bei ihr verbringen; überdies werde ich zu Saint-Eustache sagen, er solle mich erst bei Einbruch der Nacht abholen; auf diese Weise kann ich die längste Zeit von zu Hause fortbleiben, ohne Besorgnis oder Argwohn zu erregen, und gewinne mehr Zeit als auf irgendeine andere Art. Wenn ich Saint-Eustache bitte, mich am Abend abzuholen, so kommt er bestimmt nicht früher; bitte ich ihn jedoch nicht darum, so verkürzt sich die Zeitspanne meiner Flucht, weil man mich dann früher zurückerwartet und mein Ausbleiben schon eher Besorgnis erregt. *Hätte* ich die Absicht, zurückzukehren – plante ich nur einen Spaziergang mit dem betreffenden Mann –, so wäre es unklug, Saint-Eustache zum

Abholen aufzufordern; er würde dann *bestimmt* erfahren, daß ich ihn getäuscht habe – was er nie erführe, wenn ich das Haus verließe, ohne ihm mein Ziel zu verraten, dann noch vor Einbruch der Dunkelheit zurückkehrte und ihm sagte, ich hätte meine Tante in der Rue des Drômes besucht. Da ich jedoch vorhabe, nie zurückzukehren – oder erst in einigen Wochen – oder erst, wenn es mir gelungen ist, gewisse Dinge zu verheimlichen – ist der Zeitgewinn der einzige Punkt, den ich berücksichtigen muß.

Aus Ihren Notizen geht hervor, daß die Öffentlichkeit in dieser traurigen Sache von Anfang an der Meinung war, das Mädchen sei einer Bande wüster Halunken zum Opfer gefallen. Unter gewissen Umständen sollte man die Volksmeinung nicht außer acht lassen. Wenn sie von selbst entsteht und sich ganz spontan zeigt, darf man sie fast als etwas betrachten, das der *Intuition,* dem hervorstechenden Merkmal genialer Menschen, nahe verwandt ist. In neunundneunzig von hundert Fällen würde ich mich ihrer Entscheidung anschließen. Wichtig ist jedoch, ob wir nachweisbare Spuren einer *Beeinflussung* von außen finden oder nicht. Die Volksmeinung muß eindeutig aus *dem Volke selbst* kommen; diesen Unterschied wahrzunehmen und nachzuweisen, ist oft ungemein schwierig. Was nun den vorliegenden Fall betrifft, so scheint mir, daß die ›öffentliche Meinung‹, die eine Verbrecherbande beschuldigt, durch das gleichzeitige Ereignis geprägt wurde, mit dem sich mein dritter Auszug befaßt. Ganz Paris ist in Aufruhr, weil man den Leichnam Maries, eines jungen, hübschen und vielen Leuten bekannten Mädchens, mit sichtbaren Merkmalen der Gewaltanwendung in der Seine treibend auffand. Dann wird bekannt, daß genau oder fast genau zur Stunde der vermuteten Ermordung Maries ein in seiner Art ähnliches Verbrechen, wenngleich von geringerem Ausmaß, an einem zweiten jungen Mädchen begangen wurde – und zwar von einer Rotte gemeiner Kerle. Ist es denn überraschend, wenn die eine bekannte Tat die öffentliche Meinung, was die andere, noch nicht aufgeklärte Tat betrifft, beeinflußt hätte? Die Volksmeinung suchte nach einer Richtung – schien das bekannte Verbrechen sie nicht gerade anzuzeigen? Auch Marie wurde im Fluß gefunden – auf dem gleichen Fluß spielte sich die bekannte Untat ab. Die beiden Ereignisse hatten so vieles miteinander gemein, daß man sich wundern müßte, wenn die Leute es *unterlassen* hätten, die Zusammenhänge zu sehen und aufzugreifen. Im Grunde freilich ist die Tatsache, daß die bekannte Tat in dieser Weise verübt wurde, eher ein Beweis dafür, daß die andere, fast gleichzeitig geschehene, auf eine *andere* Art ausgeführt worden ist. Denn es grenzte wahrlich an ein Wunder, wenn im gleichen Moment, in dem eine Bande an einem bestimmten Ort ein gemeines Verbrechen beging, eine weitere, ähnliche Bande – an einem ähnlichen Ort, in der gleichen Stadt, unter den gleichen Umständen, mit den gleichen Mitteln – ein Verbrechen der gleichen Art begangen hätte! Doch an was sollten wir – der zufällig *beeinflußten* Volksmeinung nach – glauben, wenn nicht an ein derart wundersames Zusammentreffen?

Lassen Sie uns nun, bevor wir fortfahren, den mutmaßlichen Schauplatz des Mordes näher betrachten – das Dikkicht an der Barrière du Roule. Das Gebüsch ist zwar sehr dicht, liegt aber in unmittelbarer Nähe einer Landstraße. In ihm gibt es drei oder vier große Steine, die eine Art Sitz mit Rückenlehne und Fußstütze bilden. Auf dem oberen Stein entdeckte man einen weißen Unterrock, auf dem zweiten ein seidenes Tuch. Ferner wurden ein Sonnenschirm, Handschuhe und ein Taschentuch an dieser Stelle gefunden; das Taschentuch war mit dem Namen ›Marie Rogêt‹ gezeichnet. An den Dornsträuchern ringsum entdeckte man Kleidfetzen. Der Boden war zertrampelt, Zweige geknickt; alle Anzeichen sprachen dafür, daß hier ein Kampf stattgefunden hatte.

Ungeachtet des Beifalls, den die Presse der Auffindung dieses Dickichts gespendet hat, und der Einmütigkeit, mit der man in ihm den Tatort entdeckt zu haben glaubte, muß zugegeben werden, daß es einige triftige Gründe gibt, Zweifel zu hegen. Einerlei, ob ich annehme, daß es der Tatort *war* oder nicht – wichtig ist, daß es ausgezeichnete Gründe gibt, die Sache nicht als *fait accompli* hinzunehmen. *Wäre* die Tat, wie ›Le Commerciel‹ vermutete, in der Nähe der Rue Pavée Saint-Andrée begangen worden, so hätten die Täter – vorausgesetzt, daß sie sich noch in Paris aufhalten – allen Grund zu Befürchtungen, weil der Verdacht der Öffentlichkeit durch die Zeitungsmeldung in die richtigen Kanäle geleitet worden wäre; in einer gewissen Art von Gehirnen wäre sofort die Notwendigkeit aufgetaucht, die Aufmerksamkeit auf einen anderen Ort abzulenken. Weil man das Dickicht an der Barrière du Roule ohnehin schon verdächtigte, hätte der Gedanke, die Sachen dort zu deponieren, wo sie denn auch gefunden wurden, durchaus nahegelegen. Trotz aller Vermutungen von ›Le Soleil‹ gibt es jedoch keinen zwingenden Beweis dafür, daß die gefundenen Gegenstände länger als nur ein paar Tage in dem Dickicht gelegen haben; gleichzeitig spricht manches dafür, daß sie während der zwanzig Tage zwischen dem verhängnisvollen Sonntag und dem Nachmittag, an dem sie von den Knaben aufgefunden wurden, nicht dort hätten liegen können, ohne aufzufallen. ›Sie waren unter der Einwirkung des Regens‹ – so heißt es in ›Le Soleil‹, abgeschrieben aus verschiedenen bereits veröffentlichten Meldungen – ›bereits weitgehend *verschimmelt;* sie klebten vor *Schimmel* zusammen. Sie waren vom Grase um- und teilweise sogar überwachsen. Die Seide des Sonnenschirms war zwar noch kräftig, aber das Garn der Innennähte war eingelaufen. Der obere, enggefaltete Teil war *verschimmelt* und verfault, er riß, als man den Schirm aufspannte.‹ Was nun das Gras betrifft, das die Dinge ›um- und teilweise sogar überwachsen‹ hatte, so steht fest, daß dieser Umstand nur durch die Aussage und damit das Erinnerungsvermögen zweier kleiner Jungen bewiesen wird; denn die Kinder nahmen die Gegenstände mit und brachten sie nach Hause, bevor sie von einer dritten Person gesehen wurden. Gras jedoch wächst – besonders bei warmem und feuchtem Wetter, wie es zur Zeit des Mordes herrschte – an einem einzigen Tag um zwei bis drei Zoll. Ein Sonnenschirm, der auf jungem Rasen liegt, kann von den sprossenden Gräsern in einer Woche völlig dem Blick entzogen werden. Nun zu dem *Schimmel,* auf dem der Herausgeber von ›Le Soleil‹ so hartnäckig besteht, daß er das Wort in dem kurzen, eben zitierten Abschnitt nicht weniger als dreimal verwendet – man kann nur fragen, ob er wirklich die Natur dieses *Schimmels* nicht kennt. Muß man ihm erklären, daß Schimmel durch eine der vielen Pilzarten hervorgerufen wird, deren hervorstechendstes Merkmal darin besteht, daß sie binnen vierundzwanzig Stunden entstehen und wieder absterben?

Wir sehen auf den ersten Blick, daß die Argumente, mit denen man frohlockend versucht hat, den Eindruck zu bekräftigen, die Gegenstände hätten mindestens drei oder vier Wochen in jenem Dickicht gelegen, zum Beweis dieser Tatsache nicht das geringste hergeben. Andererseits ist es nicht leicht, zu glauben, daß die Sachen länger als auch nur eine Woche in dem genannten Dickicht gelegen haben könnten – länger also, als von einem Sonntag bis zum nächsten. Wer die Umgebung von Paris kennt, weiß recht gut, wie schwer es ist, einen *einsamen Ort* zu finden – es sei denn, man entferne sich sehr weit von den Vorstädten; einen völlig unbekannten oder auch nur selten besuchten Schlupfwinkel in den Wäldchen oder Gebüschen kann man sich nicht vorstellen. Nehmen wir an, ein Mann, der die Natur liebt, jedoch durch seine Pflichten an Staub und Hitze der Großstadt gebunden ist, wollte – sagen wir: an einem Wochentag – versuchen, seine Sehnsucht nach Einsamkeit in den schönen Landschaften zu stillen, die gleich vor den Toren der Stadt beginnen. Bei jedem zweiten Schritt wird die Stimme und der Anblick eines Strolches oder einer ganzen Rotte bezechter Gauner sein Entzücken stören. Im dichtesten Gebüsch wird er die Stille vergeblich suchen; gerade hier liegen die Schlupfwinkel, die von den Schmutzfinken am häufigsten heimgesucht werden – gerade hier ist der Tempel der Natur am frechsten entweiht. Angewidert wird der Wanderer in das verderbte Paris zurückflüchten, an die weniger abstoßenden, weil angemesseneren Orte der Verderbnis. Wenn jedoch die Umgebung der Stadt schon an den Werktagen so überlaufen ist, um wieviel mehr dann erst am Sonntag! Gerade dann sucht das Gesindel der Stadt, frei von Arbeitspflichten, der üblichen Gelegenheit zu Verbrechen beraubt, die Umgebung auf – nicht aus Liebe zur Natur, die es im Innersten verabscheut, sondern um jedem Zwang, jeder gesellschaftlichen Vorschrift zu entfliehen. Diese Leute verlangt es weniger nach frischer Luft und grünen Bäumen als nach der zügellosen *Ungebundenheit,* die sie sich nur auf dem Lande leisten können. Hier – im Straßengasthaus oder unter dem Laubwerk der Bäume – überlassen sie sich, nur von den Spießgesellen beobachtet, toll und maßlos jener falschen Fröhlichkeit, die aus dem Gefühl der Freiheit und dem Rum entsteht. Ich sage nicht mehr, als jedem besonnenen Beobachter einleuchten muß, wenn ich wiederhole, daß es an ein blankes Wunder grenzen würde, wenn die fraglichen Gegenstände länger als von einem Sonntag bis zum nächsten in *irgendeinem* Dickicht der Umgebung von Paris unentdeckt geblieben wären.

Überdies gibt es noch weitere Gründe für den Verdacht, daß die Sachen in das Dickicht gebracht wurden, um die Aufmerksamkeit vom wahren Tatort abzulenken. Ich möchte Sie zuerst nur auf den *Zeitpunkt* ihrer Entdeckung hinweisen. Wenn Sie ihn mit dem Datum des fünften der von mir gemachten Zeitungsauszüge vergleichen, werden Sie feststellen: Die Entdeckung erfolgte unmittelbar nach dem Erscheinen der an die ›Abendzeitung‹ gerichteten, dringlichen Mitteilungen. Diese Zuschriften – wenngleich offenbar verschiedenen Inhalts und von verschiedenen Personen verfaßt – verfolgten sämtlich den gleichen Zweck: Sie versuchten den Glauben zu erwecken, daß eine Bande das Verbrechen beging und die Barrière du Roule der Tatort war. Nun ist es natürlich nicht so, daß die Sachen auf Grund dieser Zuschriften oder der durch sie erregten öffentlichen Aufmerksamkeit von den Jungen gefunden wurden. Doch gerade der Umstand, daß die Gegenstände nicht schon *vorher* von den Kindern entdeckt wurden, könnte Verdacht erregen; er läßt darauf schließen, daß sie vor diesem Zeitpunkt noch nicht in dem Dickicht gelegen hatten, sondern erst später – an dem Tag, an welchem die Zuschriften an die Zeitung ergingen, oder kurz vorher – von den schuldigen Verfassern dieser Zuschriften dort deponiert wurden.

Übrigens handelt es sich um ein besonders eigenartiges Dickicht. Es ist ungewöhnlich dicht. Innerhalb seiner natürlichen Mauern gibt es drei seltsame Steine, die einen *Sitz mit Rückenlehne und Fußstütze bilden.* Und dieses ohnehin schon markante Dickicht liegt in unmittelbarer Nachbarschaft – *nur ein paar Steinwürfe entfernt* – vom Haus der Madame Deluc, deren Söhne alle Gebüsche der Umgebung ständig auf der Suche nach Sassafras-Rinde durchstreifen. Wäre die Wette von tausend zu eins ein Wagnis, daß kein *Tag* verging, ohne daß zumindest einer der Jungen diese schattige Halle aufsuchte, um sich auf ihrem natürlichen Thronsitz niederzulassen? Wer zögern wollte, diese Wette einzugehen, ist entweder selbst nie ein Kind gewesen oder hat vergessen, wie Kinder sind. Ich sage es noch einmal: Man kann sich nicht vorstellen, daß die Sachen länger als ein oder zwei Tage unentdeckt in diesem Dickicht gelegen hätten. Ungeachtet der dogmatischen Unwissenheit des ›Soleil‹ haben wir gute Gründe für den Verdacht, daß sie zu einem verhältnismäßig späten Zeitpunkt dorthin gebracht wurden, wo man sie fand.

Neben den Argumenten, mit denen ich diese Annahme bisher zu stützen versuchte, gibt es jedoch noch weitere und zwingendere. Bedenken Sie vor allem die ungemein künstliche Anordnung der Gegenstände! Auf dem *oberen* Stein lag ein weißer Unterrock; auf dem *zweiten* ein seidenes Halstuch; ringsum verteilt ein Sonnenschirm, Handschuhe und ein Taschentuch mit dem Namen ›Marie Rogêt‹. Das ist doch eine Anordnung, wie sie *nur* einem nicht sonderlich klugen Menschen einfällt, der die Dinge *natürlich* gruppieren will. In *Wirklichkeit* ist diese Anordnung alles andere als natürlich; ich hätte eher erwartet, daß die Sachen *alle* auf dem Boden gelegen hätten und zertreten gewesen wären. In der engen Lichtung des Dickichts hätten Unterrock und Halstuch kaum auf den Steinen liegenbleiben können, wenn dort mehrere Personen miteinander gekämpft hätten. ›Alle Anzeichen‹, so hieß es, ›sprachen dafür, daß ein Kampf stattgefunden hatte; der Boden war zertrampelt, Zweige geknickt‹ – aber man findet Unterrock und Halstuch, als wären sie in Regale gelegt. ›Die von den dornigen Sträuchern herausgerissenen Kleidfetzen waren etwa drei Zoll breit und sechs Zoll lang. Einer gehörte zum Saum des Kleides und war geflickt. Sie hingen wie *herausgetrennte Streifen* auf dem Dornbusch.‹ Hier wählte ›Le Soleil‹ ungewollt ein äußerst verdächtiges Wort. Die beschriebenen Fetzen sehen in der Tat aus wie ›herausgetrennte Streifen‹ – wie Streifen, die absichtlich mit der Hand herausgetrennt wurden. Daß ein *Dorn* in dieser Weise aus einem Kleidungsstück einen Fetzen herausreißt, kommt überaus selten vor. Entsprechend der Beschaffenheit des Gewebes reißt ein Dorn oder Nagel, der sich darin verhakt, ein ›Dreieck‹ auf – er verursacht zwei Risse, die von dem Punkte, an dem sich der Dorn einhakte, rechtwinklig auseinanderlaufen. Daß ein Stück ›herausgetrennt‹ wird, kann man sich kaum vorstellen; mir jedenfalls ist dergleichen noch nicht begegnet – Ihnen vermutlich auch nicht. Wenn man von einem Gewebe ein Stück abreißen will, sind in fast jedem Falle zwei in verschiedener Richtung wirkende Kräfte vonnöten. Hat das Gewebe zwei Kanten, wie zum Beispiel ein Taschentuch, so genügt eine Kraft, um davon einen Streifen abzureißen. Im vorliegenden Falle aber handelt es sich um ein Kleid, das nur eine Kante hat. Daß Dornen aus einer kantenlosen Fläche ein Stück herausrissen, wäre ein Wunder – ein *einzelner* Dorn brächte diese Wirkung gewiß nicht zuwege. Und selbst wenn eine Kante da ist, wären zwei Dornen nötig, von denen der eine in zwei Richtungen reißt, der andere in die dritte. Selbst dies ist nur unter der Voraussetzung denkbar, daß die Kante ungesäumt ist; ist sie gesäumt, so wäre es fast unmöglich. Das also wären die zahlreichen, entscheidenden Gründe, die es unwahrscheinlich erscheinen lassen, daß die Fetzen einzig durch Dornen ›herausgetrennt‹ wären – und dennoch will man uns glauben machen, daß nicht nur ein Fetzen, sondern mehrere auf diese Weise abgerissen worden seien! Einer davon stammte überdies aus dem *›Saum des Kleides‹!* – ein anderer *›aus der Rockbahn, nicht aus dem Saum‹* – will sagen, er soll durch Dornen aus der kantenlosen Fläche des Kleides herausgerissen sein! Bei diesen

Angaben kann man niemandem seinen Unglauben vorwerfen; dennoch sollten sie alle zusammen nicht so sehr zum Argwohn Anlaß geben als die eine, überraschende Tatsache, daß die Sachen überhaupt in jenem Dickicht liegengelassen wurden – von *Mördern,* die immerhin vorsichtig genug waren, die Leiche fortzuschaffen.

Wenn Sie jetzt vermuten, ich wollte *bestreiten,* daß dieses Dickicht den Tatort darstellt, so haben Sie mich falsch verstanden. Das Verbrechen kann *hier* stattgefunden haben – wenn es sich nicht, was wahrscheinlicher ist, um einen Unfall im Hause der Madame Deluc gehandelt hat. Indessen ist dieser Punkt nur von untergeordneter Bedeutung; wir versuchen ja nicht, den Tatort zu entdecken, sondern die Täter ausfindig zu machen. Ich war recht ausführlich; was ich sagte, hatte einmal den Sinn, Ihnen die Ungereimtheit der selbstsicheren und voreiligen Behauptungen des ›Soleil‹ vor Augen zu führen – zum anderen aber und vor allem, Sie nochmals auf logische Weise vor die Frage zu stellen, ob dieser Mord von einer Bande begangen wurde oder nicht.

Lassen Sie mich angesichts dieser Frage nur noch auf die empörenden Einzelheiten hinweisen, die der bei der gerichtlichen Untersuchung verhörte Arzt aussagte. Hier mag die Feststellung genügen, daß die von ihm veröffentlichten *Schlußfolgerungen,* soweit sie die Zahl der Täter betreffen, von allen namhaften Pariser Anatomen mit Recht als unzutreffend und völlig unbegründet verworfen wurden. Nicht, daß die Dinge *nicht so* gelegen haben könnten, wie er folgert – nur lag für seine Schlüsse keine Veranlassung vor; hätten nicht andere nähergelegen?

Beschäftigen wir uns nun mit den ›Spuren eines Kampfes‹ – und erlauben Sie mir die Frage, was diese Spuren beweisen sollen. Eine Bande? Beweisen sie denn nicht vielmehr, daß es sich nicht um eine Bande gehandelt haben kann? Wie hätte denn ein *Kampf* – ein heftiger und andauernder Kampf, der überall ›Spuren‹ hinterließ – zwischen einem schwachen und wehrlosen Mädchen und der vermuteten Horde von Strolchen vor sich gehen sollen? Ein schweigendes Zupacken vieler kräftiger Fäuste – und damit wäre es schon vorbei gewesen; das Opfer hätte sich doch kaum wehren können. Achten Sie dabei bitte auf eines: In den Argumenten gegen die Annahme, das Dickicht sei der Tatort, wird vor allem bestritten, daß die Tat hier von *mehr als nur einem einzigen Menschen* begangen sein könnte. Nehmen wir aber an, daß es sich nur um *einen* Täter handelte, dann – und nur dann – können wir uns auch vorstellen, daß ein heftiger und hartnäckiger Kampf stattfand, der die aufgefundenen ›Spuren‹ hinterlassen haben könnte.

Sehen wir weiter. Ich sprach schon von dem Argwohn, den der Umstand erregen muß, daß die Gegenstände *überhaupt* im Dickicht liegengelassen wurden. Daß diese Schuldbeweise rein zufällig vergessen wurden, scheint nahezu unmöglich. Man unterstellt, daß der oder die Täter Geistesgegenwart genug besaßen, die Leiche fortzuschaffen; dennoch bleibt noch eindeutigeres Beweismaterial als der Leichnam selbst – dessen Züge durch die Verwesung bald unkenntlich geworden wären – frei und offen am Tatort liegen; ich meine vor allem das Taschentuch mit dem *Namen* der Ermordeten. Wenn dies Zufall war, so schließt dieser Zufall die Täterschaft einer Bande aus. Wir können uns nur noch einen einzelnen als Täter vorstellen. Überlegen wir einmal – ein einzelner hat den Mord begangen. Er ist allein – mit dem Geist der Ermordeten. Die Gestalt, die reglos zu seinen Füßen liegt, flößt ihm Entsetzen ein. Der Aufruhr seiner Wut hat sich gelegt; nun ist in seinem Herzen Platz für das natürliche Grauen vor der Tat, die er begangen hat. Er spürt nichts von der Sicherheit, die sich immer einstellt, wenn mehrere Leute zusammen sind – er ist mit der Toten *allein.* Er ist verstört, er zittert – und doch muß er sich der Leiche entledigen. Er schleppt sie zum Fluß, läßt jedoch die anderen Beweise seiner Schuld zurück – zu schwierig, wenn nicht gar unmöglich ist es, die ganze Last auf einmal zu tragen; überdies kann er ja ohne weiteres zurückkehren, um das Zurückgelassene zu holen. Doch während des beschwerlichen Weges zum Wasser packt ihn die Furcht mit doppelter Gewalt. Vor ihm, hinter ihm, rechts und links erklingen die Geräusche des Lebens. Immer wieder glaubt er, Schritte zu hören und beobachtet zu werden. Selbst die Lichter der Stadt jagen ihm Schrecken ein. Schließlich erreicht er, nach vielen langen und qualvollen Unterbrechungen, das Flußufer und entledigt sich – vielleicht mit Hilfe eines Kahns – seiner grauenhaften Bürde. Doch gibt es einen Schatz auf der Welt, gibt es eine Rachedrohung, die den einsamen Mörder veranlassen könnte, den mühsamen und gefährlichen Weg noch einmal zu gehen – in das Dickicht, zu den Erinnerungen, die ihm das Blut gefrieren lassen, zurückzukehren? Er kehrt *nicht* zurück, einerlei, welche Folgen sich daraus ergeben mögen. Flucht ist jetzt sein einziger Gedanke. Er kehrt dem verhängnisvollen Gebüsch *für immer* den Rücken und flüchtet, als säße ihm die Vergeltung schon im Nacken.

Doch wie verhielte es sich mit einer ganzen Bande? Das Bewußtsein ihrer Zahl hätte ihnen ein Gefühl der Sicherheit gegeben – wenn es daran in der Brust eines ausgekochten Strolches überhaupt jemals fehlen sollte; aus solchen finsteren Gesellen, sollte man vermuten, bestand die ganze Rotte. Allein ihre Anzahl hätte sie vor dem verwirrenden, unbezwingbaren Entsetzen bewahrt, das den einzelnen unfehlbar gelähmt hätte. Und selbst wenn wir annehmen, daß einer, vielleicht zwei oder drei von ihnen eine Einzelheit übersahen – der vierte würde sie gewiß bemerkt haben. Sie würden nichts zurücklassen, denn sie waren zahlreich genug, *alles* auf einmal zu tragen. Niemand hätte *umzukehren* brauchen.

Denken wir nun noch an einen Umstand, den man beim Auffinden der Toten feststellte: ›Vom Kleid war ein fußbreiter Streifen losgerissen, vom Rocksaum bis zur Taille; er war nicht abgetrennt, sondern dreimal um die Taille herumgeschlungen und im Rücken mit einer Art Knoten befestigt.‹ Dies geschah doch offensichtlich in der Absicht, einen *Handgriff* zum Tragen der Leiche herzustellen. Hätten *mehrere* Männer daran gedacht, sich eines solchen Mittels zu bedienen? Wären sie zu dritt oder zu viert gewesen, so hätten die Gliedmaßen des Körpers ihnen nicht nur eine ausreichende, sondern sogar die bestmögliche Gelegenheit zum Anpacken geboten. Dieser Einfall konnte nur einem einzelnen kommen. Dann aber verstehen wir auch die folgende Angabe: ›Zwischen Dickicht und Flußufer waren Zäune umgelegt, und auf dem Boden fand man Spuren, aus denen geschlossen werden konnte, daß eine schwere Last darübergeschleift worden war.‹ Hätten sich *mehrere* Männer die unnötige Mühe gemacht, einen Leichnam zu schleifen, den sie ohne weiteres über jeden Zaun *hinwegheben* konnten? Hätten *mehrere* Männer überhaupt eine Leiche so *geschleift,* daß deutliche *Spuren* zurückblieben?

Wir sollten an dieser Stelle nochmals auf eine Bemerkung des ›Commerciel‹ eingehen, die ich schon einmal aufgegriffen habe. ›Ein Streifen‹, so heißt es in diesem Blatt, ›war aus dem Unterrock des unglücklichen Mädchens herausgerissen und unter dem Kinn um den Hals gebunden worden – vermutlich, um sie am Schreien zu hindern. Dies taten Männer, die keine Taschentücher besitzen.‹

Ich erwähnte bereits, daß man einen richtigen Gauner nie *ohne* Taschentuch antrifft; doch darum geht es mir im Augenblick nicht. Das im Dickicht gefundene Taschentuch beweist, daß der Streifen nicht etwa benutzt wurde, weil zu dem Zweck, den ›Le Commerciel‹ annimmt, kein Taschentuch verfügbar gewesen wäre; daß es übrigens nicht geschah, um ›sie am Schreien zu hindern‹, ergibt sich gleichfalls aus dem Umstand, daß der Streifen benutzt wurde – anstatt eines Tuches, das diesem Zweck weit besser entsprochen hätte. Die Beweisaufnahme erwähnt den fraglichen Streifen mit den folgenden Worten: ›Man fand ihn, lose geschlungen und mit einem sicheren Knoten befestigt, um den Hals des Mädchens.‹ Auch dies ist noch unbestimmt genug, unterscheidet sich jedoch erheblich von der Behauptung des ›Commerciel‹. Der Streifen war achtzehn Zoll breit und hätte, obwohl er aus Musselin bestand, der Länge nach zusammengefaltet ein festes Band gebildet; in der Tat fand man ihn auf diese Weise zusammengelegt. Das führt uns zu folgendem Schluß: Nachdem ein einzelner Täter die Leiche – sei es vom Dickicht aus oder von einem anderen Ort – mit Hilfe des um die Taille *geknoteten* Streifens ein Stück weit getragen hatte, wurde ihm die Last zu schwer. Er beschloß, sie zu schleifen – daß sie geschleift *wurde,* hat die Beweisaufnahme ergeben. Dazu war es jedoch notwendig, eine Art Seil um eines der Glieder zu schlingen – am besten um den Hals, weil der Kopf ein Abgleiten verhindern würde. Zweifelsohne dachte der Mörder zuerst an den um die Taille gewundenen Streifen; er hätte ihn benutzt, wäre er nicht um den Leichnam geschlungen und mit dem *Knoten* befestigt gewesen – überdies fiel ihm ein, daß er ja nicht vom Kleide abgerissen war. Es war einfacher, einen neuen Streifen vom Unterrock loszureißen. Er tat es, befestigte ihn um den Hals und *schleifte* so sein Opfer zum Flußufer. Gewiß konnte er sich dieses Band nur mit Mühe und Zeitverlust beschaffen; auch entsprach es seinem Zweck nur unvollkommen. Daß es *überhaupt* benutzt wurde, beweist nur, daß der Mörder es erst zu einem Zeitpunkt brauchte, an dem das Taschentuch nicht mehr verfügbar war – will sagen, nachdem er das Dikkicht (sofern es sich um das Dickicht handelte) verlassen hatte und sich, unserer Vermutung entsprechend, auf dem Wege zum Fluß befand.

Sie könnten mir jetzt einwenden, daß sich – dem ausdrücklichen Hinweis in der Aussage der Madame Deluc zufolge – genau oder ungefähr zur Zeit des Mordes eine Gaunerbande in der Nähe des Dickichts aufhielt. Ich gebe das zu. Ich zweifle nicht einmal daran, daß sich *ungefähr* oder genau zur Mordzeit ein gutes *Dutzend* solcher Banden, wie Madame Deluc sie beschreibt, in der Gegend der Barrière du Roule herumgetrieben haben mag. Die Bande jedoch, die sich den lebhaften Unwillen der Madame Deluc zuzog – was ihre reichlich verspätete und sehr fragwürdige Aussage zur Folge hatte –, ausgerechnet *diese* Bande gibt der braven und ehrlichen alten Dame Anlaß zu der Feststellung, daß sie ihre Kuchen gegessen und ihren Schnaps getrunken hätte, ohne sich die Mühe des Bezahlens zu machen. Et hinc illae irae?

Wie *lautete* denn die Aussage der Madame Deluc genau? ›Es erschien eine Horde von Strolchen, die lärmten und randalierten, aßen und tranken, ohne zu zahlen, danach in der gleichen Richtung verschwanden wie der junge Mann und das Mädchen, *in der Dämmerung* zum Gasthaus zurückkehrten und über den Fluß setzten, als hätten sie es sehr eilig.‹

Es ist durchaus möglich, daß ihre Eile der Madame Deluc nur *deshalb* besonders auffiel, weil sie in Gedanken immer noch dem Verlust ihres Kuchens und Branntweins nachtrauerte und vielleicht noch ein verspätetes Begleichen der Zeche erhoffte. Weshalb hätte sie sonst, zumal es schon *dämmerte,* die *Eile* der Strolche so hervorgehoben? Schließlich ist es doch verständlich, daß selbst eine Rotte von Gaunern sich *beeilt,* nach Hause zu kommen, wenn es noch gilt, einen breiten Fluß mit kleinen Booten zu überqueren, wenn ein Unwetter heraufzieht und die Nacht *herannaht.*

Ich sage *herannaht,* denn die Nacht war *noch nicht hereingebrochen.* Es geschah *in der Dämmerung,* daß die unziemliche Hast der Strolche die nüchternen Augen der Madame Deluc beleidigte. Wir wissen überdies, daß Madame Deluc und ihr ältester Sohn am gleichen Abend ›in der Nähe des Gasthauses das Schreien einer weiblichen Stimme‹ hörten. Und mit welchen Worten bestimmt Madame Deluc den Zeitpunkt, zu dem sie die Schreie vernahm? *›Kurz nach Einbruch der Dunkelheit‹* – so lautete ihre Aussage. *›Nach Einbruch der Dunkelheit‹* ist es jedoch eindeutig bereits *finster* – *›in der Dämmerung‹* dagegen ist es ebenso eindeutig noch hell. Folglich kann kein Zweifel mehr daran bestehen, daß die Bande die Barrière du Roule verlassen hatte, *bevor* Madame Deluc die Schreie hörte. Obwohl in den zahlreichen Berichten über die Beweisaufnahme ihre diesbezüglichen Antworten wörtlich und ohne Abweichung so wiedergegeben wurden, wie ich sie eben zitiert habe, ist dieser auffallende Zeitunterschied bisher weder von den Zeitungen noch von den wackeren Beamten der Polizei *ad notam* genommen worden.

Lassen Sie mich die Argumente, die gegen die Täterschaft einer Bande sprechen, noch um ein weiteres vermehren – um eine Vermutung von, wie mir scheint, unbestreitbarem Gewicht. Nachdem eine beträchtliche Belohnung ausgesetzt und jedem Kronzeugen Straflosigkeit zugesichert wurde, kann man sich wirklich nicht mehr vorstellen, daß ein Mitglied einer Rotte gemeiner Verbrecher oder irgendeiner anderen Bande seine Spießgesellen nicht längst angezeigt hätte. Wenn es den Leuten, die einer solchen Bande angehören, auch nicht so sehr darum zu tun ist, die Belohnung einzustreichen oder straffrei auszugehen, *so fürchten sie doch den Verrat.* Jeder von ihnen verrät beflissen und in aller Eile, *nur um nicht selbst verraten zu werden.* Wenn das Geheimnis bisher unenthüllt blieb, so ist das der beste Beweis dafür, daß es wirklich ein Geheimnis ist. Außer Gott ist das Grauen dieser dunklen Tat nur *einem* oder vielleicht zwei lebenden Menschen bekannt.

Fassen wir nun die spärlichen, aber sicheren Ergebnisse unserer langen Untersuchung zusammen. Wir gelangten zu dem Schluß, daß sich entweder im Hause der Madame Deluc ein Unfall ereignete oder daß im Dickicht an der Barrière du Roule ein Mord begangen wurde – und zwar von einem Liebhaber, zumindest aber einem vertrauten und vor den anderen verheimlichten Bekannten der Toten. Dieser Bekannte ist von dunkler Gesichtsfarbe. Sein Aussehen, der Knoten in der Musselinschlinge, endlich der Schifferknoten, mit dem die Hutbänder befestigt waren, deuten auf einen Seemann. Seine Bekanntschaft mit der Ermordeten, einem lebenslustigen, aber keineswegs verworfenen jungen Geschöpf, weist darauf hin, daß er nicht nur ein einfacher Matrose ist. Die gutgeschriebenen, eindringlichen Zuschriften an die Zeitung bestätigen diese Annahme. Der Umstand einer ersten Entführung, auf die ›Le Mercure‹ verweist, legt den Gedanken nahe, daß dieser Seemann kein anderer ist als jener Marineoffizier, der die Unglückliche zum ersten Mal auf Abwege führte.

Damit aber stellt sich ohne weiteres die Frage nach dem Verbleib des Mannes mit der dunklen Gesichtsfarbe. Lassen Sie mich einen Augenblick bei diesem Merkmal verweilen – da es sowohl von Valence als auch von Madame Deluc als *einziges* Kennzeichen hervorgehoben wurde, muß es sich um mehr als eine gewöhnliche Bräune handeln. Doch warum meldet dieser Mann sich nicht? Wurde auch er von der Bande ermordet? Wenn es sich so verhält, weshalb fand man dann nur die *Spur* des ermordeten *Mädchens?* Natürlicherweise müßte der gleiche Tatort angenommen werden – wo aber ist dann sein Leichnam? Zweifelsohne hätten sich die Mörder beider Leichen auf die gleiche Art entledigt. Freilich könnte man auch vermuten, daß der Mann lebt und sich nur deshalb nicht meldet, weil er fürchtet, selbst des Mordes bezichtigt zu werden. Doch diese Erwägung könnte er erst jetzt, lange nach der Tat, anstellen – seit nämlich Zeugenaussagen darüber vorliegen, daß man ihn mit Marie gesehen hat. Zur Tatzeit selbst hätten sie kein Gewicht gehabt. Ein Unschuldiger hätte unverzüglich über das Verbrechen ausgesagt und geholfen, die Täter dingfest zu machen; allein seine *Klugheit* hätte diesen Schritt erfordert. Man hatte ihn schließlich mit dem Mädchen gesehen; er hatte den Fluß mit ihr in einer offenen Fähre überquert. Eine Anzeige gegen die Mörder wäre wohl selbst einem Schwachsinnigen als das einzige und sicherste Mittel erschienen, sich vom Verdacht zu reinigen. Daß er in der Nacht dieses verhängnisvollen Sonntags nichts mit dem Verbrechen zu tun hatte und nichts davon wußte, ist also schlechterdings unvorstellbar. Doch nur wenn dies der Fall wäre, gäbe es einen Grund, daß er – sofern er noch lebte – nicht daran dachte, die Mörder anzuzeigen.

Welche Möglichkeiten stehen uns nun zur Verfügung, die Wahrheit zu ermitteln? – Wir werden sehen, daß sich diese Möglichkeiten im weiteren Verlauf unserer Untersuchung vervielfachen und klarere Umrisse annehmen. Gehen wir zunächst den Umständen der ersten Entführung auf den Grund. Kümmern wir uns um die Vergangenheit des Offiziers, ermitteln wir seine gegenwärtigen Lebensumstände und seinen Aufenthalt zur Stunde des Mordes. Vergleichen wir die verschiedenen, der ›Abendzeitung‹ eingesandten Zuschriften, deren Absicht es war, eine Bande zu beschuldigen, mit jenen Mitteilungen, die schon früher bei der ›Morgenzeitung‹ eingingen und so hartnäckig darauf bestanden, daß Mennais der

Schuldige wäre. Vergleichen wir endlich sämtliche Zuschriften mit der bekannten Handschrift des Offiziers. Versuchen wir, durch wiederholtes Befragen der Madame Deluc, ihrer Söhne und des Omnibuskutschers Valence mehr über die persönliche Erscheinung und das Gebaren des ›Mannes mit der dunklen Gesichtsfarbe‹ zu erfahren; wenn wir geschickt fragen, könnten wir von den Leuten vielleicht Auskünfte zu diesem Punkt – oder zu anderen Dingen – erhalten, von denen sie möglicherweise nicht einmal wissen, daß sie sie erteilen können. Vor allem aber: suchen wir das *Boot,* das am Montagmorgen, dem 23. Juni, von einem Kahnschiffer aufgefunden und dann noch vor der Entdeckung der Leiche *ohne Steuerruder* und ohne Wissen des diensthabenden Beamten vom Zollamt entfernt wurde. Mit der nötigen Umsicht und Beharrlichkeit werden wir das Fahrzeug gewiß finden; nicht allein, daß der Kahnschiffer, der es an Land brachte, darüber Auskunft geben kann – auch das *Steuerruder ist vorhanden.* Ein Mann, der ein gutes Gewissen hat, würde das Ruder eines *Segelbootes* gewiß nicht preisgeben, ohne sich zu melden. Doch erlauben Sie mir noch eine Zwischenfrage. Die Auffindung des Bootes ist nie von Amts wegen *angezeigt* worden. Es wurde stillschweigend zum Zollanleger gebracht und ebenso stillschweigend wieder fortgeschafft. Wie also *konnte* sein Besitzer oder Benutzer, ohne durch eine Anzeige unterrichtet zu sein, schon am Dienstagmorgen wissen, wo sich das am Montag aufgefundene Boot befand, wenn wir nicht annehmen, daß er mit der *Marine* zu tun hat – daß er über ständige persönliche Verbindungen verfügt, durch die er alles erfährt, was sich an kleinen Ereignissen im Bereich der Flotte abspielt?

Als ich von dem Mörder sprach, der allein seine Bürde zum Flußufer schleifte, erwähnte ich bereits, daß er sich wahrscheinlich eines *Bootes* bedient hat. Nun gibt es keinen

Zweifel mehr, daß Marie Rogêt aus einem Boot ins Wasser geworfen *wurde;* es kann nicht anders gewesen sein, schon weil die Leiche dem seichten Wasser in der Nähe des Ufers nicht anvertraut werden konnte. Die eigentümlichen Abschürfungen am Rücken und an den Schulterblättern des Opfers weisen auf die unteren Querspanten eines Bootes hin. Auch daß man den Leichnam ohne besondere Beschwerung fand, bestätigt diesen Gedanken. Wäre er vom Ufer aus ins Wasser geworfen worden, so hätte man ihm ein Gewicht beigegeben. Daß es nicht geschah, erklärt sich nur, indem wir annehmen, daß der Mörder vor dem Ablegen nicht daran dachte, sich mit einem Gewicht zu versehen. Zweifellos bemerkte er diese Unterlassung, als er die Leiche den Fluten übergab – doch nun war kein entsprechender Gegenstand zur Hand. Er entschloß sich, lieber die Gefahr auf sich zu nehmen, als nochmals das unselige Ufer aufzusuchen. Nachdem er sich seiner grauenhaften Fracht entledigt hatte, kehrte der Mörder eilig in die Stadt zurück. An einem finsteren Anlegeplatz sprang er an Land. Sollte er das Boot festmachen? Seine Hast erlaubte ihm nicht, sich damit aufzuhalten. Überdies hätte er, wenn er das Boot am Anleger festmachte, das Gefühl gehabt, ein Beweisstück zu hinterlassen. Jetzt gab es für ihn nur einen Gedanken: alle Dinge, die mit seinem Verbrechen zusammenhingen, so weit wie möglich von sich zu stoßen. Er flüchtete nicht nur selbst von der Anlegestelle – er ließ auch das *Boot* nicht dort; er stieß es in die Strömung hinaus. Versuchen wir weiter, uns sein Verhalten auszumalen. Am nächsten Morgen trifft den Unseligen ein entsetzlicher Schlag – er muß feststellen, daß das Boot aufgefunden und an einen Ort gebracht wurde, an dem er sich täglich aufhält – den er vielleicht sogar in Ausübung seiner dienstlichen Pflichten aufsucht. Am Abend schafft er es weg, *ohne die Frage nach dem Steuerruder zu wagen. Wo* befindet sich dieses fuderlose

Boot jetzt? Es ausfindig zu machen, soll eine unserer ersten Aufgaben sein. Mit dem ersten Blick auf dieses Boot bricht die Dämmerung unseres Erfolges an. Schneller, als wir glauben, wird dieses Boot uns zu dem Manne führen, der es an jenem verhängnisvollen Sonntag um Mitternacht benutzte. Eine Bestätigung wird sich aus der anderen ergeben; wir werden den Mörder finden.«

[Aus Gründen, die wir hier nicht näher erläutern können, wenn sie auch vielen unserer Leser von selbst einleuchten werden, haben wir uns erlaubt, die Abschnitte des uns übergebenen Manuskripts auszulassen, in denen der von Dupin gewonnene, vorerst nur unbedeutende Ansatz weiter verfolgt wird. Indessen erscheint es uns angemessen, in gebotener Kürze zu bestätigen, daß die erstrebten Resultate erzielt wurden und daß der Präfekt die Bedingungen seiner Vereinbarung mit Dupin unverzüglich, wenngleich ein wenig widerwillig erfüllte. Mr. Poes Bericht schließt mit den folgenden Betrachtungen. – Die Herausgeber*]

Wohlverstanden, ich spreche von zufälligem Zusammentreffen und von *nichts sonst*. Was ich an anderer Stelle zu diesen Dingen ausgeführt habe, muß genügen. Für mich gibt es keinen Glauben an das Übernatürliche. Daß Gott und die Natur zweierlei Dinge sind, wird kein denkender Mensch leugnen. Daß Gott die Natur, indem er sie schafft, nach seinem Willen lenken und verändern kann, steht gleichfalls außer Frage. Ich sagte »nach seinem Willen«; denn es ist eine Frage des Willens – nicht aber, wie eine verkehrte Logik vermutet hat, der Macht. Zwar ist es nicht so, daß Gott seine Gesetze nicht ändern *könnte* – doch indem wir die Notwendigkeit einer Änderung für möglich halten, lästern wir be-

* Die Herausgeber von »Snowden's Lady's Companion«, der Zeitschrift, in der die Erzählung erstmals veröffentlicht wurde.

reits. Diese Gesetze wurden von Anbeginn so geschaffen, daß sie *alle* zukünftigen Zufälle einschließen. Für Gott ist alles *Gegenwart*.

Ich wiederhole nochmals: Ich rede angesichts dieser Ereignisse nur von zufälliger Übereinstimmung. Weiter: Man wird aus meinem Bericht ersehen, daß zwischen dem Schicksal der unglücklichen Mary Cecilia Rogers – soweit es bekannt ist – und dem einer gewissen Marie Rogêt – bis zu einem bestimmten Abschnitt ihres Lebens – eine Übereinstimmung besteht, deren wunderbare Genauigkeit den denkenden Verstand in Verlegenheit bringt. All dies wird man erkennen. Doch hüte man sich vor der Vermutung, ich hätte mit meinem Bericht über Maries trauriges Geschick – von dem eben erwähnten Lebensabschnitt an – sowie über ihr Geheimnis und seine Lösung die Nebenabsicht verfolgt, eine Fortführung der Parallele anzudeuten – sei es auch nur mit dem Hinweis, daß die Mittel, die man in Paris anwandte, um den Mörder einer Grisette zu finden, oder solche, die in einem ähnlichen logischen Vorgehen gründen, ähnliche Ergebnisse zeitigen müßten.

Denn besonders was den letzten Teil dieser Annahme betrifft, sollte man bedenken, daß selbst die geringfügigste Abweichung in den Fakten der beiden Fälle zu entscheidenden Fehlern Anlaß geben kann, indem sie den Nachvollzug der Ereignisse in falsche Richtungen leitet. Auch in der Arithmetik führt ein an sich unbedeutender Fehler durch wiederholte Multiplikation schließlich ein Resultat herbei, das mit der Wahrheit nichts mehr zu schaffen hat. Für den ersten Teil der oben aufgestellten Vermutung dürfte entscheidend sein, daß gerade die Wahrscheinlichkeitsrechnung, auf die ich hinwies, jeden Gedanken an eine Weiterführung der Parallele verbietet – um so eindeutiger und nachdrücklicher verbietet, als die Parallele schon von vornherein besonders ausgedehnt und exakt gezogen wurde. Dieser Satz gehört zu jenen Widersprüchen, die dem Anschein nach nur ein völlig unmathematisches Denken ansprechen und dennoch allein dem Mathematiker voll verständlich sind. Nichts ist zum Beispiel schwieriger, als den normalen Leser davon zu überzeugen, daß er, wenn ein Würfelspieler hintereinander zwei Sechsen geworfen hat, mit gutem Grund eine hohe Wette darauf eingehen kann, daß beim dritten Wurf nicht wieder eine Sechs herauskommt. Der normale Verstand würde eine solche Behauptung ohne weiteres verwerfen; ihm leuchtet nicht ein, daß zwei Würfe, die bereits in der Vergangenheit liegen, einen noch bevorstehenden Wurf beeinflussen könnten. Die Chance, daß eine Sechs geworfen wird, scheint genau die gleiche zu sein wie bei allen nur denkbaren Würfen – innerhalb der durch das Wesen des Würfels gezogenen Grenzen. Dieser Gedankengang scheint so einleuchtend, daß der Versuch, ihn zu widerlegen, öfter mit spöttischem Lächeln als mit aufmerksamer Beobachtung hingenommen wird. Dennoch liegt ein Irrtum vor – ein grober, oft folgenschwerer Irrtum, den ich im Rahmen dieses Berichtes nicht weiter erläutern kann; für den philosophisch geschulten Geist bedarf es auch keiner Erläuterung. Hier mag der Hinweis genügen, daß er an einer jener unendlichen Folgen von Irrtümern die Schuld trägt, mit denen das Denken sich selbst den Weg versperrt – und zwar nur auf Grund seiner Neigung, die Wahrheit in den *Einzelheiten* zu suchen.

Das ovale Porträt

»Egli è vivo e parlerebbe se non osservasse la regola del silentio.«
Inschrift unter einem italienischen Bildnis des heiligen Bruno

Mein Fieber war außerordentlich hoch und von langer Dauer gewesen. Alle in dieser wilden Apenninengegend erreichbaren Heilmittel hatten sich als nutzlos erwiesen. Mein Diener und einziger Betreuer in dem weit abgelegenen verlassenen Schloß war viel zu ängstlich und auch viel zu schwerfällig und ungeschickt, als daß er gewagt hätte, mir zur Ader zu lassen, zumal ich schon mehr als genug Blut beim Handgemenge mit den Banditen verloren hatte. Auch konnte ich mir nicht zutrauen, ihn nach Beistand auszusenden und allein zu bleiben. Schließlich fiel mir ein kleiner Klumpen Opium ein, der zusammen mit meinem Tabak noch im Behälter der Wasserpfeife lag; denn in Konstantinopel hatte ich mir angewöhnt, das Tabakkraut mit dem Rauschgift zu rauchen. Pedro reichte mir den Behälter. Ich suchte nach dem Narkotikum und fand es auch. Doch als ich ein Stück davon abschneiden wollte, kamen mir Bedenken. Beim Rauchen war es nicht weiter wichtig, *wieviel* man davon nahm. Gewöhnlich hatte ich den Kopf der Huka halb und halb mit geschnittenem und gemischtem Opium und Tabak gefüllt. Zuweilen hatte ich, auch wenn ich die ganze Mischung aufrauchte, keine besondere Wirkung feststellen können; in anderen Fällen wieder stellten sich schon spürbare, ja sogar bedenkliche Anzeichen geistiger Störung ein, wenn ich nicht viel mehr als zwei Drittel des Pfeifeninhalts verbraucht hatte, und mahnten mich, davon abzulassen. Doch entwickelten sich diese Erscheinungen so allmählich, daß der Genuß keinerlei unmittelbare Gefahr mit sich brachte. Hier lag der Fall jedoch anders. Ich hatte noch niemals Opium *gegessen.* Zwar hatte ich gelegentlich Laudanum und Morphium eingenommen, und bei *diesen* Präparaten hätte ich keinen Grund zu Bedenken gehabt. Aber ich hatte noch nie zugesehen, wie das reine Narkotikum angewendet wurde. Pedro wußte über die richtige Dosierung auch nicht mehr als ich, und so war ich in meiner Notlage ganz und gar auf Mutmaßungen angewiesen. Trotz alledem fühlte ich mich nicht weiter beunruhigt, weil ich mich entschlossen hatte, *gradweise* vorzugehen. Zunächst wollte ich also nur eine *sehr* kleine Dosis zu mir nehmen. Sollte sie sich als unwirksam erweisen, würde ich die gleiche Menge noch einmal einnehmen und so fort, bis ich ein Nachlassen des Fiebers verspürte oder endlich den Schlaf fand, den ich so dringend brauchte und dessen Segnungen meinen aufgewühlten Sinnen und Nerven nun schon fast eine Woche lang versagt geblieben waren. Zweifellos war es eben diese Nervenzerrüttung, war es der abstumpfende Fieberwahn, dessen Druck schon auf mir lastete, was mich die Unlogik, die Torheit nicht erkennen ließ, etwas als groß oder klein einzuschätzen, für das mir keinerlei Vergleichsmaßstäbe zur Verfügung standen. Ich hatte damals nicht die geringste Vorstellung, ob nicht das, was ich für eine außerordentlich geringe Dosis reinen Opiums ansah, in Wirklichkeit eine außerordentlich große sein könnte. Im Gegenteil, ich kann mich noch sehr gut entsinnen, daß ich vertrauensvoll die Menge, die ich zu mir nehmen wollte, im Hinblick auf die Größe des Klumpens einschätzte, den ich zufällig besaß. Das Stück, das ich demgemäß hinunterschluckte, ohne Bedenken hinunterschluckte, war zweifellos sehr klein – aber nur im Verhältnis *zur Größe des Klumpens, den ich in der Hand hielt.*

Das Schloß, zu dem sich mein Diener gewaltsam Eingang verschafft hatte, um mich bei meiner schweren Verwundung nicht eine Nacht im Freien zubringen lassen zu müssen, war einer jener aus Düsternis und Prunk zusammengewürfelter Gebäudekomplexe, wie sie schon seit geraumer Zeit grimmig auf die Apenninen herabblicken und in der Wirklichkeit sich nicht weniger unheimlich darbieten als in der romantischen Phantasie der Mrs. Radcliffe. Allem Anschein nach war es nur zeitweise und vor nicht allzu langer Zeit von seinen Bewohnern verlassen worden. Wir richteten uns in einem der kleinsten Wohnräume ein, der nicht ganz so prunkvoll wie die übrigen ausgestattet war. Das Zimmer lag in einem Turm am Ende des Gebäudes. Es war mit kostbarem, jedoch verschlissenem und altehrwürdigem Schmuck versehen. Wandteppiche hingen an den Mauern herab, die außerdem noch von mannigfaltigem, vielgestaltigem Wappen- und Waffenschmuck bedeckt waren und dazu von einer ungewöhnlich großen Anzahl sehr beseelter moderner Gemälde in prunkvollen Goldarabeskenrahmen. Diese Gemälde, die von den Wänden nicht nur an den glatten Mauerflächen, sondern auch in zahlreichen, von der bizarren Architektur des Schlosses erzeugten Nischen herabhingen – diese Gemälde also zogen mich, wahrscheinlich unter dem Einfluß beginnenden Fieberwahns, unwiderstehlich an, so daß ich Pedro anwies, die schweren Fensterladen des Zimmers – war doch die Nacht schon hereingebrochen – zu schließen, die Kerzen eines großen Kandelabers am Kopfende meines Bettes anzuzünden und die gefransten, schweren Samtvorhänge, die das Bett verhüllten, weit auseinanderzuziehen. Dies alles ordnete ich an, um mich, wenn schon nicht dem Schlummer, so doch wenigstens abwechselnd der Betrachtung dieser Bilder und der Lektüre eines Büchleins hingeben zu können, das sich auf dem Kopfkissen vorgefunden hatte und das eine kritische Beschreibung der Bilder versprach.

Lange, lange las ich – und andächtig, hingegeben blickte ich die Bilder an. Rasch, wunderbar beschwingt flogen die

Stunden dahin, und die tiefe Mitternacht kam heran. Die Stellung des Leuchters war mir nicht genehm; doch da ich meinen schlummernden Diener nicht wecken wollte, streckte ich mit einiger Mühe die Hand aus und rückte den Kandelaber so zurecht, daß sein Licht voll auf das Buch fiel.

Doch damit erreichte ich eine völlig unvorhergesehene Wirkung. Die Strahlen der zahlreichen Lichter (denn der Armleuchter war mit vielen Kerzen besteckt) fielen jetzt in eine Nische des Zimmers, die zuvor tief im Schatten eines der Bettpfosten gelegen hatte. So erblickte ich im hellen Lichtschein ein Bild, das mir vorher völlig entgangen war. Es war das Porträt eines jungen, an der Schwelle fraulicher Reife stehenden Mädchens. Ich warf einen raschen Blick auf das Gemälde und schloß dann die Augen. Weshalb ich dies tat, war mir anfangs selbst nicht klar bewußt. Doch noch während ich die Lider geschlossen hielt, bemühte ich mich, den Grund dafür zu finden. Es war eine impulsive Bewegung gewesen, um Zeit zum Nachdenken zu gewinnen – um sicherzugehn, daß mein Gesichtssinn mich nicht getäuscht hatte – um meine Phantasie zu beruhigen und auszuschalten, damit ich das Gemälde noch einmal nüchterner und kritischer betrachten konnte. Sehr bald schon blickte ich es wieder unverwandt an.

Daß ich jetzt richtig sah, konnte und wollte ich nicht mehr bezweifeln; denn schon das erstemal, als der Schein der Kerzen die Leinwand aufstrahlen ließ, war es mir gewesen, als zerteile ihr Glanz die traumhafte Lähmung, die sich meiner Sinne bemächtigen wollte, und rüttele mich unvermittelt in hellwaches Leben zurück.

Das Porträt stellte, wie ich schon sagte, ein junges Mädchen dar. Es zeigte nur Kopf und Schultern und war in der sogenannten Vignettentechnik gemalt; es erinnerte im Stil sehr an die beliebten Kopfbilder Sullys. Die Arme, die Brust, ja selbst die äußersten Strähnen des leuchtenden Haars verschmolzen unmerklich mit dem nebelhaften, aber doch tiefen Schatten, der den Hintergrund des Ganzen bildete. Der Rahmen war oval, stark vergoldet und in maurischem Filigranstil gehalten. Als Kunstwerk konnte nichts bewundernswerter sein als das Gemälde selbst. Doch war die Tatsache, daß ich davon so unvermittelt und tief bewegt wurde, weder durch die technische Meisterschaft des Kunstwerks noch durch die überirdische Schönheit des Mädchenantlitzes zu erklären; am allerwenigsten aber dadurch, daß meine aus halbem Schlummer aufgerüttelte Phantasie den Kopf etwa für den eines lebenden Menschen gehalten haben könnte. Ich erkannte sofort, daß die technische Eigenart der Malerei, ihr Vignettencharakter und der Bilderrahmen eine solche Idee schon beim ersten Anblick zerstreut haben müßten – ja, sie gar nicht erst auch nur einen Augenblick lang aufkommen lassen konnten. Vielleicht eine Stunde lang blieb ich in eine halb sitzende, halb zurückgelehnte Haltung gebannt, blickte unverwandt das Porträt an und gab mich den erwähnten Gedankengängen völlig hin. Endlich glaubte ich, das eigentliche Geheimnis seiner Wirkung erkannt zu haben, und sank befriedigt auf mein Bett zurück. Ich führte nun den Zauber des Bildes auf eine absolute *Lebensechtheit* seines Ausdrucks zurück, die mich zuerst bestürzt und schließlich verwirrt, überwältigt und entsetzt hatte. In tief-ehrwürdiger Scheu stellte ich den Leuchter wieder an seinen vorherigen Platz. Als dann die Ursache meiner tiefen Erregung nun meinem Blick entzogen war, griff ich voll Verlangen nach dem Buch, das die Bilder und ihre Entstehung beschrieb. Als ich die Nummer aufschlug, unter der das ovale Porträt verzeichnet war, las ich die folgenden phantastischen, seltsamen Worte:

»Sie war eine Jungfrau von auserlesener Schönheit und ebenso frohgemut, wie sie lieblich war. Und übel war die

Stunde, da sie den Maler erblickte, in Liebe zu ihm entbrannte und sich ihm vermählte. Er, der leidenschaftliche, seiner Arbeit hingegebene, harte Mann hatte schon in seiner Kunst eine Braut; und sie eine Jungfrau von auserlesener Schönheit und ebenso frohgemut wie lieblich: und liebte und hegte alles, das da war: und haßte nur die Kunst als ihre Nebenbuhlerin: und fürchtete nur die Palette und die Pinsel und andere widerwärtige Geräte, so ihr das Antlitz des Liebsten den Blicken entzogen. Drob war es ein entsetzlich Ding für sie, den Maler davon sprechen zu hören, er wolle nun gar sein junges Weib abkonterfeien. Doch war sie ergeben und gehorsam und saß viele Wochen lang demütiglich in der dunklen, hohen Turmkammer, wo das Licht auf die fahle Leinwand nur von oben herabrieselte. Doch er, der Maler, frohlockte ob seines Werks, das von Stunde zu Stunde und von Tag zu Tag gedieh. Und er war ein leidenschaftlicher und ungestümer und launischer Mann, so sich in Traumgespinsten verlor; und *wollte* nicht sehen, wie das Licht, das gar so geisterhaft bleich in jenen einsamen Turm einfiel, Körper und Seele seines jungen Weibes zum Welken brachte; und sahen alle, wie sie dahinsiechte, nur er sah es nicht. Doch lächelte sie weiter und immer weiter, und kein Klagelaut entfuhr ihr, weil sie sah, wie der Maler (er stand in hohem Ansehen) mit glühender Lust und brennendem Verlangen seinem Werk zugetan war und Tag und Nacht sich mühte, sie abzumalen, die ihn so liebte und die doch mit jedem neuen Tage verzagter und schwächer ward. Und wahrlich, gar manche, so das Bildnis sahen, sprachen leise davon, wie ähnlich es sei, als sprächen sie von einem hohen Wunder, und wie es nicht nur von der gewaltigen Kunst des Malers zeuge als auch von einer tiefen Liebe zu ihr, die er so unübertrefflich abkonterfeite. Aber schließlich, da die Arbeit sich ihrer Vollendung näherte, wurde keiner mehr in den Turm eingelassen; denn der Maler war in wilder Glut zu seinem Werk entbrannt und wandte die Augen kaum mehr von der Leinwand, nicht einmal, um das Antlitz seines Weibes zu betrachten; und *wollte* es einfach nicht sehen, wie die Farben, so er auf die Leinwand breitete, den Wangen derer entzogen wurden, die neben ihm saß. Und als viele Wochen verflossen und nur noch wenig zu tun blieb – ein Pinselstrich am Mund und ein leichtes Glanzlicht auf dem Auge –, da flackerten die Lebensgeister der Frau noch einmal auf wie die Flamme im Lampenkörper. Und dann ward der Pinselstrich gesetzt und das Glanzlicht dem Auge verliehen; und eine kleine Weile stand der Maler verzückt vor dem Werke, so er geschaffen; doch im nächsten Augenblick befiel ihn, da er es noch immer anschaute, ein Zittern, und er ward sehr bleich und entsetzte sich und rief mit lauter Stimme: ›Wahrlich, dies ist das Leben selber!‹, und wandte sich schnell, um die anzuschaun, die er liebte, und siehe: Sie war tot.«

Morella

Αὐτὸ καθ' αὐτὸ μεθ' αὐτοῦ μονοειδὲς ἀεὶ ὂν
Ein an und für sich seiendes, einzigartiges Ewiges.
Platon »Symposion«

Mit einem Gefühl tiefer, doch höchst seltsamer Zuneigung betrachtete ich meine Freundin Morella. Durch einen Zufall hatte ich vor vielen Jahren ihre Bekanntschaft gemacht, und von unserer ersten Begegnung an war meine Seele von Gluten erfüllt, die sie nie zuvor gekannt hatte. Das waren jedoch nicht Flammen des Eros, und bitter und quälend wurde meinem Geist die wachsende Überzeugung, daß ich auf keine Weise ihren ungewöhnlichen Sinn deuten oder ihre schwankende Stärke beherrschen könne. Dennoch fanden wir zueinander, und das Schicksal verband uns am Altar; ich sprach nie von Leidenschaft, noch dachte ich an Liebe. Sie indessen mied Geselligkeit und machte mich glücklich, indem sie sich mir allein widmete. Es ist ein Glück, das man nur staunend hinnehmen, ein Glück, das man nur träumen kann.

Morella war tief gebildet. Bei meinem Leben, ihre Gaben waren von ungewöhnlicher Art, ihre Geisteskräfte gewaltig. Das fühlte ich und wurde in vielen Dingen ihr Schüler. Bald merkte ich, daß sie mir, vielleicht infolge ihrer Preßburger Erziehung, eine Reihe jener mystischen Schriften vorlegte, die man gemeinhin als den bloßen Abschaum der gestrigen deutschen Literatur ansieht. Diese Schriften waren aus einem mir unerklärlichen Grunde ihre liebste und ständige Lektüre – und daß sie im Laufe der Zeit auch die meinige wurde, ist wohl dem einfachen, aber wirksamen Einfluß von Gewohnheit und Vorbild zuzuschreiben.

An all dem war, wenn ich nicht irre, mein Verstand wenig beteiligt. Meine Überzeugungen wurden, oder ich vergesse mich selbst, in keiner Weise von diesem Ideal beeinflußt, noch war, wenn ich mich nicht sehr täusche, auch nur ein Anklang eines angelesenen Mystizismus in meinem Tun und Denken zu entdecken. Davon überzeugt, überließ ich mich stillschweigend der Führung meiner Frau und betrat entschlossenen Herzens die verworrenen Pfade ihrer Lektüre. Saß ich dann über verbotenen Seiten versunken, so fühlte ich einen verbotenen Geist in mir aufflammen, dann – ja dann legte Morella ihre kalte Hand auf die meine und schürte aus der Asche einer toten Philosophie einige geheimnisvolle, ungewöhnliche Worte, deren seltsamer Sinn sich in mein Gedächtnis einbrannte. Und dann verweilte ich Stunde um Stunde an ihrer Seite, der Musik ihrer Stimme hingegeben, bis mir schließlich deren Melodie vom Entsetzen entstellt wurde und ein Schatten auf meine Seele fiel. Ich erblaßte und erschauerte zuinnerst über die allzu unirdischen Töne. Und so verwandelte sich Freude plötzlich in Grauen, und das Schönste wurde zum Häßlichsten, so wie aus Hinnom Gehenna geworden war.

Ich will mich nicht über die genauen Erörterungen auslassen, die sich für uns aus den genannten Büchern ergaben und für Morella und mich für so lange Zeit beinahe den einzigen Gesprächsstoff bildeten. Diejenigen, die etwas davon verstehen, was man religiöse Spekulation nennen kann, begreifen sie rasch, während die darin Unbewanderten sie wohl kaum erfassen werden. Der phantastische Pantheismus Fichtes, die gemäßigte Lehre der Pythagoreer von der Palingenesia, der Wiedergeburt, und vor allem die von Schelling vorgetragenen Lehren von der Identität waren im wesentlichen die Gegenstände unserer Unterhaltungen, die für die phantasievolle Morella das Höchste an Schönheit darstellten. Diese Identität, die als die persönliche bezeichnet wird, besteht, wie Mr. Locke, glaube ich, sehr richtig definiert, in der geistigen Gesundheit eines vernunftbegabten Wesens. Und da wir unter »Person« ein mit Intelligenz und Vernunft ausgestattetes Wesen verstehen und da Denken immer von Bewußtsein begleitet ist, so formt das Bewußtsein das, was wir unser *Ich* nennen, unterscheidet uns damit von anderen denkenden Wesen und gibt uns unsere persönliche Identität. Das *principium individuationis* aber, der Grundgedanke dieser Identität, *die mit dem Tod auf ewig verloren oder nicht verloren ist,* war für mich stets eine Überlegung von starkem Interesse, ebenso wegen der verwirrenden und erregenden Art ihrer Konsequenzen wie wegen der auffallenden und beunruhigten Weise, in der Morella davon sprach.

Doch jetzt war wirklich die Zeit gekommen, da mich das Geheimnisvolle im Wesen meiner Frau wie ein unheilvoller Zauber bedrückte. Ich konnte die Berührung ihrer bleichen Finger, den sanften Ton ihrer klingenden Stimme oder den Glanz ihrer melancholischen Augen nicht mehr ertragen. Und sie wußte das alles, aber warf mir's nicht vor. Sie schien meine Schwäche oder Torheit zu kennen und nannte sie lächelnd Schicksal. Auch schien sie um den mir selbst unbekannten Grund meiner wachsenden Entfremdung zu wissen, gab mir aber weder Hinweis noch Zeichen über deren Natur. Doch sie war Weib und schwand von Tag zu Tag dahin. Mit der Zeit stellten sich auf ihren Wangen ständig hochrote Flecken ein, und die blauen Adern auf ihrer bleichen Stirn traten hervor. Und schmolz in einem Augenblick mein Wesen in Mitleid, so traf mich im nächsten der Blick ihrer vielsagenden Augen, und dann erkrankte meine Seele und wurde von einem Schwindel ergriffen, wie er den befällt, der in einen düsteren, unermeßlichen Abgrund starrt.

Soll ich noch sagen, daß ich mit ernstem und verzehrendem Verlangen Morellas Ableben herbeisehnte? Ich tat es, aber der zerbrechliche Geist klammerte sich noch viele Tage, viele Wochen und beschwerliche Monate an seine irdische Hülle, bis meine gemarterten Nerven die Herrschaft über meinen Geist gewannen und mich das Hinzögern zur Raserei brachte. Teuflischen Herzens verfluchte ich die Tage und Stunden und bitteren Augenblicke, die – wie die Schatten des sterbenden Tages – länger und länger zu werden schienen, als ihr zartes Leben dahinschwand.

Doch eines Herbstabends, als die Winde im Himmel ruhten, rief mich Morella an ihr Bett. Ein zarter Nebel lag über der Erde und ein warmer Glanz auf den Wassern, und mitten in das reiche Oktoberlaub des Waldes war wohl ein Regenbogen vom Himmel gefallen.

»Dies ist ein Tag der Tage«, sagte sie, als ich herantrat, »ein Tag aller Tage, zum Leben oder Sterben. Es ist ein schöner Tag für die Söhne der Erde und des Lebens, doch schöner noch für die Töchter des Himmels und des Todes!«

Ich küßte ihre Stirn, und sie fuhr fort: »Ich sterbe, doch werde ich leben.«

»Morella!«

»Die Tage, da du mich hättest lieben können, gab es nie – doch die du im Leben verschmähtest, im Tode sollst du sie anbeten.«

»Morella!«

»Ich sage noch einmal, ich sterbe. Doch in mir trage ich ein Unterpfand der – ach, wie schwachen! – Neigung, die du für mich, Morella, empfandest. Und wenn mein Geist dahinscheidet, wird das Kind leben, dein Kind und meines, Morellas. Deine Tage aber sollen Tage der Sorge sein – jener Sorge, die die ständigste der Empfindungen ist, so wie die Zypresse der fortdauerndste aller Bäume. Denn die Stunden deines Glücks sind vorüber, und Freude erntet man nicht zweimal in einem Leben wie die Rosen von Paestum, die zweimal blühen im Jahr. Du sollst denn nicht länger spielen das anakreontische Spiel mit der Zeit, sondern Rebe und Myrte vergessen und dein Grabtuch schon auf Erden mit dir herumtragen, wie die Moslems in Mekka.«

»Morella!« schrie ich auf. »Morella! Woher weißt du das?« Aber sie wandte ihr Gesicht ab zum Kissen, und ein leises Zittern überlief ihre Glieder; so starb sie, und ich hörte ihre Stimme nicht mehr.

Doch wie sie gesagt hatte, ihr Kind, das sie sterbend gebar und das zu atmen begann, als die Mutter zu atmen aufhörte – ihr Kind, eine Tochter, lebte. Sie entwickelte sich ungewöhnlich an Körper und Geist und war das Ebenbild der Dahingegangenen, und ich liebte sie mit einer glühenderen Liebe, als ich je für einen Erdenbewohner fühlen zu können geglaubt hatte.

Doch allzubald verdunkelte sich der Himmel dieser reinen Zuneigung, und Wolken der Schwermut, des Grauens und des Kummers fegten darüber hin. Ich sagte schon: das Kind entwickelte sich ungewöhnlich an Körper und Geist. Ungewöhnlich in der Tat war sein schnelles Körperwachstum, doch schrecklich, ja, schrecklich waren die ungestümen Gedanken, die mich bestürmten, wenn ich seine geistige Entwicklung beobachtete. Konnte es anders sein, wenn ich täglich in den Vorstellungen des Kindes die Fähigkeiten und Anlagen des erwachsenen Weibes entdeckte? Wenn von den kindlichen Lippen Worte der Erfahrung kamen und ich stündlich in seinen großen, nachdenklichen Augen Wissen und Leidenschaften der Reife schimmern sah? Als all das meinen erschreckten Sinnen klar wurde, als ich es meiner Seele, die vor diesen Erkenntnissen zitterte, nicht länger verbergen noch es abschütteln konnte, ist es da zu verwundern, daß ein furchtbarer, erregender Verdacht meinen Geist beschlich oder daß meine Gedanken entsetzt zurückkamen auf die phantastischen Erzählungen und schaurigen Lehren der begrabenen Morella? Dem forschenden Blick der Welt entzog ich ein Wesen, das das Schicksal mich zwang anzubeten, und in der strengen Zurückgezogenheit meines Heims wachte ich mit quälender Sorge über allem, was das geliebte Geschöpf betraf.

Und wie die Jahre dahinflossen und ich Tag für Tag ihr heiliges, mildes Gesicht betrachtete, das seinen vielsagenden Ausdruck über ihre reifende Gestalt verbreitete, da entdeckte ich Tag für Tag neue Züge der Ähnlichkeit des Kindes mit seiner schwermütigen verstorbenen Mutter. Und stündlich wurden diese Schatten der Ähnlichkeit dunkler, vollständiger, bestimmter, beängstigender und grauenvoller sichtbar. Daß ihr Lächeln dem ihrer Mutter glich, konnte ich ertragen, erschauerte aber über dessen so völlige *Identität;* daß ihre Augen wie die Morellas waren, konnte ich aushalten, aber dann spähten sie auch oft mit Morellas eigener, verwirrender Eindringlichkeit in die Tiefen meiner Seele. In den Konturen ihrer hohen Stirn, in den Locken ihres seidigen Haars, in den bleichen Fingern, die sich in ihrem Haar vergruben, in den dunklen, wohlklingenden Tönen ihrer Stimme und vor allem – ja vor allem in den Redewendungen und Ausdrücken der Toten auf den Lippen der Geliebten und Lebenden fand ich Nahrung für verzehrende, entsetzliche Gedanken, für einen Wurm, der nicht sterben *wollte.*

So verging das erste Jahrzehnt ihres Lebens, und noch immer war meine Tochter ohne Namen auf der Erde. »Mein Kind« und »mein Liebling« waren die üblichen, in väterlicher Zuneigung verwendeten Benennungen, und die strenge Zurückgezogenheit ihres Daseins verhinderte jeden andern Umgang. Der Name Morellas war mit ihrem Tode gestorben. Zur Tochter hatte ich nie von der Mutter gesprochen; das war unmöglich. Sie hatte also in der Tat in ihrer kurzen Lebenszeit nur solche Eindrücke von der Außenwelt empfangen, die ihr die engen Grenzen ihrer Einsamkeit boten. Doch schließlich erschien meinem gehetzten und erschöpften Geist die Feier der Taufe als plötzliche Erlösung aus den Schrecknissen meines Schicksals. Und vor dem Taufbecken zögerte ich bei der Wahl des Namens. Und viele Namen der Weisheit und Schönheit, aus alter und neuer Zeit, aus meinem eigenen Land und der Fremde drängten sich auf meine Lippen und viele, viele schöne Namen für alles Sanfte, Glückliche und Gute. Was trieb mich also, das Gedenken an die begrabene Tote aufzustören? Welch böser Geist drängte mich, denjenigen Laut zu flüstern, bei dessen bloßer Erinnerung mir schon das purpurrote Blut aus den Schläfen zum Herzen strömte? Welcher Teufel sprach aus den Tiefen meiner Seele, als ich im düsteren Seitenchor, in der Stille der Nacht, dem Priester die Silben ins Ohr flüsterte – Morella? Wer anders als Satan ließ die Züge meines Kindes sich verzerren und überzog sie mit Schatten des Todes, als es bei diesem kaum vernehmbaren Laut zusammenschrak, den verglasten Blick von der Erde zum Himmel wandte, auf die schwarzen Platten unserer Familiengruft niedersank und antwortete: »Hier bin ich!«

Klar, kalt und in ruhiger Deutlichkeit fielen diese wenigen einfachen Worte in mein Ohr und rollten von dort wie geschmolzenes Blei zischend in mein Gehirn. Jahr um Jahr kann vergehen, doch die Erinnerung an diesen Augenblick nie! Zwar hatte ich Blumen und Reben keineswegs vergessen, doch Schierling und Zypressen überschatteten mich Nacht und Tag. Und ich nahm keine Notiz mehr von Zeit und Raum, und die Sterne meines Schicksals schwanden vom Himmel, und so fiel Finsternis auf die Erde, und die Gestalten huschten gleich Schatten an mir vorüber, und unter ihnen sah ich nur – Morella! Die himmlischen Winde hauchten nur einen Laut in mein Ohr, und die Wellen des

Meeres raunten immerzu – Morella. Doch sie starb, und mit meinen eigenen Händen trug ich sie zum Grabe; und ich brach in langes, bitteres Lachen aus, als ich keine Spuren von der ersten mehr in der Gruft fand, in die ich nun bettete die zweite – Morella.

Der schwarze Kater

Für die höchst sonderbare und – doch so einfache Geschichte, die ich hier niederschreibe, erwarte ich keinen Glauben und erbitte ihn auch nicht. Es wäre Wahnsinn, da Glauben zu verlangen, wo ich meinen eigenen Sinnen nicht trauen kann. Wahnsinnig bin ich jedoch nicht, und ich träume auch ganz sicher nicht. Aber morgen muß ich sterben, und so möchte ich heute meine Seele entlasten. Es ist meine Absicht, der Welt in kurzer, bündiger Form und ohne Kommentar eine Reihe ganz alltäglicher Begebenheiten vorzutragen, deren Folgen mich zunächst in Schrecken versetzt, dann gepeinigt und schließlich vernichtet haben. Dennoch will ich nicht versuchen, sie zu deuten. Mir haben sie kaum etwas anderes als Grausen eingeflößt, vielen mögen sie indessen weniger schrecklich als vielmehr sonderbar erscheinen. Vielleicht wird sich später irgendein kluger Geist finden, der mein Hirngespinst als etwas Alltägliches erklärt – ein ausgeglichenerer, logischer denkender und weit weniger erregbarer Geist als der meine, der in jenen Begebenheiten, die ich mit Scheu beschreibe, nichts anderes erkennen wird als eine normale Verkettung höchst natürlicher Ursachen und Wirkungen.

Von Kindheit an galt ich als fügsam und gutmütig. Ich war so weichherzig, daß mich meine Kameraden zur Zielscheibe ihres Spotts machten. Ganz besonders gern mochte ich Tiere, und meine Eltern erfreuten mich mit einer großen Schar zahmer Haustiere. Mit ihnen verbrachte ich die meiste Zeit und war nie so glücklich, wie wenn ich sie füttern und streicheln durfte. Diese Neigung wuchs mit den Jahren und bildete im Mannesalter eine meiner Hauptfreuden. Denen, die jemals Zuneigung für einen treuen, klugen Hund empfunden haben, brauche ich wohl kaum zu beschreiben, wie tief oder wie stark die Freude ist, die uns aus diesem Geführ erwächst. In der selbstlosen, aufopfernden Liebe eines Tieres liegt etwas, was dem unmittelbar zu Herzen geht, der häufig Gelegenheit gehabt hat, die erbärmliche Freundschaft und zerbrechliche Treue des Menschen zu prüfen.

Ich heiratete frühzeitig und war glücklich, in meinem Weib eine mir verwandte Sinnesart zu entdecken. Als sie meine Vorliebe für Haustiere erkannte, versäumte sie keine Gelegenheit, die reizendsten davon anzuschaffen. Wir hatten Vögel, Goldfische, einen schönen Hund, Kaninchen, ein Äffchen und einen *Kater.*

Letzterer war ein bemerkenswert großes, schönes Tier, ganz schwarz und erstaunlich klug. Kam die Rede auf seine Intelligenz, so erwähnte meine Frau, die im Grunde ihres Herzens auch nicht ein bißchen abergläubisch war, oft den alten Volksglauben, daß alle schwarzen Katzen verwandelte Hexen seien. Nicht, daß es ihr damit je *ernst* gewesen wäre; ich erwähne die Angelegenheit auch nur, weil ich mich gerade jetzt zufällig dessen erinnere.

Pluto – so hieß der Kater – war mein Lieblingstier und Spielgefährte. Ich allein fütterte ihn, und wo immer ich im Haus hinging, begleitete er mich. Ja, ich konnte ihn sogar nur mit Mühe davon abhalten, mir auf der Straße nachzulaufen.

So bestand unsere Freundschaft mehrere Jahre hindurch, während derer – ich erröte bei dem Geständnis – meine allgemeine Verfassung und meine Gemütsart durch den Teufel Alkohol eine gründliche Wandlung zum Bösen erfuhren. Von Tag zu Tag wurde ich launischer, reizbarer und rücksichtsloser gegen die Gefühle anderer. Ich ließ mich so weit gehen, meine Frau unbeherrscht anzufahren. Schließlich wagte ich es sogar, sie tätlich anzugreifen. Natürlich spürten auch meine Tiere den Wandel meiner Gemütsverfassung. Ich vernachlässigte sie nicht nur, sondern mißhandelte sie auch. Für Pluto jedoch empfand ich immerhin noch so viel, daß ich davor zurückschreckte, ihn schlecht zu behandeln, was ich bedenkenlos bei den Kaninchen, dem Äffchen und sogar bei dem Hund tat, wenn sie mir rein zufällig oder aus Anhänglichkeit in den Weg liefen. Doch meine Krankheit gewann mehr und mehr Gewalt über mich – denn welche Krankheit ist dem Alkohol zu vergleichen! –, und mit der Zeit bekam auch Pluto, der nun alt und daher etwas mürrisch wurde, die Folgen meiner bösen Laune zu spüren.

Eines Nachts, als ich schwer betrunken aus einer meiner Stammkneipen in der Stadt nach Hause kam, bildete ich mir ein, der Kater gehe mir aus dem Weg. Ich packte ihn, und in seinem Schreck über meine Heftigkeit biß er mich leicht in die Hand. Augenblicklich ergriff mich eine wahrhaft teuflische Wut. Ich kannte mich selbst nicht mehr. Meine wahre Seele schien meinem Körper plötzlich zu entfliehen, und eine vom Branntwein genährte, geradezu satanische Roheit durchrieselte jede Fiber meines Körpers. Ich zog ein Taschenmesser aus meiner Westentasche, klappte es auf, packte das arme Tier bei der Kehle und stach ihm bedächtig ein Auge aus der Höhle! Ich erröte, ich brenne vor Scham, ich schaudere, während ich die verdammenswerte Grausamkeit niederschreibe.

Als mein Verstand am nächsten Morgen zurückkehrte und ich den Rausch der nächtlichen Ausschweifung ausgeschlafen hatte, empfand ich ein Gemisch aus Grauen und Reue über das Verbrechen, dessen ich mich schuldig gemacht hatte, doch war es nur ein schwaches und zwiespältiges Gefühl, von dem die Seele unberührt blieb. Aufs neue stürzte ich mich in Ausschweifungen und ertränkte jede Erinnerung an die Tat im Wein.

Inzwischen erholte sich der Kater langsam. Die leere Augenhöhle bot wahrhaftig einen schrecklichen Anblick, aber er schien keine Schmerzen mehr zu leiden. Wie früher strich er im Hause umher, sobald ich mich aber näherte, floh er, wie zu erwarten, in höchster Angst. Noch besaß ich so viel Herz, daß mich die offensichtliche Abneigung eines Geschöpfs, das mich vordem so geliebt hatte, zunächst schmerzlich berührte. Dieses Gefühl verwandelte sich indessen bald in Erbitterung. Und dann kam, wie zu meiner endgültigen und unwiderruflichen Vernichtung, der Geist der *Verderbtheit* hinzu, jener Geist, über den die Philosophie nichts sagt. Dennoch bin ich, wie von der Existenz meiner Seele, auch davon überzeugt, daß die Verderbtheit eine der ursprünglichen Triebkräfte des Menschenherzens ist und zu den untrennbaren, elementaren Fähigkeiten oder Empfindungen gehört, die den Charakter des Menschen bestimmen. Wer hat sich nicht schon hundertmal bei einer törichten oder niedrigen Handlung ertappt, einzig und allein deshalb begangen, weil sie verboten war? Sind wir nicht all unserer besseren Einsicht zum Trotz ständig geneigt, das, was *Gesetz* ist, lediglich deshalb zu übertreten, weil wir es als solches erkannt haben? Dieser Geist der Verderbtheit sollte also meinen Untergang herbeiführen. Es war das unergründliche Verlangen der Seele, *sich selbst zu quälen,* der eigenen Natur Gewalt anzutun, das Böse allein um des Bösen willen zu tun, das mich weiterdrängte und das Unrecht vollenden ließ, das ich dem harmlosen Tier angetan hatte. Eines Morgens legte ich ihm kaltblütig eine Schlinge um den Hals und hängte es an einem Ast auf, erhängte es unter strömenden Tränen und mit bitterster Reue im Herzen, erhängte es, *weil* ich wußte, daß es mich geliebt, und *weil* ich fühlte, daß es mir keinen Anlaß zu diesem Verbrechen geliefert hatte; erhängte es, *weil* ich mir dessen bewußt war, daß ich damit eine Sünde beging, eine Todsünde, die meine unsterbliche Seele so gefährdete, daß sie – sofern das möglich war, der unendlichen Gnade des barmherzigsten und furchtbar zürnenden Gottes entrückt wurde.

In der Nacht, die auf diese höchst grausame Tat folgte, wurde ich von dem Schrei »Feuer« aus dem Schlaf gerissen. Meine Bettvorhänge standen in Flammen. Das ganze Haus brannte. Mit knapper Not entrannen meine Frau, eine Magd und ich der Feuersbrunst. Alles wurde vernichtet. Mein gesamter irdischer Besitz wurde verschlungen, und ich ergab mich von nun an der Verzweiflung.

Ich bin frei von der Schwäche, die einen Zusammenhang von Ursache und Wirkung zwischen dem Unglück und der Greueltat herzustellen sucht. Doch zähle ich eine Kette von Tatsachen auf und möchte dabei nichts auslassen, was ein Bindeglied sein könnte. Am Tag nach der Feuersbrunst besuchte ich die Trümmerstätte. Die Mauern waren bis auf eine eingestürzt, und das war eine nicht sehr starke Trennwand ungefähr in der Mitte des Hauses, an der mein Bett mit dem Kopfende gestanden hatte. Der Bewurf hatte hier größtenteils der Einwirkung des Feuers widerstanden, was ich der Tatsache zuschrieb, daß die Fläche erst vor kurzem verputzt worden war. Um diese Mauer hatte sich eine dichte Menschenmenge versammelt, und viele Leute untersuchten offenbar eine bestimmte Stelle sehr eingehend und aufmerksam. Ausrufe wie »Merkwürdig!«, »Sonderbar!« und ähnliche erregten meine Neugier. Ich trat näher und erblickte, in die weiße Fläche wie ein Basrelief eingegraben, die Formen einer Riesen*katze*. Der Abdruck war geradezu wunderbar genau. Um den Hals des Tieres lag eine Schlinge.

Als ich zum erstenmal dieses Gespenst – was sollte es anderes sein? – erblickte, war ich außer mir vor Staunen und Entsetzen. Doch schließlich kam mir die Überlegung zu Hilfe. Wie ich mich erinnerte, hatte der Kater in einem ans Haus grenzenden Garten gehangen. Auf den Feueralarm hin hatte sich sogleich eine Menschenmenge in den Garten gedrängt, und jemand mußte wohl das Tier vom Baum geschnitten und durch ein offenes Fenster in mein Schlafzimmer geworfen haben, offenbar in der Absicht, mich aus dem Schlaf zu wecken. Durch den Einsturz der anderen Wände war das Opfer meiner Grausamkeit in die frische Putzschicht hineingepreßt worden, und der Kalk hatte im Verein mit dem Feuer und dem Ammoniak des Kadavers das Abbild vollendet, daß ich vor mir sah.

Wenn ich auch die eben geschilderte erschreckende Tatsache meiner Vernunft, wenn nicht sogar meinem Gewissen, leicht erklären konnte, so machte sie doch einen tiefen Eindruck auf meine Phantasie. Monatelang konnte ich mich von dem Trugbild des Katers nicht befreien, und in dieser Zeit empfand meine Seele fast so etwas wie Reue, doch war es keine. Ich ging so weit, den Verlust des Tieres zu bedauern und in den üblen Spelunken, die ich jetzt ständig aufsuchte, nach einem anderen Haustier dieser Gattung zu suchen, das ähnlich aussehen und Plutos Platz einnehmen sollte.

Als ich eines Nachts halb betäubt in einer mehr als verrufenen Spelunke saß, wurde mein Blick plötzlich von einem schwarzen Gegenstand angezogen, der oben auf einem der riesengroßen Gin- und Rumfässer thronte, aus denen die Einrichtung des Raumes hauptsächlich bestand. Ein paar Minuten hatte ich bereits unverwandt auf den oberen Rand des Fasses geblickt und wunderte mich nun darüber, den Gegenstand dort oben nicht schon vorher bemerkt zu haben. Ich ging darauf zu und berührte ihn mit der Hand. Es war ein schwarzer Kater – ein sehr großes Tier –, ebenso groß wie Pluto und ihm bis auf eine Ausnahme täuschend ähnlich. Pluto hatte nirgendwo an seinem Körper ein weißes Haar gehabt, dieser Kater aber hatte einen großen, wenn auch nicht deutlich umrissenen weißen Fleck, der nahezu die ganze Brust bedeckte.

Auf meine Berührung hin erhob er sich gleich, schnurrte laut, rieb sich an meiner Hand und war von der Beachtung, die ich ihm schenkte, sichtlich entzückt. Dies nun war genau das Geschöpf, das ich suchte. Sogleich wollte ich das Tier von dem Wirt kaufen, der aber erhob keinen Anspruch auf den Kater, er wußte nichts von ihm, hatte ihn nie zuvor gesehen.

Ich streichelte das Tier weiter, und als ich nach Hause gehen wollte, zeigte es Neigung, mich zu begleiten. Ich ließ es gewähren und bückte mich im Laufen zuweilen, um es zu streicheln. Als es in mein Haus kam, gewöhnte es sich sofort ein und wurde gleich der Liebling meiner Frau.

Ich selbst aber spürte bald eine Abneigung gegen den Kater in mir aufsteigen. Das war genau das Gegenteil von dem, was ich erwartet hatte, aber – ich weiß nicht, wie und weshalb es geschah – die offensichtliche Anhänglichkeit, die er mir bewies, war mir lästig und zuwider. Allmählich wandelten sich diese Gefühle des Widerwillens und Verdrusses in bitteren Haß. Ich mied das Geschöpf; ein gewisses Schamgefühl und die Erinnerung an meine frühere Grausamkeit hielten mich davon ab, es zu mißhandeln. Einige Wochen lang tat ich ihm nichts zuleide, noch quälte ich es. Allmählich aber, ganz allmählich betrachtete ich es mit unaussprechlichem Widerwillen und floh stumm aus seiner verhaßten Gegenwart wie vor dem Hauch der Pestilenz.

Was zweifellos noch meinen Haß gegen das Tier verstärkte, war die Entdeckung, die ich an dem Morgen machte, nachdem ich den Kater mit nach Hause genommen hatte, daß es nämlich wie Pluto eines Auges beraubt worden war. Dieser Umstand jedoch machte den Kater meiner Frau nur um so lieber; denn sie besaß, wie ich schon erwähnte, in hohem Maße jene Güte, die einst auch mein charakteristischer Wesenszug und die Quelle vieler meiner reinsten und lautersten Freuden gewesen war.

Mit meiner Abneigung gegen diesen Kater schien seine Vorliebe für mich zu wachsen. Er folgte meinen Spuren mit einer Beharrlichkeit, die dem Leser schwer begreiflich zu machen ist. Sobald ich mich niedersetzte, hockte er sich unter meinen Stuhl oder sprang auf meine Knie und überhäufte mich mit seinen widerwärtigen Liebkosungen. Stand ich auf, um wegzugehen, lief er mir zwischen die Füße und brachte mich fast zu Fall, oder er schlug seine langen, scharfen Krallen in meinen Anzug und kletterte so bis zu meiner Brust hinauf. Obwohl ich mich bei solchen Gelegenheiten danach sehnte, ihn mit einem Hieb zu töten, hielt mich doch etwas davon zurück, teils war es die Erinnerung an mein früheres Verbrechen, vor allem aber – ich will es sogleich gestehen – die grenzenlose *Furcht* vor dem Tier. Das war nicht unbedingt die Furcht vor einem körperlichen Schaden, und dennoch weiß ich nicht, wie ich sie anders erklären soll. Fast schäme ich mich – ja, selbst in dieser Verbrecherzelle schäme ich mich beinahe – zu bekennen, daß der Schrecken und das Grauen, die das Tier mir einflößte, durch das unsinnigste Hirngespinst, das man sich denken kann, gesteigert worden waren. Meine Frau hatte mich mehr als einmal auf das Aussehen des weißen Fleckens aufmerksam gemacht, von dem ich schon berichtet habe und der der einzig sichtbare Unterschied zwischen diesem fremden und dem von mir getöteten Tier war. Der Leser wird sich erinnern, daß dieses weiße Mal zwar groß, doch in seinen Umrissen anfänglich ganz undeutlich war. Allmählich aber, fast unmerklich – mein Verstand suchte es lange Zeit als Einbildung abzutun – hatte es schließlich unerbittlich deutliche Umrisse angenommen. Das Mal stellte jetzt etwas dar, was zu nennen mich schaudert und um dessentwillen vor allem ich das Untier verabscheute und fürchtete und mich am liebsten von ihm befreit hätte, *hätte ich es nur gewagt*. Es war nunmehr das Abbild eines entsetzlichen, eines grausigen Gegenstandes – eines *Galgens*! O du düsteres, schreckliches Werkzeug des Grauens und des Frevels, der Seelenangst und des Todes!

Jetzt war ich wirklich elend, weit über das Maß alles menschlichen Elends hinaus. Und ein *unvernünftiges Tier,* dessen Artgenossen ich verächtlich ausgelöscht hatte, ein *unvernünftiges Tier* war imstande, so unerträgliches Leid über *mich* zu bringen, über mich, einen nach dem Ebenbilde des höchsten Gottes erschaffenen Menschen! Ach, weder bei Tag noch bei Nacht kannte ich mehr den Segen der inneren Ruhe. Tagsüber ließ mich das Tier nicht einen Augenblick allein, und nachts schrak ich jede Stunde aus unbeschreiblichen Angstträumen empor, um den heißen Hauch von diesem *Etwas* auf meinem Gesicht zu spüren und sein Riesengewicht – einen Alpdruck aus Fleisch und Blut, den ich nicht abzuschütteln vermochte – ewig auf meinem *Herzen* zu tragen.

Unter dem Druck solcher Qualen erstarben die schwachen Überreste des Guten in mir. Böse Gedanken wurden meine einzigen Gefährten, es waren die düstersten und schlimmsten Gedanken. Die bisherige Launenhaftigkeit meines Wesens steigerte sich zum Haß gegen jedwedes Ding und gegen die ganze Menschheit, und bei alledem war es gewöhnlich mein Weib, das meine häufigen, plötzlichen und zügellosen Wutausbrüche, denen ich mich nun blind überließ, schweigend ertrug.

Eines Tages begleitete sie mich wegen einer häuslichen Verrichtung in den Keller des alten Gebäudes, das wir jetzt unserer Armut wegen bewohnen mußten. Der Kater sprang mir auf der steilen Treppe nach und hätte mich fast zu Fall gebracht, was mich in rasende Wut versetzte. In meinem Zorn vergaß ich die kindische Furcht, die meine Hand bisher gelähmt hatte, packte eine Axt und holte zu einem Schlag gegen das Tier aus, der augenblicklich tödlich gewesen wäre, hätte er sein Ziel getroffen. Aber meine Frau fiel mir in den Arm. Ihr Dazwischentreten stachelte mich zu mehr als teuflischer Wut an, ich riß meinen Arm aus ihrem Griff und begrub die Axt in ihrem Schädel. Ohne einen Seufzer brach sie auf der Stelle tot zusammen.

Nach dieser scheußlichen Mordtat machte ich mich unverzüglich und mit klarer Überlegung daran, den Leichnam zu verbergen. Ich wußte, daß ich ihn weder bei Tag noch bei Nacht aus dem Hause schaffen konnte, ohne Gefahr zu laufen, von den Nachbarn beobachtet zu werden. So mancher Plan kam mir in den Sinn. Eine Zeitlang dachte ich daran, den Leichnam in ganz kleine Teile zu zerstückeln und sie zu verbrennen. Dann wollte ich im Boden des Kellers ein Grab schaufeln. Als nächstes überlegte ich, ob ich die Leiche nicht besser im Hof in den Brunnen werfen – oder ob ich sie wie Handelsware in der üblichen Weise in eine Kiste packen und von einem Dienstmann aus dem Hause holen lassen sollte. Schließlich fiel mir ein Verfahren ein, das mich weit besser als alle andern dünkte. Ich beschloß, die Leiche im Keller einzumauern, so wie es im Mittelalter die Mönche mit ihren Opfern gemacht haben sollen.

Für eine solche Absicht war der Keller gut geeignet. Das Mauerwerk war leicht gebaut und erst vor kurzem mit einem groben Putz beworfen worden, der in der feuchten Kellerluft noch nicht hart geworden war. Überdies sprang eine der Mauern etwas vor, wo ein blinder Kamin oder eine Feuerstelle gewesen war, die ausgefüllt und den andern Kellerwänden gleichgemacht worden war. Sicherlich konnte ich die Ziegelsteine an dieser Stelle leicht entfernen, den Leichnam hineinschieben und die Wand wie zuvor wieder zumauern, so daß kein Auge etwas Verdächtiges entdeckte.

Und in dieser Berechnung sah ich mich nicht getäuscht. Mit einem Brecheisen entfernte ich mühelos die Ziegelsteine, und nachdem ich die Leiche sorgsam gegen die innere Wand gelehnt hatte, stützte ich sie in dieser Stellung und richtete alles wieder her, wie es zuvor gewesen war. Mit aller erdenklichen Vorsicht beschaffte ich mir Mörtel, Sand und Haare, stellte einen Putz her, der sich von dem alten nicht unterschied, und überzog damit recht sorgfältig das neue Mauerwerk. Als ich damit fertig war, atmete ich befriedigt auf, weil alles in Ordnung war. Die Mauer zeigte nicht die geringste Spur einer Beschädigung. Den Schutt vom Boden räumte ich sauber weg. Triumphierend sah ich mich um und sprach zu mir selbst: »Hier wenigstens ist meine Arbeit nicht umsonst gewesen.«

Als nächstes hielt ich Umschau nach dem Tier, das so viel Elend verursacht hatte, denn ich war nunmehr fest entschlossen, es umzubringen. Wäre ich ihm in diesem Augenblick begegnet, so hätte über sein Schicksal kein Zweifel bestanden, doch anscheinend war das schlaue Tier von der Heftigkeit meines Zorns gewarnt worden und hütete sich, mir in meiner gegenwärtigen Stimmung unter die Augen zu kommen. Unbeschreiblich, ja unvorstellbar war das tiefe, wonnevolle Gefühl der Erleichterung, das die Abwesenheit der verabscheuten Kreatur in meiner Brust auslöste. Auch während der Nacht zeigte sie sich nicht, und so schlief ich, seit ich sie ins Haus gebracht hatte, wenigstens eine Nacht ruhig und tief – ja, *schlief* sogar mit der Last des Mordes auf meiner Seele!

Der zweite und dritte Tag gingen dahin, und noch immer zeigte sich mein Peiniger nicht. Ich atmete wieder wie ein freier Mensch. Das Untier hatte in seiner Angst das Grundstück für immer verlassen! Ich sollte es nie mehr erblicken! Meine Glückseligkeit kannte keine Grenzen! Die Schuld meiner düsteren Tat störte mich nur wenig. Es hatte einige Nachfragen gegeben, aber die hatte ich geschickt beantwortet. Sogar eine Haussuchung war veranlaßt worden, aber man hatte natürlich nichts entdeckt. Ich betrachtete mein zukünftiges Glück als gesichert.

Am vierten Tag nach der Mordtat kamen einige Polizeibeamte völlig unerwartet ins Haus und begannen das Grundstück von neuem gründlich zu durchsuchen. Da ich aber meines unauffindbaren Versteckes so sicher war, verwirrte mich das gar nicht. Die Beamten baten mich, sie bei der Durchsuchung zu begleiten. Kein Winkel und keine Ecke wurden übersehen. Schließlich stiegen sie zum dritten oder vierten Mal in den Keller hinunter. Ich zuckte mit keinem Muskel. Das Herz eines in Unschuld Schlummernden konnte nicht ruhiger schlagen als das meine. Ich durchmaß den Keller von einem Ende bis zum andern. Mit verschränkten Armen ging ich ruhig hin und her. Die Polizisten waren völlig zufriedengestellt und wollten sich schon verabschieden. Die Freude meines Herzens aber war zu groß, als daß ich sie hätte bezähmen können. Ich brannte darauf, meinen Triumph wenigstens mit einem Wort zu feiern und sie von meiner Unschuld doppelt zu überzeugen.

»Meine Herren«, sagte ich schließlich, als sie die Stufen hinaufstiegen, »ich freue mich, Ihren Verdacht zerstreut zu haben. Ich wünsche Ihnen Gesundheit und etwas mehr Höflichkeit. Nebenbei bemerkt, meine Herren, das – das Haus hier ist sehr gut gebaut« – in dem tollen Verlangen, irgend etwas leichthin zu sagen, wußte ich kaum, was ich überhaupt redete –, »ich möchte behaupten, ein *ausnehmend* gutgebautes Haus. Diese Mauern – Sie wollen schon gehen, meine Herren? –, diese Mauern sind ganz solide zusammengefügt.« Und hierbei schlug ich in geradezu wahnsinniger Prahlerei kräftig mit dem Stock, den ich in der Hand trug, genau auf die Stelle der Mauer, hinter der der Leichnam meines geliebten Weibes stand.

Aber möge Gott mich schützen und aus den Fängen des Erzfeindes erlösen! Kaum war der Widerhall meiner Schläge verklungen, da gab mir auch schon eine Stimme aus dem Grabe Antwort! Es war ein Schrei, zuerst gedämpft und gebrochen wie Kinderweinen, dann rasch anschwellend zu einem langen, lauten und anhaltenden Heulen, ganz ungewöhnlich und gar nicht menschenähnlich; ein Jaulen – ein wehklagender Schrei, jammernd und triumphierend zugleich, wie er wohl nur aus der Hölle steigen mag, wenn die Klagen der zur Qual Verdammten und das Frohlocken der bösen Geister über die Verdammnis wie aus einer Kehle dringen.

Es wäre töricht, von meinen Gefühlen zu sprechen. Ohnmächtig taumelte ich auf die gegenüberliegende Mauer zu. Für einen Augenblick waren die Männer auf der Treppe vor Schreck und Entsetzen wie gebannt. Im nächsten bearbeitete ein Dutzend kräftiger Arme die Mauer. Sie brach in sich zusammen. Der bereits stark verweste und mit geronnenem Blut bedeckte Leichnam stand aufrecht vor den Augen der Betrachter. Auf seinem Kopf saß, mit weit aufgerissenem rotem Maul und einem einzigen glühenden Auge, das abscheuliche Untier, dessen List mich zum Mord verführt hatte und dessen verräterische Stimme mich dem Henker überlieferte. Ich hatte das Ungeheuer in das Grab eingemauert!

Das verräterische Herz

Allerdings ... nervös, furchtbar nervös war ich und bin es noch; aber *müßt* ihr deshalb sagen, daß ich wahnsinnig sei? Die Krankheit hat mir die Sinne nicht abgestumpft oder zerstört, sondern geradezu verfeinert. Vor allem zeichnete sich mein Gehörsinn durch Schärfe aus. Ich hörte alles im Himmel und auf Erden, vieles sogar in der Hölle. Aber wie – bin ich deshalb wahnsinnig? Hört zu und gebt gut acht, wie klug und gelassen ich euch die ganze Geschichte erzählen kann!

Ich kann nicht sagen, wie mir der Gedanke zuerst in den Kopf kam; aber einmal drinnen, beherrschte er mich bei Tag und Nacht. Zu holen war nichts dabei. Leidenschaft empfand ich keine. Ich liebte den alten Mann. Er hatte mir nie etwas zuleide getan. Er hatte mich nie gekränkt. Sein Gold begehrte ich nicht. Ich vermute, daß es sein Auge war. Ja, gewiß war es das! Eins seiner Augen glich einem Geierauge. Es war blaßblau mit einer krankhaften Trübung. Jedesmal, wenn sein Blick auf mich fiel, gefror mir das Blut. Und so entschloß ich mich ganz, ganz allmählich, dem alten Mann das Leben zu nehmen und mich so für immer von diesem Auge zu befreien.

Darum geht es. Ihr haltet mich für verrückt. Verrückte verstehen nichts. Dagegen hättet ihr *mich* sehen sollen! Ihr hättet sehen sollen, wie klug ich vorging – mit welcher Vorsicht, Bedachtsamkeit und Tücke ich alles zu richten wußte! Nie war ich freundlicher zu dem Alten als in der Woche, bevor ich ihn tötete. Allnächtlich um Mitternacht drückte ich die Klinke seiner Tür nieder und öffnete sie – oh, wie sacht! Und wenn die Öffnung gerade für meinen Kopf ausreichte, schob ich eine verdunkelte Laterne hinein, ganz, ganz verdunkelt, so daß kein Lichtschimmer herausdrang, und dann folgte ich mit dem Kopfe nach. Ach, wie hättet ihr gelacht, wenn ihr gesehen hättet, wie listig ich ihn hineinschob! Ich bewegte ihn langsam, ganz, ganz langsam vorwärts, so daß ich den Schlaf des Alten nicht störte. Es bedurfte einer ganzen Stunde, bis ich meinen Kopf so weit drinnen hatte, daß ich ihn in seinem Bett liegen sehen konnte. Ha! wäre wohl ein Wahnsinniger mit solcher Klugheit vorgegangen? Und wenn sich mein Kopf endlich im Zimmer befand, öffnete ich vorsichtig – oh, so vorsichtig – die Laterne – ihre Scharniere knarrten nämlich –, bis ein einziger, haardünner Strahl auf das Geierauge fiel. Das gleiche tat ich in sieben langen Nächten, immer pünktlich um Mitternacht, aber stets fand ich das Auge geschlossen. Und so war es mir unmöglich, die Tat zu begehen; denn nicht der alte Mann quälte mich, sondern sein böser Blick. Und jeden Morgen, wenn der Tag nahte, trat ich dreist in sein Zimmer, redete ihn mit munteren Worten an, nannte ihn herzlich beim Namen und erkundigte mich, wie er die Nacht verbracht habe. Da seht ihr, daß er schon ein sehr gewitzter alter Mann sein mußte, um zu argwöhnen, daß ich allnächtlich um zwölf, während er schlief, zu ihm hineinsah.

In der achten Nacht war ich beim Öffnen der Tür noch vorsichtiger als sonst. Der Minutenzeiger einer Taschenuhr bewegt sich schneller, als es meine Hand tat. Niemals hatte ich wie in dieser Nacht das Ausmaß meiner Fähigkeiten, meines Scharfsinns *gefühlt.* Ich konnte meine Triumphgefühle kaum unterdrücken. Zu denken, daß ich da stand, allmählich die Tür öffnete, und er ahnte meine heimlichen Handlungen und Gedanken nicht einmal im Traum! Ich mußte bei diesem Einfall kichern, und vielleicht hörte er mich. Denn plötzlich bewegte er sich, wie erschreckt, im Bette. Nun denkt ihr wohl, daß ich mich zurückzog – o nein! Sein Zimmer war von pechschwarzer Dunkelheit erfüllt;

denn aus Furcht vor Einbrechern hatte er die Läden fest verschlossen. Ich wußte also, daß er nicht sehen konnte, wie die Tür aufging. Und so öffnete ich sie immer weiter, immer weiter.

Mein Kopf befand sich schon drinnen, und eben wollte ich die Laterne aufblitzen lassen, als mein Daumen von dem schmalen Verschluß abglitt; da schnellte der Alte im Bett empor und schrie: »Wer ist da?«

Ich verhielt mich ganz still und sagte nichts. Eine volle Stunde lang bewegte ich nicht einen einzigen Muskel; ich hörte aber auch nicht, daß er sich wieder hinlegte. Horchend saß er aufrecht im Bette, wie ich selbst es getan, Nacht für Nacht, den Totenuhren im Gebälk lauschend.

Jetzt vernahm ich ein leises Stöhnen, und ich wußte, daß es das Stöhnen tödlichen Grauens war. So stöhnt man nicht vor Schmerz oder Kummer – o nein! es war der leise, halb erstickte Laut, der aus der Tiefe der Seele dringt, wenn die Bürde der Angst unerträglich geworden ist. Ich kannte den Laut wohl. Zu mancher Mitternacht, wenn alles schlief, quoll er aus meiner eigenen Brust empor, mit seinem schrecklichen Echo die Qual, die mich durchwühlte, vertiefend. Ich sage, ich kannte ihn wohl. Ich wußte, was der Alte empfand, und er tat mir leid, obwohl ich innerlich lachen mußte. Ich wußte, daß er seit dem ersten leisen Geräusch, mit dem er sich im Bett umgedreht hatte, wach lag. Seitdem war seine Angst ins Maßlose gewachsen. Er hatte versucht, sie als grundlos abzutun; aber es ging nicht. Er hatte zu sich gesagt: Es ist nur der Wind im Schornstein – oder: Es ist eine Maus, die über den Fußboden läuft – oder: Es ist nur ein Heimchen, das ein einziges kleines Mal zirpte. Ja, er hat versucht, sich mit solchen Überlegungen Mut zu machen; aber alles war vergeblich gewesen. *Alles vergeblich,* denn schon war ihm der schwarze Schatten des Todes genaht und umschlang sein Opfer. Und der unheimlichen Wirkung dieses unsichtbaren Schattens war es zuzuschreiben, daß er, ohne etwas hören oder sehen zu können, die Anwesenheit meines Kopfes im Zimmer *fühlte*.

Als ich lange sehr geduldig gewartet hatte, ohne zu hören, daß er sich wieder hinlegte, beschloß ich, die Laterne um einen ganz, ganz kleinen Spalt zu öffnen. Ihr könnt euch nicht vorstellen, wie behutsam, wie heimlich ich dies tat, bis am Ende ein spinnwebfeiner, matter Lichtstrahl aus dem Spalt voll auf sein Geierauge traf.

Es stand offen, weit, weit offen, und ich wurde rasend, als ich es erblickte. Ich sah es ganz deutlich – von trübem Blau mit einem ekelhaften Schleier darüber, der mir das Mark in den Knochen erstarren ließ; aber vom Gesicht oder von der Gestalt des Alten konnte ich nichts sehen; denn geradezu instinktiv hatte ich den Strahl genau auf die verfluchte Stelle gelenkt.

Und nun – habe ich euch nicht gesagt, daß das, was ihr für Wahnsinn haltet, nur eine Überfeinerung der Sinne sei? –, nun, sage ich, drang an mein Ohr ein leises, dumpfes, hastendes Geräusch, wie von einer in Baumwolle gehüllten Uhr. Ich kannte dieses Geräusch nur zu gut. Es war der Schlag seines Herzens. Es steigerte meinen Zorn, wie der Trommelklang den Mut des Soldaten belebt.

Aber auch jetzt noch hielt ich mich zurück und blieb ruhig. Ich atmete kaum. Ich hielt die Laterne ohne Bewegung. Ich probierte, wie lange ich den Strahl auf das Auge richten konnte. Unterdessen steigerte sich das höllische Trommeln seines Herzens. Es wurde jeden Augenblick schneller und schneller, lauter und lauter. Das Entsetzen des Alten *muß* ohne Maßen gewesen sein. Jeden Augenblick lauter und lauter, habe ich gesagt! – versteht ihr mich recht? Ich gab zu, nervös zu sein; ich bin es noch. Und jetzt in der Stille der

Nacht, in der schrecklichen Lautlosigkeit dieses alten Hauses erfüllte mich das sonderbare Geräusch mit unsagbarem Grauen. Ja, einige Minuten bezwang ich mich noch und verhielt mich still. Aber das Schlagen wurde immer lauter! Ich dachte, das Herz müsse ihm zerspringen. Und nun wurde ich von einer neuen Angst gepackt – der Angst, daß ein Nachbar das Geräusch hören könne. Die Stunde des alten Mannes war gekommen! Laut schreiend riß ich die Laterne auf und sprang ins Zimmer. Er stieß einen quietschenden Laut aus – einmal nur. Im Nu zerrte ich ihn auf den Fußboden nieder und zog das schwere Bett über ihn. Dann lächelte ich in mich hinein, erfreut, daß ich die Tat so weit vollbracht hatte. Viele Minuten schlug das Herz wie erstickt weiter. Allein dies beunruhigte mich nicht; durch die Wand würde man es nicht hören können. Endlich war es still. Der Alte war tot. Ich zog das Bett weg und untersuchte die Leiche. Ja, tot war er, mausetot. Ich legte meine Hand auf sein Herz und ließ sie viele Minuten dort liegen. Da schlug nichts mehr. Er war mausetot. Sein Auge würde mich hinfort nicht mehr peinigen.

Wenn ihr mich immer noch für wahnsinnig haltet, so werdet ihr anders denken, wenn ich die klugen Maßnahmen beschreibe, die ich ergriff, um den Leichnam zu beseitigen. Die Nacht schwand hin, und ich arbeitete eifrig, stumm.

Ich entfernte drei Dielen aus dem Fußboden des Zimmers und legte alles zwischen die Balken. Dann setzte ich die Bretter so ordentlich, so geschickt wieder ein, daß kein menschliches Auge – nicht einmal das *seine* – etwas Verdächtiges bemerkt hätte. Da gab es nichts abzuwaschen – keinen Fleck irgendwelcher Art – kein Blut. Dazu war ich viel zu vorsichtig gewesen.

Als ich die Arbeit beendet hatte, war es vier Uhr und noch so finster wie um Mitternacht. Mit dem Glockenschlag klopfte es an der Haustür. Ich ging leichten Herzens hinunter, sie zu öffnen – was sollte ich denn *nun* noch befürchten? Drei Männer, die sich mit vollendetem Takt als Polizisten vorstellten, traten ein. Während der Nacht hatte ein Nachbar einen Schrei gehört, und es war ein häßlicher Verdacht entstanden. Man hatte die Polizei benachrichtigt, und die Beamten waren zur Haussuchung beordert worden.

Ich lächelte, *was* sollte ich denn befürchten? Ich hieß die Herren willkommen. Den Schrei, sagte ich, hätte ich selbst im Traum ausgestoßen. Der Alte, erwähnte ich nebenbei, sei aufs Land gereist. Ich führte meine Besucher durch das ganze Haus. Ich bat sie zu suchen, *gründlich* zu suchen. Zuletzt nahm ich sie mit in *sein* Zimmer. Ich zeigte ihnen seine Schätze, sicher verwahrt, unberührt. Im Enthusiasmus meiner Zuversicht trug ich Stühle ins Zimmer und schlug ihnen vor, sich *hier* von ihren Bemühungen etwas zu erholen. Ich selbst, durch meinen vollkommenen Sieg übermütig gemacht, stellte meine Sitzgelegenheit just dahin, wo die Leiche meines Opfers unter dem Boden ruhte.

Die Beamten waren befriedigt. Mein *Betragen* hatte sie überzeugt. Ich war ganz ruhig. Sie saßen da und schwatzten vertrauliche Dinge, denen ich vergnügt antwortete. Aber nicht lange, da fühlte ich, wie ich blaß wurde, und wünschte, sie gingen. Mein Kopf schmerzte, und ich bildete mir ein, ein Klingen in den Ohren zu hören. Aber sie saßen immer noch da und plauderten. Das Klingen wurde deutlicher; es hielt an und wurde immer deutlicher, und ich sprach mutiger, um dieses Gefühl loszuwerden. Aber es hielt an und wurde bestimmter – bis ich schließlich herausfand, daß das Geräusch *nicht* in meinen Ohren war!

Ohne Zweifel wurde ich jetzt *sehr* bleich; aber ich sprach noch schneller und lauter. Unterdessen schwoll das Geräusch an – was konnte ich tun? Es war ein *leises, dumpfes, hastendes*

Geräusch, wie von einer in Baumwolle gehüllten Uhr. Ich rang nach Luft, aber die Beamten hörten noch immer nichts. Ich redete drauflos – immer schneller – immer hitziger; aber das Geräusch nahm fortgesetzt zu. Ich stand auf und sprach mit schriller Stimme und wilden Bewegungen von Kleinigkeiten, doch das Geräusch verstärkte sich. Warum *wollten* sie nur nicht gehen? Ich ging mit schweren Schritten im Zimmer umher, bis zum Wahnsinn erregt durch die beobachtenden Blicke der Männer – aber das Geräusch schwoll immerzu an. O Gott! was *konnte* ich tun? Ich schäumte – tobte – fluchte! Ich ergriff den Stuhl, auf dem ich gesessen hatte, und schabte mit ihm über die Dielen, doch das Geräusch übertönte alles und schwoll immer mehr an. Es wurde lauter – lauter – *lauter!* Noch immer schwatzten die Männer und lächelten dabei. War es denkbar, daß sie nichts hörten? Allmächtiger Gott! – nein, nein! Sie hörten es ja! – sie schöpften Verdacht! – sie *wußten*! – sie machten sich einen Spaß aus meinem Entsetzen! So dachte ich, so denke ich noch. Alles andere war besser als dieses Grauen! Alles war erträglicher als dieser Hohn! Ich konnte dieses scheinheilige Lächeln nicht länger ertragen! Ich fühlte: schreien mußte ich oder – sterben! Und jetzt – wieder! – horch! lauter! lauter! lauter! *lauter!* –

»Halunken!« schrie ich, »verstellt euch nicht länger! Ich gestehe die Tat! Reißt die Dielen auf! hier, hier! – es ist der Schlag seines gräßlichen Herzens!«

Die Erzählung des Arthur Gordon Pym

Einführung

Als ich vor einigen Monaten nach einer Reihe ungewöhnlicher Abenteuer in der Südsee und anderswo, über die ich auf den folgenden Seiten berichten will, in die Vereinigten Staaten zurückkehrte, machte ich zufällig die Bekanntschaft einiger Herren aus Richmond in Virginia, die lebhaftes Interesse für alles zeigten, was die von mir besuchten Gegenden betraf. Sie bestürmten mich ständig, meinen Bericht der Öffentlichkeit zu übergeben, was sie geradezu für meine Pflicht hielten. Doch hatte ich verschiedene Gründe, das abzulehnen, von denen einige rein privater Natur waren und nur mich selbst angehen, während das bei anderen weniger der Fall ist. Einmal hielt mich die Überlegung ab, daß ich längere Zeit während meiner Abwesenheit kein Tagebuch geführt hatte und so befürchten mußte, aus dem bloßen Erinnerungsvermögen keinen so genauen und zusammenhängenden Bericht verfassen zu können, der wahrheitsgetreu wirkte, abgesehen von den natürlichen und unvermeidlichen Übertreibungen, zu denen wir alle bei der Schilderung von Erlebnissen neigen, die einen nachhaltigen Eindruck auf unsere Einbildungskraft ausgeübt haben. Ein weiterer Grund lag in der Art meiner Erlebnisse; sie waren so unwahrscheinlicher Natur, daß meine Aussagen, die doch nur ein einziger Mensch, nämlich ein indianisches Halbblut, bestätigen konnte, lediglich bei meiner Familie und jenen meiner Freunde, die meine Wahrheitsliebe kennen, auf Glauben rechnen durften, die nicht, wie die breite Öffentlichkeit, meinen Bericht für eine ebenso unverschämte wie geschickt angelegte Erfindung halten würden. Einer der Hauptgründe war gewiß der Mangel an Vertrauen in meine schriftstellerische Begabung, um dessentwillen ich mich den Vorschlägen meiner Ratgeber widersetzte.

Zu den Herren aus Virginia, die meinem Bericht, besonders dem Teil über den antarktischen Ozean, größte Aufmerksamkeit schenkten, gehörte Herr Poe, früher Redakteur des »Literarischen Botens des Südens«, einer Monatsschrift, die Herr Thomas W. White in Richmond verlegt. Er riet mir nachdrücklich, sogleich eine vollständige Darlegung meiner Eindrücke und Abenteuer auszuarbeiten und dem Scharfsinn sowie dem gesunden Menschenverstand meiner Leser zu vertrauen. Er legte überzeugend dar, daß die literarische Unvollkommenheit meines Buches – falls davon überhaupt die Rede sein könne – nur als ein weiterer Beweis für dessen Wahrhaftigkeit gelten würde.

Trotz dieser Vorstellungen konnte ich mich nicht dazu entschließen, seinen Rat zu befolgen. Da er sah, daß ich mich nicht beeinflussen ließ, schlug er mir vor, ich möge ihm erlauben, in seinen eigenen Worten eine Schilderung des ersten Teils meiner Abenteuer auf Grund meines Berichts zu geben und sie im »Boten des Südens« *unter dem Deckmantel freier Erfindung* zu veröffentlichen. Dagegen hatte ich nichts einzuwenden und machte nur zur Bedingung, daß mein Name nicht genannt würde. Zwei Nummern des angeblichen Romans erschienen somit im »Boten des Südens« im Januar und Februar 1837, und um sie als Dichtung zu charakterisieren, setzte Herr Poe im Inhaltsverzeichnis der Zeitschrift seinen Namen als Verfasser hinzu.

Die Art, in der unser *Täuschungsmanöver* aufgenommen wurde, bewog mich schließlich, eine geordnete Zusammenstellung und Veröffentlichung jener Abenteuer vorzunehmen. Ich stellte nämlich sehr bald fest, daß die Leser keineswegs geneigt waren, an eine Erfindung zu glauben, obwohl der im »Boten des Südens« veröffentlichte Teil des Berichts recht geschickt als solche aufgemacht worden war, ohne daß eine einzige Tatsache verändert oder entstellt worden wäre. Vielmehr erhielt Herr Poe etliche Briefe, deren Absender vom Gegenteil überzeugt waren. Daraus schloß ich, daß die Begebenheiten meiner Erzählung einen hinreichenden Beweis ihrer Glaubwürdigkeit lieferten und ich mithin die Ungläubigkeit des Publikums kaum zu fürchten hatte.

Nach dieser Darlegung wird man bald erkennen, was von dem folgenden aus meiner eigenen Feder stammt. Ich möchte nochmals darauf hinweisen, daß die ersten von Herrn Poe verfaßten Seiten keinerlei falsche Darstellung einer Tatsache enthalten. Selbst jenen Lesern, die den »Boten des Südens« nicht gelesen haben, braucht man nicht zu sagen, wo sein Anteil endet und der meine beginnt. Die Verschiedenheit des Stils wird das sogleich verdeutlichen.

A. G. Pym

1

Mein Name ist Arthur Gordon Pym. Mein Vater war ein angesehener Händler in Schiffsausrüstungen in Nantucket, meinem Geburtsort. Mein Großvater mütterlicherseits war Rechtsanwalt mit einer gutgehenden Praxis. Er hatte in allem eine glückliche Hand, und seine Spekulationen in Aktien der Neuen Edgarton-Bank, wie sie früher hieß, waren sehr erfolgreich gewesen. Auf diese und mancherlei andere Weise war es ihm gelungen, eine ansehnliche Geldsumme beiseite zu legen. Ich glaube, er war mir mehr zugetan als irgendeinem anderen Menschen auf der Welt, und ich rechnete damit, bei seinem Tod den größten Teil seines Besitzes zu erben. Als ich sechs Jahre alt war, schickte er mich zum alten Herrn Ricketts in die Schule, einem einarmigen, verschrobenen Mann, der nahezu jedem Menschen wohlbekannt ist, der New Bedford besucht hat. Ich blieb bis zum sechzehnten Lebensjahr in seiner Schule, um dann in Herrn E. Ronalds Lehranstalt überzusiedeln, die auf dem Berg gelegen war. Hier freundete ich mich mit dem Sohn des Kapitäns Barnard an, der gewöhnlich im Auftrag der Firma Lloyd und Vredenburgh segelte und in New Bedford ebenfalls sehr bekannt war. Soviel ich weiß, besitzt er in Edgarton viele Verwandte. Sein Sohn, der fast zwei Jahre älter war als ich, hieß Augustus. Er hatte seinen Vater auf einer Walfangfahrt auf der »John Donaldson« begleitet und erzählte mir immer von seinen Abenteuern im Südpazifik. Ich pflegte ihn häufig in sein Elternhaus zu begleiten und blieb dann den ganzen Tag und zuweilen auch über Nacht dort. Wir schliefen in einem Bett, und wenn er mir Geschichten von den Eingeborenen der Insel Tinian und von anderen Orten erzählte, die er auf seinen Reisen besucht hatte, konnte er mich natürlich fast bis zum Morgengrauen wach halten. Schließlich erlag ich dem Reiz seiner Erzählungen und empfand allmählich das stärkste Verlangen, zur See zu gehen. Ich besaß ein Segelboot namens »Ariel«, das etwa fünfundsiebzig Dollar wert war. Es hatte ein Halbdeck oder eine Kombüse und war wie eine Schaluppe getakelt. Seinen Tonnengehalt habe ich vergessen, aber es konnte ohne weiteres zehn Personen aufnehmen. Mit diesem Boot machten wir einige der verrücktesten Streiche, die man sich nur denken kann, und wenn ich mich jetzt an sie erinnere, erscheint es mir wie ein Wunder, daß ich noch am Leben bin.

Eines dieser Abenteuer will ich als Einleitung zu einer längeren und bedeutsamen Erzählung schildern. Eines Abends hatte Herr Barnard Gäste, und Augustus und ich waren gegen Ende der Gesellschaft nicht wenig berauscht. Wie gewöhnlich, zog ich es in solchen Fällen vor, mit ihm das Bett zu teilen, statt nach Hause zu gehen. Es war gegen ein Uhr, als sich die Gäste verabschiedeten, und Augustus schlief, wie mir schien, sehr friedlich ein, ohne ein Wort über sein Lieblingsthema zu verlieren. Eine halbe Stunde mochte etwa vergangen sein, nachdem wir zu Bett gegangen waren, und ich fiel gerade in einen leichten Schlummer, als er plötzlich auffuhr und mit einem fürchterlichen Eid beschwor, er werde keinem Arthur Pym zuliebe schlafen gehen, wenn eine so herrliche Brise aus Südwest wehe. Da ich nicht wußte, was er beabsichtigte, und glaubte, die Weine und Liköre, die er getrunken hatte, hätten ihm den Verstand geraubt, war ich überaus erstaunt. Er sprach indessen ganz gelassen weiter, er wisse sehr wohl, daß ich ihn für betrunken halte, sei aber in seinem ganzen Leben nie nüchterner gewesen. Er sei es nur überdrüssig, fügte er hinzu, eine so schöne Nacht wie ein Hund auf dem Lager zu verbringen, er wolle vielmehr aufstehen, sich anziehen und mit dem Boot eine vergnügliche Fahrt unternehmen. Ich vermag kaum zu sagen, was in mir vorging, aber die Worte waren gerade seinem Mund entflohen, als mich ein Gefühl größter Erregung und Begeisterung packte und ich seine verrückte Idee für einen der reizvollsten und vernünftigsten Gedanken der Welt hielt. Es war Ende Oktober, das Wetter sehr kalt, und draußen blies schon beinahe ein Sturm. Dennoch sprang ich wie in Ekstase aus dem Bett und erklärte Augustus, ich sei genauso tapfer wie er, teile seine Unlust, wie ein Hund im Bett zu bleiben, und sei geradeso zu einem Spaß oder Streich aufgelegt wie ein gewisser Augustus Barnard in Nantucket.

Wir zogen uns eilends an und liefen zum Boot hinunter. Es lag an dem alten, verfallenen Landungssteg nahe dem Holzplatz von Pankey & Co. und stieß sich an den harten Balken fast die Bordwand ein. Augustus stieg hinein und schöpfte das Boot aus, denn es stand fast bis zur Hälfte voll

Wasser. Als das getan war, setzten wir Klüver und Großsegel, brachten das Boot an den Wind und steuerten kühn auf die See hinaus.

Wie ich schon erwähnt habe, blies der Wind frisch aus Südwest. Die Nacht war sehr klar und kalt. Augustus hatte das Ruder übernommen, während ich mich am Mast auf dem Kombüsenverdeck aufstellte. Wir flogen mit hoher Geschwindigkeit dahin, und keiner von uns hatte ein Wort gesprochen, seit wir den Landungssteg verlassen hatten. Nun fragte ich meinen Gefährten, welchen Kurs er denn einschlagen wolle und wann er etwa zurückzukehren gedenke. Einige Minuten pfiff er vor sich hin und antwortete dann mürrisch: »*Ich* fahre aufs Meer hinaus – *du* kannst ja nach Hause gehen, wenn du es für richtig hältst.« Als ich ihn ansah, erkannte ich sofort, daß er trotz seines geheuchelten Gleichmuts äußerst erregt war. Im Licht des Mondes konnte ich ihn deutlich sehen: Sein Gesicht war bleicher als Marmor, und seine Hand zitterte so stark, daß er kaum die Ruderpinne halten konnte. Ich merkte, daß etwas nicht in Ordnung war, und erschrak ernstlich. Zu dieser Zeit verstand ich nicht viel von der Führung eines Bootes und war nun völlig auf die seemännische Geschicklichkeit meines Freundes angewiesen. Zu alledem hatte der Wind plötzlich noch zugenommen, und wir ließen den Schutz des Landes rasch hinter uns. Dennoch schämte ich mich, irgendwelche Bestürzung zu zeigen, und schwieg nahezu eine halbe Stunde lang hartnäckig. Dann aber konnte ich es nicht länger ertragen und sagte zu Augustus, es sei wohl angebracht, umzukehren. Wie zuvor dauerte es fast eine Minute, ehe er antwortete oder von meinem Vorschlag auch nur Notiz nahm. »So allmählich«, sagte er schließlich, »genügend Zeit – allmählich nach Hause.« Eine solche Antwort hatte ich erwartet, im Ton dieser Worte aber lag etwas, das mich mit unbeschreiblicher Furcht erfüllte.

Wieder betrachtete ich den Sprecher aufmerksam. Seine Lippen waren ganz fahl, und seine Knie schlugen so heftig aneinander, daß er sich offensichtlich kaum noch auf den Beinen halten konnte. »Um Gottes willen, Augustus!« schrie ich nun aufs höchste entsetzt. »Was fehlt dir? Was ist geschehen? Was willst du tun?« – »Geschehen?« stammelte er offenbar überaus erstaunt und ließ im selben Augenblick die Ruderpinne fahren, um der Länge nach zu Boden zu stürzen. »Geschehen, wieso, nichts ist geschehen – fahren heim, siehst – siehst du nicht?« Jetzt wurde mir mit einemmal alles klar. Ich eilte zu ihm und richtete ihn auf. Er war betrunken – abscheulich betrunken, und konnte weder stehen, sprechen oder sehen. Seine Augen waren ganz verglast, und als ich ihn in der Angst meiner Verzweiflung losließ, rollte er wie ein Holzklotz in das Schlagwasser, aus dem ich ihn gezogen hatte. Offenbar hatte er während des Abends weit mehr getrunken, als ich argwöhnte, und sein Verhalten im Bett war die Folge eines hochgradigen Rausches gewesen – der, wie der Wahnsinn, sein Opfer häufig befähigt, nach außen hin so zu tun, als befinde es sich im Vollbesitz seiner geistigen Kräfte. Die Kühle der Nachtluft aber hatte ihre übliche Wirkung getan. Die geistige Spannkraft begann ihrem Einfluß zu erliegen, und die verworrene Vorstellung, die er sich zweifellos von seiner gefährlichen Lage machte, hatte dazu beigetragen, den Zusammenbruch rascher herbeizuführen. Er war jetzt völlig bewußtlos, und aller Wahrscheinlichkeit nach würde er das auch für viele Stunden bleiben.

Man kann sich das Ausmaß meines Entsetzens kaum vorstellen. Der Dunst des Weines, den ich vor nicht langer Zeit getrunken hatte, war verflogen, so daß ich nun doppelt ängstlich und unentschlossen war. Ich war mir meiner völligen Unfähigkeit, das Boot zu steuern, bewußt und erkannte wohl, daß uns ein heftiger Wind und die Ebbe geschwind unserer Vernichtung entgegenführten. Offensichtlich braute sich in unserm Rücken ein Sturm zusammen. Wir hatten weder einen Kompaß noch Lebensmittel, und wenn wir unsern jetzigen Kurs beibehielten, würden wir vor Tagesanbruch außer Sichtweite des Landes sein. Diese Gedanken und eine Fülle anderer, gleich schrecklicher Vorstellungen schossen mir mit verwirrender Geschwindigkeit durch den Sinn und lähmten mich für einige Augenblicke so, daß ich nicht imstande war, irgend etwas zu unternehmen. Das Boot glitt mit rasender Eile durchs Wasser – es lag hart vor dem Wind, weder Klüver noch Großsegel waren gerefft, und der Bug bohrte sich unter den Meeresschaum. Es war ein großes Wunder, daß das Boot nicht umschlug; denn Augustus hatte, wie ich schon sagte, die Ruderpinne losgelassen, und ich selbst war viel zu aufgeregt, um sie zu ergreifen. Glücklicherweise aber hielt das Boot den Kurs, und allmählich gewann ich meine Geistesgegenwart in einem gewissen Grade zurück. Der Wind nahm noch immer erschreckend zu, und sooft unser Bug wieder aus dem Wasser auftauchte, brach die See von achtern über uns herein und überflutete uns. Alle meine Glieder waren so erstarrt, daß ich fast nichts mehr fühlte. Schließlich packte mich der Mut der Verzweiflung, ich lief zum Großsegel und löste es. Wie vorauszusehen, wehte es über den Bug, saugte sich voll Wasser und riß den Mast, der kurz am Fuß abbrach, mit sich fort. Dieses Ereignis allein rettete mich vor dem augenblicklichen Untergang. Nur mit dem Klüver trieb ich jetzt vor dem Wind. Gelegentlich gingen schwere Sturzseen über uns hinweg, aber ich war von dem Schrecken des sofortigen Todes befreit. Ich nahm nun das Steuer und atmete freier, sah ich doch, daß uns noch Hoffnung auf schließliche Rettung blieb. Augustus lag wie vorher bewußtlos am Boden. Da er zu ertrinken drohte – an der Stelle, wo er gestürzt war, stand das Wasser fast einen Fuß hoch –, brachte ich es zuwege, ihn etwas aufzurichten und ihm ein Seil um den Leib zu binden, das ich an einem Ringbolzen auf dem Kombüsenverdeck befestigte, so daß Augustus in sitzender Haltung verharrte. Nachdem ich alles so gut wie möglich getan hatte, zitternd vor Kälte und erregt, wie ich war, befahl ich mich Gott und war entschlossen, was auch kommen mochte, mit aller mir zu Gebote stehenden Kraft zu ertragen.

Kaum hatte ich diesen Entschluß gefaßt, als plötzlich lautes, langgezogenes Kreischen oder Schreien wie aus den Kehlen von tausend Dämonen die ganze Atmosphäre um das Boot herum zu erfüllen schien. Nie in meinem Leben werde ich die Todesangst vergessen, die mich in jenem Moment befiel. Meine Haare standen zu Berge, ich fühlte mein Blut in den Adern erstarren, der Herzschlag stockte, und ohne auch nur mit einem Blick die Ursache meiner Angst zu ergründen, stürzte ich bewußtlos kopfüber auf den Körper meines Freundes.

Als ich wieder zum Leben erwachte, befand ich mich in der Kajüte der »Pinguin«, eines großen Walfangschiffes, die auf dem Weg nach Nantucket war. Mehrere Menschen beugten sich über mich, und Augustus, der bleicher war als der Tod, bemühte sich eifrig, mir die Hände zu reiben. Seine Zeichen der Dankbarkeit und Freude, als er mich die Augen öffnen sah, riefen bei den rohen Burschen, die uns umstanden, abwechselnd Lachen und Tränen hervor. Das Geheimnis unserer Rettung war bald erklärt. Wir waren von dem Walfänger überrannt worden, der hart am Wind mit vollen Segeln auf Nantucket zusteuerte und fast im rechten Winkel zu unserm Kurs gesegelt war. Obgleich einige Mann vorn Ausschau gehalten hatten, entdeckten sie unser Boot erst, als der Zusammenstoß nicht mehr zu vermeiden war. Was mir so furchtbaren Schrecken eingejagt hatte, waren ihre Warnungsschreie gewesen, als sie uns erblickten. Das große Schiff, so erzählte man mir, hatte uns augenblicklich übersegelt, mit einer Leichtigkeit, mit der unser eigenes kleines Fahrzeug über eine Feder hinweggeglitten wäre, ohne auch nur im geringsten in seinem Lauf behindert zu werden. Nicht ein Schrei ertönte vom Deck des Bootes, und nur ein leises, schrammendes Geräusch, das sich mit dem Tosen von Wind und Wasser vermischte, als die zerbrechliche Barke sich im Untergehen für einen Augenblick am Kiel ihres Zerstörers rieb, war zu vernehmen – sonst nichts. Kapitän E. T. V. Block aus New London hielt unser Boot, das ja keinen Mast mehr besaß, für ein nutzloses, treibendes Wrack und hatte die Fahrt fortsetzen wollen, ohne sich um die Angelegenheit weiter zu kümmern. Glücklicherweise konnten zwei der Beobachtungsposten beschwören, eine Person am Steuer erblickt zu haben, die vielleicht zu retten war. Ein Wortwechsel folgte, und nach einer Weile hatte Kapitän Block aufgebracht geäußert, es sei nicht seine Pflicht, immerzu auf Eierschalen aufzupassen; das Schiff werde solcher Dummheiten wegen *nicht* wenden, und wenn wirklich ein Mann übersegelt worden sei, so sei das einzig und allein dessen Schuld; er möge ertrinken und verdammt sein. So oder ähnlich hatten seine Worte gelautet. Darauf nahm sich Henderson, der erste Maat, der Angelegenheit an. Er war, wie die ganze Besatzung, über eine so herzlose und grausame Rede zu Recht empört. Da er die Männer auf seiner Seite wußte, sprach er unmißverständlich und erklärte dem Kapitän, er gehöre an den Galgen. Er selbst werde sich seinen Befehlen widersetzen, auch wenn er deshalb sofort nach der Landung gehängt würde. Er ging nach achtern, schob Block, der sehr blaß geworden war und keine Antwort gab, beiseite, und indem er das Steuer ergriff, gab er mit sicherer Stimme das Kommando: »Hart anluven!« Die Männer eilten auf ihre Posten, und das Schiff wendete geschickt. All das hatte etwa fünf Minuten gedauert, und man hielt es kaum für möglich, jenen Menschen, sofern er an Bord des Bootes gewesen war, noch zu retten. Aber wie der Leser gesehen hat, waren wir beide, Augustus und ich, geborgen worden, und unsere Rettung konnte man wohl nur zwei jener unfaßbaren Glücksumstände zuschreiben, die die Weisen und Frommen für ein besonderes Eingreifen der Vorsehung halten.

Noch während das Schiff in den Wind drehte, ließ der Maat die Jolle hinab und sprang mit den beiden Männern hinein, die, wie ich glaube, geäußert hatten, mich am Steuer erblickt zu haben. Sie hatten gerade den Windschatten des Schiffes verlassen – der Mond schien noch immer hell –, als sich dieses mit einem langen, kräftigen Schlingern nach Luv legte. Im selben Augenblick sprang Henderson von seinem Sitz auf und rief seiner Besatzung zu, sie solle rückwärts rudern. Er sagte nichts weiter, sondern wiederholte ungeduldig seinen Ruf: »Rückwärts, rückwärts rudern!« Die Männer setzten so schnell wie eben möglich zurück. Unterdes aber hatte sich das Schiff gedreht und wieder volle Fahrt aufgenommen, obschon alle Mann an Bord die größten Anstrengungen unternahmen, die Segel einzuholen. Trotz der mit diesem Versuch verbundenen Gefahr klammerte sich Henderson an die Hauptketten, sobald sie in seine Reichweite kamen. Ein neuer, heftiger Stoß hob nun die Steuerbordseite des Schiffes fast bis zum Kiel aus dem Wasser, und jetzt wurde der Grund für Hendersons Besorgnis offenbar. Ein menschlicher Körper wurde sichtbar, der auf höchst eigentümliche Weise an den glatten, glänzenden Schiffsboden geheftet war (die »Pinguin« war mit Kupfer beschlagen und mit Kupferbolzen versehen) und bei jeder Bewegung des Schiffsrumpfes heftig aufschlug. Nach mehreren ergebnislosen Anstrengungen, während das Schiff schlingerte und das Rettungsboot ständig in Gefahr schwebte, vollgeschlagen zu werden, erlöste man mich endlich aus meiner gefährlichen Lage und brachte mich an Bord, denn jener Körper war der meine. Anscheinend hatte sich ein Spantbolzen gelockert, sich seinen Weg durch den Kupferbeschlag gebahnt und mich aufgehalten, als ich unter dem Schiffsrumpf dahinglitt, indem er mich auf so seltsame Weise an den Boden heftete. Der Kopf des Bolzens war durch den Kragen meiner grünen Flanelljacke und meinen Nacken gedrungen, hatte sich zwischen zwei Sehnen durchgezwängt und war schließlich unterhalb des rechten Ohres wieder herausgekommen. Man brachte mich augenblicklich zu Bett, obschon mein Leben wie ausgelöscht schien. Es war kein Wundarzt an Bord. Der Kapitän jedoch behandelte mich mit aller erdenklichen Aufmerksamkeit, vermutlich, um in den Augen seiner Besatzung sein abscheuliches Benehmen im vorangegangenen Teil des Abenteuers wiedergutzumachen.

Unterdessen war Henderson wieder vom Schiff abgestoßen, obgleich der Wind fast zum Orkan angewachsen war. Schon nach wenigen Minuten stieß er auf einige Trümmer unseres Bootes, und gleich danach behauptete einer seiner Leute, er könne in Abständen einen Hilferuf inmitten des heulenden Sturms vernehmen. Dies veranlaßte die tapferen Seeleute, mehr als eine halbe Stunde beharrlich weiterzusuchen, obwohl Kapitän Block zu wiederholten Malen Signal zur Rückkehr gab und jeder Augenblick auf dem Wasser in einem so leichten Boot für sie eine höchst drohende und tödliche Gefahr bedeutete. Es ist nahezu unfaßbar, wie die kleine Jolle auch nur einen einzigen Augenblick der Zerstörung entgehen konnte. Immerhin war sie für den Walfangdienst gebaut und – wie ich jetzt annehme – mit Luftkästen nach der Art der an der Waliser Küste gebräuchlichen Rettungsboote ausgerüstet.

Nach längerem ergebnislosem Suchen beschloß man die Rückkehr an Bord. Doch kaum hatten sie den Beschluß gefaßt, als ein matter Ruf von einem schnell vorübertreibenden dunklen Gegenstand ertönte. Sie setzten ihm nach und holten ihn bald ein. Es stellte sich heraus, daß es das ganze Kajütendeck der »Ariel« war. Dicht dabei kämpfte Augustus offensichtlich mit letzter Kraft. Als man ihn packte, sah man, daß er durch ein Tau mit dem treibenden Deck verbunden war. Wie man sich erinnern wird, hatte ich selbst ihm dieses Tau um den Leib geschlungen und an einem Ringbolzen befestigt, damit er in aufrechter Stellung blieb, und offenbar war diese meine Tat die Ursache seiner Lebensrettung. Die »Ariel« war leicht gebaut, und beim Untergang barsten verständlicherweise ihre Spanten. Wie zu erwarten war, wurde das Deck der Kajüte durch die hereinbrechenden Wassermassen abgehoben und trieb zweifellos mit anderen Wrackteilen zur Oberfläche. Augustus wurde mit emporgetrieben und entging so einem qualvollen Tod.

Er war bereits über eine Stunde an Bord der »Pinguin«, ehe er über sich selbst berichten konnte oder zu begreifen vermochte, welches Unheil über unser Boot hereingebrochen war. Endlich kam er wieder völlig zu sich und sprach viel davon, was er im Wasser empfunden hatte. Als er einigermaßen das Bewußtsein wiedererlangt hatte, war er unter der Oberfläche gewesen, ein Tau drei- oder viermal fest um den Nacken gewunden – und wurde mit unfaßbarer Geschwindigkeit herumgewirbelt. Im nächsten Augenblick schoß er empor, wobei sein Kopf heftig gegen etwas Hartes stieß und er wieder das Bewußtsein verlor. Als er erneut zu sich kam, war er schon mehr Herr seines Verstandes, wenn dieser auch noch recht verworren und umwölkt blieb. Er begriff nun, daß irgend etwas geschehen war und daß er sich im Wasser befand, wenn auch sein Mund über Wasser war und er einigermaßen frei atmen konnte. Wahrscheinlich trieb das Deck zu diesem Zeitpunkt rasch vor dem Wind, und er wurde auf dem Rücken liegend von ihm mitgezogen. Solange er in dieser Lage verharren konnte, war es natürlich nahezu unmöglich, daß er ertrank. Bald darauf warf ihn eine Woge quer über das Deck, und er bemühte sich, diese Stellung beizubehalten, wobei er von Zeit zu Zeit um Hilfe rief. Gerade vor seiner Entdeckung durch Henderson hatte er erschöpft seinen Halt loslassen müssen, war ins Meer gefallen und hatte sich verloren gegeben. In all der Zeit, während er um sein Leben kämpfte, fehlte ihm auch die blasseste Erinnerung an die »Ariel« oder an Begebenheiten, die mit der Ursache seines Mißgeschicks zusammenhingen. Unbestimmter Schrecken und Verzweiflung hatten ihn völlig übermannt. Als man ihn endlich auffischte, hatten ihn seine Geisteskräfte gänzlich verlassen. Erst nahezu eine Stunde nach seiner Bergung durch die Männer der »Pinguin« gelangte er, wie gesagt, zur vollen Erkenntnis seiner Lage. Was mich betraf, so wurde ich durch kräftiges Abreiben mit heißen, ölgetränkten Flanelltüchern ins Leben zurückgerufen, nachdem ich schon mehr tot als lebendig gewesen war; hatte man doch dreieinhalb Stunden alle möglichen Mittel ohne jeden Erfolg versucht. Der Vorschlag zu diesem Verfahren stammte von Augustus. Wenn die Wunde in meinem Genick auch scheußlich aussah, so war sie doch verhältnismäßig harmlos, und ich erholte mich bald von ihren Nachwirkungen.

Etwa um neun Uhr morgens lief die »Pinguin« in den Hafen ein, nachdem sie einen der heftigsten Stürme, die man je in der Höhe von Nantucket erlebte, überstanden hatte. Augustus und ich brachten es fertig, rechtzeitig bei Herrn Barnard am Frühstückstisch zu erscheinen. Glücklicherweise frühstückte man etwas später, da die Geselligkeit bis in die Nacht gedauert hatte. Ich glaube, unsere Tischgenossen waren wohl selbst zu müde, um unseren erschöpften Zustand zu bemerken, der einem forschenden Blick nicht hätte verborgen bleiben können. Indessen vollbringen Schuljungen in der Verstellungskunst wahre Wunder, und ich glaube wahrhaftig, nicht einer unserer Freunde in Nantucket hegte den leisesten Verdacht, die von einigen Seeleuten in der Stadt verbreitete Schauergeschichte von einem Schiff, das sie übersegelt hätten, wobei dreißig bis vierzig arme Teufel ertrunken wären, stünde in irgendeiner Beziehung zur »Ariel«, meinem Gefährten oder mir selbst. Oft haben wir beide uns seitdem über dieses Erlebnis unterhalten – jedoch niemals ohne Schauder. In einem unserer Gespräche gestand mir Augustus ganz offen, daß er nie in seinem Leben ein so gräßliches Entsetzen verspürt habe wie damals, als er an Bord unserer kleinen Barke das Ausmaß seines Rausches entdeckte und fühlte, wie er dessen Einfluß erlag.

2

Wenn es um Vorurteile geht – um Vorliebe oder Abneigung –, ziehen wir keine absolut sicheren Schlußfolgerungen, nicht einmal aus den einfachsten Tatsachen. Man sollte meinen, eine Katastrophe wie die eben geschilderte müßte meine beginnende Leidenschaft für die See wirksam abgekühlt haben. Weit gefehlt: Nie empfand ich brennendere Begierde nach den wilden Abenteuern des Seemannslebens als eine Woche nach unserer wunderbaren Errettung. Diese kurze Zeitspanne genügte vollauf, um die Schatten aus meinem Gedächtnis zu löschen und alle angenehm erregenden und farbigen Momente des gefährlichen Erlebnisses ins helle Licht zu rücken. Von Tag zu Tag unterhielt ich mich häufiger mit Augustus, und unsere Gespräche wurden immer reizvoller. Er hatte eine Art, seine Seegeschichten, von denen ich heute mehr als die Hälfte für reine Hirngespinste halte, so zu erzählen, daß sie bei einem Menschen mit meiner Begeisterungsfähigkeit und meiner etwas düsteren und doch glühenden Einbildungskraft ihre Wirkung nicht verfehlen konnten. Auffallend dabei ist, daß er mich am ehesten für das Leben der Seeleute gewann, wenn er die furchtbaren Augenblicke des Leidens und der Verzweiflung schilderte. Für die hellen Töne des Gemäldes hatte ich eine begrenzte Sympathie. Von Schiffbruch und Hungersnot träumte ich, von Tod oder Gefangenschaft unter barbarischen Horden, von einem lebenslangen Dasein voll Trübsal und Tränen auf irgendeinem grauen, trostlosen Felsenriff in einem unzugänglichen und unbekannten Ozean. Solche Visionen oder Wünsche – denn zu Wünschen wurden sie – sind, wie ich mich seitdem versichert habe, all den vielen Melancholikern unter den Menschen eigen. Zu der Zeit aber, von der ich spreche, betrachtete ich sie lediglich als prophetische Einblicke in ein Schicksal, das zu erfüllen ich mich sozusagen verpflichtet fühlte. Augustus ergriff ganz und gar Besitz von mir. In der Tat ist es wahrscheinlich, daß sich aus unserer engen Gemeinschaft zum Teil eine Vertauschung der Rollen ergeben hatte.

Ungefähr achtzehn Monate nach dem Mißgeschick der »Ariel« war die Firma Lloyd und Vredenburgh (ein Haus, das wohl mit den Herren Enderby in Liverpool in irgendeiner Verbindung steht) damit beschäftigt, die Brigg »Grampus« für eine Walfangfahrt instand zu setzen und auszurüsten. Die »Grampus« war ein alter Kasten und selbst nach allen erdenklichen Verbesserungen kaum als seetüchtig zu bezeichnen. Ich weiß eigentlich nicht, warum sie anderen und besseren Schiffen der Firma vorgezogen wurde, aber es war so. Herr Barnard sollte sie befehligen, und Augustus begleitete ihn. Während man die Brigg ausrüstete, drängte er mich oft, die ausgezeichnete Gelegenheit zur Befriedigung meiner Reisesehnsucht wahrzunehmen. Er fand in mir einen keineswegs unwilligen Zuhörer – aber so einfach ließ sich die Angelegenheit nicht regeln. Mein Vater war nicht gerade dagegen, aber meine Mutter erlitt schon hysterische Anfälle, wenn man den Plan nur erwähnte. Und das Schlimmste bei alledem, mein Großvater, von dem ich viel zu erwarten hatte, drohte mir, mich bei der Erbschaft mit einem Schilling abzuspeisen, wenn ich das Thema noch einmal ihm gegenüber anschnitt. Diese Schwierigkeiten indessen dämpften mein Verlangen nicht, sondern waren neues Öl aufs Feuer. Ich wollte das Wagnis eingehen und die Fahrt unter allen Umständen mitmachen, und nachdem ich Augustus meinen Entschluß mitgeteilt hatte, schmiedeten wir einen Plan zu seiner Ausführung. In der Zwischenzeit ließ ich zu keinem meiner Verwandten mehr ein Wort über die Reise verlauten. Mit scheinbarem Eifer setzte ich meine üblichen Studien fort, und so glaubte man, ich hätte meinen Plan aufgegeben. Mit Unbehagen und Erstaunen habe ich mich seither an mein damaliges Verhalten erinnert. Dies hohe Maß an Heuchelei, dessen ich mich zur Förderung meines Plans bediente – eine Heuchelei, die für so lange Zeit jedes Wort und jede Handlung meines Lebens beherrschte –, konnte mir selbst nur erträglich gewesen sein durch die wilde, brennende Erwartung, mit der ich der Erfüllung meiner lang gehegten Reiseträume entgegensah.

Bei der Durchführung meines Täuschungsmanövers war ich notwendigerweise gezwungen, viel der Geschicklichkeit Augustus' zu überlassen, der fast den ganzen Tag an Bord der »Grampus« beschäftigt war, wo er einige Vorkehrungen für seinen Vater in der Kajüte und ihrem Nebengelaß überwachte. Abends jedoch trafen wir uns regelmäßig und tauschten unsere Hoffnungen aus. Nahezu ein Monat war so vergangen, ohne daß uns ein erfolgversprechender Plan eingefallen wäre, als er mir schließlich eröffnete, er wisse nun, was zu tun sei. In New Bedford wohnte ein Verwandter von mir, ein gewisser Herr Ross, bei dem ich hin und wieder zwei oder drei Wochen zu Besuch weilte. Die Brigg sollte etwa Mitte Juni (im Jahre 1827) in See stechen, und wir verabredeten, daß ein oder zwei Tage vor Abgang des Schiffes mein Vater wie üblich einen Brief von Herrn Ross erhalten sollte, in dem ich eingeladen würde, wieder zwei Wochen mit seinen Söhnen Robert und Emmet zu verbringen. Augustus übernahm es, den Brief aufzusetzen und abliefern zu lassen. Nach meiner angeblichen Abreise nach New Bedford sollte ich mich zu meinem Gefährten begeben, der für ein Versteck an Bord der »Grampus« sorgen wollte. Dieses Versteck, so versicherte er, würde mir für viele Tage, während derer ich nicht auftauchen dürfte, einen hinreichend bequemen Aufenthalt bieten. War die Brigg auf ihrem Kurs so weit gelangt, daß an eine Umkehr nicht zu denken war, so sollte ich alle Bequemlichkeiten der Kabine offiziell genießen dürfen. Und was seinen Vater betraf, so würde der über den Streich nur herzlich lachen. Man würde genügend Schiffen begegnen, durch die man einen Brief nach Hause schicken und meinen Eltern das Abenteuer erklären könnte. Endlich war es Mitte Juni geworden und der Plan reif zur Ausführung. Der Brief wurde geschrieben und abgegeben, und eines Montag morgens verließ ich das Elternhaus, um angeblich das Postschiff nach New Bedford zu besteigen. Ich lief jedoch geradewegs zu Augustus, der an einer Straßenecke auf mich wartete. Ursprünglich sollte ich mich bis zum Anbruch der Dunkelheit verborgen halten und dann erst an Bord schleichen, aber da uns ein dicker Nebel begünstigte, wollten wir keine Zeit verlieren, mich zu verstecken. Augustus ging den Weg voran zum Kai, ich folgte in einigem Abstand, in einen schweren Seemannsmantel, den er mitgebracht hatte, gehüllt, damit man mich nicht so leicht erkennen konnte. Gerade als wir um die zweite Ecke bogen, gleich hinter Herrn Edmunds Brunnen, wer tauchte da auf, unmittelbar vor mir, und sah mir voll in die Augen? Niemand anderes als der alte Herr Peterson, mein Großvater! »Du meine Güte ... Gordon!« sagte er nach einer Weile, »was soll das? Wessen schmutzigen Mantel hast du denn da an?« – »Mein Herr!« erwiderte ich, indem ich, soweit mir das in der fatalen Situation gelang, eine beleidigte Miene aufsetzte und möglichst mürrisch sprach: »Mein Herr, Sie täuschen sich wohl; erstens heiße ich nicht Goddin, und dann täten Sie gut daran, Sie unverschämter Kerl, meinen neuen Überzieher nicht als schmutzigen Mantel zu bezeichnen!« Ich konnte mir wahrhaftig kaum ein lautes Lachen verbeißen, als ich sah, wie verdutzt der alte Herr meinen grimmigen Tadel aufnahm. Er wich einige Schritte zurück, wurde erst blaß, dann puterrot, riß seine Brille hoch, drückte sie wieder auf die Nase und stürzte schließlich mit erhobenem Regenschirm auf mich los. Er hielt jedoch inne, als wäre ihm plötzlich etwas eingefallen, drehte sich darauf um, humpelte die Straße hinunter und murmelte, vor Wut bebend, zwischen den Zähnen: »Geht nicht mehr – neue Brillengläser – dachte, es wäre Gordon – verdammter, nichtsnutziger Salzwassermatrose!«

Nachdem wir so knapp der Gefahr entronnen waren, gingen wir vorsichtiger weiter und gelangten sicher ans Ziel. An Bord befanden sich nur ein, zwei Leute, die am Süll des Vorderdecks beschäftigt waren. Wie wir wußten, hatte Kapitän Barnard bis in den späten Abend hinein bei Lloyd und Vredenburgh zu tun, so daß von seiner Seite wenig zu befürchten war. Augustus kletterte als erster an der Schiffswand hoch, kurz danach folgte ich, ohne daß die geschäftigen Matrosen uns bemerkt hätten. Wir gingen sofort in die Kajüte, wo wir niemand antrafen. Sie war sehr bequem eingerichtet, für einen Walfänger ziemlich ungewöhnlich. Es gab vier schöne Luxuskabinen mit breiten, bequemen Schlafkojen. Ein mächtiger Ofen stand da, und ein kostbarer dicker Teppich bedeckte den Boden der Kajüte und der Luxuskabinen. Der Raum war sieben Fuß hoch, kurzum, alles schien mir geräumiger und angenehmer, als ich erwartet hatte. Doch Augustus ließ mir nur wenig Zeit zum Umschauen. Er bestand darauf, daß ich mich so schnell wie möglich versteckte. Er führte mich in seine eigene Kabine auf der Steuerbordseite der Brigg, unmittelbar am Schott. Kaum waren wir eingetreten, als er die Tür schloß und den Riegel vorschob. Ich hatte wohl nie ein hübscheres Zimmerchen gesehen als das, in dem ich mich jetzt befand. Es war etwa zehn Fuß lang und hatte nur eine Schlafkoje, die aber – wie gesagt – bequem und geräumig war. In diesem Teil der Kabine, dem Schott am nächsten, standen auf einer Fläche von vier Fuß im Quadrat ein Tisch, ein Stuhl und Wandregale voller Bücher, vorwiegend Seegeschichten und Reiseliteratur. Das Zimmer hatte noch viele andere Annehmlichkeiten, von denen ich eine Art Speiseschrank oder Kühlschrank nicht vergessen sollte, in dem Augustus mir allerhand Köstlichkeiten zum Essen und Trinken zeigte.

Jetzt drückte er mit der Hand auf eine bestimmte Stelle des Teppichs in der Ecke des eben erwähnten Raumes und ließ mich wissen, daß etwa sechzehn Quadratzoll des Fußbodens säuberlich herausgeschnitten und wieder eingesetzt worden waren. Auf seinen Druck hin hob sich dieser Teil an einer Seite so weit, daß er gerade seinen Finger daruntergleiten lassen konnte. So hob er die Falltür auf, die noch durch Stifte mit dem Teppich verbunden war und in den Laderaum führte. Als nächstes entzündete er mit einem Phosphorhölzchen eine kleine Wachskerze, steckte das Licht in eine Blendlaterne, stieg damit in die Öffnung hinab und befahl mir zu folgen. Das tat ich, worauf er die Falltür mit einem Nagel, den er an der Unterseite angebracht hatte, zuzog. So nahm der Teppich oben auf dem Boden der Kabine seine ursprüngliche Lage wieder ein, und alle Spuren der Öffnung waren verdeckt.

Die Wachskerze gab einen so schwachen Schein, daß ich mich nur mit größter Mühe durch das wirre Gerümpel hindurchtasten konnte, zwischen dem ich mich nun befand. Nach und nach gewöhnten sich meine Augen jedoch an die Dunkelheit, und ich kam besser voran, indem ich mich an den Rockschößen meines Freundes festhielt. Wir krochen und wanden uns durch unzählige enge Gänge, bis er mich schließlich zu einem eisenbeschlagenen Kasten brachte, wie man ihn mitunter zur Aufbewahrung feinen Porzellans benutzt. Er war fast vier Fuß hoch und gut sechs Fuß lang, aber sehr schmal. Zwei große, leere Ölfässer lagen obenauf, und auf diesen wiederum türmte sich ein Riesenhaufen Strohmatten bis an die Decke hinauf. Ein tolles Durcheinander von Schiffszubehör jeder Art war ringsumher und sogar bis an die Decke so eng wie möglich zusammengepfercht, dazwischen ein Wirrwarr von Lattenkisten, Körben, Tonnen und Ballen, daß es mir wie ein wahres Wunder erschien, daß wir überhaupt zu dem Kasten gefunden hatten. Später entdeckte ich, daß Augustus das Durcheinander im Kielraum absichtlich erzeugt hatte, um mir ein sicheres Versteck zu gewähren; dabei hatte ihm nur ein einziger Mann geholfen, der nicht mit der Brigg auslief.

Mein Gefährte zeigte mir jetzt, wie sich eine Wand des Kastens auf Wunsch bewegen ließ. Er schob sie zur Seite, und der Anblick des Inneren ergötzte mich außerordentlich. Eine Matratze aus einer Koje der Kajüte bedeckte den ganzen Boden. Der Kasten enthielt nahezu allen Komfort, der sich auf solch engem Raum unterbringen ließ, und gleichzeitig blieb mir noch genügend Platz, mich zu setzen oder ganz ausgestreckt hinzulegen. Unter anderem fand ich hier ein paar Bücher, Tinte und Feder, Papier, drei wollene Dekken, einen großen Krug Wasser, ein Fäßchen Schiffszwieback, drei oder vier mächtige Bologneser Würste, einen gewaltigen Schinken, eine kalte gebratene Hammelkeule und ein halbes Dutzend Flaschen Likör und Magenbitter. Ich ergriff sofort von meiner kleinen Wohnung Besitz, und das sicherlich mit höherer Befriedigung, als sie ein Monarch beim Einzug in einen neuen Palast je empfand. Nun erklärte mir Augustus den Verschluß des Kastens, hielt dann die Kerze dicht unter die Decke und zeigte mir ein Stück dunkler Takelleine, die sich von meinem Versteck durch alle Windungen zwischen dem Gerümpel bis zum Nagel an jener Falltür hinzog, die in seine Kajüte führte. Mit dieser Leine sollte ich auch ohne seine Hilfe den Weg nach draußen finden, falls ein unvorhergesehener Zwischenfall einen solchen Schritt erforderlich machte. Er nahm nun Abschied, ließ die Laterne bei mir zurück, zusammen mit einem ausreichenden Vorrat an Kerzen und Phosphorhölzern, und versprach mir, mich zu besuchen, sooft sich das, ohne entdeckt zu werden, bewerkstelligen ließ. Das war am 17. Juni.

Soweit ich überhaupt nachrechnen konnte, blieb ich drei Tage und drei Nächte in meinem Versteck, ohne es zu verlassen, bis auf zweimal, um meine Glieder zu recken und mich zwischen zwei Körben direkt vor der Öffnung aufzurichten. Während dieser ganzen Zeit ließ sich Augustus nicht sehen. Das aber bereitete mir kaum Unbehagen, denn ich wußte ja, die Brigg mußte jeden Augenblick auslaufen, und in diesem Trubel würde er nicht so leicht Gelegenheit finden, zu mir herunterzukommen. Endlich hörte ich die Falltür auf- und zugehen und gleich darauf die leise Frage, ob alles in Ordnung sei und ob ich irgend etwas brauche. »Nichts«, erwiderte ich, »mir ist denkbar wohl; wann geht's los?« – »In knapp einer halben Stunde lichten wir die Anker«, antwortete er. »Ich bin gekommen, um es dich wissen zu lassen, und aus Furcht, daß du dich über meine Abwesenheit beunruhigst. Eine Zeitlang, vielleicht drei oder vier Tage, werde ich nicht herunterkommen können. An Bord geht alles seinen gewohnten Gang. Wenn ich oben bin und die Falltür geschlossen habe, dann krieche die Leine entlang bis zu der Stelle, wo der Nagel eingeschlagen ist. Dort wirst du meine Uhr finden, die dir von Nutzen sein dürfte, weil du die Zeit nicht nach dem Tageslicht schätzen kannst. Ich glaube, du kannst mir nicht sagen, wie lange du schon begraben bist. Es sind erst drei Tage – heute haben wir den 20. Ich würde dir die Uhr ja hinbringen, aber ich fürchte, man wird mich vermissen.« Und damit stieg er wieder hinauf.

Etwa eine Stunde danach fühlte ich deutlich die Bewegung der Brigg und beglückwünschte mich selbst zum endlichen Beginn einer glücklichen Seereise. Befriedigt bei diesem Gedanken, nahm ich mir vor, mir mein unbeschwertes Gemüt zu erhalten und die Entwicklung der Ereignisse abzuwarten, bis es mir gestattet sein würde, meinen Kasten gegen die geräumigere, wenn auch kaum bequemere Kabine zu vertauschen. Meine erste Sorge war, die Uhr zu holen. Ich ließ die brennende Wachskerze zurück und tastete mich im Dunkeln an der Leine entlang durch unzählige Windungen, aber nachdem ich mich ein großes Stück mühsam vorgearbeitet hatte, mußte ich wiederholt entdecken, daß ich bis auf ein oder zwei Fuß zu einer Stelle zurückgelangte, die ich schon passiert hatte. Schließlich fand ich den Nagel, verwahrte das Ziel meiner Wanderung und kehrte wohlbehalten mit der Uhr zurück. Nun sah ich meine kleine Bibliothek durch, die man so vorsorglich für mich zusammengestellt hatte, und nahm mir die »Expedition von Lewis und Clarke zur Mündung des Columbiaflusses« vor. Damit vergnügte ich mich eine Zeitlang, bis ich müde wurde. Ich löschte die Kerze recht sorgfältig aus und fiel bald in gesunden Schlaf.

Als ich erwachte, war mir seltsam wirr zumute, und es verging einige Zeit, ehe ich mich auf die verschiedenen Umstände meiner Lage besinnen konnte. Allmählich aber fiel mir alles wieder ein. Ich zündete ein Licht an und sah nach der Uhr, aber sie war stehengeblieben, und so ließ sich nicht feststellen, wie lange ich geschlafen hatte. Meine Glieder waren verkrampft, und um sie zu lockern, mußte ich mich zwischen den Körben aufrichten. Gleich darauf verspürte ich einen Wolfshunger und entsann mich des ausgezeichneten kalten Hammelfleisches, von dem ich kurz vor dem Einschlafen gekostet hatte. Wie erstaunt war ich, als ich entdeckte, daß es ganz verdorben war! Das beunruhigte mich außerordentlich, denn im Zusammenhang mit meiner Verwirrung beim Erwachen ließ mich dieser Umstand vermuten, daß ich ungewöhnlich lange geschlafen hatte. Die dicke Luft des Kielraums mochte damit etwas zu tun haben und auf die Dauer recht ernste Folgen hervorrufen. Ich hatte sehr starke Kopfschmerzen und bildete mir ein, ich könnte nur mit Mühe Luft holen. Kurzum, eine Fülle düsterer Ahnungen bedrückte mich. Noch durfte ich es nicht wagen, die Falltür zu öffnen und so oder auf andere Art Unruhe zu stiften, und nachdem ich die Uhr aufgezogen hatte, schickte ich mich so gut wie möglich in meine Lage.

Während der nächsten vierundzwanzig ermüdenden Stunden kam mir niemand zu Hilfe, und ich konnte nicht anders, als Augustus der gröbsten Gleichgültigkeit zu beschuldigen. Ganz besonders beunruhigte es mich, daß mein Krug nur noch etwa eine halbe Pinte Wasser enthielt. Ich litt unter

Durst, denn nach dem Verlust der Hammelkeule hatte ich reichlich von den Bologneser Würsten gegessen. Mir wurde sehr unbehaglich zumute, und ich konnte für meine Bücher kein Interesse mehr aufbringen. Außerdem wurde ich vom Schlafbedürfnis überwältigt, doch der Gedanke, ihm nachzugeben, ließ mich zittern aus Furcht vor einem Verderben, wie es zum Beispiel brennende Holzkohle in der abgeschlossenen Luft des Kielraums hervorrufen mochte. Mittlerweile verriet mir das Schlingern der Brigg, daß wir auf hoher See waren, und an einem dumpfen, wie aus ungeheurer Ferne dringenden summenden Ton erkannte ich, daß eine nicht alltägliche steife Brise wehte. Es war mir unerklärlich, warum sich Augustus noch nicht hatte sehen lassen. Unsere Reise dauerte doch sicher schon lange genug, um mein Auftauchen zu erlauben. Kein Unglück, das ihm zugestoßen sein mochte, schien mir ein hinreichender Grund, mich so lange eingesperrt zu halten, außer er wäre plötzlich gestorben oder über Bord gefallen. Dieser Gedanke aber hätte mir die Geduld geraubt. Möglicherweise waren wir auch von Gegenwinden behindert worden und befanden uns noch in der Nähe von Nantucket. Diese Vorstellung mußte ich indessen aufgeben, denn dann hätte die Brigg öfter kreuzen müssen. Zu meiner Zufriedenheit merkte ich jedoch, daß sie all die Zeit vor einer starken Brise von Steuerbord gesegelt sein mußte, weil sie ständig nach Backbord neigte. Und überdies, angenommen, wir wären noch in der Nähe der Insel, warum hätte Augustus mich dann nicht aufsuchen und über die Umstände informieren sollen? Als ich so über die Schwierigkeiten meiner einsamen und trostlosen Lage nachdachte, beschloß ich, weitere vierundzwanzig Stunden durchzuhalten und dann, falls immer noch keine Hilfe käme, zu der Falltür vorzudringen, um entweder mit meinem Freund zu verhandeln oder wenigstens etwas frische Luft in der Öffnung zu schöpfen und neuen Wasservorrat aus der Kabine zu holen. Während ich noch diesem Gedanken nachhing, sank ich trotz aller gegenteiligen Anstrengungen in tiefen Schlaf oder vielmehr in eine Betäubung. Schreckliche Träume suchten mich heim. Alles erdenkliche Unglück und Grausen überfiel mich. Dämonen von höchst gespenstischem und grimmigem Aussehen erstickten mich unter ungeheuren Kissen. Gewaltige Schlangen hielten mich in ihrer Umarmung und starrten mir mit ihren böse glitzernden Augen ins Gesicht. Dann dehnten sich endlose Wüsten vor mir aus, öde und grauenerregend. Graue, blattlose, unermeßlich hohe Baumstämme schossen in unendlicher Folge aus dem Boden, so weit das Auge reichte. Ihre Wurzeln verbargen sich in weiten Morästen, deren öde Gewässer sich tiefschwarz, unbeweglich und unheimlich ausbreiteten. Die seltsamen Bäume schienen von menschlichem Leben durchpulst, und während sie mit ihren Skeletthänden hin und her winkten, flehten sie in den schrillsten und durchdringendsten Tönen der höchsten Todesnot und Verzweiflung das schweigsame Gewässer um Gnade an. Dann wechselte die Szene: Nackt und verlassen stand ich inmitten des brennenden Sandmeeres der Sahara. Zu meinen Füßen kauerte ein grimmiger Löwe der Tropen. Plötzlich öffnete er seine gierigen Augen und blickte mich an. Mit einem Ruck sprang er auf die Füße und fletschte seine furchtbaren Zähne. Im nächsten Augenblick brach aus seinem roten Schlund ein Gebrüll hervor wie ein Donnerschlag aus dem Himmelsgewölbe, und ich fiel heftig zu Boden. Schon erstickte ich in einem Kampf des Entsetzens, da fand ich mich halb wach wieder. Mein Traum war mehr als ein Traum. Jetzt war ich wenigstens wieder im Vollbesitz meiner Sinne. Die Pfoten eines großen leibhaftigen Scheusals lasteten auf meiner Brust, ich fühlte seinen heißen Atem im Ohr, seine weißen, grauenhaften Hauer schimmerten über mir in der Finsternis.

Hätten jetzt tausend Leben von der Regung eines Gliedes oder dem Aussprechen einer Silbe abgehangen, ich hätte mich weder rühren noch sprechen können. Die Bestie, wer sie auch sein mochte, blieb in ihrer Stellung, zunächst ohne mir Gewalt anzutun, während ich völlig hilflos und – wie ich mir einbildete – sterbend unter ihr lag. Ich fühlte, wie mich meine körperlichen und geistigen Kräfte verließen – mit einem Wort, ich fühlte, daß ich zugrunde ging, vor lauter Entsetzen. Mein Hirn schwamm, ich wurde von tödlichem Unwohlsein befallen, meine Sehkraft schwand, selbst die stierenden Augäpfel über mir wurden trüb. Mit einer letzten gewaltigen Anstrengung hauchte ich ein schwaches Stoßgebet zu Gott und ergab mich in den Tod. Der Klang meiner Stimme schien die ganze schlummernde Wut des Tieres zu wecken. In seiner vollen Länge stürzte es sich auf mich. Aber wie erstaunte ich, als es mit einem langen, leisen Winseln und den Zeichen außergewöhnlicher Freude und Anhänglichkeit mir Gesicht und Hände zu lecken begann! Ich war verwirrt und höchst erstaunt – aber das eigenartige Winseln von Tiger, meinem Neufundländer, und die besondere Art seiner Liebkosungen kannte ich nur zu gut. Er war es. Das Blut schoß mir plötzlich in die Schläfen – es war ein schwindelerregendes und überwältigendes Gefühl der Befreiung und Wiederbelebung. Rasch erhob ich mich von der Matratze, auf der ich gelegen hatte, und warf mich meinem treuen Gefährten und Freund an den Hals. Durch eine Flut leidenschaftlichster Tränen befreite ich meine Seele von der langen Beklemmung.

Wie schon zuvor hatte ich auch jetzt, da ich aufgestanden war, höchst undeutliche und verworrene Vorstellungen. Lange Zeit war es mir einfach unmöglich, einen Gedanken an den anderen zu reihen. Aber ganz allmählich kehrte meine Denkfähigkeit zurück, und ich rief mir die verschiedenen

Einzelheiten meiner Lage wieder ins Gedächtnis. Tigers Anwesenheit versuchte ich vergeblich zu erklären; und nachdem ich mir mit tausend verschiedenen Mutmaßungen den Kopf zerbrochen hatte, mußte ich mich mit der Freude begnügen, daß er bei mir war, um meine traurige Einsamkeit zu teilen und mich mit seinen Liebkosungen zu trösten. Gewiß lieben die meisten Menschen ihre Hunde, aber für Tiger empfand ich eine Zuneigung, deren Innigkeit ungewöhnlich war, und sicherlich hat kein Geschöpf sie je mehr verdient als er. Sieben Jahre lang war er mein unzertrennlicher Gefährte gewesen und hatte mir die vielfältigsten Beweise für all die edlen Eigenschaften geliefert, die wir am Hund schätzen. Ich hatte ihn als ganz junges Tier aus den Klauen eines kleinen Bösewichts befreit, der ihn an einem Strick um den Hals zum Wasser schleifte, und etwa drei Jahre später zeigte mir der nunmehr erwachsene Hund seine Dankbarkeit, indem er mich vor dem Knüppel eines Straßenräubers rettete.

Ich griff nach meiner Uhr, hielt sie ans Ohr und stellte fest, daß sie wiederum abgelaufen war. Das aber überraschte mich gar nicht, denn mein sonderbarer Zustand überzeugte mich davon, daß ich wie zuvor wieder längere Zeit geschlafen hatte; wie lange, konnte ich natürlich nicht sagen. Ich glühte vor Fieber, und mein Durst war beinahe unerträglich. Ich tastete in meinem Kasten nach dem geringen Wasservorrat; denn ich hatte kein Licht, da die Kerze ganz heruntergebrannt und die Schachtel mit den Phosphorhölzern nicht zur Hand war. Als ich den Krug endlich fand, mußte ich feststellen, daß er leer war. Tiger war zweifellos der Versuchung erlegen, das Wasser zu trinken und den Rest Hammelfleisch zu fressen, denn der säuberlich abgenagte Knochen lag neben dem Eingang der Kiste. Auf das verdorbene Fleisch konnte ich leicht verzichten, wenn ich aber an das Wasser dachte, wurde mir schwach ums Herz. Ich war maßlos erschöpft und wurde bei der geringsten Bewegung oder Anstrengung wie von Schüttelfrost befallen. Zu allem Unglück stampfte und rollte die Brigg so heftig, daß die Ölfässer jeden Augenblick von meinem Kasten herunterzufallen und so den einzigen Ein- oder Ausgang zu versperren drohten. Auch litt ich furchtbar unter der Seekrankheit. Das bewog mich, den Weg zur Falltür um jeden Preis zurückzulegen und sofortige Hilfe zu erbitten, solange ich dazu noch fähig war. Nach diesem Entschluß suchte ich nochmals nach Streichhölzern und Kerzen. Die Streichhölzer fand ich bald, nicht jedoch die Kerzen, obgleich ich mich ziemlich genau der Stelle zu entsinnen glaubte, wo ich sie hingelegt hatte. Ich gab das Suchen fürs erste auf, befahl Tiger, ruhig liegenzubleiben, und machte mich auf den Weg zur Falltür.

Bei diesem Versuch zeigte sich meine große Schwäche mehr als zuvor. Nur mit äußerster Mühe legte ich die Strecke kriechend zurück, immer wieder versagten mir die Glieder plötzlich den Dienst; dann fiel ich aufs Gesicht und war minutenlang so gut wie bewußtlos. Trotzdem kämpfte ich mich langsam vor, stets in Furcht, ich könnte in den engen, verworrenen Windungen zwischen dem Gerümpel in Ohnmacht fallen, was für mich den sicheren Tod bedeutet hätte. Bei einem gewaltsamen Vorstoß schlug ich mit der Stirn heftig gegen die scharfe Ecke einer eisenbeschlagenen Lattenkiste. Dieser Zwischenfall betäubte mich zwar nur wenige Minuten, doch mußte ich zu meinem unaussprechlichen Kummer feststellen, daß die Kiste durch das schnelle, heftige Schlingern des Schiffes verrutscht war und mir direkt den Weg versperrte. Selbst mit äußerster Anstrengung konnte ich sie nicht einen Zollbreit von der Stelle bewegen, denn sie war fest eingekeilt zwischen den anderen Kisten und dem Schiffszubehör. Schwach wie ich war, mußte ich nun entweder die Leitschnur loslassen und einen neuen Durchgang suchen oder das Hindernis überklettern und meinen Weg auf der andern Seite fortsetzen. Die erste Möglichkeit barg so viele Schwierigkeiten und Gefahren, daß ich nur mit Schaudern daran dachte. Bei meiner augenblicklichen geistigen und körperlichen Schwäche würde ich unweigerlich den Weg verfehlen und in dem gräßlichen, ekelhaften Labyrinth des Kielraums elend zugrunde gehen. Daher nahm ich ohne Zögern alle Kraft und allen Mut zusammen, die mir noch geblieben waren, und schickte mich an, über die Lattenkiste zu klettern, so gut es gehen mochte.

Als ich mich zu diesem Vorhaben aufgerichtet hatte, fand ich das Unternehmen noch weit schwieriger, als meine Furcht es sich ausgemalt hatte. Auf jeder Seite des engen Ganges erhob sich eine wahre Mauer von schwerem Gerümpel verschiedener Art, das mir beim geringsten Fehlgriff auf den Kopf zu stürzen drohte. Geschah das nicht, dann konnte mir das herabfallende Gerümpel den Rückweg völlig versperren. Die Kiste selbst war lang und unhandlich, und die Füße fanden keinen Halt an ihr. Auf jede erdenkliche Art versuchte ich, die obere Kante zu erreichen, um mich daran hochzuziehen. Wäre mir das geglückt, so hätte ganz sicher meine Kraft bei weitem nicht ausgereicht, um hinüberzugelangen, und es war in jeder Hinsicht besser, daß es mir mißlang. Bei einem verzweifelten Versuch schließlich, die Lattenkiste von unten anzugehen, fühlte ich so etwas wie ein starkes Vibrieren auf der mir zugekehrten Seite. Eifrig tastete ich nach den Kanten der Bretter und stellte fest, daß sich ein großes Brett gelockert hatte. Nach harter Arbeit mit meinem Taschenmesser, das ich zum Glück bei mir hatte, gelang es mir, das Brett völlig herauszuheben. Ich kroch durch die Öffnung und entdeckte zu meiner unbeschreiblichen Freude, daß die Bretter auf der Gegenseite fehlten – mit anderen Worten, es war kein Deckel da, und ich war durch den Boden eingedrungen. Ohne weitere Schwierigkeiten folgte ich nun der Leitschnur und fand schließlich den Nagel. Mit pochendem Herzen stand ich da und drückte sanft gegen die Falltür. Sie hob sich nicht so rasch, wie ich erwartet hatte; ich drückte etwas kräftiger dagegen, immer noch besorgt, jemand anderes als Augustus könnte in seiner Kabine sein. Doch zu meiner Verwunderung rührte sich die Tür nicht. Mir wurde etwas unbehaglich zumute, denn früher hatte es keiner oder nur sehr geringer Mühe bedurft, sie zu bewegen. Jetzt stieß ich kräftig dagegen – sie rührte sich trotzdem nicht – nun mit aller Kraft – sie gab noch immer nicht nach; wütend, rasend, verzweifelnd – sie trotzte meinen äußersten Anstrengungen; wie der unnachgiebige Widerstand erkennen ließ, war das Loch entweder entdeckt und zugenagelt oder aber eine ungeheure Last daraufgestellt worden, über deren Beseitigung man sich gar nicht erst Gedanken zu machen brauchte.

Ich war ungemein bestürzt und entsetzt. Vergeblich versuchte ich zu ergründen, warum ich auf diese Weise begraben war. Ich vermochte keinen Gedanken folgerichtig an den andern zu reihen, sank zu Boden und überließ mich widerstandslos den düstersten Vorstellungen, in denen die furchtbaren Todesarten des Verdurstens und Verhungerns, des Erstickens und des bei lebendigem Leibe Begrabenwerdens mich als die wesentlichsten Schrecknisse bedrängten, denen ich ausgesetzt sein konnte. Endlich faßte ich mich wieder etwas. Ich erhob mich und tastete nach den Ritzen und Spalten der Falltür. Ich fand sie und untersuchte genau, ob etwa aus dem Kabinenraum Licht hindurchschien, aber nichts war zu sehen. Dann zwängte ich mein Messer durch die Ritzen, bis ich auf etwas Hartes stieß. Ich kratzte daran und entdeckte, daß es ein solider Gegenstand aus Eisen war, den ich für eine Ankerkette hielt, da sie sich wellig anfühlte, wenn ich mit der Messerschneide darüberfuhr. Jetzt blieb mir nur noch der eine Weg, mich nach meinem Kasten zurückzutasten und mich dort entweder in mein trauriges Schicksal zu ergeben oder zu versuchen, mein Gemüt zu beruhigen und einen Plan für meine Rettung zu schmieden. Ich machte mich augenblicklich an den Versuch und gelangte nach unzähligen Schwierigkeiten schließlich zurück. Als ich völlig erschöpft auf meine Matratze sank, warf sich Tiger in seiner ganzen Länge neben mich, als wolle er mich in meinem Unglück durch seine Liebkosungen trösten und auffordern, es tapfer zu ertragen.

Schließlich aber machte mich sein seltsames Benehmen stutzig. Er leckte mir minutenlang Gesicht und Hände, hörte dann plötzlich auf und winselte leise. Streckte ich die Hand nach ihm aus, fand ich ihn immer wieder mit erhobenen Pfoten auf dem Rücken liegen. Daß er dies immerzu tat, erschien mir seltsam, und ich wußte keine Erklärung dafür. Der Hund war offenbar traurig, und ich schloß daraus, daß er wohl verletzt sein müsse. Ich nahm seine Pfoten und untersuchte sie einzeln, fand aber keine Spur einer Verletzung. Dann dachte ich, er sei hungrig, und gab ihm ein großes Stück Schinken, das er gierig verschlang – gleich danach aber gebärdete er sich wieder so merkwürdig. Nun glaubte ich, er sei wie ich von Durst gequält, und schon wollte ich diese Vermutung für die richtige halten, als mir einfiel, daß ich ja bis jetzt nur seine Pfoten untersucht hatte, er aber möglicherweise am Kopf oder am Körper verletzt sein konnte. Den Kopf befühlte ich sorgfältig, fand aber nichts. Doch als ich mit der Hand über den Rücken fuhr, merkte ich, wie sich dort sein Fell leicht sträubte. Ich tastete mit dem Finger und entdeckte eine Schnur, die um seinen Leib gewickelt war. Bei näherer Untersuchung stieß ich auf einen schmalen Streifen, der sich wie Briefpapier anfühlte und direkt unter der linken Schulter des Tieres befestigt worden war.

3

Mein erster Gedanke war, das Papier sei eine Nachricht von Augustus, der durch irgendeinen unvorhergesehenen Zwischenfall mich nicht aus meinem Verlies hatte befreien können und sich nun dieser Methode bediente, um mich über den Stand der Dinge zu unterrichten. Vor Ungeduld zitternd suchte ich nochmals nach den Phosphorhölzern und den Kerzen. Dunkel erinnerte ich mich, sie vor dem Einschlafen sorgfältig verwahrt zu haben, und noch vor meinem letzten Ausflug zur Falltür hatte ich die Stelle genau gewußt. Jetzt aber konnte ich mich einfach nicht erinnern und forschte verdrießlich wohl eine ganze Stunde lang ohne jedes Ergebnis nach den fehlenden Gegenständen – in einem qualvollen Zustand der Angst und Ungewißheit, der nicht zu überbieten war. Endlich, während ich, den Kopf dicht am Ballast, in der Nähe der Kastenöffnung, aber vor dieser herumtappte, bemerkte ich in Richtung des Zwischendecks einen schwachen Lichtschimmer. Höchst überrascht wollte ich gleich darauf zugehen, da er nur wenige Schritte von mir entfernt schien. Kaum hatte ich mich mit dieser Absicht in Bewegung gesetzt, da verlor ich den Lichtschimmer aus den Augen und mußte mich, um ihn wieder zu sehen, an dem Kasten entlangtasten, bis ich wieder an meinem ursprünglichen Standort war. Bewegte ich jetzt den Kopf vorsichtig hin und her, so näherte ich mich dem Licht, wenn ich ganz behutsam in entgegengesetzter Richtung zu der zuerst eingeschlagenen ging. Bald sah ich es vor mir, nachdem ich mich durch unzählige enge Windungen gezwängt hatte, und entdeckte, daß der Schein von einigen Überresten meiner Streichhölzer ausging, die in einem leeren, umgekippten Faß lagen. Ich wunderte mich, wie sie dorthin gelangt waren, als mir zwei oder drei Stückchen Kerzenwachs in die Finger gerieten, auf denen der Hund offenbar herumgekaut hatte. Daraus schloß ich sofort, daß er meinen Kerzenvorrat restlos aufgefressen hatte, und mir schwand alle Hoffnung, jemals die Botschaft von Augustus lesen zu können. Die spärlichen Wachsreste in dem Faß waren so mit Abfällen vermengt, daß ich von ihnen keinerlei Nutzen mehr erhoffte und sie liegenließ. Die wenigen Phosphorkrümel kratzte ich so gut wie möglich zusammen und kehrte damit nach großer Mühsal zu meinem Kasten zurück, wo Tiger die ganze Zeit über geblieben war.

Was ich nun tun sollte, wußte ich nicht. Im Laderaum war es so finster, daß ich nicht einmal die Hand vor Augen sah. Den weißen Papierstreifen konnte ich nur dann schwach erkennen, wenn ich ihn aus den Augenwinkeln, also leicht von der Seite betrachtete. Blickte ich indessen von oben auf den Streifen, so blieb er unsichtbar. Daran mag man die Finsternis in meinem Gefängnis ermessen, und die Nachricht meines Freundes – sofern sie überhaupt von ihm stammte – schien mich nur in noch größere Trübsal stürzen zu wollen, indem sie mein geschwächtes und erregtes Gemüt in sinnloser Weise beunruhigte. Vergeblich erwog mein Hirn eine Unmenge absurder Möglichkeiten, Licht zu schaffen – Möglichkeiten, wie sie vielleicht einem Menschen im Opiumschlaf einfallen, wenn jeder Einfall als der vernünftigste und dann wieder als der widersinnigste erscheint, je nachdem wie Verstand oder Phantasie aufflackern und sich gegenseitig verdrängen. Schließlich kam mir ein Gedanke, der vernünftig schien, und ich wunderte mich mit Recht, nicht schon vorher darauf verfallen zu sein. Ich legte den Papierstreifen auf einen Buchrücken, sammelte die Reste der Phosphorhölzer, die ich aus dem Faß mitgebracht hatte, und legte sie auf das Papier. Sodann strich ich rasch, aber gleichmäßig mit der Handfläche darüber hin. Augenblicklich ging von der Papieroberfläche ein helles Leuchten aus, und wäre das Papier beschrieben gewesen, hätte ich es sicher mühelos lesen können. Doch nicht eine Silbe war zu sehen – nichts als das trostlose, enttäuschende, unbeschriebene Blatt. Der Schein erlosch in wenigen Sekunden, und mit ihm erstarb mein Herz. Ich sagte bereits mehr als einmal, daß meine geistige Verfassung seit einiger Zeit fast an Schwachsinn grenzte. Sicherlich hatte ich vorübergehend lichte Augenblicke und dann und wann – wenn auch selten – Anwandlungen von Energie. Man darf nicht vergessen, daß ich sicherlich viele Tage lang die nahezu verpestete Luft im Laderaum eines Walfängers geatmet hatte und obendrein die meiste Zeit nur notdürftig mit Wasser versorgt gewesen war. In den letzten vierzehn oder fünfzehn Stunden hatte ich überhaupt kein Wasser gehabt, noch hatte ich in dieser Zeit geschlafen. Überaus stark gesalzene Speisen waren meine hauptsächliche und seit dem Verlust des Hammelfleischs meine einzige Nahrung gewesen, abgesehen von dem Schiffszwieback, der mir aber nichts nützte, da er zu trocken und zu hart war für meine geschwollene, ausgedörrte Kehle. Ich hatte nun hohes Fieber und fühlte mich in jeder Hinsicht schwer krank. Das mag erklären, warum viele trostlose Stunden voller Verzweiflung nach meinem letzten Versuch mit dem Phosphor vergingen, bevor mir der Gedanke kam, daß ich ja nur eine Seite des Papiers untersucht hatte. Ich versuche gar nicht, meinen Zorn zu schildern – ich glaube, Ärger war das vorherrschende Gefühl –, als mir meine unglaubliche Unachtsamkeit plötzlich bewußt wurde. Der Fehler selbst wäre unbedeutend gewesen, hätte nicht meine eigene Torheit und Übereilung meine Lage verschlimmert. Als ich auf dem Papierstreifen nicht ein Wort fand, hatte ich ihn in meiner Enttäuschung kindisch in Stücke gerissen und weggeworfen; wohin, wußte ich nicht mehr.

Nun war es Tigers Scharfsinn, der mich aus der schlimmsten Not befreite. Nach langem Suchen hatte ich ein Stückchen Papier gefunden und hielt es dem Hund unter die Nase, um ihm begreiflich zu machen, er müsse mir den Rest bringen. Obwohl ich ihn keins der üblichen Kunststücke gelehrt hatte, durch die sich seine Rasse auszeichnet, schien er zu meiner Verwunderung mein Anliegen sofort zu erfassen, und nachdem er einige Augenblicke herumgestöbert hatte, fand er bald einen weiteren ziemlich großen Papierstreifen. Er brachte ihn und blieb dann neben mir stehen, wobei er seine Nase an meiner Hand rieb und auf mein Lob zu warten schien. Ich streichelte seinen Kopf, und gleich zog er wieder los. Nun dauerte es einige Minuten, bis er zurückkam. Aber als er wieder auftauchte, brachte er einen großen Papierstreifen. Das war das letzte fehlende. Stück, denn ich hatte das Blatt offenbar nur in drei Teile zerrissen. Glücklicherweise fand ich die restlichen Phosphorstückchen mühelos, da sie noch schwache Leuchtkraft besaßen und mir so den Weg wiesen. Mein Mißgeschick hatte mich äußerste Vorsicht gelehrt, und jetzt nahm ich mir genügend Zeit zu überlegen, was zu tun sei. Sehr wahrscheinlich standen auf der noch nicht untersuchten Seite des Blattes einige Worte, aber welche war das? Das Zusammenfügen der einzelnen Teile gab mir keinen Anhaltspunkt, obgleich feststand, daß die Worte, falls sie zu finden waren, alle auf eine Seite in richtiger Reihenfolge geschrieben waren. Diese Frage mußte ich unbedingt klären, denn sollte mein jetziger Versuch mißlingen, so würde der Phosphorrest für einen dritten nicht mehr reichen. Wie zuvor legte ich das Papier auf ein Buch und wartete einige Minuten, um mir die Angelegenheit reiflich zu überlegen. Schließlich hielt ich es für möglich, daß die beschriebene Seite eine leichte Unebenheit der Oberfläche aufwies, die ich mit feinem Tastsinn entdecken konnte. Ich machte den Versuch und strich mit dem Finger ganz behutsam über die Vorderseite, aber nichts war zu spüren. Darauf wendete ich das Blatt und legte es wiederum auf das Buch. Abermals ließ ich meinen Zeigefinger vorsichtig darüber hingleiten, als ich einen äußerst schwachen, aber doch erkennbaren Schimmer wahrnahm, der meinem Finger folgte. Er mußte von einigen winzigen Phosphorteilchen herrühren, mit denen ich das Papier bei meinem vorherigen Versuch bedeckt hatte. Also konnte sich die Schrift, falls sich deren Vorhandensein nun endlich beweisen ließ, nur auf der Unterseite befinden. Ich wendete das Blatt um und verfuhr wie zuvor. Als ich den Phosphor hineingerieben hatte, trat das Leuchten wieder auf – diesmal aber erschienen deutlich mehrere Zeilen, die mit großer Handschrift und offenbar mit roter Tinte geschrieben waren. Der Schimmer war zwar hell genug, verschwand aber sofort wieder. Wäre ich nicht so überaus erregt gewesen, dann hätte ich genügend Zeit gehabt, alle drei Sätze zu lesen, denn drei Sätze waren es. In meiner grenzenlosen Angst, alles auf einmal lesen zu wollen, erfaßte ich aber nur die letzten Worte, und die lauteten: *»Blut – halte dich verborgen, dein Leben hängt davon ab.«*

Hätte ich den vollständigen Wortlaut der Nachricht, die ganze Bedeutung der Warnung, die mein Freund mir hatte zukommen lassen, erfahren können, so hätte mich die Enthüllung solch unaussprechlichen Unheils ganz gewiß nicht mit einem Zehntel des quälenden und dabei unbeschreiblichen Grauens erfüllt, wie dieses Bruchstück der Warnung es mir einflößte. Und *»Blut«*, dieses Wort vor allem, zu jeder Zeit so voller Geheimnis, Leid und Entsetzen – wie dreifach bedeutsam erschien es jetzt, wie frostig und inhaltsschwer, losgelöst von den vorangehenden Worten und somit bar jeder Erklärung fiel diese vage Silbe in die tiefe Finsternis meines Verlieses und in die letzten Winkel meiner Seele!

Augustus hatte zweifellos triftige Gründe für den Wunsch, ich möge in meinem Versteck bleiben, und ich hegte tausend Vermutungen, welcher Art sie wohl sein könnten, gelangte jedoch zu keiner befriedigenden Lösung des Rätsels. Kurz nach meinem letzten Gang zur Falltür und ehe Tiger meine Aufmerksamkeit durch sein sonderbares Benehmen auf sich gelenkt hatte, war ich zu dem Entschluß gekommen, mich den Leuten an Bord unbedingt bemerkbar zu machen oder, falls dies nicht gleich gelingen sollte, mir einen Weg durch das unterste Deck zu bahnen. Die schwache Hoffnung, das eine oder andere Ziel in äußerster Not zu erreichen, gab mir den Mut, den ich sonst nicht besessen hätte, meine mißliche Lage zu ertragen. Die wenigen Worte, die ich hatte lesen können, raubten mir indessen diese letzte Kraftquelle, und ich empfand nun zum erstenmal das ganze Elend meines Geschicks. Völlig verzweifelt warf ich mich wieder auf die Matratze, wo ich wohl einen Tag und eine Nacht lang wie in einer Betäubung lag, die nur durch kurze Augenblicke des Bewußtseins und der Erinnerung unterbrochen wurde.

Endlich erhob ich mich wieder und sann über die Schrecknisse nach, die mich umgaben. Es war mir kaum möglich, weitere vierundzwanzig Stunden ohne Wasser zu leben, geschweige denn noch länger. In den ersten Tagen meiner Gefangenschaft hatte ich den Likören reichlich zugesprochen, mit denen Augustus mich versorgt hatte, aber sie riefen nur Fieber hervor, ohne meinen Durst im geringsten zu stillen. Mir blieb noch etwa eine Viertelpinte von einer Art starkem Pfirsichschnaps, gegen den sich mein Magen auflehnte. Die Würste waren verzehrt, vom Schinken war nur ein Stückchen Schwarte übrig, den Schiffszwieback hatte Tiger bis auf einige Krümel gefressen. Zu allem Unglück wurden meine Kopfschmerzen immer schlimmer und damit auch eine Art Delirium, das mich seit jenem ersten Schlaf mehr oder weniger peinigte. Einige Stunden lang hatte ich nur äußerst mühsam atmen können, und jetzt war jeder

Atemzug mit schmerzhaften Krämpfen im Brustkorb verbunden. Aber es gab noch einen weiteren, ganz anderen Anlaß zur Beunruhigung, dessen qualvolle Schrecken mich vor allem aus meiner Betäubung rissen. Das war das Verhalten meines Hundes.

Als ich bei meinem letzten Versuch den Phosphor in das Papier rieb, beobachtete ich zum erstenmal eine Veränderung in seinem Benehmen. Leise knurrend stieß er mit der Nase gegen meine Hand, aber ich war damals zu aufgeregt, um dem Bedeutung beizumessen. Gleich danach warf ich mich – wie man sich erinnern wird – auf die Matratze und fiel in eine Art Lethargie. Da vernahm ich dicht an meinem Ohr ein sonderbares Zischen, das, wie ich feststellte, von Tiger verursacht wurde, der ganz erregt schnaufte und keuchte, wobei mich seine glühenden Augen durch die Finsternis wild anstarrten. Ich sprach auf ihn ein, worauf er mit schwachem Knurren antwortete und dann verstummte. Sofort versank ich aufs neue in meine Stumpfheit, aus der ich wie zuvor geweckt wurde. So ging das drei- oder viermal, bis mir sein Benehmen eine solche Furcht einjagte, daß ich hellwach wurde. Er lag nun an der Kastentür, knurrte fürchterlich, wenn auch nicht mehr ganz so laut, und knirschte mit den Zähnen, als leide er unter heftigen Krämpfen. Der Wasser- und Luftmangel im Laderaum hatte ihn zweifellos toll gemacht, und ich wußte nicht, wie ich mich verhalten sollte. Es war mir eine unerträgliche Vorstellung, ihn zu töten, und doch war es wohl für meine eigene Sicherheit unbedingt notwendig. Deutlich konnte ich seine Augen sehen, die mit geradezu tödlichem Haß auf mich gerichtet waren, und jeden Augenblick erwartete ich seinen Angriff. Schließlich ertrug ich diesen furchtbaren Zustand nicht länger und entschloß mich, den Kasten um jeden Preis zu verlassen und, falls er Widerstand leistete, ihm den Garaus zu machen. Um hinauszugelangen, mußte ich genau über ihn hinweg, und er schien meine Absicht schon zu ahnen; denn er richtete sich auf den Vorderpfoten auf – seine Augen waren nämlich plötzlich an einer anderen Stelle – und entblößte seine weißen Fänge, die deutlich zu sehen waren. Ich nahm den Rest der Schinkenschwarte und die Flasche Likör und verbarg sie an meinem Körper. Dann ergriff ich das lange Tranchiermesser, das mir Augustus dagelassen hatte, hüllte mich so fest wie möglich in meinen Mantel und machte einen Schritt auf die Öffnung des Kastens zu. Kaum hatte ich das getan, da sprang mir der Hund mit lautem Knurren an die Kehle. Sein ganzes Körpergewicht lastete auf meiner rechten Schulter. Ich fiel auf die Knie, mein Kopf geriet unter die Decken, die mich gegen seinen nächsten wütenden Angriff schützten, bei dem ich fühlte, wie der Hund seine scharfen Zähne kräftig in die Wolldecken um meinen Nacken schlug. Zum Glück konnten sie nicht durch alle Falten dringen. Ich lag nun unter dem Hund und wäre in wenigen Augenblicken völlig in seiner Gewalt gewesen. Die Verzweiflung jedoch verlieh mir Kraft, ich erhob mich mutig, schüttelte ihn mit aller Macht ab und schleifte die Decken hinter mir her, die ich nun über ihn warf. Ehe er sich herauswinden konnte, war ich durch die Tür und verschloß sie fest, um gegen seine Verfolgung geschützt zu sein. In dem Ringen hatte ich aber das Stück Schinkenschwarte fallen lassen und sah nun meinen ganzen Vorrat auf eine Viertelpinte Likör zusammengeschrumpft. Als ich das begriff, packte mich eine Anwandlung von Eigensinn, wie sie ein verzogenes Kind überkommen mag; ich hob die Flasche an die Lippen, leerte sie bis zum letzten Tropfen und schleuderte sie wütend zu Boden. Kaum war der Widerhall des Aufschlags verklungen, als ich jemand vom Zwischendeck her mit erregter, aber gedämpfter Stimme meinen Namen rufen hörte. Das kam so unerwartet, und der Laut hatte eine so heftige Gemütsbewegung zur Folge, daß ich vergebens nach Worten rang. Meine Zunge war wie gelähmt, krampfhaft zitternd und in schrecklicher Angst, mein Freund könnte mich für tot halten und umkehren, ohne mich zu suchen, stand ich zwischen den Lattenkisten an der Kastentür und rang keuchend nach Worten. Hätten deren tausend von einer einzigen Silbe abgehangen, ich hätte die eine nicht aussprechen können. Jetzt war irgendwo vor mir eine leichte Bewegung zwischen dem Gerümpel zu vernehmen, dann aber wurde das Geräusch undeutlicher und verlor sich mehr und mehr. Werde ich wohl je die Empfindungen dieses Augenblicks vergessen können? Er ging – mein Freund, mein Kamerad, von dem ich mit Recht so viel erhoffte! Er ging – er wollte mich aufgeben – er war verschwunden! Er wollte mich also elend umkommen, im scheußlichsten, ekelhaftesten Kerker verenden lassen – und ein Wort, ja nur eine kleine Silbe würde mich retten, und doch konnte ich diese einzige Silbe nicht hervorbringen. Gewiß empfand ich die Schrekken des Todes zehntausendfach. Mir wurde schwindlig, in tödlichem Unwohlsein fiel ich gegen den Kasten.

Bei meinem Sturz löste sich das Tranchiermesser aus meinem Hosengurt und fiel klirrend zu Boden. Die schönste Melodie hat meinem Ohr wohl nie so süß geklungen. Ich lauschte in höchster Beklemmung, ob Augustus auf das Geräusch reagierte; denn nur er konnte meinen Namen gerufen haben, das wußte ich. Eine Weile war alles still. Schließlich vernahm ich das Wort »Arthur«, das leise und ganz zögernd wiederholt wurde. Die neu erwachte Hoffnung löste mir sogleich die Zunge, ich schrie nun aus vollem Halse: »Augustus! ach Augustus!« – »Pst! Um Himmels willen, sei still!« erwiderte er, seine Stimme bebte vor Erregung, »gleich werde ich bei dir sein, wenn ich mir einen Weg durch den Laderaum gebahnt habe.« Lange Zeit hörte ich ihn im Gerümpel herumtappen, jeder Augenblick erschien mir wie eine Ewigkeit. Endlich fühlte ich seine Hand auf meiner Schulter, und da drückte er mir auch schon eine Flasche Wasser an die Lippen. Nur wer dem Schlund eines Grabes plötzlich entronnen ist oder wer die unerträglichen Qualen des Durstes unter gleich furchtbaren Umständen wie ich in meinem trostlosen Kerker kennengelernt hat, kann sich eine Vorstellung von dem unbeschreiblichen Entzücken machen, das mir ein langer Zug von diesem köstlichsten aller irdischen Genüsse bereitete.

Sobald ich meinen Durst einigermaßen gestillt hatte, zog mein Freund ein paar Kartoffeln aus der Tasche, die ich gierig hinunterschlang. Er hatte eine Blendlaterne mit einem Licht bei sich, dessen freundliche Strahlen mir kaum geringere Labsal als Speise und Trank spendeten. Aber ich war ungeduldig zu erfahren, warum er so lange fortgeblieben war, und er begann zu berichten, was sich während meiner Gefangenschaft an Bord ereignet hatte.

4

Wie ich vermutete, war die Brigg ungefähr eine Stunde, nachdem er mir die Uhr gebracht hatte, ausgelaufen. Das war am 20. Juni. Wie man sich erinnern wird, lebte ich damals seit drei Tagen im Laderaum, und während dieser Zeit herrschte an Bord und besonders in der Kajüte und den Luxuskabinen immerzu ein so lebhaftes Treiben und Hinundherlaufen, daß er keine Gelegenheit fand, mich aufzusuchen, ohne das Geheimnis der Falltür preiszugeben. Als er dann endlich kam und ich ihm versicherte, es gehe mir recht gut, war er die beiden nächsten Tage nicht sonderlich besorgt um mich. Dennoch lauerte er auf eine Gelegenheit, zu mir hinabzusteigen. Die aber bot sich erst am vierten Tag. In der

Zwischenzeit war er mehrmals drauf und dran gewesen, seinem Vater das Abenteuer zu entdecken und mich sofort heraufkommen zu lassen. Aber wir waren noch nicht weit genug von Nantucket entfernt, und nach verschiedenen Äußerungen, die Kapitän Barnard entschlüpft waren, mußte damit gerechnet werden, daß er augenblicklich wenden ließ, sobald er von meiner Anwesenheit an Bord wußte. Außerdem konnte sich Augustus, wie er mir erzählte, nach reiflichem Überlegen auch nicht recht vorstellen, daß ich mich in unmittelbarer Not befand oder in einer solchen Situation zögern würde, mich an der Falltür bemerkbar zu machen. Als er alles bedacht hatte, wollte er mich unten lassen, bis sich eine Gelegenheit bot, mich unbemerkt aufzusuchen. Dies geschah, wie bereits erwähnt, erst am vierten Tage nach Übergabe der Uhr und am siebenten nach meinem Einzug in den Laderaum. Er stieg ohne Wasser oder sonstige Vorräte zu mir hinab, da er mich zunächst nur rufen und zur Falltür kommen lassen wollte, um mich von der Kabine aus mit Proviant zu versorgen. Als er in dieser Absicht hinunterkletterte, stellte er fest, daß ich schlief, denn ich hatte anscheinend sehr laut geschnarcht. Nach meinem Dafürhalten war das der Schlummer, in den ich gesunken war, nachdem ich mir die Uhr von der Falltür geholt hatte, der demnach mindestens drei volle Tage und Nächte gedauert haben mußte. Ich habe inzwischen durch eigene Erfahrung und durch die Bestätigungen anderer gelernt, welch stark einschläfernde Wirkung die üble Ausdünstung besitzt, die von altem Fischtran auf engem Raum ausgeht. Denke ich an den Zustand des Laderaums, der mein Gefängnis war, und daran, wie lange die Brigg als Walfänger Dienst getan hatte, dann wundere ich mich eher darüber, nach dem Einschlafen überhaupt wieder erwacht zu sein, als über die Tatsache, die ganze Zeit ohne Unterbrechung geschlafen zu haben.

Augustus rief mich zuerst leise und hielt die Falltür dabei offen – aber ich gab keine Antwort. Danach schloß er die Tür, rief lauter und schließlich sehr laut, doch ich schnarchte weiter. Er wußte nicht, was tun. Es würde einige Zeit dauern, um durch das Gerümpel zu meinem Kasten vorzudringen, und inzwischen konnte Kapitän Barnard, der Augustus' Dienste ständig beim Ordnen und Abschreiben von Geschäftspapieren benötigte, seine Abwesenheit bemerken. Nach einigem Nachdenken beschloß er daher, wieder nach oben zu gehen, um eine andere Gelegenheit zum Besuch abzuwarten. Dieser Entschluß mußte ihm um so leichter fallen, als ich sehr friedlich zu schlafen schien und er nicht vermuten konnte, daß ich in der Gefangenschaft unter Unannehmlichkeiten litt. Er hatte das gerade bedacht, als seine Aufmerksamkeit auf einmal durch ungewöhnlichen Lärm, der offenbar aus der Kabine drang, gefesselt wurde. Schleunigst sprang er durch die Falltür, schloß sie und warf die Tür zu seiner Kajüte auf. Kaum hatte er den Fuß über die Schwelle gesetzt, da blitzte auch schon eine Pistole vor seinen Augen, und im selben Moment wurde er mit einer Hebestange niedergeschlagen. Eine kräftige Hand, die seinen Hals umklammert hielt, drückte ihn zu Boden, doch konnte er deutlich erkennen, was um ihn herum geschah. Sein Vater lag an Händen und Füßen gefesselt auf den Stufen der Kajütentreppe, mit dem Kopf nach unten. Aus einer tiefen Stirnwunde strömte unablässig Blut. Er gab keinen Laut von sich und lag offenbar im Sterben. Über ihm stand der erste Maat, der ihn mit teuflischem Hohn betrachtete und gemächlich seine Taschen durchsuchte, aus denen er alsbald eine Uhr und eine große Brieftasche hervorzog. Sieben Mann von der Besatzung – darunter der Koch, ein Neger – durchstöberten die Backbordkabinen nach Waffen, wo sie Flinten und Munition fanden. Außer Augustus und seinem Vater, Kapitän Barnard, waren im ganzen neun Mann in der Kabine, und das waren die wüstesten Gesellen der Besatzung. Die Schurken stiegen jetzt an Deck und schleppten meinen Freund mit, nachdem sie ihm die Arme auf den Rücken gebunden hatten. Sie begaben sich geradewegs zum Vorderdeck, das fest verschlossen war. Zwei der Meuterer hielten Wache mit der Axt in der Hand, zwei weitere sicherten die Hauptluke. Der Maat rief mit lauter Stimme: »Hört, ihr da unten! Herauf mit euch, einer nach dem andern, versteht ihr – und nicht gemuckst!« Einige Minuten vergingen, ehe jemand zum Vorschein kam. Schließlich stieg ein Engländer, ein Neuangemusterter, herauf, der jämmerlich heulte und den Maat aufs demütigste beschwor, er möge ihn schonen. Ein Axthieb auf die Stirn war die einzige Antwort. Der arme Teufel stürzte ohne einen Seufzer zu Boden, der schwarze Koch hob ihn wie ein Kind in seinen Armen auf und schleuderte ihn ins Meer. Als die Männer unten den Schlag und den Aufprall des Körpers hörten, konnten sie weder durch Drohungen noch durch Versprechungen bewogen werden, sich an Deck zu wagen, bis der Vorschlag gemacht wurde, sie auszuräuchern. Darauf stürmten sie gemeinsam nach oben, und vorübergehend schien es, als könnten sie die Brigg zurückerobern. Den Meuterern glückte es jedoch, das Vorderdeck abzusperren, ehe mehr als sechs ihrer Gegner heraufgekommen waren. Diese sechs, zahlenmäßig unterlegen und ohne Waffen, ergaben sich nach kurzem Kampf. Der Maat sprach freundlich mit ihnen – zweifellos in der Absicht, die Männer unter Deck zur Kapitulation zu bewegen, denn sie verstanden mühelos alles, was oben gesprochen wurde. Das Ergebnis bewies ebensosehr seinen Scharfsinn wie seine teuflische Niedertracht. Alle, die sich noch im Vorderdeck befanden, erklärten sich augenblicklich zur Kapitulation bereit, und einer nach dem andern kam herauf. Sie wurden gefesselt und zu den übrigen sechs geworfen; von der gesamten Besatzung waren es siebenundzwanzig Mann, die nicht an der Meuterei teilgenommen hatten. Nun folgte eine Szene grausamsten Abschlachtens. Die gefesselten Matrosen wurden ans Fallreep geschleppt. Hier stand der Koch mit einer Axt und versetzte jedem Opfer, das die anderen Meuterer über die Reling hielten, einen Schlag auf den Schädel. Zweiundzwanzig waren auf diese Weise hingemordet worden. Augustus hatte sich verloren gegeben und erwartete, daß jeden Augenblick die Reihe an ihn kam. Aber die Schurken schienen entweder müde oder von ihrer blutigen Arbeit angeekelt zu sein; denn den vier restlichen Gefangenen samt meinem Freund, die man mit den übrigen auf Deck geworfen hatte, gewährte man eine Frist, während der Maat Rum holen ließ und die gesamte Mörderbande sich einem Saufgelage hingab, das bis zum Sonnenuntergang dauerte. Nun begannen sie sich wegen des Schicksals der Überlebenden zu streiten, die höchstens vier Schritt entfernt lagen und jedes Wort mithören konnten. Auf einige der Meuterer schien der Rum besänftigend gewirkt zu haben; denn mehrere Stimmen wurden laut, man solle die Gefangenen allesamt freilassen unter der Bedingung, daß sie sich der Meuterei anschlössen und die Beute teilten. Der schwarze Koch aber, der in jeder Hinsicht ein wahrer Teufel war und ebensoviel – wenn nicht gar noch mehr – Einfluß besaß wie der Maat, wollte von einem derartigen Vorschlag nichts hören und stand einige Male auf, um seine Tätigkeit am Fallreep wiederaufzunehmen. Zum Glück hatte ihn der Rausch so überwältigt, daß die weniger Blutrünstigen der Runde ihn leicht im Zaume Halten konnten; unter diesen war ein Leinenführer namens Dirk Peters. Er war der Sohn einer Indianerin aus dem Stamme der Upsarokas, die inmitten der Schwarzen Berge nahe der Quelle des Missouri wie in einer Feste leben. Ich glaube, sein Vater war Pelzhändler oder hatte Verbindung mit den indianischen Handelsstationen am Lewisfluß. Nie habe ich einen Menschen gesehen, der einen grimmigeren Eindruck machte als Peters. Er war von kurzem Wuchs, nicht mehr als vier Fuß acht Zoll hoch, seine Gliedmaßen aber hatten herkulische Formen. Besonders seine Hände waren so ungeheuer dick und breit, daß sie kaum Menschenhänden glichen. Seine Arme wie auch seine Beine waren höchst sonderbar gekrümmt und wirkten daher ganz unbeweglich. Sein Schädel war gleichermaßen mißgebildet, von riesiger Größe, völlig kahl und mit einer Vertiefung, wie man sie bei den meisten Negern findet. Um seine Kahlheit, die nicht vom vorgerückten Alter herrührte, zu verdecken, trug er gewöhnlich eine Perücke von irgendeinem haarähnlichen Zeug – gelegentlich vom Fell eines spanischen Hundes oder eines amerikanischen Graubären. Damals hatte er ein Stück Bärenfell auf dem Kopf, was sein Gesicht, das die Merkmale der Upsarokas trug und von Natur aus wild war, nicht sanfter wirken ließ. Der Mund zog sich beinahe von einem Ohr zum andern; die Lippen waren schmal und schienen wie andere Körperteile keiner natürlichen Bewegung fähig, weshalb sein Gesicht nicht die mindeste seelische Regung widerspiegelte. Von seinem Gesichtsausdruck kann man sich ein Bild machen, wenn man sich vorstellt, daß die Zähne außergewöhnlich lang waren und hervorstanden und von den Lippen nicht einmal teilweise bedeckt wurden. Ein flüchtiger Blick hätte einen glauben lassen, dieser Mensch winde sich vor Lachen, beim genaueren Betrachten hingegen gelangte man schaudernd zu der Einsicht, diese Heiterkeit, wie sie sich in seinem Gesicht abzeichnete, müsse die Heiterkeit eines Teufels sein. Unter den Seefahrern von Nantucket gingen viele Anekdoten über diese sonderbare Gestalt um. Alle zeugten von seiner gewaltigen Stärke, über die er in der Erregung gebot, und einige hatten Zweifel an seinem Verstand aufkommen lassen. An Bord der »Grampus« betrachtete man ihn zur Zeit der Meuterei jedoch offenbar eher mit spöttischen als mit anderen Gefühlen. Ich habe so ausführlich von Dirk Peters erzählt, weil er trotz seines wilden Äußeren der eigentliche Retter meines Freundes wurde und weil ich ihn im Laufe meiner Erzählung noch oft erwähnen werde – in einer Erzählung, die, das möchte ich schon hier erwähnen, in ihren späteren Kapiteln Ereignisse berichten wird, die so völlig außerhalb menschlicher Erfahrung und daher ganz jenseits der Grenze menschlicher Einsicht liegen, so daß ich mich nicht der geringsten Hoffnung hingebe, Glauben für meinen Bericht zu finden. Doch ich vertraue der Zeit und dem Fortschritt der Wissenschaft, die sicherlich einige der wichtigsten und unwahrscheinlichsten Punkte meiner Angaben bestätigen werden.

Nach langer Unentschlossenheit und einigen heftigen Auseinandersetzungen kam man endlich überein, alle Gefangenen in einem der kleinsten Fangboote Wind und Wellen preiszugeben, Augustus ausgenommen, den Peters scherzend als seinen Sekretär beanspruchte. Der Maat stieg in die Kajüte hinab, um nachzusehen, ob Kapitän Barnard noch am Leben war. Man hatte ihn bekanntlich unten gelassen, als die Meuterer an Deck kamen. Die beiden erschienen bald, der Kapitän war zwar totenbleich, doch hatte er sich von den Folgen seiner Verwundung schon etwas erholt. Mit kaum hörbarer Stimme sprach er zu den Männern und flehte sie an, ihn nicht auszusetzen, sondern zu ihrer Pflicht zurückzukehren, wobei er ihnen versprach, er wolle sie an jeder gewünschten Stelle an Land setzen und keine Schritte zu ihrer gerichtlichen Verfolgung unternehmen. Er hätte ebensogut zu den Winden sprechen können. Zwei Halunken packten ihn an den Armen und stießen ihn über die Reling ins Boot, das man schon hinabgelassen hatte, während der Maat in die Kajüte gestiegen war. Die vier Männer, die noch an Deck lagen, wurden losgebunden, und man befahl ihnen, dem Kapitän zu folgen – ein Befehl, dem sie ohne jeden Widerstand nachkamen. Augustus mußte noch immer in seiner schmerzhaften Lage ausharren, obwohl er bat und flehte, man möge ihm nur die armselige Gunst gewähren, sich von seinem Vater zu verabschieden. Nun wurden eine Handvoll Zwieback und ein Krug Wasser hinabgereicht, aber weder Mast, Segel, Ruder oder Kompaß. Für ein paar Minuten nahm man das Boot ins Schlepptau, während die Meuterer abermals berieten; dann wurde das Tau gekappt. Darüber war es Nacht geworden, weder Mond noch Sterne schienen, und obwohl der Wind nur schwach wehte, wogte die See in bösen, kurzen Stößen. Das Boot geriet augenblicklich außer Sicht, für die unglücklichen Leidenden konnte man nicht viel Hoffnung hegen. Dieses Ereignis begab sich aber auf 35° 30' n. Br. und 61° 20' w. L., also nicht allzu weit von den Bermuda-Inseln entfernt. Augustus suchte daher in dem Gedanken Trost zu finden, das Boot könne entweder Land erreichen oder sich ihm zumindest nähern und auf Küstenschiffe stoßen. Die Brigg setzte nun alle Segel und nahm ihren ursprünglichen Kurs nach Südwest wieder auf, da die Meuterer sich zu einer Piratenfahrt entschlossen hatten, bei der sie offenbar ein Schiff auf seinem Weg von den Kapverdischen Inseln nach Puerto Rico abfangen wollten. Um Augustus kümmerte man sich nicht. Man hatte ihn losgebunden, und er durfte sich vor der Kajütentreppe frei bewegen. Dirk Peters behandelte ihn ziemlich freundlich und rettete ihn einmal vor der Brutalität des Kochs. Augustus' Situation blieb jedoch noch immer höchst bedenklich, da die Männer ständig betrunken waren und man sich auf die Dauer nicht auf ihre gute Laune oder auf die Arglosigkeit seiner Person gegenüber verlassen konnte. Seine Sorge um mich bezeichnete Augustus jedoch als das Bedrückendste an seiner Situation, und ich hatte gewiß nie Grund, an seiner aufrichtigen Freundschaft zu zweifeln. Mehr als einmal war er entschlossen gewesen, den Meuterern das Geheimnis meiner Anwesenheit an Bord zu enthüllen, aber einerseits hielt ihn die Erinnerung an die Grausamkeiten, die er miterlebt hatte, davon ab und andererseits die Hoffnung, mir bald Hilfe bringen zu können. Zu diesem Zweck lag er ständig auf der Lauer, aber trotz seiner unermüdlichen Wachsamkeit vergingen nach der Aussetzung des Bootes drei Tage, ehe sich eine Gelegenheit bot. Endlich, in der Nacht des dritten Tages, kam ein schwerer Sturm aus Ost auf, und alle Mann wurden an Deck befohlen, um die Segel einzuholen. Während des nun folgenden Durcheinanders gelangte er unbeobachtet nach unten in die Kabine. Mit Kummer und Entsetzen entdeckte er, daß man aus ihr einen Aufbewahrungsort für allerlei Schiffsvorräte und Ausrüstungsgegenstände gemacht hatte und daß mehrere Faden einer alten Ankerkette, die zunächst unter der Kajütentreppe gelegen hatten und nun hervorgeholt worden waren, um einer Kiste Platz zu machen, genau auf der Falltür lasteten! Es war unmöglich, die Ankerkette unbemerkt zu entfernen, und so schnell er konnte, ging er wieder an Deck. Als er oben erschien, fuhr ihm der Maat an die Kehle, fragte ihn, was er in der Kabine gemacht habe, und wollte ihn gerade über die Backbordreling schleudern, als ihm das Leben abermals durch Dirk Peters' Eingreifen gerettet wurde. Augustus wurden Handschellen angelegt, von denen mehrere Paar an Bord waren, und die Füße fest zusammengebunden. Darauf wurde er ins Zwischendeck gebracht und in eine der unteren Kojen in der Nähe des Vorderdeckschotts geworfen, wobei man ihm versicherte, er werde niemals wieder einen Fuß auf Deck setzen, »solange die Brigg eine Brigg sei«. Das waren die Worte des Kochs, der ihn in die Koje warf.

Was er mit dieser Formulierung eigentlich meinte, ist schwer zu sagen. Die ganze Angelegenheit sollte jedoch zu guter Letzt der Anlaß zu meiner Befreiung werden, wie man gleich sehen wird.

5

Als der Koch das Vorderdeck verlassen hatte, gab sich Augustus für einige Minuten der Verzweiflung hin, denn er hatte keine Hoffnung, die Koje lebendig zu verlassen. Er nahm sich nun vor, dem ersten Mann, der herunterkäme, von mir zu erzählen; denn er hielt es für besser, wenn ich mein Glück bei den Meuterern versuchte, anstatt im Kielraum zu verdursten. Zehn Tage saß ich nun schon unten gefangen, und im Krug war kaum für vier Tage Wasser gewesen. Als er über die Angelegenheit nachdachte, kam ihm plötzlich der Einfall, er könne vielleicht durch den Hauptladeraum zu mir gelangen. Unter anderen Umständen hätten ihn die Schwierigkeiten und Wagnisse von dem Unternehmen abgehalten, jetzt aber hatte er wenig vom Leben zu erhoffen und folglich wenig zu verlieren, und er wandte sich daher ganz dieser einen Aufgabe zu.

Sein erster Gedanke galt den Handschellen. Er sah zunächst keine Möglichkeit, sich ihrer zu entledigen, und fürchtete, sein Plan sei somit von Anfang an zum Scheitern verurteilt. Bei näherem Zusehen aber bemerkte er, daß er die Eisen mühelos an – und ablegen konnte, indem er die Hände lediglich hindurchzwängte – diese Art Handfesseln war für junge Menschen, deren verhältnismäßig weiche Knochen noch leicht einem Druck nachgeben, völlig ungeeignet. Nun band er seine Füße los, ließ aber den Strick so hängen, daß er ihn, falls irgend jemand herunterkam, leicht wieder befestigen konnte, und untersuchte dann das Schott, das an seine

Koje grenzte. Die Trennwand bestand hier aus weichen, zolldicken Kiefernholzbrettern, aus denen er mühelos eine Öffnung zum Durchschlüpfen herausschneiden konnte. Da hörte er eine Stimme an der Kajütentreppe des Vorderdecks und hatte gerade noch Zeit, seine Rechte in die Handschelle zu zwängen – die Linke war noch gefesselt – und den Strick im Schifferknoten um seine Knöchel zu winden, als Dirk Peters herabkam. Ihm folgte Tiger, der sofort in die Koje sprang und sich niederlegte. Augustus hatte den Hund an Bord gebracht, da er meine große Zuneigung zu dem Tier kannte und glaubte, es würde mir Vergnügen bereiten, ihn während der Seereise um mich zu haben. Gleich nachdem er mich im Laderaum versteckt hatte, holte er Tiger bei uns zu Hause ab, vergaß aber, als er mir die Uhr brachte, davon etwas zu erwähnen. Augustus hatte ihn seit der Meuterei nicht mehr gesehen und angenommen, einer der Schurken aus der Bande des Maats hätte ihn über Bord geworfen. Wie sich dann aber herausstellte, war der Hund durch eine Öffnung unter ein Walfangboot gekrochen, aus dem es für ihn kein Entweichen mehr gab, weil er sich nicht umdrehen konnte. Schließlich befreite ihn Peters und brachte meinem Freund in einer Anwandlung von Mitgefühl, das dieser wohl zu schätzen wußte, Tiger jetzt als Gefährten ins Vorderdeck, dazu etwas zähes Pökelfleisch, Kartoffeln und eine Kanne Wasser. Dann ging er an Deck und versprach, am nächsten Tag wieder etwas zu essen zu bringen.

Als er verschwunden war, befreite Augustus seine Hände aus den Handschellen und band seine Füße los. Dann schlug er das Kopfende seiner Matratze zurück und bohrte sein Taschenmesser – die Schurken hatten es nicht für nötig befunden, ihn zu durchsuchen – in eine Planke möglichst weit unten am Kojenboden. Diese Stelle hatte er deshalb ausgesucht, damit er bei einer etwaigen Überraschung sein Werk verbergen konnte, indem er das Kopfende der Matratze in die alte Lage brachte. An diesem Tag wurde er jedoch nicht mehr gestört, und am späten Abend hatte er die Planke ganz zertrennt. Ich muß hier erwähnen, daß niemand von der Mannschaft im Vorderdeck schlief; denn seit der Meuterei hausten sie zusammen in der Kajüte, wo sie sich an den Weinen und anderen Vorräten Kapitän Barnards gütlich taten und sich nicht mehr als unbedingt nötig um die Führung der Brigg kümmerten. Und diese Zustände waren ein Glück für mich und Augustus; denn unter anderen Bedingungen hätte mein Freund unmöglich zu mir vordringen können. So aber ging er voller Zuversicht an die Ausführung seines Planes. Der neue Tag brach indessen schon an, ehe es ihm gelang, die Planke etwa einen Fuß über dem ersten Einschnitt an einer zweiten Stelle durchzutrennen und somit eine Öffnung zu schaffen, die groß genug war, um bequem ins unterste Hauptdeck zu gelangen. Von dort bahnte er sich ohne große Mühe einen Weg zur unteren Hauptluke, wobei er allerdings über Reihen von Ölfässern klettern mußte, die sich beinahe bis zum Oberdeck türmten und kaum Platz für ihn ließen. Als er bei der Luke stand, bemerkte er, daß Tiger ihm nach unten gefolgt war und sich zwischen zwei Faßreihen durchzwängte. Es war jedoch schon zu spät, um noch vorm Morgengrauen zu mir zu gelangen; denn der untere Laderaum mit den dort gestauten Gütern stellte den schwierigsten Teil des Weges dar. Er wollte daher umkehren und bis zum nächsten Abend warten. Vorsorglich öffnete er die Luke einen Spalt, um bei seiner Rückkehr möglichst wenig Zeit zu verlieren. Kaum hatte er sie ein wenig gelüftet, als Tiger ungeduldig zu der schmalen Öffnung sprang, kurz schnüffelte und dann in langes Winseln ausbrach, Wobei er ängstlich kratzte, als wolle er den Deckel mit seinen Pfoten beiseite schieben. Sein Verhalten ließ keinen Zweifel darüber, daß er meine

Anwesenheit im Laderaum spürte, und Augustus glaubte, der Hund würde zu mir finden, wenn er ihn hinunterließ. Da fiel ihm der Ausweg ein, mir eine Nachricht zu senden; denn es war ja höchst wünschenswert, wenn ich in der augenblicklichen Situation keinen Versuch zu meiner Befreiung unternahm, zumal auch noch nicht feststand, ob er am nächsten Tag seine Absicht verwirklichen und zu mir kommen konnte. Später stellte sich heraus, wie nützlich sein Gedanke war; ohne seine Nachricht wäre ich sicher auf irgendeinen verzweifelten Plan verfallen, die Mannschaft zu alarmieren, und unser beider Leben wäre höchstwahrscheinlich verloren gewesen.

Nachdem er sich einmal zum Schreiben entschlossen hatte, erhob sich die Schwierigkeit, Schreibutensilien zu beschaffen. Ein alter Zahnstocher wurde schnell in eine Schreibfeder verwandelt, wobei sich Augustus nur auf seinen Tastsinn verlassen konnte; denn im Zwischendeck war es stockdunkel. Als Schreibpapier diente die Rückseite eines Briefes – ein Duplikat des gefälschten Schreibens von Herrn Ross. Es war der erste Entwurf, da aber die Handschrift nicht täuschend genug nachgeahmt war, hatte Augustus einen zweiten Brief geschrieben und den ersten glücklicherweise in seine Jackentasche gesteckt, wo er ihn nun genau im richtigen Moment entdeckte. Jetzt brauchte er nur noch Tinte, und ein Ersatz dafür war schnell gefunden. Er schnitt sich mit dem Taschenmesser unmittelbar über dem Nagel in einen Finger, worauf aus der Wunde reichlich Blut floß, wie das bei Verletzungen an dieser Stelle zu sein pflegt. Darauf schrieb er den Brief, so gut das in der Dunkelheit und unter den Umständen ging. Er erklärte kurz, daß eine Meuterei ausgebrochen und Kapitän Barnard ausgesetzt worden war. Mir selbst würde, zumindest was Lebensmittel anlangte, baldige Hilfe zuteil werden, nur dürfte ich keinerlei Unruhe stiften. Zum Schluß hieß es: »*Ich habe dies mit meinem Blut gekritzelt; halte dich verborgen, dein Leben hängt davon ab.*«

Diesen Papierstreifen befestigte Augustus an dem Hund und ließ ihn durch die Luke hinab. Dann kehrte er auf dem günstigsten Weg zum Vorderdeck zurück und hatte nicht den Eindruck, daß irgend jemand von der Besatzung in seiner Abwesenheit dagewesen war. Um das Loch in der Trennwand zu verdecken, stieß er sein Messer genau über der Öffnung in die Wand und hängte eine Matrosenjacke, die er in der Koje fand, daran auf. Dann legte er sich die Handschellen und den Fußstrick wieder an.

Kaum waren diese Vorkehrungen getroffen, als Dirk Peters stark betrunken, aber in ausgezeichneter Stimmung herunterkam und die Tagesration für meinen Freund brachte. Sie bestand aus einem Dutzend gerösteter großer irischer Kartoffeln und einem Krug Wasser. Er blieb eine Weile auf einer Kiste neben der Koje sitzen und sprach ganz offen über den Maat und die Zustände auf der Brigg. Sein Benehmen war höchst wunderlich, ja sogar grotesk, und einmal war Augustus durch sein sonderbares Verhalten sehr beunruhigt. Schließlich stieg er wieder an Deck und murmelte, er werde dem Gefangenen morgen bestimmt ein gutes Essen bringen. Im Laufe des Tages kamen noch zwei Harpuniere der Besatzung zusammen mit dem Koch herunter, alle drei im Zustand höchster Trunkenheit. Sie sprachen genau wie Peters ohne Hemmungen über ihre Pläne. Sie schienen untereinander sehr uneinig über den einzuschlagenden Kurs zu sein, nur in einem Punkt waren sie einer Meinung, nämlich das Schiff von den Kapverdischen Inseln anzugreifen, das sie stündlich erwarteten. Die Meuterei war allem Anschein nach nicht allein um der Beute willen angezettelt worden, sondern ein persönlicher Groll des ersten Maats gegen Kapitän Barnard war der eigentliche Anlaß gewesen. Jetzt schienen zwei wesentliche Parteien in der Mannschaft zu bestehen, die des Maats und die des Kochs. Jene wollten das erste geeignete Schiff, das auftauchte, kapern und es auf einer der Westindischen Inseln als Piratenschiff ausrüsten. Die zweite Partei jedoch, die an Zahl stärker war und der unter anderen auch Dirk Peters angehörte, wollte den ursprünglichen Kurs der Brigg nach dem südlichen Stillen Ozean beibehalten und dort entweder Wale fangen oder irgend etwas anderes unternehmen, wie sich das gerade ergeben würde. Peters, der schon oft in diesen Gegenden gewesen war, machte mit seinen Berichten offensichtlich großen Eindruck auf die Meuterer, die unentschlossen zwischen Gewinn und Vergnügen hin und her schwankten. Er erzählte ihnen ausführlich von der fremdartigen Welt der zahllosen pazifischen Inseln und all den Freuden, die sie dort in völliger Geborgenheit und frei von jeglichem Zwang genießen konnten, besonders aber rühmte er das angenehme Klima, das üppige Leben und die wollüstige Schönheit der Frauen. Noch war nichts Endgültiges beschlossen worden, aber die Schilderungen des Mischlings hatten die glühende Phantasie der Seeleute in ihren Bahn geschlagen, und es war mehr als wahrscheinlich, daß sein Vorschlag zu guter Letzt in die Tat umgesetzt werden würde.

Etwa nach einer Stunde entfernten sich die drei Männer, und an diesem Tag betrat niemand mehr das Vorderdeck. Augustus blieb bis zum späten Abend still liegen. Dann befreite er sich von dem Strick und den Eisen und bereitete sich auf sein Unternehmen vor. In einer der Kojen fand er eine Flasche, die er mit Wasser aus dem Krug füllte, den Peters zurückgelassen hatte; in seine Taschen steckte er kalte Kartoffeln. Zu seiner großen Freude entdeckte er auch noch eine Laterne mit einem Stückchen Talgkerze, die er jederzeit anzünden konnte, da er noch eine Schachtel Phosphorhölzer besaß. Als es ganz dunkel war, kroch er durch das

Loch im Schott. Zuvor hatte er vorsichtshalber das Bettzeug in seiner Koje so geordnet, daß es aussah, als läge ein Mensch darunter. Als er durch die Öffnung gekrochen war, hängte er die Matrosenjacke wie vorher an seinem Taschenmesser auf, um den Spalt zu verdecken, und da er das fehlende Plankenstück erst danach einsetzte, ließ sich das leicht machen. Er war jetzt im untersten Hauptdeck und bahnte sich wie zuvor zwischen den Ölfässern und dem Oberdeck einen Weg zur Hauptluke. Hier angekommen, zündete er die Kerze an und stieg hinunter, wobei er sich nur mit größter Mühe durch den vollgestopften Laderaum tastete. Schon nach wenigen Minuten beunruhigten ihn der unerträgliche Gestank und die stickige Luft. Er hielt es kaum für möglich, daß ich meine Einkerkerung in dieser drückenden Luft so lange ertragen hatte. Wiederholt rief er meinen Namen, erhielt aber keine Antwort, und so schienen sich seine Befürchtungen zu bestätigen. Die Brigg stampfte heftig und machte daher solchen Lärm, daß es zwecklos war, auf ein so schwaches Geräusch wie etwa meine Atemzüge oder mein Schnarchen zu achten. Er öffnete die Laterne und hielt sie so hoch wie möglich, damit ich an dem Lichtschein erkennen konnte, daß Hilfe nahte – so ich überhaupt noch am Leben war. Noch immer hörte er keinen Laut, und wenn er zuerst nur vermutet hatte, ich sei tot, so wurde die Vermutung jetzt zur Gewißheit. Dennoch beschloß er, sich gewaltsam einen Weg zu meinem Kasten zu bahnen und wenigstens festzustellen, ob seine Vermutungen zutrafen. Von äußerster Besorgnis getrieben, arbeitete er sich vorwärts, aber schließlich fand er den Durchgang völlig verstopft und mußte einsehen, daß er auf dem eingeschlagenen Weg nicht weiterkam. Von Schmerz gepackt, warf er sich zwischen das Gerümpel und heulte wie ein Kind. Da hörte er auf einmal das Klirren der Flasche, die ich auf den Boden geworfen hatte. So unbedeutend das Vorkommnis erscheinen mag, so glückbringend war es, hing doch mein Schicksal allein davon ab. Das erkannte ich allerdings erst nach vielen Jahren. Augustus, der seine Schwäche und Unentschlossenheit bedauerte, verschwieg mir nämlich zunächst beschämt, was er mir später im vertraulichen Gespräch ohne Scheu enthüllte. Angesichts der schier unüberwindlichen Hindernisse hatte mein Freund damals beschlossen, jeden weiteren Versuch, zu mir zu gelangen, aufzugeben und zum Vorderdeck zurückzukehren. Ehe man ihn deshalb verdammt, möge man die entmutigenden Umstände in Betracht ziehen, die ihn der Fassung beraubten. Die Nacht neigte sich ihrem Ende zu, seine Abwesenheit vom Vorderdeck konnte, ja mußte unweigerlich bemerkt werden, wenn er nicht bis Tagesanbruch in die Koje zurückkehrte. Die Kerze war am Verlöschen, und im Dunkeln würde er den Weg zur Luke nur unter größten Schwierigkeiten zurückfinden. Außerdem hatte er allen Grund, mich für tot zu halten. Was hätte es mir in diesem Falle noch genützt, wenn er einer Welt von Gefahren zum Trotz mein Versteck erreicht hätte, ohne mir eine Wohltat damit zu erweisen? Er hatte mich mehr als einmal gerufen, ohne eine Antwort zu erhalten. Ich hatte jetzt, elf Tage und Nächte mit dem wenigen Wasser zugebracht, das er mir im Krug dagelassen hatte, ein Vorrat, mit dem ich zu Beginn meiner Gefangenschaft wahrscheinlich nicht sparsam umgegangen war, durfte ich doch mit gutem Grund auf meine baldige Befreiung hoffen. Auf Augustus, der aus der verhältnismäßig frischen Luft des Zwischendecks kam, mußte der Gestank im Laderaum viel unerträglicher gewirkt haben als damals auf mich bei meinem Einzug in den Kasten, als die Luke vorher monatelang offengestanden hatte. Fügt man all diesen Überlegungen noch die Szene des Grauens und Blutvergießens hinzu, die mein Freund kurz zuvor erlebt hatte, seine Haft, die Entbehrungen, sein knappes Entrinnen vor dem Tod, die schwachen und fragwürdigen Rechte, die ihm sein Leben bis jetzt gerettet hatten – lauter Umstände, die jegliche Willenskraft nur allzuleicht lähmen –, dann wird der Leser gleich mir das scheinbare Versagen seiner Freundschaft und seines Glaubens eher mit Gefühlen der Sorge als denen des Ärgers betrachten.

Augustus hatte den Aufprall der Flasche deutlich gehört, und doch war er sich nicht sicher gewesen, ob das Geräusch aus dem Laderaum kam. Immerhin hatte ihn dieser Zweifel zum Bleiben bewogen. Er kletterte über das Staugut fast bis zum untersten Deck und wartete, bis das Stampfen des Schiffes nachließ. Dann rief er so laut wie möglich meinen Namen, ohne in diesem Augenblick daran zu denken, er könnte von der Mannschaft gehört werden. Wie man sich erinnern wird, vernahm ich seinen Ruf diesmal, war aber in meiner heftigen Erregung zu keiner Antwort fähig. Er war nun überzeugt, daß seine schlimmsten Befürchtungen nur allzu begründet waren, und so stieg er herab, um schnellstens zum Vorderdeck zurückzukehren. In der Eile warf er einige kleine Kisten um, und bekanntlich hörte ich dieses Geräusch. Er war schon ein ganzes Stück vorangekommen, als das Aufschlagen meines Messers ihn erneut zögern ließ. Er kehrte augenblicklich um, kletterte ein zweites Mal über das Staugut und wartete, bis das Stampfen nachließ, dann rief er meinen Namen so laut wie zuvor. Diesmal formte meine Stimme eine Antwort. In seiner übergroßen Freude, mich noch am Leben zu finden, war er jetzt bereit, jedes Risiko und jede Gefahr zu wagen, um zu mir zu gelangen. Er wand sich so schnell wie eben möglich aus dem Wust des Gerümpels, das ihn umgab, bis er schließlich einen günstigeren Durchgang entdeckte und nach mancherlei Beschwerden völlig erschöpft an meinem Kasten ankam.

6

Während wir uns in der Nähe des Kastens aufhielten, berichtete mir Augustus zunächst nur die wesentlichsten Punkte dieser Erzählung. Erst später ging er auf alle Einzelheiten ein. Er befürchtete, vermißt zu werden, und ich brannte vor Ungeduld, aus meinem verhaßten Gefängnis herauszukommen. Wir beschlossen, uns unverzüglich zu dem Loch im Schott aufzumachen, durch das er verschwinden und auf Erkundung ausgehen wollte, während ich zunächst dort warten sollte. Der Gedanke, Tiger im Verlies zurückzulassen, war uns beiden unerträglich; aber was blieb uns übrig? Er schien jetzt ganz ruhig zu sein, selbst wenn wir das Ohr an die Kastenwand preßten, konnten wir ihn nicht atmen hören. Ich war überzeugt, daß er tot war, und öffnete die Tür. Er lag lang ausgestreckt, anscheinend völlig betäubt da, lebte aber noch. Es war keine Zeit mehr zu verlieren, und doch konnte ich es nicht über mich bringen, ein Tier, dem ich zweimal mein Leben verdankte, im Stich zu lassen, ohne seine Rettung zu versuchen. So gut wir konnten, schleppten wir ihn mit, wenn auch unter unsäglicher Mühe und Erschöpfung. Augustus mußte des öfteren mit dem schweren Hund im Arm über Hindernisse klettern – eine Heldentat, zu der ich in meinem Zustand völlig unfähig gewesen wäre. Schließlich erreichten wir das Loch, Augustus kroch hindurch, Tiger wurde hinterdrein geschoben. Wir fanden alles in Ordnung und säumten nicht, Gott für die Errettung aus der großen Gefahr zu danken, der wir entronnen waren. Fürs erste sollte ich in der Nähe der Öffnung bleiben, durch die mein Gefährte mich mit einem Teil seiner täglichen Nahrungsration versorgen konnte; außerdem hatte ich hier verhältnismäßig frische Luft.

Einige Stellen dieser Erzählung, an denen ich vom Stauen der Ladung auf der Brigg gesprochen habe, mögen etlichen meiner Leser, die ein ordnungsgemäßes und sorgfältiges Stauen kennen, zweifelhaft erscheinen. Ich muß hier erwähnen, daß Kapitän Barnard an Bord der »Grampus« dieser höchst wichtigen Aufgabe so fahrlässig nachgekommen war, daß man es geradezu schändlich nennen muß. Er war keineswegs ein so umsichtiger und erfahrener Seemann, wie das für den gefahrenreichen Dienst, den er zu versehen hatte, geboten erschien. Ein ordnungsgemäßes Stauen der Ladung muß sorgfältig durchgeführt werden, und viele verheerende Schiffsunglücke, die ich aus eigener Erfahrung kenne, sind aus Unwissenheit oder Nachlässigkeit in diesem Punkt entstanden. Küstenfahrzeuge, die häufig und in großer Eile Ladung an Bord nehmen oder löschen, fallen am ehesten der mangelnden Sorgfalt beim Stauen zum Opfer. Es muß vor allem dafür gesorgt werden, daß die Ladung oder auch der Ballast beim heftigen Schlingern des Schiffes ihre Lage nicht verändern. So muß man nicht nur die Ladung selbst, sondern auch die Art der einzelnen Ladungen genau beachten und ferner die Frage, ob es sich um eine volle oder nur um eine Teilladung handelt. In den meisten Fällen wird die Fracht mit Hilfe einer Druckschraube gestaut. So wird zum Beispiel eine Ladung Tabak oder Mehl so fest in den Kielraum des Schiffes eingepreßt, daß die Säcke oder Ballen beim Löschen ganz flach gedrückt sind und erst nach einiger Zeit wieder ihre eigentliche Form annehmen. Diese Methode wendet man in erster Linie an, um im Laderaum mehr Platz zu gewinnen; denn bei einer *vollen* Ladung mit Gütern wie Tabak oder Mehl besteht keine Gefahr, daß sie ins Rutschen kommen oder gar ernstliche Schwierigkeiten verursachen. Es sind allerdings auch Fälle vorgekommen, wo diese Methode des engen Stauens mit der Schraube höchst bedauerliche Folgen hatte; hierbei lag die Ursache jedoch nicht in einer Verschiebung der Ladung. Es ist bekannt, daß beispielsweise eine fest gepreßte Ladung Baumwolle unter bestimmten Bedingungen durch Ausdehnung ein Schiff auf See auseinandergesprengt hat. Etwas Ähnliches könnte zweifellos auch bei fermentierendem Tabak vorkommen, wenn sich nicht die Zwischenräume, die auch bei runder Ballenform entstehen, günstig auswirken.

Mithin muß man vor allem bei der Teilladung, wo die Gefahr einer Verschiebung der Ladegüter am größten ist, alle entsprechenden Vorkehrungen treffen, um einer Katastrophe vorzubeugen. Nur wer einen heftigen Sturm oder vielmehr das schwere Rollen des Schiffes bei einer plötzlichen Flaute nach einem solchen Sturm erlebt hat, kann sich die ungeheure Kraft vorstellen, mit der das Schiff hin und her geworfen wird und die folglich auf alle nicht genügend festgemachten Gegenstände einwirkt. Besonders bei Teilladungen erkennt man dann, wie wichtig ein sorgfältiges Stauen ist. Ein beigedreht liegendes Schiff – wenn es noch dazu ein schmales Vorsegel hat und sein Bug nicht einwandfrei gebaut ist – wird sich häufig weit zur Seite neigen; das kann sich im Durchschnitt alle fünfzehn bis zwanzig Minuten ohne ernste Folgen wiederholen, *wenn nur die Stauung einwandfrei ist.* Hat man aber diese Vorsicht nicht walten lassen, dann wird die gesamte Ladung gleich beim ersten Überholen durcheinandergeworfen und auf die Seite geschleudert, nach der sich das Schiff neigt. Dadurch kann sich das Schiff nicht mehr aufrichten – was bei sachgemäßem Stauen der Fall wäre. Es läuft ohne Zweifel in wenigen Sekunden voll und geht unter. Es ist nicht übertrieben zu sagen, daß mindestens die Hälfte der Unfälle, bei denen Schiffe infolge schwerer Stürme auf See untergingen, auf unsachgemäßes Stauen zurückzuführen ist.

Wird eine Teilladung, welcher Art sie auch sei, übernommen, dann muß sie so fest wie möglich gestaut und mit einer Lage starker Bretter bedeckt werden. Auf diesen wiederum sollten bis an die Spanten reichende Stützen angebracht werden, so daß die Ladung gegen Verschiebung gesichert ist. Besteht die Ladung aus Getreide oder ähnlicher Fracht, so müssen weitere Vorsichtsmaßnahmen getroffen werden. Wird der gesamte Laderaum vor dem Auslaufen des Schiffes mit Getreide gefüllt, dann ist er beim Einlaufen in den Bestimmungshafen nur noch zu drei Viertel gefüllt, obwohl durch das Aufquellen des Getreides die konsignierte Menge sogar um ein gut Teil übertroffen wird, wenn der Empfänger Scheffel um Scheffel nachmißt. Das rührt daher, daß sich das Getreide während der Überfahrt *setzt* und in starkem Maße von der Ungunst der Wetterbedingungen abhängig ist. Wird Getreide locker in den Laderaum geschüttet, so kann es, selbst wenn es mit Schlingerschotten und Stützen abgesichert ist, bei einer langen Überfahrt leicht so stark übergehen, daß es zu verhängnisvollen Unglücksfällen führt. Um dies zu vermeiden, sollte die Ladung Getreide vor dem Auslaufen so sorgfältig wie möglich *verdichtet* werden. Hierfür gibt es mehrere Kniffe, von denen nur einer genannt sei – nämlich Keile ins Getreide zu treiben. Aber selbst wenn alle diese Vorkehrungen getroffen und die Schlingerschotten genügend gesichert sind, wird sich kein Seemann bei schwerem Sturm sicher fühlen, wenn er Getreide geladen hat, besonders wenn es nur eine Teilladung ist. Und doch sieht man bei uns alle Tage Hunderte von Küstenschiffen – und es gibt deren sicher noch viel mehr aus europäischen Häfen –, die täglich ohne irgendwelche Sicherungen mit Teilladungen segeln, noch dazu mit höchst gefährlichen. Es ist ein Wunder, daß es nicht noch häufiger zu Unfällen kommt. Ein beklagenswertes Beispiel für solche Achtlosigkeit ist meines Erachtens der Fall des Kapitäns Joel Rice vom Schoner »Firefly«, der im Jahre 1825 mit einer Getreideladung von Richmond, Virginia, nach Madeira segelte. So manche Überfahrt hatte der Kapitän ohne ernsten Unglücksfall überstanden, obwohl er dem Stauen keinerlei Beachtung schenkte und es nur in der üblichen Weise vornahm. Er war nie zuvor mit einer Ladung Getreide gesegelt und hatte es locker in den Kielraum geschüttet, den es etwa zur Hälfte füllte. Während des ersten Teils der Überfahrt hatte er es nur mit leichten Brisen zu tun, als er aber eine Tagesreise von Madeira entfernt war, kam ein schwerer Sturm aus Nordost auf, der ihn zum Beidrehen zwang. Nur mit einem doppelt gerefften Focksegel brachte er den Schoner in den Wind, und das Schiff nahm nicht einen Tropfen Wasser über und verhielt sich den Erwartungen gemäß. Gegen Abend flaute der Sturm leicht ab, und nun rollte der Schoner unregelmäßiger, lag aber im ganzen noch normal. Da wurde das Schiff plötzlich durch ein heftiges Schlingern auf die Steuerbordseite geworfen. Und nun hörte man die ganze Getreideladung übergehen, wobei die Gewalt dieser Bewegung die Hauptluke aufsprengte. Das Schiff ging blitzschnell unter. Dies alles spielte sich in Rufweite einer kleinen Schaluppe aus Madeira ab, die den einzigen Überlebenden der Besatzung auffischte und den Sturm unbeschadet überstand, wie das auch eine Jolle unter sachgemäßer Leitung hätte tun müssen.

Das Stauen an Bord der »Grampus« war höchst ungeschickt durchgeführt worden, sofern man dieses unordentliche Durcheinanderwerfen von Ölfässern* und Schiffsgerät überhaupt so nennen konnte. Von der Beschaffenheit der Güter im Laderaum habe ich schon gesprochen. Wie ich berichtet habe, war auf dem Plattformdeck zwischen den Ölfässern und dem Oberdeck noch genug Raum für meinen Körper; ferner befand sich an der Hauptluke eine freie Stelle,

* Walfänger sind im allgemeinen mit Ölbehältern aus Eisen ausgestattet; warum sie der »Grampus« fehlten, habe ich nie herausbekommen.

und auch zwischen den gestauten Gütern gab es noch etliche Spielräume. In der Nähe des von Augustus geschaffenen Durchschlupfs war Platz für ein ganzes Faß, und dort war ich fürs erste bequem untergebracht.

Zu der Zeit, da mein Freund wohlbehalten in der Koje lag und seine Handschellen und den Strick wieder angelegt hatte, war es taghell. Wir waren wahrlich mit knapper Not davongekommen, denn kaum hatte er alles geordnet, als der Maat mit Dirk Peters und dem Koch herunterkam. Sie sprachen eine Zeitlang über das Schiff von den Kapverdischen Inseln, das sie sehr ungeduldig zu erwarten schienen. Schließlich ging der Koch zu der Koje, in der Augustus lag, und setzte sich in die Nähe des Kopfendes. Von meinem Versteck aus konnte ich alles sehen und hören, denn wir hatten die herausgetrennte Planke nicht wieder eingesetzt. Ich erwartete jeden Augenblick, daß der Neger gegen die Matrosenjacke fiel, die die Öffnung verdeckte. In diesem Falle wäre alles herausgekommen, und wir wären zweifellos sogleich verloren gewesen. Aber unser Glücksstern blieb uns treu, und obwohl der Koch die Jacke beim Rollen des Schiffes öfters berührte, so stieß er doch nicht stark genug dagegen, um hinter unsere Schliche zu kommen. Der untere Rand der Jacke war sorgfältig am Schott befestigt, und selbst wenn die Jacke nach einer Seite ausschwang, war das Loch nicht zu sehen. Tiger lag die ganze Zeit über am Fußende der Koje; seine Lebensgeister schienen langsam zurückzukehren, denn ich sah ihn ab und zu die Augen öffnen und tief Luft holen.

Nach einigen Minuten gingen der Maat und der Koch nach oben und ließen Dirk Peters zurück, der sich sogleich nach ihrem Weggehen auf dem Platz des Maats niederließ. Er begann sich ungezwungen mit Augustus zu unterhalten, und wir merkten jetzt, daß er sich vor den beiden andern nur betrunken gestellt hatte. Er antwortete ganz freimütig auf alle

Fragen meines Freundes und erzählte, er zweifle nicht daran, daß Augustus' Vater aufgefischt worden sei; denn sie hatten an jenem Tag, als er ausgesetzt wurde, kurz vor Sonnenuntergang nicht weniger als fünf Segel gesichtet. Er sprach ihm gut zu, was mir ebensoviel Erstaunen wie Vergnügen bereitete. Ich begann wahrhaftig Hoffnungen zu hegen, wir könnten mit Peters' Hilfe die Brigg zu guter Letzt wieder an uns bringen, und diesen Gedanken äußerte ich bei der erstbesten Gelegenheit zu Augustus. Er hielt eine solche Lösung für möglich, bestand aber bei dem Versuch auf äußerster Vorsicht, da sich der Mischling offenbar von den eigenwilligsten Launen leiten ließ. Es war tatsächlich schwer zu sagen, ob er jemals ganz bei Verstand war. Nach etwa einer Stunde ging Peters wieder an Deck und kehrte erst mittags zurück, um Augustus eine reichliche Mahlzeit Rinderpökelfleisch und Pudding zu bringen. Sobald wir allein waren, langte ich herzhaft zu und kehrte nicht in mein Versteck zurück. Während des Tages kam niemand mehr ins Vorderdeck herunter, und abends kroch ich in Augustus' Koje und schlief dort fast bis zum Tagesanbruch erquickend und fest, als mein Freund ein Geräusch an Deck hörte und mich weckte, worauf ich mein Versteck so schnell wie möglich aufsuchte. Als der Tag vollends angebrochen war, hatte sich Tiger nahezu erholt. Er zeigte keinerlei Scheu vor Wasser und trank gierig von dem, was wir ihm hinstellten. Im Laufe des Tages kehrten seine Kräfte und der Appetit zurück. Zweifellos war die schädliche Luft im Laderaum die Ursache seines wunderlichen Gebarens gewesen, das nichts mit der Hundetollwut zu tun hatte. Ich konnte mich gar nicht genug darüber freuen, daß ich darauf bestanden hatte, ihn aus dem Versteck mit hierher zu nehmen. Das war am 30. Juni, also dem dreizehnten Tag nach dem Auslaufen der »Grampus« aus Nantucket.

Am 2. Juli kam der Maat herunter, wie gewöhnlich betrunken und in bester Laune. Er ging zu Augustus' Koje, klopfte ihm auf den Rücken und fragte, ob sich Augustus anständig betragen wolle, wenn er ihn freiließe, und ob er verspräche, die Kajüte nicht wieder zu betreten. Das bejahte mein Freund natürlich, worauf der Kerl ihn losband und Augustus aus seiner Flasche, die er aus der Rocktasche zog, Rum zu trinken gab. Darauf gingen beide an Deck, und in den nächsten drei Stunden sah ich von meinem Freund nichts mehr. Schließlich kam er mit der guten Nachricht nach unten, er habe Erlaubnis bekommen, sich frei auf der Brigg zu bewegen – nur nicht achtern vom Großmast; schlafen sollte er wie bisher im Vorderdeck. Er brachte mir gutes Essen und einen reichlichen Vorrat an Wasser. Die Brigg kreuzte immer noch in Erwartung des Schiffes von den Kapverdischen Inseln, und jetzt war ein Segel in Sicht, das man für das erwartete hielt. Da die Ereignisse der nächsten acht Tage von geringer Bedeutung waren und die wesentlichen Geschehnisse meiner Erzählung kaum berühren, will ich sie hier in Tagebuchform berichten, da ich sie andrerseits nicht völlig übergehen möchte.

3. Juli: Augustus besorgte mir drei Wolldecken, mit denen ich mir in meinem Versteck ein bequemes Lager herrichtete. Außer meinem Gefährten kam tagsüber niemand nach unten. Tiger richtete sich in der Koje dicht bei dem Durchschlupf ein und schlief sehr fest, denn er hatte sich offenbar noch nicht ganz von den Nachwirkungen seiner Krankheit erholt. Gegen Abend wurde die Brigg von einer Bö gepackt, ehe man die Segel einholen konnte, und wäre beinahe gekentert. Aber der Windstoß verebbte augenblicklich, und abgesehen von einem Riß im Vormarssegel erlitt die Brigg keinen Schaden. Dirk Peters war den ganzen Tag über sehr freundlich zu Augustus und unterhielt sich ausgiebig mit ihm

über den Stillen Ozean und die Inseln, die er dort besucht hatte. Er fragte ihn, ob er nicht Lust hätte, mit den Meuterern eine Art Entdeckungs- und Vergnügungsreise in diesen Breiten zu unternehmen, und fügte hinzu, daß die Männer sich mehr und mehr die Ansichten des Maats zu eigen machten. Augustus hielt es fürs beste, ihm zu antworten, er schließe sich einem solchen Abenteuer gern an, da sich ohnehin nichts Besseres unternehmen ließe und jedes beliebige Dasein dem Seeräuberleben vorzuziehen wäre.

4. Juli: Es stellte sich heraus, daß das gesichtete Schiff eine kleine Brigg von Liverpool war, die man unbehelligt passieren ließ. Augustus hielt sich meistens an Deck auf, um die Pläne der Meuterer möglichst genau kennenzulernen. Sie hatten oft heftige Auseinandersetzungen, wobei einmal ein Harpunier namens Jim Bonner über Bord geworfen wurde. Die Partei des Maats gewann an Boden. Jim Bonner hatte zur Bande des Kochs gehört, zu der auch Peters zählte.

5. Juli: Gegen Tagesanbruch kam eine steife Brise aus West auf, die mittags zum Sturm anschwoll, so daß die Brigg nur unter Gaffel- und Focksegel laufen konnte. Beim Einholen des Vormarssegels stürzte Simms, ein gemeiner Matrose, der ebenfalls zur Bande des Schiffskochs gehörte, über Bord; er war schwer berauscht und ertrank, ohne daß man etwas zu seiner Rettung unternahm. Jetzt zählte die gesamte Mannschaft dreizehn Personen, von denen Dirk Peters, Seymour – der schwarze Koch –, Jones, Greely, Hartman Rogers und William Allen zur Bande des Kochs gehörten, während der Maat, dessen Namen ich nie erfuhr, Absalom Hicks, Wilson, John Hunt und Richard Parker die Partei des Maats bildeten. Dazu kamen noch Augustus und ich.

6. Juli: Der Sturm hielt den ganzen Tag an und blies in schweren Böen, die von Regen begleitet waren. Durch die Fugen drang reichlich Wasser ein, und eine der Pumpen

wurde ständig in Gang gehalten, wobei Augustus mithelfen mußte. Gerade in der Dämmerung glitt ein großes Schiff nahe an uns vorüber, das man aber erst bemerkte, als es schon in Rufweite war. Vermutlich war es das Schiff, dem die Meuterer aufgelauert hatten. Der Maat rief es an, die Antwort aber ging im Heulen des Sturms unter. Um elf brach eine See mittschiffs herein, riß an Backbord einen großen Teil des Schanzkleids weg und richtete auch sonst noch leichten Schaden an. Gegen Morgen ließ das Unwetter nach, und bei Sonnenaufgang wehte nur noch ein leichter Wind.

7. Juli: Den ganzen Tag überschwere Dünung; die leichte Brigg schlingerte beängstigend, und wie ich in meinem Versteck deutlich hören konnte, rissen sich im Laderaum viele Gegenstände los. Ich litt stark unter der Seekrankheit. Heute unterhielt sich Peters eingehend mit Augustus und erzählte ihm, daß zwei von seinen Leuten, Greely und Allen, zum Maat übergegangen und entschlossen waren, Seeräuber zu werden. Er stellte Augustus verschiedene Fragen, die etwas unverständlich waren. Heute abend machte sich das Leck im Schiff zunehmend bemerkbar; aber es konnte wenig dagegen unternommen werden, da die Brigg überdehnt war und Wasser durch die Fugen drang. Wir versahen ein Segel mit Leinenenden und holten es vor die lecken Stellen am Bug, was leidlich half, so daß wir das Leck unter Kontrolle bekamen.

8. Juli: Bei Sonnenaufgang kam eine leichte Brise aus Ost auf. Der Maat ließ die Brigg Kurs auf Südost nehmen, da er für seine Seeräuberpläne einige Westindische Inseln anlaufen wollte. Peters und der Koch erhoben keinen Einspruch, zumindest wußte Augustus nichts davon. Den Gedanken, das Schiff von den Kapverdischen Inseln zu kapern, hatten die Leute aufgegeben. Das Leck konnte gut unter Kontrolle gehalten werden, wenn man stündlich eine Pumpe eine Dreiviertelstunde in Betrieb setzte. Wir entfernten das Segel von

den lecken Stellen am Bug. Riefen tagsüber zwei kleine Schoner an.

9. Juli: Schönes Wetter. Alle Mann beim Ausbessern des Schanzkleids. Wieder hatte Peters eine lange Unterredung mit Augustus und sprach sich offener aus als bisher. Nach seinen Worten konnte ihn nichts dazu bewegen, sich den Ansichten des Maats anzuschließen, er deutete sogar an, er wolle die Herrschaft über die Brigg an sich reißen. Er fragte meinen Freund, ob er in solchem Falle auf ihn rechnen könne, was Augustus ohne Zögern bejahte. Darauf meinte Peters, er wolle die übrigen Leute seiner Partei aushorchen, und entfernte sich. Für den Rest des Tages hatte mein Freund keine Gelegenheit mehr, mit ihm unter vier Augen zu sprechen.

7

10. Juli: Sprachen mit einer Brigg, die auf dem Wege von Rio nach Norfolk war. Wetter diesig mit leicht veränderlichem Wind aus Ost. Heute starb Hartman Rogers, der am 8. nach einem Glas Grog Krämpfe bekam. Er gehörte zur Partei des Kochs, und Peters vertraute ihm am meisten. Letzterer erzählte Augustus, er glaube, der Maat habe Rogers vergiftet, und wenn er sich nicht höllisch in acht nehme, würde wohl die Reihe bald an ihn selbst kommen. Jetzt gehörten außer Peters nur noch Jones und der Koch zu unserer Partei, denen auf der anderen Seite fünf Mann gegenüberstanden. Peters hatte mit Jones darüber gesprochen, dem Maat das Kommando zu entreißen, aber da der Vorschlag kühl aufgenommen wurde, hatte er das Thema fallenlassen und dem Koch gegenüber nichts davon erwähnt. Seine Vorsicht sollte sich als sehr klug erweisen, denn am Nachmittag tat der Koch seine Entschlossenheit kund, auf die Seite des Maats überzugehen, und trat offiziell dessen Partei bei, während Jones mit

Peters Händel suchte und durchblicken ließ, er werde dem Maat von dem Plan berichten. Jetzt war offensichtlich keine Zeit mehr zu verlieren, und Peters erklärte, er sei fest entschlossen, das Schiff um jeden Preis zu nehmen, wenn nur Augustus ihm helfen würde. Mein Freund versicherte ihm seine Bereitwilligkeit, jeden diesbezüglichen Plan zu unterstützen, und da er den Augenblick für günstig hielt, verriet er ihm nun, daß ich mich an Bord befand. Darüber war das Halbblut ebenso erstaunt wie erfreut, da er sich auf Jones keineswegs verlassen konnte und ihn schon zur Partei des Maats rechnete. Sie kamen augenblicklich nach unten, Augustus rief mich und machte mich mit Peters bekannt. Wir wollten versuchen, das Schiff bei der ersten passenden Gelegenheit zurückzuerobern, wobei wir Jones völlig aus dem Spiel ließen. Falls uns dies gelang, wollten wir die Brigg nach dem nächsten Hafen segeln und dort den Behörden übergeben. Peters, den seine Partei im Stich gelassen hatte, gab den Plan, nach dem Stillen Ozean zu segeln, auf, da er das Abenteuer nicht ohne Mannschaft wagen konnte. Er vertraute darauf, bei der Verhandlung entweder wegen seiner Geistesstörung freigesprochen oder, falls für schuldig befunden, auf Grund unserer beider Aussagen begnadigt zu werden. Er behauptete feierlich, seine Geisteskrankheit hätte ihn zur Teilnahme an der Meuterei verleitet. Unsere Besprechung wurde zunächst einmal durch den Befehl: »Alle Mann Segel einholen!« unterbrochen, und Peters lief mit Augustus nach oben.

Wie gewöhnlich waren die Männer fast alle betrunken, und ehe die Segel ordnungsgemäß eingeholt werden konnten, hatte eine heftige Bö die Brigg auf die Seite gedrückt. Beim Abfallen richtete sich das Schiff jedoch wieder auf, hatte aber eine Menge Wasser übergenommen. Kaum war alles gesichert, als eine zweite Bö und gleich danach eine weitere folgte – ohne indessen Schaden anzurichten. Alle Anzeichen deuteten auf einen Sturm, der dann auch tatsächlich bald darauf mit großer Heftigkeit aus Nord und West wehte. Man machte alles so dicht wie möglich, und wir drehten wie gewöhnlich unter stark gerefftem Focksegel bei. Bei Anbruch der Nacht wurde der Sturm heftiger, die See war auffallend schwer. Peters kam jetzt mit Augustus ins Vorderdeck, und wir nahmen unsere Beratungen wieder auf.

Wir waren uns einig, daß für die Ausführung unseres Planes keine Gelegenheit günstiger sein konnte als die jetzige, weil in einem solchen Augenblick niemand mit einem Handstreich rechnete. Da die Brigg *ganz* beigedreht hatte, brauchte sie nicht zu manövrieren, bis gutes Wetter einsetzte. Gelang unser Vorhaben, konnten wir bis zu diesem Zeitpunkt vielleicht ein oder zwei Mann freilassen, die uns helfen sollten, das Schiff in einen Hafen zu bringen. Die Hauptschwierigkeit lag in der großen Ungleichheit unserer Kräfte. Wir waren nur zu dritt, während uns in der Kajüte neun Mann gegenüberstanden. Zudem waren alle Waffen an Bord in ihren Händen, außer einem Paar kleiner Pistolen, die Peters an sich verborgen trug, und dem großen Seemannsmesser, das immer in seinem Hosenbund stak. Gewisse Anzeichen – so zum Beispiel lagen Äxte und Hebestangen nicht mehr am gewohnten Platz – ließen uns befürchten, daß der Maat zumindest gegen Peters Verdacht schöpfte und jede Gelegenheit benutzen würde, sich seiner zu entledigen. Eins war klar: Was wir zu tun beschließen würden, konnte nicht früh genug ausgeführt werden. Aber wir waren so sehr im Nachteil, daß wir nur mit der größten Vorsicht zu Werke gehen durften.

Peters schlug vor, er wolle an Deck gehen und Allen, den Wachposten, ins Gespräch ziehen, um ihn bei der Gelegenheit mühelos und ohne Aufsehen in die See zu werfen. Dann sollten Augustus und ich an Deck kommen und versuchen, uns dort mit irgendwelchen Waffen zu versehen, woraufhin wir die Kajütentreppe gemeinsam im Sturm nehmen und absichern wollten, ehe an Widerstand zu denken war. Dagegen erhob ich Einspruch; denn ich konnte mir nicht vorstellen, daß sich der Maat so leicht übertölpeln ließ, der, von seinen abergläubischen Vorurteilen abgesehen, ein listiger Bursche war. Schon die Tatsache, daß sich überhaupt eine Wache auf Deck befand, war Beweis genug für seine Wachsamkeit, da es nicht üblich ist, dort eine Wache aufzustellen, sobald ein Schiff im Sturm beigedreht hat, es sei denn auf Schiffen mit sehr schlechter Disziplin. Da ich mich hauptsächlich, wenn nicht sogar ausschließlich, an Leser wende, die nie zur See gefahren sind, mag es angebracht sein, die Lage eines Schiffes unter derartigen Umständen näher zu beschreiben. Beidrehen – oder wie der Seemann auch sagt: »beilegen« – ist eine Maßnahme, die man zu verschiedenen Zwecken und auf unterschiedliche Weise ergreift. Bei ausgeglichenem Wetter will man damit oft das Schiff einfach anhalten, etwa um auf ein anderes Schiff zu warten oder aus einem ähnlichen Grund. Fährt das beizulegende Schiff mit vollen Segeln, so braßt man im allgemeinen einen Teil der Segel, damit sie der Wind, wenn das Schiff zum Stillstand kommt, back legt. Hier aber handelt es sich um Beilegen während des Sturms. Das geschieht, wenn der Wind von vorn kommt und so heftig ist, daß er wegen der Kentergefahr keine größere Segelfläche gestattet, mitunter aber sogar bei mäßigem Wind, wenn die See zu hoch geht, um vor dem Wind zu segeln. Läßt man ein Schiff bei stark bewegter See lenzen, so wird es in der Regel beschädigt, wenn das Wasser über das Heck hereinkommt oder das Vorderschiff tief taucht. Dieses Manöver wird daher selten angewendet, es sei denn in Notlagen. Leckt das Schiff, so läßt man es oft auch in der schwersten See vor dem Winde treiben; denn sonst könnten beim Beidrehen seine Fugen durch den heftigen Widerstand erweitert werden, was beim Lenzen nicht so leicht geschieht. Oftmals muß ein Schiff auch dann lenzen, wenn entweder der Sturm so heftig bläst, daß er das Segel zerreißen würde, oder wenn durch Konstruktionsfehler oder sonstige Ursachen der Bug des Schiffes nicht in den Wind gedreht werden kann.

Schiffe im Sturm werden je nach ihrer Bauart auf verschiedene Art beigelegt. Manche drehen am günstigsten unterm Focksegel bei, das wohl am häufigsten dafür verwendet wird. Große, mit Rahen getakelte Schiffe haben zu diesem Zwecke besondere, nämlich Sturm-Stagsegel. Gelegentlich wird der Klüver allein gesetzt – manchmal Klüver und Focksegel oder ein doppelt gerefftes Focksegel, nicht selten auch die Achtersegel. Oftmals entsprechen die Vortoppsegel den Anforderungen am besten. Die »Grampus« drehte gewöhnlich unter stark gerefftem Focksegel bei.

Soll ein Schiff beigelegt werden, so bringt man seinen Bug so nahe an den Wind, daß er die Segel, unter denen das Schiff liegt, füllt, wenn sie diagonal über dem Schiffsrumpf liegen. Danach weist der Bug bei einem Spielraum von wenigen Graden nach der Windrichtung, und die dem Wind zugekehrte Seite des Bugs bekommt den Anprall der Wogen ab. In dieser Stellung kann ein gut konstruiertes Schiff einem sehr schweren Sturm standhalten, ohne einen Tropfen Wasser einzunehmen und ohne besondere Kontrolle von seiten der Mannschaft. Das Steuer wird gewöhnlich befestigt, was aber gänzlich überflüssig ist, denn abgesehen von dem Lärm, den ein loses Steuer verursacht, hat es auf ein beiliegendes Schiff keinen Einfluß. Es ist sogar besser, das Steuer spielen zu lassen und nicht allzu fest anzubinden; denn eine schwere See kann das Ruder leicht wegreißen, sobald es nicht genügend Spielraum hat. Solange das Segel hält, behauptet ein gutgebautes Schiff seine Lage und trotzt jeder noch so schweren See, als wäre es ein vernunftbegabtes Lebewesen. Sollte aber ein zu heftiger Sturm das Segel in Fetzen reißen, wozu unter normalen Verhältnissen ein ausgewachsener Orkan gehört, dann droht unmittelbare Gefahr. Das Schiff fällt vom Wind ab, gerät breitseits zur See und ist ihr auf Gnade und Ungnade ausgeliefert. Dann gibt es keinen anderen Ausweg, als es ruhig vorm Winde treiben zu lassen, bis man ein anderes Segel setzen kann. Es gibt auch Schiffe, die überhaupt nicht beilegen können und der See daher nicht anvertraut werden dürfen.

Doch nun genug von dieser Abschweifung. Dem Maat war nie zuvor der Gedanke gekommen, eine Wache an Deck zu stellen, wenn die Brigg im heftigen Sturm beidrehte. Die Tatsache, daß er es jetzt tat und daß die Äxte und Hebestangen verschwunden waren, überzeugte uns völlig davon, daß die Wachsamkeit der Mannschaft zu groß war, um sie in einem Handstreich zu überwältigen, wie es Peters vorgeschlagen hatte. Etwas aber mußte geschehen, und zwar so rasch wie möglich, denn es bestand kein Zweifel, daß man Peters, gegen den nun einmal Verdacht bestand, bei der nächstbesten Gelegenheit opfern würde, und eine solche ließ sich nach Abflauen des Sturms sicherlich finden oder schaffen.

Augustus schlug nun vor, Peters solle unter irgendeinem Vorwand die Ankerkette von der Falltür der Kabine wegräumen; so könnten wir sie vielleicht unverhofft vom Laderaum her überfallen. Nach kurzer Überlegung wurde uns jedoch klar, daß ein solcher Versuch bei dem heftigen Schlingern und Stampfen des Schiffes sinnlos war.

Schließlich kam mir der glückliche Einfall, die abergläubische Furcht und das schlechte Gewissen des Maats auszunutzen. Wie man sich, erinnern wird, war ein Mann der Besatzung – Hartman Rogers – am Morgen gestorben, nachdem er zwei Tage zuvor nach dem Genuß von Wasser und Alkohol Krämpfe bekommen hatte. Peters behauptete, daß der Mann vom Maat vergiftet worden war, wofür er, wie er sagte, unwiderlegbare Beweise hatte, die er uns aber nicht mitteilen wollte. Diese eigensinnige Weigerung entsprach durchaus den übrigen Seiten seines wunderlichen Charakters. Mochten seine Verdachtsmomente gegen den Maat nun triftiger als unsere eigenen gewesen sein oder nicht, wir pflichteten seinem Argwohn bei und wollten dementsprechend handeln.

Rogers war gegen elf Uhr vormittags unter heftigen Krämpfen gestorben, und wenige Minuten nach Eintritt des Todes bot sein Körper einen so schrecklichen, ekelhaften Anblick, wie ich es nie zuvor erlebt hatte. Der Leib war wie bei einer viele Wochen alten Wasserleiche ungeheuer aufgedunsen. Auch die Hände waren geschwollen, während das Gesicht eingeschrumpft, runzlig und kalkweiß war, bis auf einige hochrote Flecke, wie sie bei Gesichtsrose auftreten. Einer dieser Flecke zog sich quer über das ganze Gesicht und bedeckte wie ein rotes Samtband ein Auge. In diesem abscheulichen Zustand war die Leiche mittags aus der Kajüte geholt worden, um über Bord geworfen zu werden, als der Maat, der den Toten jetzt zum erstenmal sah, entweder von Gewissensbissen über sein Verbrechen geplagt oder durch den furchtbaren Anblick erschreckt, den Männern befahl, den Toten in seine Hängematte zu nähen und die üblichen Zeremonien eines Begräbnisses auf See vorzunehmen. Nach diesen Anordnungen stieg er hinunter, als wolle er jeden weiteren Anblick seines Opfers meiden. Während die Männer seinem Befehl gemäß die Vorbereitungen trafen, brach der wütende Sturm los, der das Vorhaben zunächst verhinderte. Die Leiche wurde in die Backbordspeigatten geschwemmt, wo sie noch zu der Zeit lag, von der hier die Rede ist, und von den raschen Bewegungen der Brigg hin und her geschleudert wurde.

Da unser Plan nun feststand, gingen wir so rasch wie möglich an seine Ausführung. Peters stieg an Deck, wo ihn, wie erwartet, Allen sogleich ansprach, der allem Anschein nach mehr zum Spionieren als zu einem anderen Zweck auf dem Vorderdeck aufgestellt war. Das Los dieses Schurken war jedoch schnell und geräuschlos entschieden; denn Peters näherte sich ihm ganz harmlos, als wolle er sich mit ihm unterhalten, packte ihn dann aber an der Kehle und schleuderte ihn über die Reling, ehe das Opfer auch nur einen Schrei ausstoßen konnte. Dann rief er uns nach oben. Unsere erste Sorge war, etwas zu suchen, womit wir uns bewaffnen konnten. Dabei mußten wir uns äußerst vorsichtig bewegen, weil man nicht einen Augenblick ohne Halt an Deck stehen konnte und heftige Sturzseen jedesmal über das Schiff hereinbrachen, wenn sein Bug unter Wasser tauchte. Andererseits mußten wir uns beeilen, denn jede Minute konnte der Maat die Pumpen in Betrieb setzen lassen, da die Brigg offenbar sehr rasch Wasser übernahm. Nach einigem Suchen fanden wir nichts Geeigneteres als zwei Pumpenschwengel, einen für Augustus, den andern für mich. Wir verwahrten sie gut, zogen der Leiche das Hemd aus und warfen sie ins Meer. Darauf ging ich mit Peters hinunter, während sich Augustus an Deck genau an Allens Standort als Wache postierte, mit dem Rükken zum Kajüteneingang, so daß man ihn, falls einer von der Bande des Maats heraufkam, für den richtigen Wachposten halten mußte.

Sobald ich unten war, verkleidete ich mich so, daß ich wie der tote Rogers aussah. Das Hemd, das wir der Leiche ausgezogen hatten, kam uns sehr zustatten; es war von eigenartigem Schnitt und Aussehen und daher leicht wiederzuerkennen – eine Art Frauenhemd, das Rogers über seiner Kleidung getragen hatte. Es war aus blauem Baumwollgewebe mit breiten weißen Streifen. Ich zog es also an und versah mich mit einem falschen Bauch, um die gräßliche Verunstaltung der aufgedunsenen Leiche nachzuahmen. Das wurde durch das Ausstopfen mit einigen Bettüchern zuwege gebracht. Auch meine Hände sollten aufgeschwemmt wirken. Ich zog also ein paar weißwollene Fausthandschuhe an und füllte sie mit den erstbesten Lumpen. Dann machte Peters mein Gesicht zurecht; zunächst rieb er es tüchtig mit weißer Kreide ein, dann tupfte er Blut darauf, das er aus seinem Finger zapfte. Der Streifen über dem Auge wurde nicht vergessen und machte einen höchst schauerlichen Eindruck.

8

Als ich mich nun in der Kabine beim trüben Licht einer Art Gefechtslaterne in einer Spiegelscherbe betrachtete, graute mir vor meiner eigenen Erscheinung und der Erinnerung an die schreckliche Tat, die ich aufs neue heraufbeschwor, so daß mich heftiges Zittern befiel und ich mich kaum aufraffen konnte, meine Rolle weiterzuspielen. Dennoch mußte ich jetzt handeln, und Peters ging mit mir an Deck.

Dort war alles ruhig. Wir hielten uns dicht am Schanzkleid und krochen alle drei zum Kajüteneingang, der nicht ganz geschlossen war. Man hatte Vorkehrungen getroffen, um ein plötzliches Zuschieben der Tür von außen zu verhindern, indem man auf der oberen Stufe Holzlatten angebracht hatte, die das Schließen unmöglich machten. Durch die Spalten an den Türangeln ließ sich das Innere der Kajüte gut übersehen. Jetzt zeigte sich, was für ein Glück es war, daß wir nicht versucht hatten, die Männer zu überrumpeln; denn sie waren augenscheinlich auf der Hut. Nur einer von ihnen schlief, er lag direkt am Fuß der Kajütentreppe, eine

Muskete neben sich. Die anderen saßen auf mehreren Matratzen, die sie aus den Kojen genommen und auf den Boden geworfen hatten. Sie waren in ein ernstes Gespräch vertieft, und wenn sie auch, wie aus zwei leeren Krügen und einigen herumliegenden Zinnbechern zu ersehen war, gezecht hatten, so waren sie doch nicht so betrunken wie sonst. Jeder trug ein Messer, einer oder zwei von ihnen Pistolen, und in einer Koje nebenan lagen viele Musketen.

Wir lauschten erst eine Zeitlang ihrer Unterhaltung, ehe wir uns zum Handeln entschlossen; denn noch hatten wir nichts Bestimmtes geplant, außer daß wir sie durch Rogers' Erscheinen erschrecken und damit ihren Widerstand gegen unsern Überfall lähmen wollten. Sie besprachen ihre Seeräuberpläne, von denen wir lediglich so viel verstehen konnten, daß sie sich mit der Mannschaft eines Schoners »Hornіß« zusammentun und den Schoner möglichst in ihren Besitz bringen wollten, um sich dann auf ein großangelegtes Unternehmen vorzubereiten, dessen Einzelheiten uns entgingen.

Einer der Männer erwähnte Peters, worauf der Maat leise und für uns unverständlich antwortete und dann etwas lauter hinzufügte, er könne nicht recht verstehen, weshalb Peters so viel bei dem Kapitänsbengel im Vorderdeck hocke, und je eher die beiden über Bord gingen, desto besser. Hierauf antwortete niemand, aber wir bemerkten wohl, wie bereitwillig der Wink von der ganzen Gesellschaft, besonders von Jones, aufgenommen wurde. In diesem Augenblick überfiel mich die Angst, zumal ich sah, daß weder Augustus noch Peters zu einem Entschluß gelangten. Auf jeden Fall wollte ich aber mein Leben so teuer wie möglich verkaufen und mich nicht vom Gefühl der Verzagtheit überwältigen lassen.

Der furchtbare Lärm des Sturms in der Takelage und der über Deck rauschenden See ließ uns nur in kurzen Ruhepausen etwas von dem Gespräch erhaschen. So hörten wir in einer Pause deutlich, wie der Maat einen der Männer aufforderte, nach vorn zu gehen und den verdammten Lümmeln zu befehlen, in die Kajüte zu kommen. Hier habe er sie unter Kontrolle, denn er dulde keine Heimlichtuerei an Bord der Brigg. Zum Glück stampfte das Schiff in diesem Augenblick so heftig, daß der Befehl nicht sofort ausgeführt werden konnte. Der Koch erhob sich gerade von seiner Matratze, um uns zu holen, als ihn ein fürchterlicher Stoß, von dem ich glaubte, er würde die Masten hinwegfegen, kopfüber gegen eine der Kabinentüren an Backbord schleuderte, wodurch die Tür aufgesprengt wurde und noch mehr Verwirrung entstand. Uns war zum Glück nichts geschehen, wir zogen uns schleunigst ins Vorderdeck zurück, um in aller Eile einen Plan zu schmieden, ehe der Bote erschien oder vielmehr den Kopf zur Kajütenluke herausstreckte, denn er kam nicht an Deck. Von dort aus aber konnte er nicht merken, daß der Mann, an den er nun brüllend die Befehle des Maats weitergab, gar nicht der vermeintliche Allen war. »Jawohl, jawohl!« rief Peters mit verstellter Stimme, und der Koch verschwand sogleich wieder, ohne Verdacht zu schöpfen, es könne etwas nicht in Ordnung sein. Jetzt gingen meine beiden Gefährten beherzt nach achtern in die Kajüte hinunter. Peters lehnte die Tür so an, wie er sie vorgefunden hatte. Der Maat heuchelte Herzlichkeit und erzählte Augustus, er dürfe von nun an in der Kajüte wohnen, da er sich in der letzten Zeit so gut geführt habe, und sich in Zukunft als einen der Ihren betrachten. Dann füllte er ein Wasserglas halb mit Rum und forderte ihn zum Trinken auf. Das alles konnte ich hören und beobachten, denn ich war meinen Freunden zur Kajüte gefolgt, sobald sich die Tür geschlossen hatte, und nahm meinen alten Beobachtungsposten wieder ein. Die beiden Pumpenschwengel hatte ich mitgebracht, einen davon versteckte ich nahe beim Eingang, um ihn notfalls griffbereit zu haben.

Ich bemühte mich, innerlich Ruhe und Mut zu bewahren, um in der Kajüte alles zu verfolgen und auf ein verabredetes Zeichen von Peters zu den Meuterern hinabzusteigen. Peters lenkte das Gespräch geschickt auf die blutigen Taten während der Meuterei und brachte die Männer allmählich auf die tausend abergläubischen Vorstellungen, wie sie unter Seeleuten allgemein verbreitet sind. Wenn ich auch nicht alles verstand, so konnte ich doch die Wirkung der Unterhaltung deutlich am Mienenspiel der Anwesenden ablesen. Der Maat war offensichtlich sehr erregt, und als nun gar jemand das schreckliche Aussehen der Leiche erwähnte, war er nahe daran, in Ohnmacht zu fallen. Da fragte ihn Peters, ob es nicht besser sei, den Toten gleich über Bord zu werfen, statt ihn in den Speigatten herumzappeln zu lassen, denn das sei doch ein gar zu furchtbarer Anblick. Der Schurke rang nach Luft und drehte den Kopf langsam zu seinen Kumpanen, als wolle er einen von ihnen anflehen, nach oben zu gehen und die Tat zu vollbringen. Aber keiner rührte sich, die ganze Gesellschaft war offenbar in höchster Aufregung. In dem Augenblick gab mir Peters das Zeichen. Ich stieß sofort die Kajütentür auf, stieg stumm die Treppe hinunter und stand hochaufgerichtet mitten unter den Männern.

Wenn man die verschiedenen Umstände in Betracht zieht, dann ist es nicht verwunderlich, daß die plötzliche Erscheinung eine so furchtbare Wirkung auslöste. In solchen Situationen glimmt im Gemüt des Betrachters gewöhnlich ein schwacher Zweifel, ob denn das Bild vor seinen Augen auch Wirklichkeit sei, eine wenn auch recht vage Hoffnung, er sei nur das Opfer eines Schabernacks und die Erscheinung nicht wirklich ein Abgesandter aus dem alten Reich der Schatten. Man kann gewiß behaupten, daß bei jeder derartigen Heimsuchung dieser letzte Rest von Zweifel bleibt, und das schreckliche Grauen, das die Menschen zuweilen befällt, ist selbst in den quälendsten Fällen mehr ein Schauern vor der *Möglichkeit* einer wirklichen Geistererscheinung als die Folge eines echten Geisterglaubens. In unserem Falle nun ist es begreiflich, warum in den Gemütern der Meuterer auch nicht der leiseste Schatten eines Zweifels darüber bestand, Rogers' Erscheinung sei eine Wiederauferstehung seines abscheulichen Leichnams oder zumindest sein Geist. Die Möglichkeiten eines Betrugs waren durch die einsame Position der Brigg und der durch den Sturm bedingten völligen Unzugänglichkeit so eingeschränkt, daß die Meuterer nichts dergleichen vermuten konnten. Seit vierundzwanzig Tagen waren sie nun auf See, ohne Verbindung zu einem Schiff. Auch war die ganze Mannschaft – zumindest alle, von deren Anwesenheit an Bord man wußte – in der Kajüte versammelt, außer Allen, dem Wachposten, und dessen Riesengestalt (er maß sechs Fuß und sechs Zoll) war ihren Augen zu vertraut, als daß auch nur für einen Augenblick der Verdacht hätte auftauchen können, er sei jene Erscheinung vor ihren Augen. Bedenkt man nun die grauenerregende Gewalt des Sturms, die von Peters veranlaßte unheimliche Unterhaltung, den nachhaltigen Eindruck, den der scheußliche Leichnam am Morgen auf die Phantasie der Männer gemacht hatte, meine ausgezeichnete Nachahmung und den unsicher flackernden Lichtschein der heftig hin und her schaukelnden Kajütenlaterne, die mich vage und wechselhaft beleuchtete – dann ist es wahrlich kein Wunder, daß die Wirkung all unsere Erwartungen übertraf. Der Maat sprang von seiner Matratze, auf der er gelegen hatte, stürzte wortlos zu Boden und war tot. Ein schweres Stampfen des Schiffes schleuderte seinen Körper wie einen Klotz nach Lee. Von den restlichen sieben Mann gewannen zunächst nur drei ihre Geistesgegenwart einigermaßen zurück. Die vier andern hockten eine Zeitlang wie angewurzelt am Boden – die jämmerlichsten Opfer des

Grauens und der äußersten Verzweiflung, die meine Augen je erblickten. Einzig der Koch, John Hunt und Richard Parker boten uns Widerstand, doch war ihre Verteidigung schwach und unentschlossen. Die beiden ersteren wurden von Peters sofort erschossen, und ich fällte Parker durch einen Schlag mit meinem Pumpenschwengel auf den Schädel. Inzwischen ergriff Augustus eine der auf dem Boden liegenden Musketen und schoß einen Meuterer, Wilson, durch die Brust. Jetzt waren nur noch drei übrig, die sich unterdes von ihrer Lethargie erholt hatten. Sie durchschauten den Betrug allmählich, denn sie kämpften mit wütender Entschlossenheit, und ohne Peters' ungeheure Kräfte wären sie wohl Sieger geblieben. Die drei Männer waren Jones, Greely und Absalom Hicks. Jones hatte Augustus zu Boden geworfen, ihm mehrere Stiche in den rechten Arm versetzt und hätte ihn zweifellos bald ins Jenseits befördert, da weder Peters noch ich unsere Gegner sofort abschütteln konnten, wäre uns nicht ein Freund, auf dessen Beistand wir gewiß nicht rechneten, rechtzeitig zu Hilfe gekommen. Dieser Freund war kein anderer als Tiger. Mit dumpfem Knurren sprang er genau im Augenblick höchster Gefahr für Augustus in die Kabine, stürzte sich auf Jones und hielt ihn am Boden fest. Mein Freund war jedoch zu schwer verletzt, um uns irgendwelche Hilfe zu leisten, und ich war durch meine Verkleidung so sehr behindert, daß ich nicht viel ausrichten konnte. Der Hund hatte sich in Jones' Kehle festgebissen, Peters war den beiden Übrigbleibenden allerdings mehr als gewachsen und hätte sie sicherlich schneller abgetan, wenn er mehr Platz gehabt und die Brigg nicht so furchtbar geschlingert hätte. Jetzt kriegte Peters einen der schweren Stühle, die auf dem Boden lagen, zu fassen. Damit schlug er Greely, der eben seine Muskete auf mich abfeuern wollte, den Schädel ein, und da er durch ein Rollen der Brigg im nächsten Augenblick mit

Hicks zusammenstieß, packte er ihn an der Kehle und erdrosselte ihn – stark wie er war – im Handumdrehen. So waren wir in viel kürzerer Zeit, als ich zum Erzählen gebraucht habe, die Herren der Brigg geworden.

Von unsern Gegnern war einzig und allein Richard Parker am Leben. Den hatte ich bekanntlich zu Beginn des Angriffs mit dem Pumpenschwengel zu Boden gestreckt. Er lag regungslos an der Tür der zertrümmerten Kabine. Als Peters ihn mit dem Fuß anstieß, öffnete er den Mund und flehte um Gnade. Er hatte nur eine leichte Kopfwunde und keine weiteren Verletzungen, der Schlag hatte ihn lediglich betäubt. Er erhob sich, und wir banden ihm vorläufig die Hände auf den Rücken. Der Hund lag noch immer knurrend auf Jones, der sich bei näherem Zusehen aber als tot erwies. Sein Blut strömte aus einer tiefen Halswunde, die ihm das Tier offenbar mit seinen scharfen Zähnen beigebracht hatte.

Inzwischen war es wohl ein Uhr morgens geworden, und der Sturm tobte noch immer mit furchtbarer Gewalt. Die Brigg stampfte heftiger als gewöhnlich, und wir mußten unbedingt Abhilfe schaffen. Fast bei jedem Rollen nach Lee ergossen sich Sturzseen über das Schiff, von denen während des Handgemenges etliche bis in die Kajüte drangen, denn ich hatte beim Hinuntersteigen die Luke offengelassen. Das gesamte Schanzkleid an Backbord war weggefegt worden, desgleichen die Kombüse und die Jolle vom Heck. Der Großmast war wohl gespalten, weil er ständig arbeitete und knarrte. Um im Achterladerraum mehr stauen zu können, hatte man das untere Mastende im Zwischendeck eingefügt – ein sehr sträflicher Brauch, zu dem unfähige Schiffsbauer zuweilen ihre Zuflucht nehmen. Nun drohte der Mastfuß aus seiner Halterung zu rutschen. Um unser Unglück vollzumachen, stellten wir beim Untersuchen des Pumpenpotts nicht weniger als sieben Fuß Wasser fest.

Wir ließen die Toten in der Kajüte liegen und machten uns sofort ans Pumpen, wobei uns Parker natürlich helfen mußte. Augustus verbanden wir notdürftig den Arm, er unterstützte uns auch nach Möglichkeit, aber viel konnte er nicht ausrichten. Wenn wir jedoch ständig eine Pumpe betätigten, konnten wir das Leck immerhin im Zaume halten. Da wir nur zu viert waren, bedeutete das harte Arbeit, aber wir wollten den Mut nicht sinken lassen und warteten sehnsüchtig auf das Morgengrauen, weil wir dann die Brigg durch das Kappen des Großmastes erleichtern wollten.

So verbrachten wir eine Nacht voller Ängste und Strapazen, und als der Tag endlich dämmerte, hatte der Sturm nicht im geringsten nachgelassen, noch waren irgendwelche Anzeichen dafür vorhanden. Wir schleiften nun die Leichen an Deck und warfen sie über Bord. Unsere nächste Sorge war, den Großmast loszuwerden. Nach den nötigen Vorbereitungen fällte Peters, der in der Kajüte Äxte gefunden hatte, den Mast, während wir andern an den Stagen und Taljereepen standen. Als die Brigg heftig nach Lee rollte, erhielten wir den Befehl, die Taljereepen auf der Wetterseite zu kappen, worauf alles Holz und die Takelage weitab von der Brigg in die See plumpsten, ohne Schaden anzurichten. Das Schiff arbeitete nun nicht mehr so schwer wie zuvor, unsere Lage aber war noch immer recht unsicher, und wir wurden des Lecks trotz äußerster Anstrengungen nur Herr, wenn wir beide Pumpen betätigten. Augustus' schwache Hilfe fiel dabei kaum ins Gewicht. Um unsere Not zu mehren, warf sich von der Windseite eine schwere See auf die Brigg und brachte sie um etliche Strich vom Winde ab; und ehe sie wieder in der alten Lage war, brach schon wieder eine Sturzsee mit voller Wucht herein und schleuderte sie auf die Seite. Nun schoß der Ballast mit seinem ganzen Gewicht nach Lee hinüber. Schon seit geraumer Weile war das Staugut hin und her gerutscht, und einen Augenblick dachten wir, nichts könne uns vor dem Kentern bewahren. Indessen richtete sich das Schiff bald etwas auf, doch blieb der Ballast an Backbord, und wir krängten immer noch so stark, daß an den Gebrauch der Pumpen nicht zu denken war. Viel länger hätten wir ohnehin nicht pumpen können, denn unsere Hände waren durch die übermäßige Arbeit zerschunden und bluteten schrecklich.

Gegen Parkers Rat kappten wir jetzt auch noch den Fockmast, was uns bei der Seitenlage nur mit großer Mühe gelang. Beim Sturz über Bord nahm der Mast auch den Bugspriet mit, uns blieb nur der Schiffsrumpf.

Bis jetzt konnten wir froh sein, noch das große Beiboot zu haben, das von den furchtbaren Sturzseen, die über Deck gegangen waren, nicht beschädigt worden war. Die Freude sollte jedoch nicht lange dauern. Nach dem Verlust des Fockmastes, der natürlich das Focksegel mitnahm und die Brigg des letzten Halts beraubte, brachen nämlich die Sturzseen ungehindert über uns herein, und in fünf Minuten war das Deck vom Vorder- bis zum Hintersteven klar gefegt, das Beiboot und das Steuerbordschanzkleid weggerissen und sogar die Ankerwinde zertrümmert. Wir waren in der jämmerlichsten Lage, die man sich nur ausmalen kann.

Um die Mittagszeit schien der Sturm etwas nachzulassen, aber in dieser Hoffnung wurden wir sehr getäuscht, denn nach wenigen Minuten der Ruhe raste er um so wütender. Gegen vier Uhr nachmittags war es einfach unmöglich, sich bei einem solchen Sturm aufrecht zu halten, und als die Nacht über uns hereinbrach, hatte ich auch nicht den Schatten einer Hoffnung mehr, die Brigg könnte bis zum Morgen zusammenhalten.

Um Mitternacht waren wir stark abgesackt, das Wasser stand bis zum untersten Deck. Bald darauf ging das Ruder verloren. Die See, die es wegriß, hob das Achterschiff der

Brigg aus dem Wasser, und beim Niedergehen schlug es mit einer derartigen Erschütterung auf, als würde es auf den Strand geworfen. Wir alle hatten damit gerechnet, das Ruder würde bis zum Äußersten durchhalten, denn es war ausnehmend stabil und so gut befestigt, wie ich es weder früher noch später gesehen habe. Längs des Hauptbalkens und des Achterstevens war eine Reihe kräftiger Eisenhaken befestigt, und durch diese Haken lief eine sehr dicke schmiedeeiserne Stange, so daß das Ruder mit dem Achtersteven fest verbunden war und sich zugleich frei um die Eisenstange drehte. Man mag die schreckliche Gewalt der See, die das Ruder losriß, an der Tatsache ermessen, daß alle Eisenhaken des Achterstevens, die innen vernietet waren, aus dem starken Holz herausgerissen wurden.

Wir hatten uns kaum von diesem schweren Schlag erholt, da brach eine der gewaltigsten Wogen, die ich je gesehen hatte, genau über uns herein, fegte die Kajütentreppe weg, drang in die Luken und füllte das Schiff bis in den letzten Winkel mit Wasser.

9

Zum Glück hatten wir uns kurz vor Anbruch der Nacht alle vier an den Trümmern der Ankerwinde festgebunden und lagen ganz flach auf dem Deck. Diese Vorsichtsmaßregel allein rettete uns vor dem Verderben. Wir waren alle mehr oder weniger betäubt von dem Druck der ungeheuren Wassermassen, die auf uns niederstürzten und erst abflossen, als wir nahezu erschöpft waren. Sobald ich wieder Atem holen konnte, rief ich laut nach meinen Gefährten. Nur von Augustus kam eine Antwort: »Wir sind verloren, Gott erbarme sich unserer Seelen!« Allmählich fanden die beiden andern die Sprache wieder und redeten uns gut zu, daß noch

Hoffnung sei. Mit ihrer Ladung nämlich könne die Brigg gar nicht sinken, und vielleicht werde der Sturm am Morgen nachlassen. Diese Worte verliehen mir neue Lebenskraft; denn so sonderbar es scheinen mag, in meiner Verwirrung hatte ich gar nicht mehr daran gedacht, daß ein mit leeren Ölfässern beladenes Schiff offenbar nicht sinken kann, und mir seit einiger Zeit den Schiffsuntergang als drohendste Gefahr ausgemalt. Als sich nun wieder Hoffnung in mir regte, nutzte ich jede Gelegenheit, die Stricke, die mich ah die Reste der Ankerwinde banden, fester anzuziehen, und bald taten meine Gefährten das gleiche. Die Nacht war unbeschreiblich finster, und das schreckliche, gleichsam kreischende Getöse und das heillose Chaos um uns her lassen sich nicht in Worte fassen. Unser Deck befand sich in gleicher Höhe mit der See, die uns mit aufgetürmten Schaumkämmen umwogte, von denen jeden Augenblick einige über uns hinwegfegten. Es ist nicht übertrieben, wenn ich sage, daß unsere Köpfe von drei Sekunden höchstens eine über Wasser waren. Wenn wir auch dicht beisammenlagen, so konnte doch keiner den andern sehen noch etwas auf der Brigg erkennen, auf der wir so ungestüm umhergewirbelt wurden. Von Zeit zu Zeit riefen wir uns gegenseitig an, um die Hoffnung wachzuhalten und denen Trost und Mut zuzusprechen, die dessen am meisten bedurften. Augustus' Schwäche erweckte unser aller Teilnahme. Da er sich mit seinem verletzten rechten Arm wohl kaum fest genug hatte anbinden können, erwarteten wir jeden Augenblick, ihn über Bord gehen zu sehen, doch war es schier unmöglich, ihm Beistand zu leisten. Zum Glück hatte er einen besseren Platz als wir alle; denn sein Oberkörper lag unter einem Teil der zertrümmerten Ankerwinde, und so wurde die Gewalt der Sturzseen, die sich über ihn ergossen, abgeschwächt. In jeder andern Lage wäre er unweigerlich noch vor Tagesanbruch zugrunde gegangen, und dorthin war er zufällig geschleudert worden, nachdem er sich vorher an einer sehr gefährdeten Stelle angebunden hatte. Durch die Seitenlage der Brigg konnten wir weniger leicht heruntergeschwemmt werden, als es sonst der Fall gewesen wäre. Die Krängung war, wie ich bereits sagte, nach Backbord, fast das halbe Verdeck lag also ständig unter Wasser. Die von Steuerbord heranstürmenden Wellen brachen sich daher an der Schiffswand und erreichten uns nur zu einem geringen Teil, weil wir mit dem Gesicht flach auflagen, während die von Backbord hereinbrechenden sogenannten Stauwasserseen bei unserer Lage nicht genügend Gewalt hatten, um uns von unseren Tauen loszureißen.

In dieser fürchterlichen Lage harrten wir bis zum Tagesanbruch aus, der uns die Schrecknisse ringsum deutlicher erkennen ließ. Die Brigg war nur noch ein Holzklotz, jeder Welle wehrlos ausgeliefert. Der Sturm schien eher noch zuzunehmen und wuchs sich zu einem regelrechten Orkan aus, und wir sahen für uns auf Erden keine Rettung mehr. Etliche Stunden hielten wir schweigend durch, jeden Augenblick gewärtig, daß entweder unsere Taue nachgeben, die Reste der Ankerwinde über Bord gehen oder die ungeheuren Wogen, die rings um uns und über uns hinwegbrausten, den Schiffsrumpf so lange unter Wasser drücken könnten, daß wir vor dem Wiederauftauchen ertranken. Durch Gottes Erbarmen jedoch blieben wir vor den drohenden Gefahren bewahrt, und gegen Mittag wurde unser Mut von den Strahlen der segenspendenden Sonne aufgefrischt. Wenig später spürten wir ein merkliches Nachlassen des Sturms, und jetzt endlich, das erste Mal seit dem vergangenen Abend, sprach Augustus und fragte Peters, der neben ihm lag, ob er noch an eine Rettung glaube. Zunächst antwortete der Mestize nicht, wir alle dachten schon, er sei ertrunken; aber plötzlich sagte er zu unserer großen Freude – wenn auch mit schwacher Stimme –, er leide große Schmerzen, die Taue schnitten ihm in den Leib, und wenn er sie nicht ein bißchen lockern könne, müsse er zugrunde gehen; er könne den Schmerz nicht mehr lange ertragen. Das tat uns sehr leid; denn es war völlig unmöglich, ihm zu helfen, solange die See derartig über uns hinwegfegte. Wir redeten ihm gut zu, seine Leiden tapfer zu ertragen, und versprachen, ihm bei der ersten Gelegenheit Linderung zu verschaffen. Darauf antwortete er, es werde bald zu spät und aussein mit ihm, bevor wir ihm helfen könnten. Er stöhnte noch kurze Zeit und lag dann still, so daß wir ihn für tot hielten.

Als der Abend nahte, war die See stark gefallen, nur noch etwa aller fünf Minuten überspülte eine Welle von der Windseite her den Rumpf, und der Sturm hatte sehr nachgelassen, obgleich immer noch eine recht steife Brise wehte. Seit Stunden hatte ich von meinen Gefährten kein Wort mehr vernommen, nun rief ich zu Augustus hinüber. Er erwiderte so matt, daß ich ihn nicht verstehen konnte. Dann redete ich Peters und Parker an, keiner von beiden gab Antwort.

Kurz danach fiel ich in einen Zustand halber Bewußtlosigkeit, meine Phantasie gaukelte mir die lieblichsten Bilder vor – grünende Bäume, wogende reife Kornfelder, Scharen tanzender Mädchen, Reitertruppen und ähnliche Wahngebilde zogen an mir vorüber. In all diesen Bildern war, so erinnere ich mich, die Bewegung vorherrschend. Ich sah nichts Feststehendes, kein Haus, kein Gebirge oder dergleichen, sondern Windmühlen, Schiffe, Riesenvögel, Ballons, Reiter, Wagen in rasender Fahrt und ähnliche bewegliche Dinge in endloser Folge. Als ich aus diesem Zustand erwachte, war es nach meiner Schätzung eine Stunde nach Sonnenaufgang. Nur mühsam konnte ich mir alle Einzelheiten des Geschehens ins Gedächtnis rufen, eine Zeitlang war ich sogar fest davon überzeugt, noch im Laderaum der Brigg in der Nähe des Kastens zu sein und nicht Parker, sondern Tiger neben mir zu haben.

Als ich schließlich wieder richtig zu mir gekommen war, merkte ich, daß eine milde Brise wehte und die See verhältnismäßig ruhig war; nur mittschiffs spülte sie noch über Deck. An meinem linken Arm waren die Taue gerissen, nicht ohne tiefe Einschnitte am Ellbogen zu hinterlassen; mein rechter Arm war ganz erstarrt, die Hand und das Handgelenk ungeheuer geschwollen durch den Seildruck, der sich von der Schulter bis zur Hand auswirkte. Sehr zu schaffen machte mir auch ein Tau, das um meine Hüften geschlungen war und sich unerträglich fest zusammengezogen hatte. Als ich mich nach meinen Gefährten umsah, fand ich Peters noch lebend, obwohl ein dicker Strick so fest um seine Lenden geschnürt war, daß er wie in zwei Teile zerschnitten wirkte. Sobald ich mich rührte, machte er eine matte Handbewegung und zeigte auf den Strick. Augustus, der zusammengekrümmt unter einem Splitter der Ankerwinde lag, gab keinerlei Lebenszeichen von sich. Als Parker sah, daß ich mich bewegte, fragte er, ob ich noch genügend Kraft besäße, ihn aus seiner Lage zu befreien. Er meinte, wenn ich all meine Energie zusammennähme, um ihn loszubinden, könnten wir unser Leben noch retten, sonst aber müßten wir alle zugrunde gehen. Ich sprach ihm Mut zu und sagte, ich wolle versuchen, ihn loszubinden. In der Hosentasche fand ich mein Messer, und nach mehreren vergeblichen Versuchen gelang es mir schließlich, es aufzuklappen. Dann band ich mit meiner linken Hand meine rechte los und zerschnitt die übrigen Taue, die mich banden. Als ich mich aber vom Fleck rühren wollte, versagten mir die Füße den Dienst. Ich konnte mich weder erheben noch meinen rechten Arm überhaupt bewegen. Als ich das Parker sagte, riet er mir, ein paar Minuten still zu liegen und mich mit der linken Hand an der Ankerwinde festzuhalten, um das Blut wieder zum Zirkulieren zu bringen. Die Taubheit begann augenblicklich zu weichen, ich konnte erst das eine Bein, dann das andere und schließlich auch meinen rechten Arm ein bißchen bewegen. Nun kroch ich ganz vorsichtig, ohne mich aufzurichten, auf Parker zu und hatte bald alle seine Taue zerschnitten. Nach kurzer Zeit hatte auch er seinen Körper wieder einigermaßen in der Gewalt. Jetzt säumten wir nicht, Peters von seinem Tau zu befreien. Es war durch den Bund seiner wollenen Hose und zwei Hemden gedrungen und hatte in der Schamleiste eine klaffende Wunde verursacht, aus der ziemlich viel Blut floß, als wir das Tau entfernten. Doch kaum hatten wir es gelöst, da sprach er und schien augenblicklich Erleichterung zu empfinden. Er konnte sich viel besser bewegen als Parker oder ich, was zweifellos auf seinen Blutverlust zurückzuführen war.

Bei Augustus, der kein Lebenszeichen von sich gab, hatten wir wenig Hoffnung, er könnte sich wieder erholen. Als wir uns aber bis zu ihm vorgearbeitet hatten, merkten wir, daß er infolge des Blutverlustes nur ohnmächtig war. Die Binden, die wir um seinen verwundeten Arm gewickelt hatten, hatte das Wasser heruntergerissen; keins der Taue, mit denen er an die Ankerwinde gebunden war, saß so fest, daß es tödliche Folgen gehabt hätte. Wir banden ihn los, räumten die Bruchstücke der Ankerwinde weg und brachten ihn an eine trockene Stelle auf der Luvseite, wo wir seinen Kopf etwas tiefer betteten als den Körper. Dann rieben wir ihm alle drei eifrig die Gliedmaßen. Etwa eine halbe Stunde später kam er zu sich, gab jedoch erst am nächsten Morgen Zeichen des Erkennens von sich und fand auch dann erst Kraft zum Sprechen. Ehe wir alle Taue gelöst hatten, war die Dunkelheit hereingebrochen, und Wolken zogen am Himmel auf, so daß wir wieder in tödlicher Angst schwebten, ein neuer Sturm könnte aufziehen, in dem wir – erschöpft wie wir waren – rettungslos zugrunde gegangen wären. Zum Glück hielt sich das Wetter aber über Nacht, die See wurde von

Minute zu Minute ruhiger, was uns mit großer Hoffnung auf schließliche Rettung erfüllte. Eine sanfte Brise wehte noch aus Nordwest, es war gar nicht kalt. Augustus hatten wir auf der Luvseite fürsorglich angebunden, damit er beim Schlingern der Brigg nicht über Bord ging; denn er war noch zu schwach, um sich festzuhalten. Wir andern brauchten uns nicht mehr anzubinden. Wir saßen eng beisammen, stützten uns gegenseitig mit Hilfe der zerrissenen Taue am Ankerspill und dachten darüber nach, wie wir unserer entsetzlichen Lage entrinnen könnten. Es war uns eine Wohltat, die Kleider auszuziehen und sie auszuwringen. Als wir sie wieder anzogen, fühlten wir uns warm und behaglich, was nicht wenig zu unserer Belebung beitrug. Wir halfen Augustus aus seinen Kleidern und wrangen sie für ihn aus, wonach auch er sich wohler fühlte.

Am meisten litten wir nun unter Hunger und Durst, und als wir überlegten, wie dem abzuhelfen sei, sank unser Mut wieder, und wir bedauerten, den minder schrecklichen Gefahren des Meeres entronnen zu sein. Wir versuchten uns jedoch mit der Hoffnung zu trösten, irgendein Schiff werde uns bald auflesen, und ermutigten uns gegenseitig, kommendem Unheil tapfer entgegenzusehen.

Endlich brach der Morgen des 14. Juli an, das Wetter blieb, bei einer beständigen, aber sehr leichten Brise aus Nordwest, klar und heiter. Die See war jetzt ganz glatt, und da die Brigg aus einem unerklärlichen Grunde nicht mehr so stark auf der Seite lag wie zuvor, war das Deck ziemlich trocken, und wir konnten uns frei bewegen. Mehr als drei Tage und Nächte hatten wir nichts gegessen und getrunken, wir mußten unbedingt versuchen, etwas von unten heraufzuholen. Da die Brigg voll Wasser stand, gingen wir verzagt und mit wenig Hoffnung auf Erfolg an die Arbeit. Wir fertigten eine Art Schleppnetz an, indem wir aus den Überbleibseln der Kajütenluke einige Nägel herauszogen und sie in zwei Holzstücke einschlugen, die kreuzweise miteinander verbunden und an einem Tauende befestigt wurden. Dieses Schleppnetz warfen wir in die Kajüte hinunter und zogen es in der schwachen Hoffnung hin und her, irgend etwas Eßbares oder Brauchbares darin zu fangen. Mit dieser Beschäftigung verbrachten wir fast den ganzen Morgen, fischten jedoch nicht mehr als ein paar Bettücher auf, die an den Nägeln hängenblieben. Bei unserem primitiven Werkzeug war eben auch mit einem nennenswerten Erfolg kaum zu rechnen.

Nun suchten wir das Vorderdeck ab, aber auch das vergeblich. Schon wollten wir resignieren, als Peters vorschlug, wir sollten ihm ein Tau um den Leib winden und ihn in die Kajüte tauchen lassen, damit er versuche, etwas herauszuholen. Diesen Vorschlag begrüßten wir mit aller Begeisterung, zu der neu erwachende Hoffnung befähigt. Er zog sich sofort aus, nur die Hose behielt er an. Dann legten wir ihm vorsichtig ein kräftiges Tau so um die Taille und über die Schultern, daß es nicht wegrutschen konnte. Das Unternehmen war ebenso schwierig wie gefährlich; denn da in der Kajüte wahrscheinlich nichts oder nur wenig zu finden war, mußte der Taucher, einmal unten, nach rechts abschwenken, eine Strecke von zehn bis zwölf Fuß in einem engen Gang bis zur Vorratskammer unter Wasser schwimmen und ohne Luft zu holen zurückkehren.

Als alles vorbereitet war, stieg Peters die Kajütentreppe hinab, bis ihm das Wasser bis zum Kinn reichte. Dann warf er sich kopfüber hinein und wandte sich nach rechts, zur Vorratskammer. Sein erster Versuch schlug jedoch völlig fehl. Keine halbe Minute nach seinem Verschwinden spürten wir einen kräftigen Ruck am Tau, das verabredete Zeichen zum Hochziehen. Wir zogen ihn sofort herauf, leider aber so unvorsichtig, daß er heftig gegen die Treppe stieß.

Er hatte nichts mitbringen und nur ein ganz kleines Stück in den Gang vordringen können, weil er ständig dagegen ankämpfen mußte, nach oben gedrückt zu werden. Als er wieder auftauchte, war er ganz erschöpft und mußte sich eine volle Viertelstunde ausruhen, ehe er es noch einmal wagen konnte, hinabzusteigen.

Der zweite Versuch verlief noch erfolgloser; denn Peters blieb, ohne ein Zeichen zu geben, so lange unter Wasser, daß wir um seine Sicherheit bangten und ihn ohne Signal heraufzogen. Er war dem Ersticken nahe. Mehrmals hatte er am Tau gezogen, ohne daß wir es gemerkt hatten; wahrscheinlich hatte sich ein Stück des Taus am Fuße der Treppe im Geländer verfangen. Dieses Geländer war ein großes Hindernis, darum wollten wir es beseitigen, ehe wir unsere Versuche fortsetzten. Da wir keine Werkzeuge hatten, mußten wir es mit Gewalt abbrechen. Wir stiegen alle vier so tief wie möglich ins Wasser, zogen mit vereinten Kräften und rissen das Geländer schließlich los.

Der dritte Versuch mißlang wie die beiden ersten; wir begriffen, daß wir so nicht weiterkamen. Der Taucher brauchte ein Gewicht, das ihn beim Suchen zu Boden zog und im Gleichgewicht hielt. Lange Zeit suchten wir vergeblich nach etwas Geeignetem, bis wir endlich zu unserer großen Freude entdeckten, daß eine der vorderen Rüstketten ganz locker saß und mühelos abgerissen werden konnte. Peters befestigte die Kette an einem Fußgelenk und stieg zum viertenmal in die Kajüte hinunter. Diesmal gelang es ihm, bis zur Tür der Stewardskabine vorzudringen. Zu seinem unaussprechlichen Leidwesen fand er jedoch die Tür verschlossen und mußte unverrichteterdinge umkehren, da er es auch bei äußerster Anstrengung höchstens noch eine Minute unter Wasser aushalten konnte. Es war nun wahrhaftig trübe um uns bestellt, weder Augustus noch ich konnten die Tränen zurückhalten, wenn wir an die unzähligen Schwierigkeiten dachten, die uns umgaben, und an die geringen Aussichten auf Rettung. Doch diese Schwäche hatten wir bald überwunden. Wir warfen uns auf die Knie und erflehten Gottes Hilfe gegen die vielen Gefahren, die uns bedrohten. Danach erhoben wir uns mit neuer Hoffnung und Lebenskraft, um zu überlegen, was wir mit unseren schwachen menschlichen Kräften noch zu unserer Rettung tun konnten.

10

Kurz darauf sollte sich etwas ereignen, was mich aus der unbändigsten Freude riß und in tiefstes Grausen stieß, kurzum, was mich innerlich so aufwühlte wie keiner der tausend Wechselfälle, denen ich in den darauffolgenden neun langen Jahren ausgesetzt war – Jahren, die eine Fülle der ungewöhnlichsten und oftmals der unfaßbarsten und unerklärlichsten Begebenheiten mit sich brachten. Wir lagen nahe der Kajütentreppe auf Deck und überlegten, wie wir trotz aller Hindernisse bis zum Vorratsraum vordringen könnten, als ich meinen Blick auf Augustus richtete, der mir gegenüber lag. Er war mit einem Male leichenblaß geworden, seine Lippen bebten höchst seltsam und unverständlich. Äußerst beunruhigt sprach ich ihn an, aber er gab keine Antwort, und ich glaubte schon, er sei von einem plötzlichen Übelsein befallen, als ich begriff, daß seine Augen offenbar auf etwas hinter mir Auftauchendes starrten. Ich wandte mich um, und nie werde ich die unbändige Freude vergessen, die jede Faser meines Körpers durchschauerte, als ich in einer Entfernung von nur wenigen Seemeilen eine große Brigg auf uns zuhalten sah. Ich sprang auf, als hätte mich eine Kugel ins Herz getroffen; ich streckte meine Arme nach dem Schiff aus und blieb so stehen, stumm und unbeweglich. Peters und

Parker waren ebenso ergriffen, wenn sich das auch auf verschiedene Weise kundtat. Der eine tanzte wie ein Besessener auf Deck herum und redete lauter Unsinn, um dann wieder Schreie und Verwünschungen auszustoßen. Der andere brach in Tränen aus und weinte eine Zeitlang wie ein Kind.

Das gesichtete Schiff war ein großer Briggschoner von niederländischer Bauart, schwarz gestrichen, mit einer geschmacklosen vergoldeten Galionsfigur. Er hatte offensichtlich viel böses Wetter hinnehmen müssen und Schaden erlitten durch den Sturm, der auch für uns so verhängnisvoll gewesen war; denn sein Fockmast und Teile des Steuerbordschanzkleids fehlten. Als wir ihn sichteten, war er, wie eben erwähnt, etwa zwei Meilen in Luv entfernt und hielt auf uns zu. Obgleich nur eine leichte Brise wehte, hatte er erstaunlicherweise nur das Focksegel, das Großsegel und den Außenklüver gesetzt; so kam er natürlich nur langsam voran, was unsere Ungeduld zur Raserei steigerte. Waren wir auch noch so aufgeregt, so fiel uns allen doch auf, wie ungeschickt die Brigg steuerte. Sie gierte so stark, daß wir zeitweilig glaubten, man habe uns nicht gesehen. Dann wieder dachten wir, man habe uns zwar gesehen, aber niemanden an Bord bemerkt und wolle nun wenden und einen andern Kurs steuern. Wir schrien und riefen jedesmal aus Leibeskräften, wenn das fremde Schiff für einen Augenblick seine Richtung zu ändern schien und dann wieder auf uns zuhielt. Dieses sonderbare Verhalten wiederholte sich zwei- oder dreimal; wir fanden keine andere Erklärung dafür, als daß der Steuermann betrunken sein müsse.

An Bord konnten wir niemand entdecken, bis die Brigg auf eine Viertelmeile heran war. Dann aber erblickten wir drei Seeleute, die wir nach ihrer Tracht für Holländer hielten. Zwei von ihnen lagen auf ein paar alten Segeln nahe dem Vorderdeck, der dritte, der uns allem Anschein nach mit lebhafter Neugier betrachtete, lehnte sich am Bugspriet über die Steuerbordreling. Es war ein großer, stämmiger Mann von sehr dunkler Hautfarbe. Es sah so aus, als wolle er uns zur Geduld mahnen, denn er nickte uns – wenn auch auf wunderliche Weise – aufmunternd zu; dabei lächelte er ständig und entblößte seine schönen blendendweißen Zähne. Als das Schiff näher kam, fiel die rote Flanellmütze, die er aufgehabt hatte, von seinem Kopf und ins Wasser, was er indessen kaum oder gar nicht zu beachten schien; er lächelte noch immer und machte die gleichen Gebärden. Ich berichte all diese Einzelheiten bewußt so ausführlich und – das möchte ich betonen – genauso, wie sie sich uns darboten.

Die Brigg näherte sich langsam, aber nunmehr stetiger als zuvor, unsere Herzen – ich kann noch immer nicht mit Gelassenheit davon sprechen –, unsere Herzen schlugen wild, und aus unseren Seelen brach ein einziger Schrei der Freude und Danksagung an Gott, da wir wider Erwarten eine so völlige und wunderbare Rettung in greifbarer Nähe sahen. Plötzlich wehte über das Wasser hinweg von dem fremden Schiff, das jetzt dicht an unserm Kurs war, ein Geruch, ein Gestank herüber, für den es auf der ganzen Welt keinen Namen gibt und von dem sich niemand eine Vorstellung machen kann – höllisch, atemberaubend, unerträglich, unfaßbar. Ich rang nach Luft und sah mich nach meinen Gefährten um – sie waren bleicher als Marmor. Aber jetzt war keine Zeit für Fragen und Vermutungen. Die Brigg war nun fünfzig Fuß von uns entfernt und wollte offenbar an unserm Heck anlegen, damit wir, ohne ein Boot auszusetzen, an Bord gehen könnten. Wir stürzten nach achtern, als sie plötzlich fünf oder sechs Strich von ihrem Kurs abwich und in einer Entfernung von etwa zwanzig Fuß unter unserm Heck vorbeizog, wobei wir ihr Deck ganz überblicken konnten. Werde ich jemals das unermeßliche Grauen dieses Anblicks vergessen? Fünfundzwanzig oder dreißig menschliche Körper, darunter einige Frauen, lagen im letzten, ekelerregendsten Stadium der Verwesung zwischen dem Heck und der Kombüse herum. Wohl sahen wir, daß auf diesem vom Schicksal heimgesuchten Schiff nicht eine Seele mehr lebte. Dennoch riefen wir die Toten um Hilfe an! Ja, in der Verzweiflung des Augenblicks flehten wir lange und laut, diese schweigsamen und Abscheu erregenden Gestalten möchten hierbleiben, uns nicht einem Schicksal wie dem ihren preisgeben und uns in ihre zahlreiche Gesellschaft aufnehmen. Wir waren rasend vor Entsetzen und Verzweiflung, wahnsinnig durch die Qual unserer schmerzlichen Enttäuschung.

Auf unseren ersten lauten Schreckensschrei hin ertönte von dem fremden Schiff aus der Gegend des Bugspriets eine Antwort, die dem Schrei einer menschlichen Stimme so ähnlich war, daß auch das feinste Ohr erschreckt und getäuscht werden mußte. In diesem Augenblick brachte ein erneuter Kurswechsel für einen Moment den Bereich des Vorderdecks in unser Blickfeld, und wir erkannten sofort, woher der Laut kam. Noch immer lehnte die große, kräftige Männergestalt am Schanzkleid und schaukelte mit dem Kopf hin und her, das Gesicht aber war jetzt abgewandt und unsern Blicken entzogen. Die Arme hingen mit den Handflächen nach außen über die Reling, die Knie ruhten auf einem starken, straft gespannten Tau zwischen dem Bugspriet und einem Kattdavit. Auf dem Rücken, wo ein Stück vom Hemd fehlte, saß eine riesige Seemöwe, die sich gierig an dem scheußlichen Fleisch mästete, in das sie ihren Schnabel und ihre Klauen tief eingegraben hatte. Ihr weißes Gefieder war über und über mit Blut besudelt. Als die Brigg sich weiterdrehte, wie um uns gute Sicht zu bieten, zog der Vogel mit sichtlicher Anstrengung seinen blutroten Kopf aus dem Fleisch, und nachdem er uns einen Moment lang erstaunt angestarrt hatte, erhob er sich schwerfällig von der Leiche, die ihm zum Fraß gedient hatte, und flog genau über unser Deck. Dort schwebte er eine Weile, eine geronnene, leberähnliche Substanz im Schnabel. Schließlich fiel der greuliche Bissen mit dumpfem Aufklatschen direkt vor Parkers Füße. Möge Gott mir vergeben, aber jetzt zuckte mir zum erstenmal ein Gedanke durchs Hirn, ein Gedanke, den ich nicht in Worte fassen will, und ich fühlte, wie ich einen Schritt auf den blutigen Klumpen zu tat. Ich sah auf und begegnete Augustus' scharfem, bedeutsamem Blick, der mich sogleich zur Besinnung brachte. Schnell sprang ich auf den scheußlichen Gegenstand zu und warf ihn mit einem tiefen Schaudern ins Meer.

Die Leiche, von der er stammte, hatte, da sie auf dem Tau ruhte, durch die Bewegungen des fressenden Vogels leicht hin und her geschwankt, und dies hatte zunächst bei uns den Eindruck erweckt, es handele sich um einen Lebenden. Als aber der Tote vom Gewicht des Vogels befreit wurde, drehte er sich und blieb hängen, so daß sein Gesicht zu sehen war. Furchtbareres und Schrecklicheres hat es kaum je gegeben! Die Augen fehlten, ebenso das Fleisch rings um den Mund, weshalb die Zähne freilagen. Das also war das Lächeln, das unsere Hoffnung geweckt hatte! Das ... aber ich will lieber schweigen. Die Brigg also glitt, wie ich schon gesagt habe, unter unserm Heck vorbei und hielt langsam zur Leeseite hinüber. Mit ihr und ihrer grauenerregenden Besatzung schwanden all unsere lichten Visionen von Freude und Erlösung. Langsam, wie sie vorbeizog, hätten wir wohl Gelegenheit gefunden, an Bord zu springen, hätte nicht die plötzliche Enttäuschung und die furchtbare Entdeckung unsere geistigen und körperlichen Kräfte völlig gelähmt. Mit den Augen und der Seele hatten wir das Grauen aufgenommen, aber wir konnten weder denken noch handeln, bis es – ach! – zu spät war. Wie sehr unser Verstand unter dem Ereignis gelitten hatte, läßt sich an der Tatsache ermessen, daß wir ernstlich den Vorschlag erwogen, der Brigg nachzuschwimmen, als sie schon so weit von uns entfernt trieb, daß nur noch die Hälfte ihres Rumpfes zu sehen war.

Vergebens habe ich seit dieser Zeit versucht, Aufschluß über das grauenhafte Geheimnis zu finden, das das Schicksal des fremden Schiffes umschwebte. Seine Bauart und sein Aussehen legten, wie ich schon sagte, die Vermutung nahe, es sei ein holländisches Handelsschiff, auch die Tracht der Mannschaft wies darauf hin. Wir hätten leicht am Heck seinen Namen lesen und noch andere Beobachtungen anstellen können, die uns Aufschluß über das Schiff gegeben hätten, aber die heftige Erregung machte uns blind gegen alles. Aus der safranartigen Farbe der noch nicht völlig verwesten Leichen schlossen wir, die gesamte Besatzung müsse am Gelbfieber oder einer anderen ebenso schrecklichen, ansteckenden Krankheit zugrunde gegangen sein. Ich weiß keine andere Erklärung dafür, und wenn ich richtig vermute, so muß, nach Lage der Körper zu urteilen, der Tod seine Opfer plötzlich und gewaltsam dahingerafft haben, im Gegensatz selbst zu den schlimmsten Seuchen, die die Menschheit kennt. Vielleicht war rein zufällig todbringendes Gift in die Vorräte gelangt und hatte das Unheil heraufbeschworen, oder die Besatzung hatte von einem unbekannten giftigen Fisch, einem anderen Meeresbewohner oder von einem Seevogel gegessen und war vergiftet worden. Es ist jedoch völlig zwecklos, Mutmaßungen anzustellen, wo doch alles in das Rätsel eines schrecklichen, unergründlichen Geheimnisses gehüllt ist und wohl auf ewig bleiben wird.

11

Den Rest des Tages dämmerten wir in stumpfer Gleichgültigkeit dahin und starrten dem entschwindenden Schiff nach, bis uns die Finsternis, die es unsern Blicken entzog, einigermaßen zur Besinnung brachte. Nun begannen die Qualen des Hungers und Durstes von neuem und ließen keine andern Sorgen und Überlegungen aufkommen. Vor dem Morgen konnten wir indes nichts unternehmen; wir sicherten uns, so gut es eben ging, und versuchten, etwas Ruhe zu finden. Mir gelang das erstaunlich gut; ich schlief bis zum Morgengrauen, als mich meine Gefährten, die keinen Schlaf gefunden hatten, weckten, weil wir nochmals versuchen wollten, Vorräte aus dem Schiffsraum heraufzuholen.

Totenstille herrschte jetzt, das Meer lag so glatt, wie ich es nie erlebt hatte; das Wetter war warm und freundlich. Von der Brigg war nichts mehr zu sehen. Wir begannen unsere Vorkehrungen, indem wir mit einiger Mühe noch eine Kette abrissen. Wir befestigten nun zwei Ketten an Peters' Füßen, und er unternahm einen neuen Vorstoß zur Tür der Vorratskammer, die er aufbrechen wollte, wenn die Zeit dazu reichte. Da der Schiffsrumpf viel ruhiger lag als zuvor, war er guten Mutes.

Als er bald darauf an der Tür war, löste er eine Kette vom Fuß und versuchte mit aller Gewalt, sich Zugang zu erzwingen – aber vergeblich. Das Rahmenwerk der Tür war viel stärker, als wir vermutet hatten. Er war von seinem langen Aufenthalt unter Wasser völlig erschöpft, und einer von uns mußte ihn unbedingt ablösen. Parker meldete sich sofort freiwillig für diesen Dienst, drang jedoch in drei ergebnislosen Versuchen nicht einmal bis in die Nähe der Tür vor. Augustus mit seinem verletzten Arm konnte unmöglich einen Tauchversuch wagen; denn selbst wenn er es bis zur Tür geschafft hätte, wäre er doch nicht fähig gewesen, sie aufzubrechen. Also mußte ich mich um unsere gemeinsame Rettung bemühen.

Peters hatte eine Kette im Gang gelassen, und als ich beim Tauchen merkte, daß ich nicht schwer genug war, um mich unten zu halten, wollte ich zunächst nur die Kette wiederfinden. Ich tastete am Boden entlang, stieß an einen harten Gegenstand und packte ihn sofort, wenn ich auch keine Zeit hatte, festzustellen, was es war. Dann machte ich kehrt und stieg schleunigst wieder an die Oberfläche. Meine Beute entpuppte sich als eine Flasche, und wenn ich sage, daß es eine Portweinflasche war, so wird man unsere Freude ermessen können. Wir dankten Gott für diese rechtzeitige, aufmunternde Hilfe, zogen sofort den Kork mit meinem Taschenmesser heraus und nahmen jeder einen bescheidenen Schluck. Der Wein erfüllte uns mit Wärme, Kraft und Mut und wurde uns zur unbeschreiblichen Trostquelle. Wir verkorkten die Flasche wieder sorgfältig und hängten sie an einem Taschentuch auf, damit sie nicht zerbrach.

Nach diesem glücklichen Fund ruhten wir erst eine Weile aus, worauf ich nochmals hinabstieg und diesmal die Kette fand, mit der ich gleich wieder auftauchte. Ich befestigte sie an mir und tauchte ein drittes Mal, bis ich zu der Überzeugung gelangte, daß die Tür der Vorratskammer unter diesen Umständen durch keine noch so großen Anstrengungen gewaltsam geöffnet werden konnte. Verzweifelt kehrte ich daher zurück.

Nun schien es für uns keine Hoffnung mehr zu geben, aus den Mienen meiner Gefährten war zu entnehmen, daß sie zum Sterben bereit waren. Der Wein hatte sie offenbar in eine Art Delirium versetzt, vor dem ich wahrscheinlich durch das Tauchen im kalten Wasser bewahrt geblieben war. Sie faselten zusammenhanglos von Dingen, die gar nichts mit unserer Situation zu tun hatten. Peters stellte mir wiederholt Fragen über Nantucket. Ich erinnere mich noch genau, wie Augustus mit ernster Miene auf mich zutrat und mich um einen Taschenkamm bat; sein Haar sei voller Fischschuppen, die er herauskämmen wolle, ehe er an Land gehe. Parker schien es weniger gepackt zu haben; er drängte mich, aufs Geratewohl in die Kajüte zu tauchen und alles heraufzubringen, was mir in die Hände fiele. Ich willigte ein; beim ersten Versuch brachte ich nach einer Minute einen kleinen Lederkoffer von Kapitän Barnard mit. Man öffnete ihn sofort, in der leisen Hoffnung, es sei etwas zum Trinken oder Essen darin. Wir fanden aber nur einen Rasiermesserkasten und zwei Leinenhemden. Wieder tauchte ich und kehrte ohne jeden Erfolg zurück. Als mein Kopf aus dem Wasser auftauchte, hörte ich einen Aufschlag an Deck, und als ich mich aufrichtete, sah ich, daß meine undankbaren Gefährten meine Abwesenheit dazu benutzt hatten, den Rest Wein auszutrinken; sie hatten die Flasche ganz schnell wieder aufhängen wollen, damit ich nichts merkte, und dabei war sie heruntergefallen. Als ich ihnen wegen ihrer Herzlosigkeit Vorwürfe machte, brach mein Freund in Tränen aus. Die beiden andern versuchten, die Angelegenheit scherzend und mit einem Lachen abzutun, einem Lachen, das ich nicht noch einmal sehen möchte, so entsetzlich war die Verzerrung ihrer Gesichter. Der Wein hatte bei leerem Magen offenbar rasch und stark gewirkt; denn sie waren völlig betrunken. Nur mit größter Mühe gelang es mir, sie zum Hinlegen zu überreden. Sehr bald fielen sie in festen Schlaf, der von lauten, röchelnden Atemzügen begleitet war.

Ich fühlte mich nun wie allein auf der Brigg, meine Gedanken waren, wie sich denken läßt, recht banger und düsterer Natur. Mir bot sich keine andere Aussicht als ein langsamer Hungertod oder bestenfalls der Untergang im ersten aufkommenden Sturm; denn bei unserer jetzigen Erschöpfung durften wir nicht darauf hoffen, einen weiteren Sturm zu überstehen.

Der nagende Hunger, der mich jetzt quälte, war nahezu unerträglich, ich fühlte mich zum Äußersten imstande, um ihn zu stillen. Mit dem Messer schnitt ich ein kleines Stück von dem Lederkoffer ab und versuchte es zu essen, doch war es mir unmöglich, auch nur einen Bissen hinunterzuschlukken. Dennoch bildete ich mir ein, eine gewisse Erleichterung zu verspüren, wenn ich kleine Stücke kaute und dann ausspie. Gegen Abend erwachten meine Gefährten einer nach dem andern, jeder in einem unbeschreiblichen Schwäche- und Angstzustand, eine Folge des Weinrauschs, der jetzt verflogen war. Sie zitterten wie im heftigsten Schüttelfrost und schrien jämmerlich nach Wasser. Ich bedauerte sie aufs lebhafteste. Zugleich aber war ich froh darüber, durch günstige Umstände vor dem Weingenuß und somit auch vor ihrer traurigen, qualvollen Verfassung bewahrt geblieben zu sein. Ihr Benehmen jedoch beunruhigte und erschreckte mich sehr; denn sofern sich ihr Zustand nicht besserte, konnten sie mich bei meinen Rettungsplänen unmöglich unterstützen. Ich hatte nämlich den Gedanken, unten etwas aufzufischen, noch nicht gänzlich aufgegeben, aber ein neuer Versuch konnte erst dann gewagt werden, wenn wenigstens einer von ihnen sich wieder soweit in der Gewalt hatte, daß er das Tauende halten konnte, während ich hinabstieg. Parker schien etwas mehr bei Sinnen zu sein als die übrigen, und ich gab mir alle erdenkliche Mühe, ihn wachzurütteln. Ich dachte mir, ein Seebad könnte wohltuend auf Parkers Lebensgeister wirken, band ihm ein Tau um den Leib, führte ihn zur Kajütentreppe, was er alles geduldig über sich ergehen ließ, und stieß ihn ins Wasser, um ihn gleich wieder herauszuziehen ... Ich hatte allen Grund, mich zu diesem Experiment zu beglückwünschen, denn er schien erfrischt und belebt zu sein und fragte mich verständig, warum ich ihn so traktiert hätte. Ich erklärte ihm den Zweck der Übung, und er war mir dankbar. Er meinte, das Eintauchen habe ihm gutgetan, und unterhielt sich nun mit mir ganz vernünftig über unsere Lage. Wir beschlossen, Peters und Augustus ebenfalls ins Wasser zu tauchen, was wir auch sofort taten, und auch sie empfanden den Schock als wohltuend. Über die günstige Wirkung einer Dusche in Fällen von *mania a potu* hatte ich in einem medizinischen Werk gelesen, und so war ich auf den Einfall gekommen.

Nachdem ich nun meinen Gefährten das Seil anvertrauen konnte, tauchte ich noch drei- oder viermal in die Kajüte, obwohl es jetzt schon ganz dunkel war und eine sanfte, aber lange Dünung aus Nord unsern Schiffskörper hin und her warf. Bei meinen Versuchen fand ich schließlich zwei Hirschfänger, einen leeren Krug, der drei Gallonen faßte, und eine Decke, aber nichts Eßbares. Als ich diese Dinge hinaufgebracht hatte, setzte ich meine Bemühungen bis zur völligen Erschöpfung fort, jedoch ohne Ergebnis. Während der Nacht wechselten sich Parker und Peters beim Tauchen ab, ohne etwas zu finden. Schließlich gaben wir verzweifelt diese Bemühungen auf, die uns nur nutzlos erschöpften.

Den Rest dieser Nacht verbrachten wir in einem Zustand körperlicher und seelischer Qual, wie man sie sich schlimmer nicht vorstellen kann. Endlich dämmerte der Morgen des 16. herauf, eifrig suchten wir mit den Augen den Horizont nach Hilfe ab, jedoch ohne Erfolg. Die See war immer noch glatt, nur mit einer langen Dünung aus Nord wie am Vortag. Seit sechs Tagen hatten wir nichts gegessen und außer der Flasche Portwein nichts getrunken; wenn wir nicht irgend etwas Eßbares auftrieben, konnten wir nicht mehr lange aushalten, das war klar. Nie hatte ich so ausgemergelte Gestalten wie Peters und Augustus gesehen, ich wünsche mir auch einen solchen Anblick nie wieder. Hätte ich sie in dieser Verfassung an Land getroffen, so hätte ich auch nicht im mindesten geglaubt, sie jemals zuvor gesehen zu haben. Ihre Gesichtszüge hatten sich völlig verändert, ich konnte einfach nicht fassen, daß sie noch die gleichen Menschen waren wie die, mit denen ich vor Tagen hier zusammen gelebt hatte. Wenn Parker auch stark abgenommen hatte und so geschwächt war, daß er seinen Kopf nicht aufrecht halten konnte, so war er doch noch nicht so weit dahin wie die beiden anderen. Er litt mit großer Geduld, jammerte nicht und wollte noch auf jede erdenkliche Weise Hoffnung in uns wecken. Trotz meiner starken Unpäßlichkeit zu Beginn der Reise, und meiner schwachen Konstitution hatte ich weniger als alle andern zu leiden und auch nicht so viel Gewicht eingebüßt. Mein Verstand hatte überraschenderweise kaum gelitten, während die andern in einer Art Schwachsinn wieder infantil wurden; meistens blickten sie einfältig vor sich hin, lächelten idiotisch und gaben die albernsten Plattheiten von sich. Von Zeit zu Zeit schienen sie plötzlich wiederaufzuleben, als würden sie sich ihrer Lage bewußt; dann sprangen sie in einer Anwandlung von Energie auf und sprachen eine Weile ganz vernünftig, wenn auch in tiefster Verzweiflung über ihre Aussichten. Doch möglicherweise hielten sich meine Gefährten für ebenso normal wie ich mich selbst, und ich führte mich unwissentlich genauso albern und töricht auf wie sie – denn darüber läßt sich nichts Bestimmtes sagen.

Gegen Mittag behauptete Parker, er sähe Land an Backbord, und nur mit größter Mühe konnte ich ihn davon abhalten, sich ins Wasser zu stürzen und hinüberzuschwimmen. Peters und Augustus beachteten seine Worte kaum, sie schienen völlig in ihr düsteres Sinnen versunken zu sein. Ich blickte in die angegebene Richtung und sah auch nicht die geringste Andeutung einer Küste, wußte ich doch nur zu gut, wie weit wir vom Land entfernt waren und wie wenig Hoffnung es für uns in dieser Hinsicht gab. Immerhin dauerte es lange, bis ich Parker von seinem Irrtum überzeugen konnte. Darauf brach er in Tränen aus, heulte, schluchzte und schrie fast drei Stunden lang wie ein Kind, bis er endlich vor Erschöpfung einschlief.

Peters und Augustus strengten sich jetzt vergeblich an, etwas von dem Leder hinunterzuschlucken. Ich empfahl ihnen, es zu kauen und dann auszuspucken, doch sie waren zu entkräftet, um meinen Rat zu befolgen. Ich kaute von Zeit zu Zeit Lederstückchen und fand dadurch einige Erleichterung. Die größten Qualen bereitete mir der Durst, lediglich die Erinnerung an die fürchterlichen Folgen, die der Genuß von Seewasser bei anderen Menschen in gleicher Lage hervorgerufen hatte, hielt mich davon ab, es Zu trinken.

So ging der Tag dahin, als ich plötzlich im Osten an unserer Backbordseite ein Segel sichtete. Es gehörte offenbar zu einem großen Schiff, das in einer Entfernung von etwa zwölf bis fünfzehn Meilen unsern Kurs kreuzte. Keiner meiner Gefährten hatte es bis jetzt entdeckt, und aus Furcht vor einer weiteren Enttäuschung dachte ich auch vorläufig nicht daran, sie darauf aufmerksam zu machen. Als es schließlich näher kam, sah ich es deutlich mit geschwellten Segeln auf uns zuhalten. Jetzt konnte ich mich nicht länger beherrschen und zeigte es meinen Leidensgenossen. Sie sprangen sofort auf, gebärdeten sich wie wild vor Freude, weinten und lachten sinnlos, hüpften und stampften auf Deck umher, rauften sich das Haar und beteten und fluchten abwechselnd. Ihr Benehmen und die nunmehr gewisse Aussicht auf Erlösung packten mich so, daß ich ihre Verrücktheiten ganz einfach mitmachen mußte; auch ich äußerte meine Gefühle des Dankes und der Begeisterung, indem ich mich auf Deck herumwälzte, in die Hände klatschte, schrie und dergleichen mehr, bis ich wieder zu mir kam und aufs neue menschliche Not und Verzweiflung in ihrem ganzen Ausmaß vor Augen hatte.

Denn ich sah, wie das Schiff uns auf einmal das Heck zuwandte und in eine Richtung steuerte, die der vorigen fast entgegengesetzt war. Es dauerte eine ganze Weile, bis ich meine armen Gefährten von der Wirklichkeit dieser traurigen Wende unserer Erwartungen überzeugen konnte. All meine Beteuerungen beantworteten sie mit starren Blicken und Gebärden, die besagen sollten, sie fielen auf solche Lügen nicht herein. Am schmerzlichsten berührte mich das Verhalten meines Freundes. Trotz allem, was ich dagegen sagen oder tun mochte, beharrte er dabei, das Schiff nähere sich uns mit vollen Segeln, und machte sich fertig, drüben an Bord zu gehen. Vorüberschwimmenden Seetang hielt er für das Rettungsboot und wollte sich schon unter herzzerreißendem Heulen und Schreien daraufwerfen, als ich ihn gewaltsam daran hinderte, sich auf diese Weise ins Meer zu stürzen.

Als wir uns einigermaßen beruhigt hatten, blickten wir dem Schiff nach, bis wir nichts mehr von ihm sahen. Das Wetter wurde diesig, eine leichte Brise erhob sich. Nachdem das Schiff unsern Augen entschwunden war, drehte sich Parker plötzlich mit einem Gesichtsausdruck zu mir, der mich erbeben ließ. Er trug eine Selbstbeherrschung zur Schau, die ich nie zuvor an ihm bemerkt hatte, und noch ehe er die Lippen öffnete, sagte mir mein Herz, was er aussprechen wollte. Er schlug mit wenigen Worten vor, einer von uns solle sterben, damit die andern am Leben bleiben könnten.

12

Wohl hatte ich schon eine Zeitlang mit der Möglichkeit gerechnet, wir könnten zu diesem letzten, grauenvollen Schritt gezwungen sein, und war im stillen entschlossen gewesen, lieber den Tod in jedweder Form und Weise zu ertragen als zu einem solchen Mittel zu greifen. In diesem Entschluß konnte mich auch der quälendste Hunger nicht wankend machen, unter dem ich litt. Da weder Peters noch Augustus etwas von dem Vorschlag gehört hatten, nahm ich Parker beiseite. Im stillen flehte ich zu Gott, er möge mir die Kraft der Überzeugung verleihen, ihn von seinem gräßlichen Plan abzubringen. Lange Zeit machte ich ihm ernste Vorhaltungen, flehte und bat ihn demütig im Namen all dessen, was ihm heilig war, bedrängte ihn mit jeglichem Vernunftsgrund, den diese höchste Not mir eingab, er möchte diesen Gedanken fallenlassen und den beiden andern nichts davon sagen.

Ohne Widerrede hörte er sich alle meine Argumente an, und ich hoffte schon, ihn überzeugt zu haben. Aber als ich geendet hatte, sagte er, er wisse sehr wohl, wie recht ich habe und daß die Zuflucht zu diesem Ausweg die schrecklichste Alternative sei, die ein Menschenhirn ersinnen könne. Er habe indessen so lange ausgehalten, wie die menschliche Natur es nur zulasse, und es sei sinnlos, alle zugrunde gehen zu lassen, wenn durch das Opfer des einen sehr wahrscheinlich die andern gerettet werden würden. Auch sollte ich mir gar keine Mühe geben, ihn von seinem Vorhaben abzubringen; denn sein Entschluß habe schon vor dem Erscheinen des Schiffes festgestanden, und nur um dessentwillen habe er seine Absicht nicht früher kundgetan.

Darauf bat ich ihn, den Plan wenigstens auf einen andern Tag zu verschieben, es könnte uns immer noch ein Schiff zu Hilfe kommen. Wieder führte ich alle mir zu Gebote stehenden Gründe an, von denen ich glaubte, sie könnten solch rohen Gesellen umstimmen. Er entgegnete, er habe bis zum letztmöglichen Augenblick gewartet und könne nicht länger ohne Nahrung leben. Morgen sei es zu spät, wenigstens für ihn.

Da gutes Zureden nichts half, schlug ich einen andern Ton an. Ich sagte, er sähe ja wohl, daß ich durch unsere Beschwernisse weniger mitgenommen und daher jetzt gesünder und kräftiger sei als er selbst oder Peters und Augustus. Ich würde also, kurz gesagt, Gewalt anwenden und meinen Willen durchsetzen, wenn ich es für nötig hielte, und ihn ohne weiteres ins Meer werfen, falls er den andern von seinen blutigen, kannibalischen Absichten erzähle. Da packte er mich an der Gurgel, zog ein Messer und versuchte, es mir in den Leib zu stoßen – eine schändliche Tat, an deren Vollendung ihn nur seine allzu große Schwäche hinderte. Im Übermaß meines Zorns drängte ich ihn mit dem festen Vorsatz zur Schiffswand, ihn über Bord zu werfen. Vor diesem Schicksal aber bewahrte ihn Peters' Eingreifen, der jetzt dazwischentrat und uns trennte, wobei er nach der Ursache des Streits fragte. Ehe ich es verhindern konnte, hatte ihm Parker alles erzählt.

Die Wirkung seiner Worte war noch entsetzlicher, als ich vermutet hatte. Augustus ebenso wie Peters, die wohl längst insgeheim den gleichen abscheulichen Gedanken gehegt hatten – nur sprach ihn Parker als erster aus –, schlossen sich dem Vorschlag an und bestanden darauf, ihn sofort in die Tat umzusetzen. Ich hatte damit gerechnet, wenigstens einer der beiden würde so viel Vernunft besitzen, um zu mir zu halten und jeden Versuch zur Ausführung dieses gräßlichen Plans zu vereiteln. Mit Hilfe eines Mannes hätte ich die Ausführung leicht verhindern können. Da ich mich in dieser Erwartung getäuscht sah, wurde es höchste Zeit, an die eigene Sicherheit zudenken; denn weiterer Widerstand von meiner Seite mochte Männern in so entsetzlicher Verfassung wie der ihren möglicherweise Grund genug sein, bei der Tragödie, die sich nun rasch abspielen würde, unehrliches Spiel mit mir zu treiben.

Ich erklärte ihnen, ich wolle mich ihrem Vorschlag fügen, und bat nur um eine Stunde Aufschub, damit der Nebel, der sich um uns gebildet hatte, sich auflösen könne und vielleicht das Schiff noch einmal in Sicht bringe. Nach vielen Schwierigkeiten erhielt ich von ihnen das Versprechen, so lange zu warten, und wie ich vermutet hatte, verzog sich der Nebel vor einer rasch aufkommenden Brise, ehe noch die Stunde um war. Als kein Schiff in Sicht kam, machten wir uns bereit, Lose zu ziehen.

Nur mit äußerstem Widerstreben verweile ich bei der entsetzlichen Szene, die sich nun abspielte – einer Szene, deren Einzelheiten auch spätere Ereignisse nicht im geringsten aus meinem Gedächtnis löschen konnten, deren herbe Erinnerung jede fernere Minute meines Daseins verbittern wird. Laßt mich über diesen Teil meiner Erzählung so rasch hinwegeilen, wie es die Natur des zu Schildernden erlaubt. Die einzige Methode für diese schreckliche Lotterie, in der jeder seine Chance haben sollte, war das Ziehen von Strohhalmen. Als Ersatz dafür schnitten wir uns kleine Holzsplitter zurecht, und ich wurde zum Loshalter bestimmt. Ich ging an das eine Ende des Schiffsrumpfs, meine bedauernswerten Gefährten ans andere, wo sie schweigend mit dem Rücken zu mir stehenblieben. Die bitterste Angst in dem ganzen Drama bereitete mir das Ordnen der Lose. Der Mensch empfindet in den meisten Lebenslagen einen starken Selbsterhaltungstrieb. Dieser Trieb wird um so mächtiger, je mehr der Mensch in seiner Existenz gefährdet ist. Als ich nun bei meiner schweigsamen, nüchternen, unerbittlichen Aufgabe, die so ganz anders war als der Kampf gegen die ungestümen Gefahren des Ozeans oder das langsam heraufziehende Grauen des Hungers, die geringen Möglichkeiten erwog, die mich vor der schrecklichsten Todesart – einem Tod, der einem so grauenvollen Zweck diente – bewahren konnten, da schwand auch die letzte Energie, die mich so lange aufrechterhalten hatte, stob dahin wie Federn vor dem Winde, und ich wurde die wehrlose Beute einer verächtlichen, erbärmlichen Furcht. Ich fand zuerst nicht die Kraft, die Splitter zu brechen und passend zu machen; die Finger versagten mir den Dienst, meine Knie schlugen heftig aneinander. Tausend unsinnige Gedanken schossen mir durch den Kopf, wie ich aus der abscheulichen Lotterie ausscheiden könnte. Ich wollte meinen Gefährten zu Füßen fallen und sie anflehen, mich bei ihrem Spiel auszulassen, wollte mich plötzlich auf sie stürzen und einen töten, um die Entscheidung durch das Los zu erübrigen – kurzum, ich wollte alles andere tun, nur nicht diese Pflicht erfüllen. Mit diesen fruchtlosen Gedanken vergeudete ich viel Zeit, da rief mich Parkers Stimme zur Besinnung. Er drängte mich, sie aus ihrer entsetzlichen Ungewißheit zu erlösen. Auch dann konnte ich die Splitter nicht richtig ordnen, sondern überlegte angestrengt, wie ich einen meiner Leidensgefährten überlisten könnte, den kurzen Splitter zu ziehen; denn nach unserer Vereinbarung sollte derjenige, der aus meiner Hand das kürzeste der vier Hölzer zog, sein Leben für die andern opfern. Sollte mich jemand für meine offensichtliche Herzlosigkeit verdammen wollen, so möge man ihn zuvor in eine Lebenslage versetzen, die der meinen gleicht.

Endlich konnte ich nicht länger zögern. Mein Herz klopfte zum Zerspringen, als ich zum Vorderdeck ging, wo mich meine Leidensgefährten erwarteten. Ich hielt ihnen die Hand mit den Holzlosen hin, und Peters zog sofort. Er war frei, sein Splitter war nicht der kürzeste, eine Chance weniger für meine Rettung. Ich nahm meine Kraft zusammen und streckte Augustus die Lose hin. Auch er zog ohne Zögern, und auch er war frei. Jetzt waren die Chancen für Leben oder Tod gleich verteilt. In diesem Augenblick erfüllte der Grimm eines Tigers mein Herz, ich empfand gegen meinen armen Mitmenschen Parker den tiefsten, teuflischsten Haß. Aber dies Gefühl dauerte nicht lange, und endlich hielt ich ihm mit krampfhaftem Schauder und geschlossenen Augen die beiden letzten Hölzer hin. Es währte volle fünf Minuten, ehe er sich zum Ziehen aufraffte, und in dieser bangen Zeit des Harrens öffnete ich nicht ein einziges Mal die Augen. Dann wurde mir eins der beiden Lose rasch aus der Hand gezogen. Die Entscheidung war gefallen, doch wußte ich nicht, ob für oder gegen mich. Niemand sprach, und noch wagte ich nicht, mich durch einen Blick auf den Splitter in meiner Hand zu überzeugen. Als Peters meine Hand faßte, zwang ich mich aufzuschauen. Ein Blick in Parkers Gesicht sagte mir, daß ich gerettet war und ihn das Schicksal dazu verurteilt hatte, das Leid zu tragen. Ich rang nach Luft und fiel bewußtlos aufs Deck.

Ich kam noch rechtzeitig zu mir, um das Ende der Tragödie zu erleben, den Tod jenes Mannes, der ihn selbst am eifrigsten heraufbeschworen hatte. Er wehrte sich überhaupt nicht. Peters stach ihn in den Rücken, worauf er tot zu Boden fiel. Bei der entsetzlichen Mahlzeit, die nun folgte, möchte ich nicht verweilen. Dergleichen vermag sich die Phantasie wohl auszumalen, Worte aber besitzen nicht die Kraft, eine Vorstellung von dem unermeßlichen Grauen der Wirklichkeit zu vermitteln. Ich will nur so viel sagen, daß wir unsern höllischen Durst am Blut des Opfers leidlich stillten und nach allgemeiner Übereinkunft Kopf, Hände und Füße zusammen mit den Eingeweiden ins Meer warfen. Den Rest verzehrten wir Stück für Stück an den vier ewig in mein Gedächtnis eingegrabenen Tagen des 17., 18., 19. und 20. des Monats.

Am 19. fiel ein kräftiger Regen, der fünfzehn oder zwanzig Minuten anhielt. In einem Laken, das wir gleich nach dem Sturm aus der Kajüte gefischt hatten, fingen wir etwas Wasser auf. Es war nicht mehr als eine halbe Gallone, aber für uns bedeutete sogar diese kärgliche Ration Kraft und Hoffnung.

Am 21. befanden wir uns wieder in äußerster Not. Das Wetter blieb freundlich und warm mit gelegentlichem Nebel und einer leichten Brise, meist aus Nord bis West.

Am 22. saßen wir dicht zusammengedrängt, in düstere Gedanken über unsere klägliche Lage versunken, als mich ein Gedanke durchfuhr und mit einem lichten Hoffnungsstrahl erfüllte. Mir fiel ein, daß Peters mir nach dem Kappen des Fockmastes, als er an der Rüste der Luvseite stand, eine Axt gegeben hatte, die ich gut verwahren sollte; einige Minuten, bevor die letzte schwere See das Schiff überfiel und es volllief, hatte ich diese Axt in eine Backbordkoje im Vorderdeck gelegt. Ich hielt es jetzt für möglich, mit der Axt, falls wir sie fanden, das Deck über dem Vorratsraum aufzubrechen und uns mit Lebensmitteln zu versorgen.

Als ich meinen Gefährten diesen Plan mitteilte, stießen sie einen matten Freudenruf aus, und wir liefen alle zum Vorderdeck. Das Tauchen war hier weit schwieriger als in der Kajüte, weil die Öffnung viel kleiner war. Bekanntlich war die gesamte Holzverkleidung an der Kajütentreppe weggerissen worden, wogegen die Vorderdecktreppe, eine einfache Luke von etwa drei Fuß im Quadrat, unbeschädigt geblieben war. Ich stieg jedoch ohne Zögern hinab. Mit einem Seil um den Leib sprang ich wie zuvor mit den Füßen voran kühn hinein, fand bald die Koje und brachte beim ersten Versuch die Axt herauf. Mit Jubel und Triumphgeschrei wurde ich begrüßt, der rasche Fund galt als günstiges Vorzeichen unserer Rettung.

Mit aller Kraft, die uns die neuentfachte Hoffnung verlieh, hackten wir auf das Deck los. Dabei lösten Peters und ich einander ab, während Augustus mit seinem verwundeten Arm keinerlei Hilfe leisten konnte. Wir waren jedoch so schwach, daß wir uns kaum allein aufrecht halten konnten, und so wurde uns sehr bald klar, wie viele Stunden es dauern würde, ehe wir unser Werk vollendet hätten, bis also die Öffnung groß genug wäre, um den Zugang zum Vorratsraum zu ermöglichen. Doch wir ließen uns nicht entmutigen. Bei Mondschein arbeiteten wir die ganze Nacht, und als der Morgen des 23. anbrach, hatten wir unser Ziel erreicht.

Peters meldete sich jetzt freiwillig zum Tauchen; nach den üblichen Vorbereitungen stieg er hinab und kam bald mit einem Töpfchen zurück, das zu unserer großen Freude bis obenan mit Oliven gefüllt war. Wir teilten sie unter uns und verschlangen sie mit großer Gier; dann ließen wir Peters wieder hinunter. Diesmal übertraf er unsere kühnsten Erwartungen, er kam nämlich sehr bald mit einem großen Schinken und einer Flasche Madeira zurück. Von dem Wein tranken wir nur ein Schlückchen, wir hatten ja aus eigener Erfahrung die schädlichen Folgen des übermäßigen Genusses kennengelernt. Der Schinken war bis auf zwei Pfund am Knochen durch das Seewasser verdorben und ungenießbar. Den Rest teilten wir unter uns. Peters und Augustus konnten ihre Gier nicht bezähmen und verschlangen sogleich ihren Anteil; ich war vorsichtiger und aß nur ganz wenig, weil ich den nachfolgenden Durst fürchtete. Danach ruhten wir uns eine Weile von den unerträglichen Anstrengungen aus.

Mittags nahmen wir, etwas erholt und erfrischt, unsere Tauchversuche nach Lebensmitteln wieder auf. Dabei wechselte ich mich bis Sonnenuntergang mehr oder weniger erfolgreich mit Peters ab. In dieser Zeit hatten wir das Glück, insgesamt vier Töpfchen Oliven, einen weiteren Schinken, eine große Korbflasche mit fast drei Gallonen vorzüglichen Madeira-Kapweins und, was noch köstlicher war, eine kleine Schildkröte von der Galapagos-Art heraufzuholen. Von letzteren hatte Kapitän Barnard vor dem Auslaufen der »Grampus« mehrere Exemplare vom Schoner »Mary Pitts« übernommen, der gerade vom Robbenfang im Stillen Ozean heimgekehrt war.

Im folgenden Teil der Erzählung werde ich diese Schildkrötenart öfters erwähnen. Wie wohl den meisten Lesern bekannt ist, findet man sie hauptsächlich auf der sogenannten Galapagos-Inselgruppe, die nach diesen Tieren benannt ist; denn mit dem Wort *galápago* bezeichnet der Spanier eine Süßwasser-Dosenschildkröte. Wegen ihrer eigenartigen Gestalt und Fortbewegungsart wird sie bisweilen Elefantenschildkröte genannt. Sie erreichen mitunter eine beachtliche Größe. Ich selbst habe welche gesehen, die zwischen zwölfhundert und fünfzehnhundert Pfund wiegen mochten, obwohl ich keinen Seefahrer kenne, der ein Gewicht von mehr als achthundert Pfund festgestellt hätte. Sie sehen sonderbar, ja beinahe widerlich aus. Langsam, schwerfällig, gemessenen Schrittes bewegen sie sich vorwärts und tragen den Leib ungefähr einen Fuß über dem Boden. Ihr Hals ist lang und sehr schlank und mißt gewöhnlich achtzehn Zoll bis zwei Fuß. Ich selbst habe eine erlegt, die von der Schulter bis zum Kopfende nicht weniger als drei Fuß zehn Zoll maß. Ihr Kopf ist dem der Schlange täuschend ähnlich. Sie können unglaublich lange ohne Nahrung auskommen. Es sind Fälle bekannt, wo sie zwei Jahre lang ohne jede Nahrungszufuhr im Laderaum eines Schiffes gelebt haben und nach dieser Zeit genauso dick und wohlauf waren wie zuvor. In einer Hinsicht erinnern diese sonderbaren Geschöpfe an das Dromedar oder Wüstenkamel. In einem Sack am unteren Teil des Halses führen sie stets einen gewissen Wasservorrat bei sich. In einigen Fällen hat man in den Säcken erlegter Schildkröten, die ein ganzes Jahr gehungert hatten, drei Gallonen frisches Süßwasser gefunden. Sie ernähren sich hauptsächlich von wilder Petersilie und Sellerie, wildem Portulak, Seetang und den Früchten der Feigendistel. Mit dem letztgenannten Gewächs gedeihen sie besonders gut. Es kommt häufig an den Hängen in Küstennähe vor, wo man das Tier überall antrifft. Diese Schildkröten sind eine vorzügliche, hochwertige Nahrung und haben zweifellos Tausende von Seeleuten, die im Stillen Ozean Walfischfang oder eine andere Tätigkeit betrieben, vor dem Hungertode bewahrt.

Die Schildkröte, die wir glücklicherweise im Vorratsraum aufgefischt hatten, war nicht so groß und wog nur etwa fünfundsechzig bis siebzig Pfund. Es war ein Weibchen in ausgezeichneter Verfassung, mit einem vortrefflichen Fettpolster und gut einem Quart klarem Süßwasser im Sack. Das war ein wahrer Schatz, wir fielen denn auch alle auf die Knie und dankten Gott innig für so rechtzeitige Hilfe.

Nur mit großer Mühe bugsierten wir das Tier durch die Öffnung, da es sich wild zur Wehr setzte und dabei erstaunliche Kraft bewies. Gerade wollte es Peters' Griff entwischen und ins Wasser zurückschlüpfen, als Augustus ihm ein Tau mit einem Schifferknoten um den Hals warf und es so lange festhielt, bis ich hinunterspringen und Peters helfen konnte, das Tier nach oben zu bringen.

Wir zogen sorgfältig das Wasser aus dem Sack ab und füllten es in den Krug, den wir, wie man sich erinnern wird, zuvor aus der Kajüte geborgen hatten. Danach brachen wir einer Flasche den Hals ab, der, an dem einen Ende mit dem Korken verschlossen, umgedreht eine Art Glas ergab, das etwas weniger als eine Achtelpinte faßte. Jeder von uns trank ein solches Maß voll; auf diese Menge wollten wir uns täglich beschränken, solange der Vorrat reichte.

Während der letzten zwei, drei Tage war das Wetter trokken und heiter gewesen. Das Bettzeug aus der Kajüte und unsere Kleider waren getrocknet. Am 23. verbrachten wir eine angenehme, ruhige Nacht, nachdem wir reichlich Oliven und Schinken gegessen und einen Schluck Wein dazu genossen hatten. Ängstlich um unsere Vorräte besorgt, die bei einer etwaigen Brise nicht über Bord gehen sollten, banden wir sie an den Trümmern der Ankerwinde fest. Die Schildkröte, die wir so lange wie möglich am Leben erhalten wollten, warfen wir auf den Rücken, nicht ohne sie sorgfältig anzubinden.

13

24. Juli: An diesem Morgen fühlten wir uns an Leib und Seele wunderbar gestärkt. Gewiß war unsere Lage noch immer gefährlich, kannten wir doch unsere Position nicht, die sicherlich weitab von allem Land lag. Unsere Vorräte würden im äußersten Fall vierzehn Tage reichen. Wir befanden uns auf dem elendsten Wrack der Welt, fast ohne Trinkwasser, Wind und Wellen preisgegeben – dennoch betrachteten wir unsere jetzigen Leiden nur als ein alltägliches Übel im Vergleich zu der weit schrecklicheren Not und Gefahr, die die Vorsehung uns gerade hatte überstehen lassen. So relativ sind die Begriffe von gut oder schlecht.

Bei Sonnenaufgang wollten wir gerade die Vorratskammer nochmals untersuchen, als ein heftiger Gewitterschauer niederging; nun war es zunächst wichtiger, das Regenwasser mit Hilfe des Bettlakens, das wir schon zuvor für diesen Zweck benutzt hatten, aufzufangen. Wir breiteten das Tuch aus und legten ein Eisenstück von der Fockrüste in die Mitte. Auf diese Weise wurde das Wasser zur Mitte geleitet und floß in unseren Krug. Wir hatten ihn fast gefüllt, als uns eine schwere Bö aus Norden überfiel und uns zum Aufhören zwang, weil der Schiffsrumpf nun wieder so mächtig schlingerte, daß wir uns kaum auf den Füßen halten konnten. Wir liefen nach vorn, banden uns wie früher an den Resten der Ankerwinde fest und erwarteten die kommenden Ereignisse mit weit größerer Gelassenheit, als unter den gegebenen Umständen anzunehmen gewesen wäre. Mittags hatte der Wind zu einer steifen Brise aufgefrischt, die sich nachts zu einem heftigen Sturm mit beängstigend schwerer Dünung auswuchs. Wir wußten nun schon aus Erfahrung, wie wir uns am besten festbanden, und verbrachten die trostlose Nacht in leidlicher Sicherheit, wenn die See uns auch jeden Augenblick durchnäßte und wir ständig fürchteten, über Bord gespült zu werden. Zum Glück war das Wetter so warm, daß wir das Wasser geradezu als angenehm empfanden.

25. Juli: Heute morgen hatten wir nur noch eine Zehnknotenbrise, die See hatte sich beruhigt, so daß wir auf Deck trocken blieben. Zu unserm Leidwesen aber mußten wir feststellen, daß trotz sorgfältiger Befestigung zwei Töpfe mit Oliven und der ganze Schinken über Bord gegangen waren. Die Schildkröte wollten wir noch nicht schlachten, und so begnügten wir uns zum Frühstück mit ein paar Oliven und etwas Wasser, das wir zur Hälfte mit Wein mischten. Diese Mischung ermutigte und kräftigte uns zugleich, ohne daß der quälende Rausch wie nach dem Genuß des Portweins auftrat. Die See war noch immer zu rauh, um neue Tauchversuche im Vorratsraum zu unternehmen und Lebensmittel heraufzuholen. Im Laufe des Tages wurden verschiedene Gegenstände, die im Augenblick für uns wertlos waren, durch die Öffnung nach oben gespült und gingen gleich über Bord. Der Schiffskörper neigte sich jetzt mehr denn je auf die Seite, so daß wir nicht einen Augenblick aufrecht stehen konnten, ohne festgebunden zu sein. So ging für uns ein betrüblicher und ungemütlicher Tag hin. Mittags schien die Sonne fast senkrecht auf uns herab, und wir konnten nicht länger zweifeln, von einer Serie von Nord- und Nordwestwinden in die Nähe des Äquators getrieben worden zu sein. Gegen Abend erspähten wir etliche Haifische, von denen uns ein besonders

großer durch die Kühnheit erschreckte, mit der er sich näherte. Als das Deck bei einem heftigen Schlingern einmal tief unter Wasser geriet, schwamm das Ungeheuer auf uns zu, zappelte eine Weile genau über der Kajütentreppe und schlug dabei mit dem Schwanz heftig nach Peters. Wir waren wie erlöst, als ihn eine schwere See endlich von Bord wirbelte. Bei ruhigem Wetter hätten wir ihn bequem fangen können.

26. Juli: Da der Wind heute morgen merklich nachgelassen und die See sich beruhigt hatte, beschlossen wir, unsere Bemühungen im Vorratsraum wiederaufzunehmen. Nachdem wir den ganzen Tag angestrengt gearbeitet hatten, mußten wir feststellen, daß von hier nichts mehr zu erwarten war; denn die Zwischendeckwände waren in der Nacht geborsten und der Inhalt in den Laderaum geschwemmt worden. Man stelle sich die Verzweiflung vor, die uns bei dieser Entdekkung packte!

27. Juli: Nahezu glatte See; noch immer leichter Wind aus Nord und West. Nachmittags trockneten wir unsere Kleider bei glühender Sonne. Ein Seebad half gegen den Durst und verschaffte uns auch sonst große Erleichterung, doch war der Haifische wegen große Vorsicht geboten, da einige den ganzen Tag über die Brigg umkreisten.

28. Juli: Noch immer gutes Wetter. Die Brigg lag nun so schräg, daß wir befürchteten, der Kiel kehre sich nach oben. Wir suchten dem so gut wie eben möglich zu begegnen und banden unsere Schildkröte, den Wasserkrug und die beiden restlichen Oliventöpfe möglichst weit drüben auf der Windseite fest, das heißt außerhalb des Schiffsrumpfes unter den Großmastrüsten. Weiterhin fast glatte See ohne Luftbewegung.

29. Juli: Das Wetter hielt an. Augustus' verletzter Arm zeigte deutliche Brandsymptome. Er klagte über Schläfrigkeit und unerträglichen Durst, aber nicht über akute Schmer-

zen. Wir konnten zu seiner Erleichterung nichts weiter tun, als die Wunden mit etwas Weinessig von den Oliven einzureiben, doch schien das nicht viel zu nützen. Wir taten alles, was in unserer Macht stand, um ihm beizustehen, und gaben ihm die dreifache Ration Wasser.

30. Juli: Ein unerträglich heißer Tag ohne Luftbewegung. Den ganzen Vormittag umkreiste uns ein Riesenhai. Wir versuchten mehrmals vergeblich, ihn mit einer Schlinge zu fangen. Augustus' Befinden verschlechterte sich, woran wahrscheinlich der Mangel an richtiger Ernährung ebenso schuld war wie seine Wunden. Er betete immerzu inständig, von seinen Leiden erlöst zu werden, und sehnte nur den Tod herbei. Abends verzehrten wir die letzten Oliven und fanden das Wasser im Krug so faulig, daß wir es ohne Wein überhaupt nicht hinuntergebracht hätten. Wir beschlossen, am nächsten Tag die Schildkröte zu schlachten.

31. Juli: Durch die Seitenlage des Hulks verbrachten wir eine Nacht in Angst und Erschöpfung. Morgens machten wir uns ans Schlachten und Zerlegen der Schildkröte. Sie war in gutem Zustand, doch viel kleiner, als wir vermutet hatten, und ergab nicht mehr als zehn Pfund Fleisch. Um einige Pfund möglichst lange aufheben zu können, schnitten wir sie in kleine Stücke, mit denen wir unsere drei Oliventöpfe und die Weinflasche, die wir sämtlich aufgehoben hatten, füllten und den Weinessig von den Oliven darübergossen. So bewahrten wir etwa drei Pfund Schildkröte als eiserne Ration auf. Wir nahmen uns vor, uns auf etwa täglich vier Unzen Fleisch zu beschränken, dann würden wir dreizehn Tage damit reichen. Ein kräftiger Regenguß mit Blitz und Donner ging in der Dämmerung über uns nieder, aber er war so kurz, daß wir nur eine halbe Pinte Wasser auffingen. Nach gemeinsamem Beschluß wurde sie Augustus zugesprochen, mit dem es zu Ende zu gehen schien. Er trank das Wasser gleich

aus dem Laken, während wir es auffingen. Wir hielten das Bettuch so, daß Augustus das Wasser in den Mund lief; denn wir hatten kein Gefäß mehr, um es aufzuheben, wollten wir nicht die Korbflasche Wein oder den Krug mit dem schal gewordenen Wasser leeren. Nur bei einem länger anhaltenden Regenguß hätten wir eins der Gefäße geleert.

Der Trunk schien dem Patienten wenig Linderung zu bringen. Sein Arm war vom Handgelenk bis zur Schulter ganz schwarz, seine Füße wie Eis. Wir rechneten jeden Augenblick mit seinem letzten Atemzug. Er war schrecklich abgemagert und wog jetzt *höchstens vierzig oder fünfzig Pfund,* während es in Nantucket vor Antritt der Reise noch einhundertsiebenundzwanzig Pfund waren. Seine Augen waren so tief eingesunken, daß sie kaum noch zu sehen waren, die Haut über seinen Wangen war so schlaft, daß er nur mit größter Mühe Nahrung aufnehmen und Flüssigkeit schlucken konnte.

1. August: Noch immer ruhiges Wetter und drückend heiße Sonne. Wir litten schrecklich unter Durst. Das Wasser im Krug war verfault und wimmelte von Ungeziefer. Wir tranken schließlich dennoch etwas mit Wein gemischt, aber unser Durst wurde kaum geringer. Die Seebäder hingegen erfrischten uns mehr, doch konnten wir sie wegen der ständigen Nähe der Haifische nur in großen Abständen wagen. Wir waren uns nun darüber klar, daß Augustus nicht mehr zu retten war und offensichtlich im Sterben lag. Wir konnten nichts tun, um seine furchtbaren Leiden zu lindern. Nach heftigen Krämpfen hauchte er gegen zwölf Uhr sein Leben aus; seit Stunden hatte er nicht mehr gesprochen. Sein Tod erfüllte uns mit, düsteren Vorahnungen und erschütterte uns so, daß wir den ganzen Tag über regungslos bei der Leiche saßen und nur im Flüsterton miteinander sprachen. Erst einige Zeit nach Anbruch der Dunkelheit faßten wir Mut, uns zu erheben und den Körper über Bord zu werfen. Worte können

nicht ausdrücken, wie abscheuerregend die Leiche aussah. Sie war schon so stark verwest, daß Peters ein Bein in der Hand hielt, als er den Körper hochheben wollte. Als die Fäulnismasse über Bord ins Wasser glitt, erkannten wir in ihrem phosphoreszierenden Schein deutlich sieben oder acht große Haie, und als sie die Beute zwischen sich in Stücke rissen, hätte man das Zusammenklappen ihrer fürchterlichen Zähne eine Meile weit vernehmen können. Der schreckliche Laut ging uns durch Mark und Bein.

2. August: Noch immer das gleiche beängstigend ruhige und heiße Wetter. Die Dämmerung fand uns in einem Zustand erbarmungswürdiger Niedergeschlagenheit und körperlicher Erschöpfung. Das Wasser im Krug, eine dicke, gallertartige Masse aus widerlichen Würmern und Schleim, war nun gänzlich ungenießbar. Wir gossen es aus und wuschen den Krug gründlich mit Seewasser, dann füllten wir aus den Gefäßen mit der eingelegten Schildkröte etwas Weinessig ab. Der Durst war kaum noch zu ertragen. Vergebens versuchten wir, ihn mit Wein zu stillen, der die Flammen des Durstes nur noch steigerte und uns schwer berauschte. Später wollten wir unsere Qualen lindern, indem wir den Wein mit Seewasser mischten, was ein so fürchterliches Würgen hervorrief, daß wir es bei dem einen Mal bewenden ließen. Den ganzen Tag über spähten wir nach einer Gelegenheit zum Baden, aber vergebens. Der Schiffsrumpf war ringsum von Haien belagert – sicherlich von denselben Ungeheuern, die am Abend zuvor unsern armen Gefährten verschlungen hatten und jeden Augenblick einen ähnlichen Festschmaus erwarteten. Dieser Umstand erfüllte uns mit bitterstem Schmerz und den bedrückendsten, düstersten Vorahnungen. Die Bäder waren ungemein erfrischend gewesen, und diesen Trost auf so schreckliche Weise zu verlieren, war mehr, als wir ertragen konnten. Auch schwebten wir in ständiger Ge-

fahr; denn das geringste Ausgleiten oder eine ungeschickte Bewegung hätten uns diesen gefräßigen Fischen in den Rachen geworfen, die sich häufig von der Luvseite her direkt aufs Deck schnellten. Weder unser Schreien noch heftige Armbewegungen schienen sie zu stören. Selbst als Peters einen der größten Haie mit der Axt getroffen und schwer verletzt hatte, ließ der von seinen Versuchen nicht ab, sich zu uns vorzuarbeiten. In der Abenddämmerung zog eine Wolke auf, ging aber zu unserm größten Leidwesen über uns hinweg, ohne uns zu erquicken. Unsere Durstqualen zu jener Zeit waren unvorstellbar. Sie und die Furcht vor den Haien ließen uns eine schlaflose Nacht verbringen.

3. August: Keine Aussicht auf Hilfe, und die Brigg lag so weit über, daß wir nicht mehr auf Deck stehen konnten. Brachten schleunigst unsern Wein und das Schildkrötenfleisch in Sicherheit, um es nicht zu verlieren, falls wir kenterten. Zogen zwei lange, kräftige Nägel aus der Fockrüste und schlugen sie mit der Axt auf der Luvseite ein paar Fuß über dem Wasserspiegel in den Rumpf ein, und zwar ziemlich nahe am Kiel, da wir fast am Kentern waren. An diesen Nägeln befestigten wir jetzt unsere Vorräte, die hier sicherer aufgehoben waren als unter den Rüsten. Litten den ganzen Tag große Durstqualen. Baden unmöglich wegen der Haie, die uns nicht einen Augenblick verließen. An Schlaf nicht zu denken.

4. August: Kurz vor Tagesanbruch war das Wrack am Kentern, wir mußten vermeiden, dabei ins Meer geschleudert zu werden. Zuerst rollte die Brigg langsam und allmählich, wir konnten ohne weiteres auf die Windseite klettern; denn wir hatten von den Nägeln, die wir für unsere Vorräte eingeschlagen hatten, vorsorglich Taue herabhängen lassen. Leider hatten wir die Beschleunigung der Bewegung nicht genügend berücksichtigt; denn plötzlich konnten wir mit der starken Neigung nicht mehr Schritt halten und wurden, ehe

wir zur Besinnung kamen, mit heftiger Gewalt ins Meer geschleudert und zappelten einige Faden tief unter der Oberfläche, direkt unter dem riesigen Schiffsrumpf.

Beim Untertauchen hatte ich das Tau fahrenlassen müssen, und als ich mich nun direkt unter dem Schiff wiederfand, nahezu entkräftet, kämpfte ich kaum noch um mein Leben und ergab mich darein, in wenigen Sekunden sterben zu müssen. Aber auch darin täuschte ich mich, weil ich den natürlichen Rückprall des Rumpfes nach Luv nicht bedacht hatte. Als das Schiff ein Stückchen zurückrollte, riß mich der Sog nämlich weit heftiger nach oben als zuvor nach unten. Als ich auftauchte, war ich, soweit ich das beurteilen konnte, etwa zwanzig Yard vom Schiffsrumpf entfernt. Er lag kieloben und schaukelte heftig von einer Seite zur anderen. Die See ringsum war sehr bewegt und voll starker Strudel. Von Peters war nichts zu entdecken. Einige Fuß von mir entfernt schwamm ein Ölfaß und verschiedenes andere von der Brigg.

Meine größte Sorge waren jetzt die Haie, die ich in der Nähe wußte. Um sie nach Möglichkeit abzuschrecken, schlug ich mit Händen und Füßen heftig aufs Wasser und schwamm in einer Unmenge Schaum aufs Wrack zu. Diesem einfachen Mittel verdanke ich sicherlich mein Leben; denn kurz vor dem Kentern wimmelte die See rings um die Brigg nur so von diesen Ungeheuern, so daß ich beim Schwimmen mit ihnen in Berührung kommen mußte und sicher auch gekommen bin. Aber das Glück war mir hold. Ich gelangte wohlbehalten zur Schiffswand, doch war ich von den Strapazen so ermattet, daß ich ohne die rechtzeitige Hilfe von Peters nie hinaufgelangt wäre. Er war nämlich von der andern Seite auf den Kiel geklettert, erschien nun zu meiner großen Freude und warf mir ein Ende von den Tauen zu, die wir an den Nägeln befestigt hatten.

Kaum waren wir der einen Gefahr entronnen, da wurden wir uns einer andern bewußt – des unmittelbar bevorstehenden Hungertodes. Trotz aller Sorgfalt und Sicherung waren unsere gesamten Vorräte über Bord gegangen. Da wir nicht die geringste Möglichkeit sahen, Ersatz zu schaffen, ließen wir unsrer Verzweiflung freien Lauf und weinten wie die Kinder. Keiner versuchte den andern zu trösten. Solche Schwäche ist kaum vorstellbar, und wer nicht in einer ähnlichen Situation gewesen ist, wird sie für unnatürlich halten. Aber man muß bedenken, wie sehr unser Verstand unter den endlosen Entbehrungen und Schrecken, die wir erdulden mußten, gelitten hatte; wir konnten damals kaum noch als vernünftige Wesen betrachtet werden. In Gefahren, die uns später umgaben und ebenso groß, wenn nicht sogar größer waren, begegnete ich allem Unheil tapfer, und Peters entwickelte, wie man noch sehen wird, eine stoische Denkart, die fast ebenso unglaublich erschien wie seine augenblickliche kindische Hilflosigkeit und sein Schwachsinn. Die geistige Verfassung war entscheidend.

Obwohl wir den Wein und das Schildkrötenfleisch verloren hatten, war durch das Kentern der Brigg unsere Lage doch keineswegs beklagenswerter als vorher, abgesehen vom Verlust der Bettlaken, mit denen wir den Regen aufgefangen hatten, und des Kruges, unseres Wasserbehälters. Der ganze Schiffsboden, vom Kiel bis etwa drei Fuß innerhalb der stärksten Seitenplanken, war nämlich, wie sich jetzt zeigte, *mit großen Entenmuscheln übersät, die eine ebenso nahrhafte wie köstliche Speise ergaben.* So hatte uns das so sehr gefürchtete Ereignis eher Segen als Unheil gebracht – es hatte uns Vorräte erschlossen, die wir bei guter Einteilung in einem Monat nicht aufzehren konnten; außerdem befanden wir uns jetzt in einer viel bequemeren und weit sichereren Lage.

Die nunmehr bedenkliche Trinkwasserversorgung machte uns jedoch blind gegen alle Vorteile unserer jetzigen Situation. Um einen etwaigen Regenschauer so gut wie möglich zu nutzen, zogen wir unsere Hemden aus, die die Bettlaken ersetzen sollten, wobei wir allerdings, selbst im günstigsten Fall, nicht mehr als eine Achtelpinte auf einmal auffangen konnten. Den ganzen Tag über zeigte sich nicht ein Wölkchen, unsere Durstqualen waren kaum noch zu ertragen. Peters fand in der Nacht eine Stunde unruhigen Schlaf, meine heftigen Leiden aber ließen mich keine Sekunde die Augen schließen.

5. August: Heute kam eine sanfte Brise auf und trieb uns durch eine Menge Seetang, in dem wir erfreulicherweise elf kleine Krabben fanden, die für uns ein paar köstliche Mahlzeiten waren. Wir aßen sie mit der Schale, die ganz weich war, und verspürten danach weniger Durst als nach dem Genuß der Entenmuscheln. Da wir im Seetang keine Haie entdeckten, wagten wir ein Bad und blieben an die vier oder fünf Stunden im Wasser, was unser Durstgefühl merklich minderte. Wir waren wunderbar erfrischt und verbrachten, weil wir beide etwas Schlaf fanden, eine verhältnismäßig angenehme Nacht.

6. August: Den kräftigen Dauerregen, der vom Mittag bis zum späten Abend anhielt, empfanden wir heute als wahren Segen. Jetzt vermißten wir unsern Krug und die Korbflasche recht schmerzlich; denn trotz der geringeren Auffangmöglichkeit hätten wir ein oder sogar beide Gefäße füllen können. Immerhin befriedigten wir unsern gierigen Durst, indem wir die wassergetränkten Hemden auswrangen und uns das köstliche Naß in den Mund träufeln ließen. Mit dieser Beschäftigung verbrachten wir den ganzen Tag.

7. August: Genau bei Morgengrauen erspähten wir beide gleichzeitig im Osten ein Segel, *das ganz offensichtlich auf uns zuhielt!* Wir begrüßten den herrlichen Anblick mit einem langen, wenn auch schwachen Jubelruf und gaben sogleich

alle nur möglichen Zeichen. So ließen wir unsere Hemden in der Luft flattern, sprangen so hoch, wie unser geschwächter Zustand es erlaubte, ja, schrien sogar mit aller Kraft unserer Lungen »Hallo!«, obwohl das Schiff mindestens fünfzehn Meilen entfernt war. Doch es hielt weiter auf uns zu, und wenn es nur auf seinem jetzigen Kurs blieb, so mußte es nahe genug vorbeikommen, um uns zu bemerken. Knapp eine Stunde nach unserer Entdeckung konnten wir auf den Decks Menschen erkennen. Es war ein langer, niedriger, etwas verkommener Toppsegelschoner mit einem schwarzen Ball im Vormarssegel und mit offenbar vollzähliger Besatzung. Wir wurden nun unruhig, denn wir hielten es kaum für denkbar, daß man uns nicht bemerkte, und fürchteten, sie würden uns unserm Schicksal überlassen. Mag es auch noch so unglaubhaft klingen, so sind derart teuflische und barbarische Handlungen auf See unter ganz ähnlichen Umständen öfters begangen worden, und zwar von Geschöpfen, die zu den Menschen gezählt werden.*

* Das ganz ähnliche Schicksal der Brigg »Polly« aus Boston erinnert so sehr an unser eigenes, daß ich es nicht unterlassen möchte, hier davon zu erzählen. Dieses Schiff von einhundertdreißig Tonnen segelte mit Bauholz und Proviant an Bord am 12. Dezember 1811 unter dem Befehl von Kapitän Casneau von Boston nach Santa Cruz. Außer dem Kapitän waren acht Mann an Bord – der Steuermann, vier Matrosen, der Koch und ein gewisser Herr Hunt mit einer jungen Negersklavin. Als die »Polly« am 15. Dezember die Sandbank von Georges passiert hatte, wurde sie in einem Südoststurm leck geschlagen und kenterte schließlich, richtete sich aber wieder auf, als der Mast über Bord ging. Einhunderteinundneunzig Tage – vom 15. Dezember bis zum 20. Juni – verbrachten die Schiffbrüchigen ohne Feuer und mit sehr wenig Proviant, bis endlich Kapitän Casneau und Samuel Badger, die beiden einzigen Überlebenden, von Kapitän Featherstone von der »Fame« aus Hull, die von Rio de Janeiro heimwärts segelte, aufgegriffen wurden. Sie befanden sich damals auf 28° n. Br. und 13° w. L. und waren *zweitausend Meilen auf dem Meer dahingetrieben!* Am 9. Juli begegnete die »Fame« zufällig der Brigg »Dromeo« unter Kapitän Perkins, der die beiden Unglücklichen in Kennebeck an Land setzte.

In unserm Falle jedoch sahen wir uns durch Gottes Gnade aufs glücklichste getäuscht; denn plötzlich entstand Bewegung an Deck des fremden Schiffes, das gleich hernach die britische Flagge hißte und mit neuem Kurs gerade auf uns zuhielt. Eine halbe Stunde später befanden wir uns in der Kajüte. Es war die »Jane Guy« aus Liverpool unter Kapitän Guy, der nach der Südsee und dem Stillen Ozean unterwegs war, um Robbenfang und Handel zu betreiben.

14

Die »Jane Guy« war ein stattlicher Toppsegelschoner von einhundertachtzig Tonnen. Ihr Bug war ungewöhnlich schlank gebaut, und bei ruhiger See war sie der schnellste Segler unter dem Wind, den ich je gesehen habe. Zum Segeln bei rauher See jedoch war sie weit weniger geeignet; außerdem hatte sie als Handelsschiff, wozu sie bestimmt war, einen viel zu starken Tiefgang. Dafür eignet sich ein größeres Schiff mit entsprechend weniger Tiefgang weit besser, sagen wir, ein Schiff von dreihundert bis dreihundertfünfzig Tonnen, das wie eine Barke getakelt und auch anders gebaut sein müßte als die üblichen Südseefahrer. Ferner sollte es unbedingt gut bewaffnet sein. So sollte das Schiff zehn oder zwölf Zwölfpfünder-Haubitzen, zwei oder drei Langrohre sowie Donnerbüchsen aus Messing und wasserdichte Waf-

Der Bericht, dem wir diese Einzelheiten entnehmen, endet mit folgenden Worten: »Die Frage liegt nahe, wie sie auf dem meistbefahrenen Teil des Atlantiks eine so weite Strecke treiben konnten, ohne entdeckt zu werden? *Sie begegneten mehr als einem Dutzend Seglern, von denen einer so nahe vorüberzog, daß sie die Menschen an Deck und in der Takelage deutlich sehen konnten. Aber zur unbeschreiblichen Enttäuschung der Hungernden und Frierenden trat man die Gebote der Nächstenliebe mit Füßen, hißte die Segel und überließ sie grausam ihrem Schicksal.*«

fenkisten für jeden Mastkorb haben. Anker und Taue sollten viel stärker als bei den üblichen Handelsschiffen sein, vor allem müßte es eine zahlreiche, erprobte Mannschaft haben, die für ein Schiff wie das eben beschriebene mindestens aus fünfzig bis sechzig Vollmatrosen bestehen sollte. Die »Jane Guy« hatte außer dem Kapitän und dem Maat eine Besatzung von fünfunddreißig Mann, alles fähige Seeleute. Aber das Schiff war nicht so gut bestückt und ausgerüstet, wie es sich ein erfahrener Seemann bei dem schwierigen und gefahrvollen Unternehmen gewünscht hätte.

Kapitän Guy war ein Gentleman mit sehr höflichen Manieren und besaß große Erfahrung im Südseehandel, dem er den größten Teil seines Lebens gewidmet hatte. Doch fehlte es ihm an Energie und damit an jenem Unternehmungsgeist, der hierzu unbedingt erforderlich ist. Er war Miteigentümer der »Jane Guy« und hatte unumschränkte Vollmacht, in der Südsee jede Fracht zu übernehmen, die sich gerade anbot. Er führte, wie auf solchen Fahrten üblich, Glasperlen mit, Spiegel, Zunderschwamm, Äxte, Beile, Sägen, Breitbeile, Hobel, Meißel, Hohlmeißel, Bohrer, Feilen, Schabhobel, Reibeisen, Hämmer, Nägel, Messer, Scheren, Rasiermesser, Nadeln, Bindfaden, Töpferwaren, Kattun, Flitterwerk und ähnliches.

Am 10. Juli hatte der Schoner Liverpool verlassen, am 25. den Wendekreis des Krebses bei 20° w. L. überschritten und am 29. Sal, eine der Kapverdischen Inseln, angelaufen, um Salz und andere für die Reise notwendige Güter einzunehmen. Am 3. August lief die »Jane Guy« von den Kapverdischen Inseln aus und nahm Kurs nach Südwest auf die brasilianische Küste, so daß sie den Äquator zwischen dem 28. und 30.° w. L. überschritt. Diesen Kurs nehmen gewöhnlich Schiffe, die von Europa nach dem Kap der Guten Hoffnung oder nach Ostindien segeln. Sie vermeiden somit die Gegend der Windstillen und kräftigen Gegenströmungen, die ständig an der Küste Guineas auftreten, es ist zudem die kürzeste Strecke, da die stetigen Westwinde das Schiff rasch zum Kap bringen. Kapitän Guy wollte zuerst auf den Kerguelen anlegen – aus welchem Grunde, weiß ich nicht. Als der Schoner uns auffischte, war er auf der Höhe von Kap St. Roque, bei 31° w. L. Wir waren also, als man uns fand, um *nicht weniger als 25°* von Nord nach Süd getrieben worden!

An Bord der »Jane Guy« behandelte man uns mit aller Freundlichkeit, deren wir in unserer elenden Verfassung so sehr bedurften. Im Laufe der nächsten vierzehn Tage, während wir bei leichter Brise und gutem Wetter nach Südosten steuerten, erholten sich Peters und ich von den entsetzlichen Leiden und Entbehrungen. Die Vergangenheit lebte in unserer Erinnerung mehr als grauenhafter Traum, aus dem wir glücklich erwacht waren, denn als nüchterne, nackte Wirklichkeit. Es ist mir seitdem klar geworden, daß unsere Erinnerungen verblassen, wenn sich ein plötzlicher Wechsel im Leben vollzieht, sei es von Freude zu Leid oder von Leid zu Freude. Und je größer der Wechsel, um so größer ist die Vergeßlichkeit. Was mich betrifft, so kann ich mir das Elend jener Tage auf dem Wrack nicht mehr in seinem ganzen Ausmaß vorstellen. Wohl erinnert man sich der Begebenheiten, nicht aber der Empfindungen, die die Ereignisse in uns weckten. Ich weiß nur, daß ich *damals,* als sich die Ereignisse zutrugen, überzeugt war, die menschliche Natur könne größere Qualen nicht ertragen.

Wir setzten unsere Reise fort und segelten einige Wochen, ohne daß sich Wichtigeres ereignet hätte als eine gelegentliche Begegnung mit einem Walfänger oder auch mit dem schwarzen oder echten Wal, wie man ihn im Gegensatz zum Pottwal nennt. Letzteren trafen wir hauptsächlich südlich des 25. Breitengrades an. Am 16. September erlebte der Schoner in der Nähe des Kaps der Guten Hoffnung seinen ersten heftigen Sturm seit der Ausfahrt von Liverpool. In dieser Gegend westlich des Vorgebirges, wo wir uns jetzt befanden, häufiger aber noch im Süden und Osten, haben die Schiffer oft gegen wütende Nordstürme zu kämpfen. Die Stürme erzeugen immer einen schweren Seegang, und eine ihrer gefährlichsten Eigenarten ist das plötzliche Umschlagen des Windes, was fast immer dann geschieht, wenn der Sturm am schlimmsten wütet. Eben noch bläst ein wahrer Orkan aus Nord oder Nordost, und schon im nächsten Augenblick spürt man aus dieser Richtung keinen Lufthauch mehr, während sich der Sturm plötzlich mit kaum vorstellbarer Gewalt aus Südwest auftut. Der sichere Vorbote des Wetterumschlags ist eine helle Stelle am südlichen Himmel, die Schiffer können danach entsprechende Vorsichtsmaßregeln treffen.

Gegen sechs Uhr morgens kam eine Sturmbö wie üblich von Norden. Um acht Uhr war der Sturm sehr heftig und bescherte uns eine der gewaltigsten Seen, die ich bis dahin erlebt hatte. Alles war nach Möglichkeit abgesichert worden, doch der Schoner arbeitete schwer und erwies sich als ziemlich seeuntüchtig; bei jedem Stampfen tauchte er mit dem Vorderdeck unter und kämpfte sich nur mühsam von einer Welle frei, ehe ihn die nächste unter sich begrub. Kurz vor Sonnenuntergang zeigte sich im Südwesten die helle Stelle am Himmel, nach der wir schon Ausschau gehalten hatten, und eine Stunde später hing unser kleines Vorsegel schlaff am Mast. Zwei Minuten später wurden wir, all unsern Sicherheitsvorkehrungen zum Trotz, wie durch Zauberei auf die Seite gedrückt, und eine wahre Schaumflut brauste über uns hinweg. Dieser Südwest war aber zum Glück nur eine Bö, das Schiff richtete sich wieder auf, ohne eine Spiere verloren zu haben. Die unruhige See machte uns zwar noch einige Stunden zu schaffen, aber gegen Morgen befanden wir uns fast ebenso wohl wie vor dem Sturm. Kapitän Guy hielt seine Rettung geradezu für ein Wunder.

Am 13. Oktober sichteten wir die Prinz-Eduard-Insel bei 46° 53' s. Br. und 37° 46' ö. L. Zwei Tage später befanden wir uns in der Nähe der Possession-Insel und passierten danach die Crozet-Inseln bei 42° 59' s. Br. und 48° ö. L. Am 18. Oktober erreichten wir die im südlichen Indischen Ozean gelegene Kerguelen-Insel, die auch die Insel der Einöde genannt wird, und gingen bei vier Faden Wasser in Christmas Harbor – dem Weihnachtshafen – vor Anker.

Diese Insel, oder vielmehr Inselgruppe, zieht sich südöstlich vom Kap der Guten Hoffnung in einer Entfernung von etwa achthundert Meilen hin. Sie wurde 1772 von Baron von Kergulen oder Kerguélen, einem Franzosen, entdeckt, der das Land für einen Teil eines ausgedehnten südlichen Kontinents hielt und entsprechende Kunde in seine Heimat brachte, wo sie zur damaligen Zeit erhebliches Aufsehen erregte. Die Regierung nahm sich der Angelegenheit an und sandte den Baron im nächsten Jahr wieder dorthin, damit er seine neue Entdeckung kritisch untersuche, wobei der Irrtum aufgedeckt wurde. Im Jahre 1777 stieß Kapitän Cook auf ebendiese Gruppe und nannte die Hauptinsel »Desolation Island«, Insel der Einöde, ein Name, den sie nur allzusehr verdient. Wenn sich der Seefahrer dem Land nähert, mag er wohl einen falschen Eindruck gewinnen, weil die meisten Hügel von September bis März mit leuchtendem Grün bedeckt sind. Aber der Schein trügt; es handelt sich nämlich nur um eine kleine, dem Steinbrech ähnliche Pflanze, die in Mengen und üppig wuchernd auf einer Moosart gedeiht. Außer dieser Pflanze gibt es auf der Insel kaum eine Spur von Vegetation, wenn man von dem harten, kräftigen Gras in der Nähe des Hafens, einigen Flechten und einer Strauchart absieht, die einem Kohlkopf ähnelt, wenn er ins Kraut schießt, und einen bitteren, scharfen Geschmack hat.

Die Oberfläche der Insel ist bergig, ohne daß die Erhebungen sonderlich hoch sind. Die Gipfel sind ständig schneebedeckt. Es gibt mehrere Häfen, unter denen der Weihnachtshafen am günstigsten liegt. Sobald man Kap François, das die Nordküste bildet und durch seine eigentümliche Gestalt den Hafen anzeigt, passiert hat, ist der Weihnachtshafen das erste Ziel an der Nordostküste der Insel. Das Kap endet in einem hohen Felsen mit einem riesigen Loch, das wie ein natürliches Tor wirkt. Die Hafeneinfahrt öffnet sich bei 48° 40' s. Br. und 69° 6' ö. L. Hier trifft man im Schutze einiger kleiner Inseln, die genügend gegen alle Ostwinde abschirmen, auf guten Ankergrund. Östlich hiervon gelangt man zu der am Eingang des Hafens gelegenen Wespenbucht. Das ist ein kleines, allseits vom Lande eingeschlossenes Becken von vier Faden Tiefe mit einem harten, zum Ankern sehr geeigneten Tonboden. Hier kann ein Schiff mit seinem großen Buganker vorauf das ganze Jahr ungefährdet liegen. An der Westspitze der Wespenbucht fließt ein kleiner Bach, zu dessen köstlichem Wasser man leichten Zugang hat.

Auf der Kerguelen-Insel leben noch einige Pelzrobben und Haarrobben; außerdem eine Menge See-Elefanten. Das gefiederte Volk ist zahlreich vertreten. Vier verschiedene Pinguinarten leben hier, deren größte der Königspinguin ist, so genannt wegen seiner Größe und des herrlichen Gefieders. Der Rücken ist meist grau, mitunter auch lila getönt, der Bauch blendend weiß; Kopf und Füße sind von einem glatten, glänzenden Schwarz. Das Schönste an seinem Gefieder aber sind die beiden breiten Goldstreifen, die sich vom Kopf bis zur Brust ziehen. Sein langer Schnabel ist rosa oder leuchtend scharlachrot. Diese Vögel schreiten majestätisch aufrecht. Sie tragen den Kopf hoch und lassen die Flügel wie zwei Arme hängen. Da ihr Schwanzgefieder zudem in gerader Linie mit den Beinen verläuft, mag sie der flüchtige Beobachter besonders im Dämmerlicht leicht für menschliche Wesen halten, denn die Ähnlichkeit ist verblüffend. Die Königspinguine, denen wir auf der Kerguelen-Insel begegneten, waren etwas größer als Gänse. Andere Arten sind der Felsenpinguin, der Brillenpinguin und der Horstpinguin. Sie sind wesentlich kleiner, ihr Gefieder ist nicht so farbenprächtig, und auch in anderer Hinsicht unterscheiden sie sich vom Königspinguin.

Außer dem Pinguin gibt es hier noch viele andere Vögel, von denen Lummen, blaue Sturmvögel, Krickenten, Enten, Kap-Raubmöwen, Krähenscharben, Kaptauben, Rieseneismöwen, Seeschwalben, Seemöwen, Sturmschwalben, Riesensturmvögel und schließlich Albatrosse genannt sein sollen.

Der große Sturmvogel ist so groß wie der gemeine Albatros und ein Fleischfresser. Häufig nennt man ihn den Knochenbrecher oder Fischadler. Er ist zutraulich und ergibt bei entsprechender Zubereitung ein schmackhaftes Mahl. Beim Flug segelt er zuweilen mit ausgebreiteten Schwingen ganz dicht über dem Wasser dahin, ohne daß er die Flügel zu bewegen oder sich anzustrengen scheint.

Der Albatros ist einer der größten und wildesten unter den Vögeln der Südsee. Er gehört zur Gruppe der Möwen und packt seine Beute im Fluge. Außer zum Brüten kommt er nie an Land. Zwischen ihm und dem Pinguin besteht eine höchst merkwürdige Freundschaft. Ihre Nester werden nach einem einheitlichen Plan angelegt, der von beiden Vogelarten anerkannt wird. Danach baut der Albatros sein Nest im Mittelpunkt eines Quadrats, dessen vier Ecken durch Pinguinnester gebildet werden. Die Seeleute bezeichnen ein solches Nestlager als *Genist.* Diese Geniste sind oft beschrieben worden, aber da vielleicht nicht alle meine Leser diese

Beschreibungen kennen und ich noch oft Gelegenheit haben werde, über Pinguine und Albatrosse zu sprechen, ist es gewiß nicht fehl am Platze, etwas über ihre Lebens- und Nestbauweise zu berichten.

Wenn die Brutzeit naht, versammeln sich die Vögel in großer Zahl und scheinen einige Tage lang zu beraten, was zu tun ist. Schließlich gehen sie zu Werk. Sie suchen sich einen flachen Platz im nötigen Umfang, gewöhnlich drei bis vier Morgen, der so nahe wie möglich am Meer, doch außerhalb seiner Reichweite liegt. Es wird eine möglichst ebene und steinfreie Stelle gewählt. Wenn dies geschehen ist, stecken die Tiere einmütig und wie von einem einzigen Verstand geleitet ein Quadrat oder ein anderes Viereck ab, je nach der Bodenbeschaffenheit. Diese Fläche ist groß genug, um alle versammelten Vögel aufzunehmen – mehr jedoch nicht! Dies bedeutet offenbar, daß sie etwaigen Nachzüglern, die am Nestbau nicht teilgenommen haben, den Zutritt verwehren. Eine Seite des abgegrenzten Raums verläuft parallel zum Strand und wird als Eingang oder Ausgang offengelassen.

Wenn die Grenzen des Genistes festliegen, beginnen die Nestbauer, den Platz von allem Unrat zu säubern. Sie heben einen Stein nach dem andern und legen ihn hinter die Grenzlinie, so daß auf den drei Landseiten ein Steinwall entsteht. An der Innenseite des Walls wird ein ebener, bequemer Pfad angelegt, der in sechs bis acht Fuß Breite den ganzen Nestplatz umgibt und als allgemeiner Spazierweg dient.

Als nächstes wird der ganze Raum in kleine, gleich große Vierecke aufgeteilt, indem die Vögel schmale, sehr glatte Pfade bahnen, die sich überall im Genist im rechten Winkel schneiden. An jedem solchen Schnittpunkt wird ein Albatrosnest gebaut und in der Mitte jedes Vierecks ein Pinguinnest – jeder Pinguin ist also von vier Albatrossen und jeder Albatros von der gleichen Zahl Pinguine umgeben. Das Pinguinnest ist eine ganz flache Erdmulde, gerade tief genug, damit das einzige Ei nicht herausrollt. Das Albatrosweibchen trifft schon etwas umständlichere Vorbereitungen. Es errichtet einen kleinen Flügel, der etwa einen Fuß hoch und zwei Fuß breit ist und aus Erde, Seetang und Muscheln besteht. Auf der Spitze baut es dann sein Nest.

Ganz besonders achten die Vögel darauf, ihre Nester während der Brutzeit auch nicht einen einzigen Augenblick unbesetzt zu lassen, ja, das geht sogar so lange, bis die junge Nachkommenschaft kräftig genug ist, um für sich selbst zu sorgen. Während das Männchen auf dem Meer nach Futter sucht, übernimmt das Weibchen die Wache und wagt sich erst nach Rückkehr des Partners vom Nest weg. Die Eier bleiben niemals unbedeckt; denn sobald ein Vogel sein Nest verläßt, zieht ein anderer darin ein. Solche Vorsicht ist bei den diebischen Neigungen der Vögel sehr geboten, da sich die Bewohner des Genists unbedenklich bei der erstbesten Gelegenheit gegenseitig die Eier stehlen.

Obwohl in einigen Genisten nur Albatrosse und Pinguine leben, so findet man doch in den meisten eine Vielzahl von Seevögeln, die alle Vorteile der Mitbürgerschaft genießen und ihre Nester da anlegen, wo sie gerade Platz finden, ohne jedoch ihren größeren Artgenossen ins Gehege zu kommen. Solche Brutkolonien wirken aus der Ferne höchst seltsam. Der Himmel darüber ist dunkel von unzähligen Albatrossen und kleineren Vögeln, die unentwegt über den Brutplätzen schweben und entweder zum Ozean fliegen oder von dort zurückkehren. Zugleich machen Scharen von Pinguinen auf den schmalen Pfaden ihren Spaziergang oder stolzieren in ihrer eigentümlichen Art wie Soldaten um das Genist. Kurzum, wie man es auch betrachten mag, nichts ist erstaunlicher als die Überlegung, die diese gefiederten Wesen beweisen, und nichts scheint geeigneter, jeden wohlgeordneten menschlichen Verstand zum Überlegen anzuregen.

Am Morgen nach unserem Einlaufen in den Weihnachtshafen nahm Herr Patterson, der Obermaat, die Boote und ging, obwohl es noch nicht die rechte Jahreszeit war, auf die Seehundsjagd. Der Kapitän und ein junger Verwandter von ihm, die im Innern des Eilands ein Geschäft erledigen wollten, worüber ich nichts Näheres erfahren konnte, wurden auf einer öden Landspitze im Westen abgesetzt. Kapitän Guy trug eine Flasche bei sich, in der ein versiegelter Brief war, und machte sich vom Landungsort auf den Weg zu einem der höchsten Gipfel der Gegend. Wahrscheinlich wollte er den Brief dort für ein Schiff hinterlegen, das nach uns einlaufen sollte. Peters und ich blieben im Boot des Maats, und sobald wir den Kapitän aus den Augen verloren hatten, kreuzten wir an der Küste und lauerten auf Robben. Damit beschäftigten wir uns fast drei Wochen und durchforschten mit großer Sorgfalt jeden Winkel der Kerguelen-Insel sowie der kleinen Nachbarinseln, aber ohne nennenswerten Erfolg. Wir sahen wohl zahlreiche Pelzrobben, aber sie waren so scheu, daß wir trotz eifrigster Bemühungen nur dreihundertfünfzig Felle erbeuteten. Besonders an der Westküste der Hauptinsel gab es Unmengen von See-Elefanten, aber wir erlegten unter großen Schwierigkeiten nicht mehr als zwanzig. Auf den kleinen Inseln sichteten wir viele Haarrobben, die wir aber unbehelligt ließen. Als wir am 11. zurückkehrten, fanden wir Kapitän Guy und seinen Neffen schon auf dem Schoner. Der Kapitän beschrieb uns das Innere des Eilands als die trostloseste, ödeste Gegend auf Erden. Durch ein Mißverständnis hatte der zweite Maat versäumt, sie in einer Jolle abholen zu lassen, und so hatten sie zwei Nächte im Innern der Insel zubringen müssen.

15

Am 12. segelten wir vom Weihnachtshafen ab und gingen wieder auf Westkurs, wobei wir die Marion-Insel, die zur Crozet-Gruppe gehört, an Backbord ließen. Danach passierten wir die Prinz-Eduard-Insel, die gleichfalls zu unserer Linken blieb, später steuerten wir mehr nach Norden und gelangten nach fünfzehn Tagen bei 37° 8' s. Br. und 12° 8' w. L. zu den Inseln von Tristan da Cunha.

Die heute so wohlbekannte, aus drei runden Inseln bestehende Gruppe wurde von Portugiesen entdeckt und später von den Holländern im Jahre 1643 und den Franzosen 1767 aufgesucht. Die drei Inseln, die zusammen ein Dreieck bilden, liegen etwa zehn Meilen voneinander entfernt, so daß man gut hindurchfahren kann. Alle drei Inseln sind sehr gebirgig, besonders Tristan da Cunha selbst, die ihren Namen zu Recht trägt. Sie ist die größte Insel der Gruppe mit einem Umfang von fünfzehn Meilen, bei klarem Wetter ist sie aus einer Entfernung von achtzig bis neunzig Meilen zu sehen. Im Norden steigt die Insel teilweise auf mehr als tausend Fuß senkrecht über dem Meer an. In dieser Höhe erstreckt sich fast bis zur Inselmitte eine Hochebene, aus der sich ein himmelanstrebender Kegel gleich dem von Teneriffa erhebt. Auf der unteren Hälfte des Kegels wachsen stattliche Bäume, wogegen die obere aus nacktem Fels besteht. Sie ist meist von Wolken umhüllt und den größten Teil des Jahres von Schnee bedeckt. Es gibt weder Untiefen noch sonst gefährliche Stellen im Umkreis der Insel; die Küste ist auffallend steil, das Wasser tief. An der Nordwestküste liegt eine Bucht mit einem schwarzen Sandstrand, bei Südwind als Landestelle gut geeignet. Hier findet sich reichlich gutes Trinkwasser, auch kann man Kabeljau und andere Fische angeln.

Die nächstgrößte und westlichste Insel der Gruppe, genau bei 37° 17' s. Br. und 12° 24' w. L. ist die Inaccessible, die »Unzugängliche«. Sie hat einen Umfang von sieben bis acht Meilen und verwehrt durch ihre allseits schroffe Küste jeden Zutritt. Ihre Oberfläche ist ganz flach und öde bis auf ein paar verkümmerte Büsche.

Die kleinste und südlichste, bei 37° 26' s. Br. und 12° 12' w. L., ist die Nightingale –, die Nachtigall-Insel. Ihrer äußersten Südspitze ist ein hohes Felsenriff aus kleinen Inselchen vorgelagert, wie man sie hier und da auch im Nordosten des Eilands sieht. Die Insel ist unfruchtbar und hügelig und stellenweise von einem tiefen Tal durchschnitten.

In der schönen Jahreszeit wimmeln die Gestade dieser Inseln von Seelöwen, See-Elefanten, Pelz- und Haarrobben und vielerlei Seevögeln. Auch Wale sind in der Umgebung zahlreich anzutreffen. Weil all diese Tiere hier leicht zu fangen waren, wurde die Inselgruppe seit ihrer Entdeckung häufig besucht; so kamen Holländer und Franzosen schon frühzeitig hierher. Im Jahre 1790 legte Kapitän Patten mit der »Industry« aus Philadelphia in Tristan da Cunha an und blieb sieben Monate, vom August 1790 bis zum April 1791. In dieser Zeit erlegte er nicht weniger als fünftausendsechshundert Pelzrobben und behauptete, er hätte ein großes Schiff ohne weiteres in drei Wochen mit Tran füllen können. Bei seiner Ankunft fand er außer einigen Wildziegen keine Vierfüßler; jetzt aber wimmelt es auf der Insel von nützlichen Haustieren, die von späteren Seefahrern mitgebracht worden sind.

Es war wohl kurz nach Kapitän Pattens Besuch, als Kapitän Colquhoun mit der amerikanischen Brigg »Betsey« die größte der Inseln ansteuerte, um hier eine Ruhepause einzulegen. Bei der Gelegenheit pflanzte er Zwiebeln, Kartoffeln, verschiedene Kohlarten und viel anderes Gemüse an, das nun üppig gedeiht.

Im Jahre 1811 besuchte Kapitän Haywood von der »Nereus« die Tristan-Insel und stieß dort auf drei Amerikaner, die auf der Insel lebten, um Robbenfelle zuzurichten und Tran zu sammeln. Einer von ihnen, namens Jonathan Lambert, hatte sich zum Inselherrscher ernannt. Etwa sechzig Morgen Land hatte er gerodet und bepflanzt und beschäftigte sich nun mit dem Anbau von Kaffee und Zuckerrohr, die ihm der amerikanische Gesandte in Rio de Janeiro beschafft hatte. Diese Siedlung wurde jedoch verlassen, und im Jahre 1817 besetzte die britische Regierung, die zu diesem Zweck vom Kap der Guten Hoffnung ein Detachement beorderte, die Inseln, die aber nur kurze Zeit in ihrem Besitz blieben. Nach der Räumung der Insel durch die Briten siedelten sich unabhängig von der britischen Regierung zwei oder drei englische Familien dort an. Am 25. März 1824 steuerte Kapitän Jeffrey mit der »Berwick« auf der Fahrt von London nach Van Diemen's Land die Insel an, wo er einen Engländer namens Glass, einen ehemaligen Korporal der britischen Artillerie, vorfand. Dieser erhob Anspruch auf den Titel des Obersten Gouverneurs der Inseln und herrschte über einundzwanzig Männer und drei Frauen. Er sprach Gutes von dem zuträglichen Klima und dem fruchtbaren Boden, Die Bewohner beschäftigten sich in erster Linie mit dem Sammeln von Robbenpelzen und See-Elefantentran. Glass besaß einen kleinen Schoner, mit dessen Hilfe sie mit dem Kap der Guten Hoffnung Handel trieben. Zur Zeit unserer Ankunft lebte der Gouverneur noch; seine kleine Gemeinde war gewachsen: auf der Tristan-Insel lebten sechsundfünfzig Menschen und in einer kleinen Siedlung auf der Nachtigall-Insel sieben. Hier konnten wir nahezu alles bekommen, was wir wollten: Schafe, Schweine, Ochsen, Kaninchen, Geflügel, Ziegen, alle möglichen Fische und vielerlei Gemüse. Nachdem wir vor der Hauptinsel bei achtzehn Faden Tiefe Anker geworfen hatten, bekamen wir alles Nötige leicht an Bord. Glass verkaufte Kapitän Guy auch fünfhundert Robbenhäute und einiges Elfenbein. Eine Woche blieben wir hier; in dieser Zeit wehte der Wind vorwiegend aus West und Nord bei etwas diesigem Wetter. Am 15. November segelten wir nach Südwesten, um eine Inselgruppe, die Auroras, zu suchen, über deren Existenz die verschiedensten Meinungen bestanden.

Diese Inseln sollen bereits 1762 vom Kommandanten der »Aurora« entdeckt worden sein. Nach seinen eigenen Aussagen fuhr Kapitän Manuel de Oyarvido im Jahre 1790 mit der »Princess« der Königlichen Philippinen-Gesellschaft mitten zwischen der Inselgruppe hindurch. 1794 lief die spanische Korvette »Atrevida« mit dem Ziel aus, deren genaue Lage festzustellen, und in einer von der Königlichen Hydrographischen Gesellschaft zu Madrid im Jahre 1809 herausgegebenen Denkschrift über diese Expedition heißt es: »Die Korvette ›Atrevida‹ stellte in unmittelbarer Nähe der Aurora-Inseln vom 21. bis zum 27. Januar alle erforderlichen Beobachtungen an und maß chronometrisch die Längenunterschiede zwischen den Inseln und dem Hafen Soledad auf den Manilas. Es sind drei Inseln, die fast auf dem gleichen Meridian liegen. Die mittlere ist ziemlich flach, während man die beiden andern schon aus einer Entfernung von neun Meilen sichten kann.« Die an Bord der »Atrevida« angestellten Beobachtungen ergaben für die genaue Lage jeder Insel die folgenden Ergebnisse: Die nördlichste Insel liegt bei 52° 37' 24" s. Br. und 47° 43' 15" w. L.; die mittlere bei 53° 2' 40" s. Br. und 47° 55' 15" w. L.; die südlichste bei 53°15' 22" s. Br. und 47° 57' 15" w. L.

Am 27. Januar 1820 segelte Kapitän James Weddell von der britischen Marine von Staten Island ab, um die Auroras zu suchen. Nach seinen Angaben hat er trotz sorgfältigster Nachforschungen – und zwar nicht nur an den vom Kommandeur der »Atrevida« angegebenen Punkten, sondern überall in deren Nachbarschaft – nicht eine Spur von Land gefunden. Diese widersprechenden Meldungen haben noch andere Seefahrer veranlaßt, nach den Inseln zu suchen, und während einige von ihnen jeden Zollbreit des Meeres, wo sie angeblich liegen sollen, durchsegelten, ohne sie zu finden, gibt es doch seltsamerweise etliche, die ausdrücklich erklären, die Inseln gesehen zu haben und dicht an ihren Küsten vorbeigesegelt zu sein. Kapitän Guy wollte nun alles tun, was in seiner Macht stand, um die seltsame Streitfrage zu klären.*

Bis zum 20. des Monats blieben wir bei veränderlichem Wetter auf Südwestkurs und kamen so zu der umstrittenen Stelle bei 53° 15' s. Br. und 47° 58' w. L., das heißt also dorthin, wo die südlichste Insel etwa liegen sollte. Wir sahen nicht eine Spur von Land und setzten unsere Fahrt mit Westkurs fort; dabei folgten wir dem 53. südlichen Breitengrad bis zum 50. westlichen Längengrad. Dann befanden wir uns nördlich auf dem 52. südlichen Breitengrad, auf dem wir uns ostwärts wandten, und hielten unsern Breitengrad über zwei Höhen nach Morgen und Abend bei der Mittagshöhe der Planeten und des Mondes ein. So gelangten wir bis zum Längengrad der Westküste Südgeorgiens und segelten über diesen bis zu dem Breitengrad, der unser Ausgangsort gewesen war. Dann durchfuhren wir diagonal das gesamte umschriebene Gebiet, wobei wir ständig eine Wache im Mastkorb hatten und unsere Unternehmungen drei Wochen lang sehr sorgfältig durchführten. Während dieser Zeit herrschte schö-

* Von den Schiffen, die in verschiedenen Jahren angeblich die Auroras gefunden haben, seien nur die folgenden angeführt: die »San Miguel« im Jahre 1769; die »Aurora« 1774; die Brigg »Pearl« im Jahre 1779 und die »Dolores« im Jahre 1790. Sie alle geben übereinstimmend als mittlere Länge 53° Süd an.

nes, freundliches Wetter ohne Dunst. Wir besaßen natürlich nun die absolute Gewißheit, daß von jeglichen Inseln, die in dieser Gegend in früheren Zeiten einmal existiert haben mochten, heutigentags keine Spur mehr vorhanden war. Seit meiner Rückkehr in die Heimat habe ich erfahren, daß im Jahre 1822 Kapitän Johnson mit dem amerikanischen Schoner »Henry« sowie Kapitän Morell mit dem amerikanischen Schoner »Wespe« das Gebiet mit gleicher Sorgfalt abgesucht haben – in beiden Fällen mit dem gleichen Ergebnis wie wir.

16

Nachdem sich Kapitän Guy über die Auroras Gewißheit verschafft hatte, wollte er ursprünglich durch die Magellanstraße nach der Westküste Patagoniens segeln. Aber ein Hinweis, den er auf Tristan da Cunha erhalten hatte, bewog ihn, Südkurs zu nehmen, in der Hoffnung, auf ein paar kleine Inseln zu stoßen, die bei 60° s. Br. und 41° 20' w. L. liegen sollten. Für den Fall, daß er diese Inseln nicht fand, wollte er bei günstiger Jahreszeit bis zum Südpol vorstoßen. So segelten wir am 12. Dezember in dieser Richtung ab. Am 18. gelangten wir in die von Glass beschriebene Gegend und kreuzten dort drei Tage lang, ohne eine Spur der erwähnten Inseln zu entdecken. Am 21. segelten wir bei ungewöhnlich freundlichem Wetter mit Südkurs weiter, fest entschlossen, so weit wie möglich nach Süden vorzudringen. Bevor ich in meiner Erzählung fortfahre, möchte ich den Lesern, die mit den Fortschritten der Entdeckung in diesen Gegenden nicht vertraut sind, einen kurzen Bericht über die wenigen bisherigen Versuche geben, den Südpol zu erreichen.

Kapitän Cooks Expedition ist die erste, über die wir Näheres wissen. Im Jahre 1772 segelte er auf der »Resolution« nach Süden, wobei ihn Leutnant Furneaux auf der »Adventure«

begleitete. Im Dezember befand er sich bereits in 58° s. Br. und 26° 57' ö. L. Hier traf er auf dünne Eisfelder von acht bis zehn Zoll Stärke, die nach Nordwest und Südost trieben. Es waren große Schollen, meist so eng gepackt, daß sich die Schiffe nur mühsam ihren Weg bahnen konnten. Aus dem Vorhandensein zahlreicher Vögel und aus anderen Anzeichen schloß Kapitän Cook damals auf die Nähe von Land. Trotz außergewöhnlicher Kälte hielt er Südkurs, bis er den 64. Breitengrad bei 38° 14' ö. L. erreichte. Fünf Tage lang hatte er hier mildes Wetter mit sanften Brisen bei 36°*. Im Januar 1773 überquerten die Schiffe den südlichen Polarkreis, konnten jedoch nicht viel weiter vorstoßen; denn bei 67° 15' s. Br. wurde jedes weitere Vordringen durch eine ungeheure Eismauer vereitelt, die sich am Südhorizont erstreckte, so weit das Auge reichte. Das Eis war recht verschiedenartig; einige große Eisfelder von mehreren Meilen Umfang bildeten eine feste Masse, die sich achtzehn bis zwanzig Fuß über den Meeresspiegel erhob. Da die Jahreszeit schon sehr vorgerückt war und keine Hoffnung bestand, die Hindernisse zu umsegeln, drehte Kapitän Cook – wenn auch ungern – nach Norden ab.

Im November des folgenden Jahres unternahm er erneut eine Expedition in die Antarktis. Bei 59° 40' s. Br. traf er auf eine starke Südströmung. Im Dezember, als sich die Schiffe auf 67° 31' s. Br. und 142° 54' w. L. befanden, herrschte bei heftigen Stürmen und dickem Nebel außerordentliche Kälte. Auch hier gab es viele Vögel – Albatrosse, Pinguine und besonders Sturmvögel. Bei 70° 23' s. Br. begegnete er einigen großen Eisinseln, und kurz darauf entdeckte er schneeig weiße Wolken, die auf die Nähe von Eisfeldern hindeuteten. Bei 70° 10' s. Br. und 106° 54' w. L. wurde den Seefah-

* Fahrenheit: ca. 4° C.

rern Halt geboten, weil damals riesige Eisflächen den gesamten südlichen Horizont begrenzten. Der Nordrand der Eisfläche war etwa eine Meile nach Süden hin zerklüftet und geborsten und die Eismasse so fest verkeilt, daß an ein Überschreiten überhaupt nicht zu denken war. Dahinter dehnte sich eine verhältnismäßig glatte Ebene, die in der Ferne von riesigen, übereinandergetürmten Eisbergketten begrenzt wurde. Nach Kapitän Cooks Ansicht reichte dieses weite Feld bis an den Südpol oder grenzte an ein Festland. Herr J. N. Reynolds, dessen beharrliche Bemühungen schließlich zu einer staatlichen Expedition zur Erforschung jener Regionen führten, äußert sich zu dem Versuch der »Resolution« wie folgt: »Es überrascht uns keineswegs, daß Cook über 71° 10' nicht hinauskam, vielmehr wundert es uns, daß er diesen Punkt bei 106° 54' w. L. erreichte. Palmer-Land liegt auf dem 64. Breitengrad südlich der Süd-Shetland-Inseln und erstreckt sich weiter nach Süden und Westen, als je ein Seefahrer vorgedrungen ist. Cook wollte nach Palmer-Land, als das Eis ihn aufhielt, was dort wohl stets so ist, also erst recht zu einer so frühen Zeit im Jahr wie dem 6. Januar. Es würde nicht überraschen, wenn ein Teil der beschriebenen Eisberge zum Kern von Palmer-Land gehörte oder zu anderen weiter südlich und westlich gelegenen Landstrichen.«

Im Jahre 1803 beauftragte Alexander von Rußland die beiden Kapitäne Krusenstern und Lisjanski, die Welt zu umsegeln. Auf ihrer Fahrt nach Süden kamen sie nur bis 59° 58' s. Br. und 70° 15' w. L., wo sie auf starke Ostströmungen stießen. Hier gab es viele Wale, aber kein Eis. Herr Reynolds bemerkt dazu, daß Krusenstern zu einem früheren Zeitpunkt im Jahr auf Eis hätte stoßen müssen, er aber kam erst im März dort an. Die vorherrschenden Süd- und Westwinde hatten zusammen mit den Strömungen die schwimmenden Eisfelder in jene eisige Region getragen, die im Norden von Südgeorgien, im Osten von den Süd-Sandwich-Inseln und den Süd-Orkney-Inseln und im Westen von den Süd-Shetland-Inseln begrenzt wird.

Im Jahre 1822 drang Kapitän James Weddell von der britischen Marine mit zwei sehr kleinen Schiffen weiter nach Süden als je ein Seefahrer vor ihm, und zwar ohne ernste Schwierigkeiten. Er berichtet, er sei zwar *vor* dem 72. Breitengrad häufig vom Eis behindert worden, habe aber von dieser Grenze an kein Stückchen Eis mehr entdecken können. Von 74° 15' s. Br. an sah er nur noch drei Eisinseln, aber keine Eisfelder mehr. Wenn auch große Vogelscharen und andere typische Anzeichen auf Land deuteten und vom Mastkorb aus unbekannte Küsten südlich der Süd-Shetland-Inseln gesichtet wurden, die sich weit nach Süden erstreckten, so verwirft Weddell doch sonderbarerweise den Gedanken, daß es am Südpol festes Land gibt.

Am 11. Januar 1823 verließ Kapitän Benjamin Morell mit dem amerikanischen Schoner »Wespe« die Kerguelen, um so weit wie möglich nach Süden vorzudringen. Am 1. Februar ortete er 64° 52' s. Br. und 118° 27' ö. L. Aus seinem Logbuch stammt der folgende Auszug unter diesem Datum: »Der Wind frischte bald zur Elfknotenbrise auf, wir benutzten die Gelegenheit, nach Westen zu segeln. Je weiter wir uns aber vom 64. Breitengrad nach Süden bewegten, desto weniger Eis fanden wir. So überschritten wir schließlich den südlichen Polarkreis und gelangten bis 69° 15' ö. Br. Dort gab es außer einigen Eisinseln *keine Eisfelder.«*

Unter dem 14. März findet sich noch folgende Eintragung: »Die See war jetzt ganz frei von Eisfeldern, höchstens ein Dutzend Eisinseln waren zu sehen. Luft- und Wassertemperatur waren mindestens um 13° höher und damit milder, als wir sie je zwischen dem 60. und 62. Breitengrad gemessen hatten. Wir befanden uns jetzt bei 70° 14' s. Br., die

Lufttemperatur betrug 47° und die Wassertemperatur 44°. Hier stellten wir pro Azimut eine Abweichung von 14° 27' Ost fest ... Ich habe zu wiederholten Malen auf verschiedenen Längengraden den südlichen Polarkreis überschritten und immer wieder festgestellt, daß Luft- und Wassertemperatur anstiegen, je weiter ich über 65° s. Br. vordrang; die magnetische Deklination nahm entsprechend ab. Nördlich von dieser Breite – also etwa zwischen 60 und 65° s. Br. – war es oft sehr schwer, zwischen den ungeheuren und unzähligen Eisinseln einen Durchgang für unser Schiff zu finden. Einige von den Inseln hatten einen Umfang von ein bis zwei Meilen und ragten mehr als fünfhundert Fuß aus dem Meer.«

Da sie nahezu ohne Brennstoff und Wasser waren und keine geeigneten Instrumente besaßen, außerdem die Jahreszeit schon vorgerückt war, mußte Kapitän Morell wohl oder übel umkehren, ohne einen Vorstoß nach Westen zu wagen, wo das Meer völlig offen vor ihm lag. Er ist der festen Meinung, daß er, wenn nicht bis zum Pol, so doch mindestens bis zum 85. Breitengrad hätte vordringen können, wenn ihn nicht die Vorsicht zur Rückkehr gemahnt hätte. Ich habe seine Ansichten etwas ausführlich wiedergegeben, damit der Leser sich ein Urteil bilden kann, inwieweit sie durch meine späteren Entdeckungen bestätigt wurden.

Im Jahre 1831 segelte Kapitän Biscoe im Dienste der Herren Enderby, Londoner Walfangunternehmer, auf der Brigg »Lively« in Begleitung des Kutters »Tula« nach der Südsee. Am 28. Februar machte er bei 66° 30' s. Br. und 47° 13' ö. L. Land aus und »erkannte im Schnee deutlich die dunklen Gipfel einer ostsüdöstlich verlaufenden Bergkette«. Den ganzen folgenden Monat hielt er sich in der Nähe auf, konnte sich aber wegen des stürmischen Wetters der Küste nur auf zehn Meilen nähern, Da die Jahreszeit für weitere Entdeckungsfahrten zu ungünstig war, kehrte er nach Norden zurück, um auf Van Diemen's Land zu überwintern.

Anfang 1832 segelte er wiederum nach Süden und sichtete am 4. Februar in südöstlicher Richtung bei 67° 15' s. Br. und 69° 29' w. L. Land. Es stellte sich bald heraus, daß dies eine Insel in der Nähe der zuerst von ihm entdeckten Landzunge war. Auf dieser Landzunge konnte er am 21. des Monats anlegen und im Namen Wilhelms IV. von der Insel Besitz ergreifen. Er taufte sie zu Ehren der englischen Königin Adelaide-Insel. Die Königliche Geographische Gesellschaft zu London schloß aus seinem genauen Bericht, »daß sich von 47° 30' ö. L. bis 69° 29' w. L. ein zusammenhängender Landstrich zwischen dem 66. und 67.° s. Br. hinzieht«. Herr Reynolds hegt gegenüber dieser Schlußfolgerung die nachstehenden Bedenken: »Wir können die Richtigkeit dieser Angaben keineswegs bestätigen, noch lassen die Biscoeschen Entdeckungen eine solche Schlußfolgerung zu. Innerhalb der angegebenen Grenzen segelte Weddell auf einem Längengrad Östlich Südgeorgiens, der Süd-Sandwich-, der Süd-Orkney- und der Süd-Shetland-Inseln nach Süden.« Meine eigenen Erfahrungen werden die Irrigkeit der von der Geographischen Gesellschaft vertretenen Auffassung aufs genauste nachweisen.

Dies sind die wesentlichsten Versuche, weit in die südlichen Breiten vorzudringen, und vor der Fahrt der »Jane Guy« war der Polarkreis an nahezu dreihundert Längengraden noch niemals überschritten worden. So lag natürlich ein weites Entdeckungsfeld vor uns, und Kapitän Guys Entschluß, kühn nach Süden vorzustoßen, begeisterte mich sehr.

17

Nachdem wir die Suche nach den von Glass erwähnten Inseln aufgegeben hatten, blieben wir vier Tage lang auf Südkurs, ohne auf Eis zu stoßen. Am Mittag des 26. befanden wir uns bei 63° 23' s. Br. und 41° 25' w. L. Dort sichteten wir mehrere große Eisinseln und ein kleineres Treibeisfeld. Leichte Winde bliesen vorwiegend aus Südost oder Nordost, während Westwinde selten und immer von Regenböen begleitet waren. Täglich fiel etwas Schnee. Am 27. zeigte das Thermometer 35° an.

1. Januar 1828: Heute waren wir ringsum vom Eis eingeschlossen, eine wahrhaft trostlose Lage. Den ganzen Vormittag wehte ein heftiger Sturm aus Nordost und warf große Treibeisschollen mit solcher Wucht gegen Ruder und Heck, daß uns himmelangst wurde. Der Sturm hatte noch nicht nachgelassen, als sich gegen Abend vor unserm Bug ein großes Eisfeld teilte; wir setzten alle Segel und erzwangen uns zwischen kleineren Schollen den Weg ins offene Wasser. Als wir uns der Wasserfläche näherten, holten wir nach und nach die Segel ein und drehten, als wir endlich freigekommen waren, unter gerefftem Focksegel bei.

2. Januar: Nun wurde das Wetter etwas freundlicher. Mittags befanden wir uns bei 69° 10' s. Br. und 42° 20' w. L. und hatten somit den südlichen Polarkreis überschritten. Im Süden sah man sehr wenig Eis, obgleich doch große Eisfelder hinter uns lagen. Heute machten wir uns ein Lotgerät, indem wir einen großen Eisentopf von zwanzig Gallonen Fassungsvermögen an eine Leine von zweihundert Faden Länge banden. Wir stellten eine Nordströmung mit einer Geschwindigkeit von etwa einer Viertelmeile in der Stunde fest. Die Lufttemperatur betrug nun etwa 33°, die Deklination 14° 28' östlich pro Azimut.

5. Januar: Wir blieben auf Südkurs, ohne daß sich Besonderes ereignete. Heute morgen aber, bei 73° 15' ö. Br. und 42° 10' w. L. versperrte uns eine ungeheure, feste Eisfläche erneut den Weg. Dennoch sahen wir im Süden weithin offenes Was-

ser und zweifelten nicht daran, schließlich dorthin zu kommen. Wir folgten der Ostflanke des Eisfelds und stießen endlich auf eine Rinne von der Breite einer Meile, durch die wir uns bei Sonnenuntergang hindurchmanövrierten. Das Meer war hier, wo wir uns jetzt befanden, zwar dicht mit Eisinseln bedeckt, jedoch frei von Eisfeldern, und so stießen wir kühn weiter vor. Obwohl es häufig schneite und hin und wieder ungemein heftige Hagelböen tobten, schien die Kälte nicht zuzunehmen. Unübersehbare Scharen von Albatrossen überflogen heute unsern Schoner von Südost nach Nordwest.

7. Januar: Die See blieb weiterhin offen, so daß wir unsern Kurs beibehalten konnten. Im Westen sahen wir einige Eisberge von unvorstellbarer Größe, und nachmittags passierten wir einen von ihnen, der sich mit seinem Gipfel mindestens vierhundert Faden über den Meeresspiegel erhob. Sein Umfang mochte wohl an der Basis dreiviertel Meile betragen, und aus einigen Spalten in seinen Flanken stürzte das Wasser herab. Zwei Tage blieb diese Eisinsel in Sicht, bis sie endlich in dichtem Nebel verschwand.

10. Januar: Heute am frühen Morgen ging zu unserm Unglück ein Mann über Bord – Peter Vredenburgh, ein Amerikaner aus New York, der zu den tüchtigsten Leuten an Bord des Schoners zählte. Er glitt am Bug aus und stürzte zwischen zwei Eisschollen, ohne wieder aufzutauchen. Mittags befanden wir uns bei 78° 30' s. Br. und 40° 15' w. L. Es war jetzt ungewöhnlich kalt, aus Nord und Ost kamen fortgesetzt Hagelböen. In dieser Richtung sahen wir auch mehrere riesige Eisberge. Der ganze östliche Horizont schien von Eisfeldern versperrt zu sein, die sich übereinanderschoben. Am Abend schwamm Treibholz vorüber, und Vögel kamen in großen Scharen daher, unter ihnen Rieseneismöwen, Sturmvögel, Albatrosse und ein großer Vogel mit glänzendem blauem Gefieder. Die magnetische Deklination pro

Azimut zeigte hier einen geringeren Wert als vor dem Überschreiten des Südpolarkreises.

12. Januar: Wieder einmal erschien uns der Durchbruch nach Süden zweifelhaft, da sich in Richtung Südpol nichts als ein endloses Eisfeld dehnte, das im Hintergrund zerklüftete Eisberge erkennen ließ, die sich aufeinandertürmten. Wir steuerten also bis zum 14. nach Westen in der Hoffnung, einen Durchgang zu finden.

14. Januar: Heute morgen erreichten wir die Westspitze des Eisfeldes, das uns behindert hatte und das wir nun auf der Wetterseite umsegelten, worauf wir in völlig eisfreies, offenes Wasser gelangten. Beim Loten stellten wir in zweihundert Faden Tiefe eine Strömung fest, die mit einer halben Meile Stundengeschwindigkeit südwärts zog. Die Lufttemperatur betrug 47°, die des Wassers 34°. Nun segelten wir ohne nennenswerte Unterbrechung südwärts, wo wir zur Mittagszeit des 16. Januars auf 81° 21' s. Br. und 42° w. L. waren. Hier loteten wir erneut und stellten wieder eine Südströmung fest, und zwar mit einer Stundengeschwindigkeit von dreiviertel Meile. Die Deklination pro Azimut hatte abgenommen, die Luft war mild und angenehm, das Thermometer zeigte 51° an. Zu diesem Zeitpunkt war nicht das kleinste Eisstück zu sehen. Wir alle an Bord waren nun davon überzeugt, daß wir den Pol erreichen würden.

17. Januar: Dieser Tag war reich an Zwischenfällen. Unzählige Vogelzüge flogen von Süden her über uns hinweg, einige Vögel schossen wir von Deck aus herunter; einer davon, eine Art Pelikan, ergab ein köstliches Mahl. Um die Mittagszeit wurde vom Toppmast ein kleines Eisfeld backbord voraus gemeldet, auf dem sich anscheinend ein großes Tier befand. Da das Wetter gut und nahezu windstill war, ließ Kapitän Guy zwei Boote aussetzen, um der Sache nachzugehen. Dirk Peters und ich begleiteten den Maat im Groß-

boot. Als wir an das Eisfeld herankamen, sahen wir, daß sein Besitzer ein Riesengeschöpf von der Rasse der arktischen Bären war, nur bei weitem größer als das gewaltigste jener Tiere. Wir waren gut bewaffnet und hatten daher keine Bedenken, sofort anzugreifen. Rasch nacheinander wurden mehrere Schüsse abgegeben, die meisten trafen offenbar Kopf und Körper. Das Ungeheuer ließ sich davon jedoch nicht abschrecken, sondern warf sich von seiner Scholle ins Wasser und schwamm mit aufgesperrtem Rachen auf das Boot zu, in dem ich und Peters saßen. In der Verwirrung über die unerwartete Wendung des Abenteuers war keiner imstande, einen weiteren Schuß abzugeben, und dem Bären war es doch tatsächlich gelungen, seinen gewaltigen Körper halb über unser Dollbord zu schieben und einen der Männer im Kreuz zu packen, ehe wir uns zur Wehr setzen konnten. In dieser äußersten Not rettete uns nur Peters' behende und entschlossene Art vor dem Verderben. Er sprang der Riesenbestie auf den Rücken und stieß ihr die Klinge eines Messers unterhalb des Nackens in den Rücken, wobei das Rückenmark getroffen wurde. Die Bestie stürzte kraftlos und ohne Widerstand ins Meer und riß Peters dabei mit. Peters faßte sich jedoch rasch wieder, und als wir ihm ein Tau zuwarfen, schlang er es um den Kadaver und kletterte dann erst ins Boot. Mit unserer Trophäe im Schlepptau kehrten wir im Triumph zum Schoner zurück. Der Bär maß in seiner vollen Länge fünfzehn Fuß. Sein Fell war schneeweiß, sehr rauh und dichtgelockt. Die Augen waren blutrot und größer als die des arktischen Bären; auch die Schnauze war runder und erinnerte an die der Bulldogge. Das Fleisch war zart, schmeckte aber stark ranzig und nach Fisch; trotzdem schlangen die Männer es gierig hinunter und fanden es ausgezeichnet.

Kaum hatten wir unsere Beute an Bord, als der Mann im Mastkorb den freudigen Ruf ausstieß: *»Land Steuerbord vor-*

aus!« Alle Hände regten sich eifrig, und da eine günstige Brise aus Nordost aufkam, waren wir bald dicht an der Küste. Es war ein flaches, felsiges Eiland von etwa einer Meile Umfang, das außer einer Art Feigendistel keinerlei Pflanzenwuchs aufwies. Wenn man sich dem Eiland von Norden her nähert, bemerkt man ein seltsames Felsenriff, das ins Meer vorspringt und an verschnürte Baumwollballen erinnert. Westlich von diesem Felsenriff liegt eine kleine Bucht, in der unsere Boote gut landen konnten.

Sehr bald hatten wir das gesamte Eiland durchforscht, fanden aber, von einer Ausnahme abgesehen, nichts Bemerkenswertes. An der Südspitze, nahe der Küste, entdeckten wir ein Stück Holz, das halb versteckt in einem Steinhaufen lag und wohl einstmals der Bug eines Kanus gewesen war. Es wies deutliche Spuren von Schnitzversuchen auf, und Kapitän Guy wollte daraus die Gestalt einer Schildkröte erkennen, mir aber schien die Ähnlichkeit gering. Außer dem Bug – falls es einer war – fanden wir keinen Anhaltspunkt dafür, daß irgendein Lebewesen jemals zuvor hier gewesen war. Rund um die Küste sahen wir gelegentlich kleine Eisschollen, aber es waren recht wenige. Die kleine Insel, der Kapitän Guy zu Ehren seines Schiffsmiteigentümers den Namen »Bennets-Insel« gab, lag auf 82° 50' s. Br. und 42° 20' w. L.

Wir waren jetzt schon um acht Grad weiter nach Süden vorgedrungen als alle Seefahrer vor uns, und noch immer lag das Meer weithin offen vor uns. Die magnetische Deklination nahm außerdem gleichmäßig ab, je weiter wir vorrückten, und die Luft- und Wassertemperaturen wurden, was noch überraschender war, immer milder. Das Wetter war beinahe angenehm zu nennen, eine sehr sanfte Brise wehte ständig irgendwo von Norden her. Der Himmel war zumeist klar, nur dann und wann bildete sich am südlichen Horizont leichter Dunst, was aber stets nur kurz währte. Zwei Schwierigkeiten allerdings erhoben sich vor uns – unser Brennmaterial ging zu Ende, und bei mehreren Männern der Besatzung zeigten sich Anzeichen von Skorbut. Diese Umstände ließen Kapitän Guy die Rückkehr als geboten erscheinen, und er sprach oft davon. Ich war allerdings der festen Meinung, unser Kurs müsse uns zu irgendeinem Land führen, wo wir wahrscheinlich fruchtbareren Boden als in den hohen arktischen Breiten finden würden, und suchte ihn daher mit eindringlichen Worten von der Notwendigkeit zu überzeugen, die Fahrt fortzusetzen und wenigstens noch ein paar Tage in der eingeschlagenen Richtung weiterzusegeln. Eine so verlockende Gelegenheit, das große Rätsel der Existenz eines antarktischen Festlands zu lösen, war noch nie einem Menschen geboten worden, und ich muß gestehen, ich war über die ängstlichen Überlegungen des Kapitäns, die er zur Unzeit anstellte, zutiefst empört. Ich glaube wirklich, daß die Vorhaltungen, mit denen ich nicht sparte, ihn zur Weiterfahrt bewogen. Wenn mein Ratschlag auch bedauerlicherweise zu höchst verhängnisvollen und blutigen Ereignissen führte, so möge mir doch einige Befriedigung darüber gestattet sein, daß ich, allerdings auf bescheidene Weise, dazu beigetragen habe, dem Auge der Wissenschaft eines der erregendsten Geheimnisse zu enthüllen, das jemals ihre Aufmerksamkeit auf sich gezogen hat.

18

18. Januar: Heute morgen* steuerten wir bei demselben freundlichen Wetter wie bisher weiter südwärts. Die See war

* Die Begriffe »Morgen« und »Abend«, die ich in meiner Erzählung der Klarheit wegen anwende, sind nicht im herkömmlichen Sinne zu verstehen. Seit langem schon kannten wir keine eigentliche Nacht mehr, da wir ununter-

ganz glatt bei einer Temperatur von 53° mit leidlich warmen Luftströmungen aus Nordost. Abermaliges Loten zeigte uns bei hundertfünfzig Faden Leine eine Polströmung von einer Meile je Stunde an. Diese stetige Südrichtung von Wind und Wasser gab zu mancherlei Erörterungen Anlaß, ja, versetzte einige unserer Männer sogar in Unruhe; es blieb mir nicht verborgen, daß auch Kapitän Guy sich davon stark beeinflussen ließ. Da er aber gegen Spott außerordentlich empfindlich war, gelang es mir schließlich, seine Bedenken zu verlachen. Die Deklination war nur noch geringfügig. Tagsüber begegneten wir etlichen großen echten Walen, und unzählige Scharen von Albatrossen überflogen unser Schiff. Wir fischten auch einen Busch mit vielen roten Beeren auf, die Hagebutten ähnelten, und den Kadaver eines seltsamen Landtieres. Es war drei Fuß lang und nur sechs Zoll hoch und hatte vier sehr kurze Beine. Die Pfoten waren mit langen Krallen bewehrt, die von leuchtendem Scharlachrot waren und in ihrer Substanz Korallen ähnelten. Der Körper war von schneeweißem, glattem, seidigem Haar bedeckt, der etwa anderthalb Fuß lange Schwanz so spitz wie der einer Ratte. Sein Kopf erinnerte an einen Katzenkopf, die Ohren allerdings hingen wie beim Hund herunter. Die *Zähne* waren vom gleichen leuchtenden Scharlachrot wie die Klauen.

19. Januar: Heute, bei 83° 20' s. Br. und 43° 5' w. L. – das Meer war auffallend dunkel gefärbt –, sichteten wir vom

brochen Tageslicht hatten. Die Zeitangaben entsprechen durchweg der nautischen Zeiteinteilung, und die Peilungen wurden nach dem Kompaß bestimmt. Auch möchte ich hier noch bemerken, daß ich im ersten Teil meiner Erzählung keinen Anspruch auf absolute Genauigkeit bei den Angaben der Daten und der Längen- und Breitengrade erheben kann, da ich mein Tagebuch zu jener Zeit, über die ich im ersten Teil meiner Erzählung berichte, nicht regelmäßig geführt habe und mich in vielen Fällen allein auf mein Gedächtnis verlassen mußte.

Mastkorb aus wiederum Land; bei näherer Untersuchung stellte es sich als eine Insel heraus, die zu einer Gruppe großer Inseln gehörte. Die Küste der Insel war steil, das Innere schien, zu unserer großen Freude, reich bewaldet zu sein. Etwa vier Stunden nach unserer Entdeckung gingen wir bei zehn Faden Tiefe in sandigem Grund vor Anker, eine Meile von der Küste entfernt, da eine hohe Brandung mit starker kabbliger See eine weitere Annäherung zu gewagt erscheinen ließ. Die beiden größten Boote wurden herabgelassen, und eine wohlbewaffnete Abteilung, zu der auch Peters und ich gehörten, machte sich auf, um eine Öffnung im Riff auszukundschaften, das die Insel zu umgeben schien. Nach einigem Suchen entdeckten wir eine Einfahrt, in die wir gerade hineinsteuern wollten, als wir vier große Kanus vom Ufer abstoßen sahen, die mit offenbar schwerbewaffneten Männern besetzt waren. Wir ließen sie herankommen, und da sie sich recht schnell bewegten, waren sie bald in Rufweite. Kapitän Guy band ein weißes Taschentuch ans Ruderblatt und hielt es hoch, worauf die Fremden sogleich haltmachten und ein lautes Geplapper begannen, das von gelegentlichen Rufen unterbrochen wurde, von denen wir die Worte »Anamu-mu!« und »Lama-Lama!« verstanden. Das ging ungefähr eine halbe Stunde lang, wobei wir reichlich Gelegenheit hatten, ihr Äußeres zu betrachten.

In den vier Kanus, die fünfzig Fuß lang und fünf Fuß breit sein mochten, befanden sich insgesamt hundertundzehn Wilde. Sie hatten die Durchschnittsgröße der Europäer, nur waren sie muskulöser und stämmiger. Sie waren pechschwarz und hatten starkes, wolliges Haar. Bekleidet waren sie mit dem seidigen, langhaarigen Fell eines uns unbekannten schwarzen Tieres. Diese Felle verwendeten sie ganz geschickt, indem sie sie nach innen kehrten und nur am Hals und an den Hand- und Fußgelenken nach außen wendeten.

Ihre Waffen bestanden hauptsächlich aus schwarzen und offenbar sehr schweren Holzkeulen, einige hatten auch Speere mit Spitzen aus Feuerstein und andere sogar Schleudern. Die Kanuböden waren mit schwarzen eigroßen Steinen gefüllt.

Als sie ihre temperamentvolle Ansprache – dafür hielten sie ihr Geplapper offenbar – beendet hatten, erhob sich einer, den wir für den Häuptling hielten, im Bug seines Kanus und gab uns Zeichen, unsere Boote neben sein Kanu zu rudern. Wir taten, als verstünden wir seinen Wink nicht; denn wir hielten es für klüger, möglichst auf Distanz zu bleiben, da sie in der vierfachen Überzahl waren. Daraufhin befahl der Häuptling drei Kanus, zurückzubleiben, während er mit dem seinen auf uns zuhielt. Kaum war er bei uns, als er in unser größtes Boot sprang und sich neben Kapitän Guy setzte; dabei zeigte er nach unserem Schoner und rief immerzu: »Anamu-mu!« und »Lama-Lama!« Wir ruderten nun zu unserm Schiff zurück, die vier Kanus folgten in einigem Abstand.

Als wir beim Schoner anlangten, äußerte der Häuptling seine freudige Überraschung, indem er in die Hände klatschte, sich auf Brust und Schenkel schlug und schallend lachte. Seine Leute stimmten in seinen Jubel ein, und einige Minuten herrschte betäubender Lärm. Als endlich wieder Ruhe eintrat, befahl unser Kapitän, die Boote vorsichtshalber aufzuwinden, und gab dem Häuptling, dessen Name Tuwit war, zu verstehen, wir könnten nicht mehr als zwanzig seiner Leute auf einmal an Bord lassen. Hiermit war der Häuptling durchaus zufrieden und erteilte den Kanus einige Anweisungen, worauf eines herankam, während die andern in einer Entfernung von etwa fünfzig Yard blieben. Zwanzig Wilde kamen nun an Bord, schwärmten überall an Deck herum, kletterten in die Takelage, untersuchten neugierig jeden Gegenstand und schienen sich wie zu Hause zu fühlen.

Offenbar hatten sie nie zuvor Angehörige der weißen Rasse gesehen, deren Hautfarbe sie abzuschrecken schien. Die »Jane« hielten sie für ein Lebewesen und mochten wohl fürchten, das Schiff mit ihren Speerspitzen zu verletzen, denn sie kehrten sie sorgsam nach oben. In einem Fall amüsierten sich unsere Leute köstlich über Tuwits Verhalten. Der Koch hackte gerade an der Kombüse Holz und traf mit der Axt versehentlich das Deck, so daß ein recht tiefer Riß entstand. Sogleich eilte der Häuptling herzu, stieß den Koch rücksichtslos beiseite und brachte halb winselnd, halb weinend sein Mitgefühl für die vermeintlichen Leiden des Schoners zum Ausdruck. Dabei streichelte und glättete er den Riß mit der Hand und wusch ihn mit Seewasser aus einem danebenstehenden Eimer. Auf so viel Einfalt waren wir nicht gefaßt gewesen, ich für mein Teil allerdings hielt manches für Theater.

Als die Besucher ihre Neugier oben einigermaßen gestillt hatten, durften sie nach unten gehen, wo ihre Verwunderung keine Grenzen kannte. Das Erstaunen schien ihnen die Sprache zu verschlagen, denn sie wanderten stumm umher und stießen nur dann und wann leise Rufe aus. Die Waffen, die sie anfassen und in aller Ruhe untersuchen durften, gaben ihnen reichlich zu denken. Ich glaube, sie hatten nicht die geringste Vorstellung von ihrem eigentlichen Zweck, sondern hielten sie eher für Götzenbilder, da sie merkten, wie sorgsam wir sie behandelten und wie aufmerksam wir die Wilden beobachteten, wenn sie die Waffen in die Hand nahmen. Beim Anblick der großen Kanonen wuchs ihr Staunen noch. Sie näherten sich ihnen mit Zeichen tiefster Ehrerbietung und Scheu, wagten aber nicht, sie genauer zu untersuchen. Den Höhepunkt aber bildeten die beiden großen Spiegel in der Kajüte. Tuwit trat als erster heran und stand in der Mitte des Raums, das Gesicht dem einen, den Rükken dem andern Spiegel zugewandt, ehe er sie richtig gewahrte. Als er die Augen hob und sein Spiegelbild erblickte, schien er den Verstand zu verlieren. Er machte rasch kehrt und wollte weglaufen, als er sich auf der andern Seite erblickte. Ich fürchtete, er werde auf der Stelle seinen Geist aushauchen. Nichts konnte ihn dazu bewegen, noch einen Blick zu riskieren. Er warf sich zu Boden, vergrub sein Gesicht in den Händen und verharrte in dieser Lage, bis wir ihn auf Deck schleppten. In Gruppen von je zwanzig ließen wir alle Wilden nacheinander an Bord, während Tuwit die ganze Zeit über dableiben durfte. Diebstahl schien ihnen fremd zu sein, denn wir vermißten nicht einen einzigen Gegenstand, als sie gegangen waren. Während ihres Besuches zeigten sie sich von der freundlichsten Seite. Zuweilen erschien uns ihr Verhalten allerdings sonderbar. So konnten wir sie zum Beispiel nicht dazu bewegen, sich bestimmten, völlig harmlosen Gegenständen zu nähern, wie den Segeln unseres Schoners, einem Ei, einem offenen Buch oder einer Pfanne mit Mehl. Wir wollten gern herausbekommen, ob es bei ihnen Dinge im Tauschhandel gab, aber es war recht schwierig, sich ihnen verständlich zu machen. Doch schließlich erfuhren wir zu unserer Überraschung, daß die Inseln von großen Galapagos-Schildkröten geradezu wimmelten, von denen wir eine in Tuwits Kanu sahen. Wir entdeckten in den Händen eines Wilden auch biches-de-mer, die er gierig roh verzehrte. Biches-de-mer mußten in diesen Breiten als ausgesprochene Abnormität gelten, und das erweckte in Kapitän Guy den Wunsch, das Land gründlich zu erforschen, denn er hoffte, aus seiner Entdeckung ein lohnendes Geschäft zu machen. So gern ich mehr über diese Inseln erfahren hätte, so war ich doch viel mehr daran interessiert, die Reise nach Süden unverzüglich fortzusetzen. Wir hatten jetzt prachtvolles Wetter, aber es war nicht vorauszusehen, wie lange es anhalten würde. Wir waren schon bis zum 84. Breitengrad vorgedrungen, vor uns lag die offene See, eine kräftige Strömung zog geh Süden, der Wind war günstig – wie hätte ich da geduldig den Vorschlag anhören können, länger hier zu verweilen, als es die Gesundheit der Besatzung und die Versorgung mit Brennmaterial und frischen Nahrungsmitteln erforderte? Ich schlug dem Kapitän vor, die Inselgruppe bei der Rückfahrt nochmals anzulaufen und hier zu überwintern, falls das Eis uns behindern sollte. Endlich schloß er sich meiner Meinung an – ich hatte, mir selbst kaum bewußt, viel Einfluß über ihn erlangt –, und es wurde bestimmt, daß wir nur eine Woche zur Erholung hier blieben, auch wenn wir biches-de-mer entdecken sollten, und dann nach Süden vordrangen, soweit das möglich war. So trafen wir alle nötigen Vorkehrungen und brachten unter Tuwits Führung unsern Schoner sicher durch das Riff in eine treffliche, völlig von Land umgebene Bucht an der Südostküste der Hauptinsel, etwa eine Meile vom Strand entfernt. Bei zehn Faden Tiefe konnten wir in schwarzem Sandboden bequem vor Anker gehen. Wie man uns erzählte, gab es an der Spitze der Bucht drei Quellen mit köstlichem Trinkwasser, auch sahen wir viel Wald in der Gegend. Die vier Kanus folgten uns in achtungsvoller Entfernung. Tuwit blieb bei uns, und als der Anker fiel, lud er uns ein, ihn an Land zu begleiten und seinem Dorf im Innern der Insel einen Besuch abzustatten. Unser Kapitän willigte ein und behielt zehn Eingeborene als Geiseln an Bord, während ein Teil von uns, insgesamt zwölf, den Häuptling begleiten sollte. Wir bewaffneten uns gut, ohne indessen Mißtrauen zu zeigen. Der Schoner hatte die Geschütze ausgefahren, die Enternetze hochgezogen und jede Vorkehrung gegen einen Überraschungsangriff getroffen. Der Obermaat erhielt Anweisung, in unserer Abwesenheit niemand an Bord zu lassen, und für den Fall, daß wir länger als zwölf Stunden ausblieben, den Kutter mit der Drehbasse rings um die Insel nach uns suchen zu lassen.

Jeder Schritt, den wir ins Landinnere taten, machte uns deutlich bewußt, daß wir uns in einer Gegend befanden, die keiner der bisher von zivilisierten Menschen entdeckten glich. Wir sahen nichts, was uns von früher her vertraut gewesen wäre. Die Bäume glichen keinem Gewächs der heißen, der gemäßigten oder der kalten Zonen des Nordens und waren auch denen der niedrigeren südlichen Breiten, die wir bereits durchschifft hatten, ganz unähnlich. Sogar die Felsen waren in ihrer Gesteinsmasse, ihrer Farbe und Schichtung anders, auch die Flüsse – mag es noch so unglaublich klingen – hatten so wenig gemeinsam mit denen anderer Klimazonen, daß wir nicht wagten, ihr Wasser zu kosten, und es uns schwerfiel, ihre Eigenarten als bloße Naturschöpfung gelten zu lassen. An einem kleinen Bach, der unsern Weg kreuzte, dem ersten, dem wir begegneten, machten Tuwit und seine Leute halt, um zu trinken. Wir wollten das Wasser aber nicht kosten, weil es so eigenartig aussah, daß wir es für verunreinigt hielten; erst nach einiger Zeit kamen wir dahinter, daß alle Wasserläufe der Inselgruppe so aussahen. Ich bin außerstande, die Art dieser Flüssigkeit richtig zu beschreiben, schon gar nicht in kurzen Worten. Wenn sie auch wie normales Wasser bei jedem Gefälle rascher floß, wurde sie doch nur dann klar, wenn sie als Wasserfall niederstürzte. Nichtsdestoweniger war dieses Wasser so durchsichtig wie das der Kalksteinschichten, nur sah es eben anders aus. Auf den ersten Blick und besonders bei geringem Gefälle erinnerte es in seiner Zusammensetzung an eine dicke Lösung von Gummi arabicum in normalem Wasser. Aber das war die geringste seiner außergewöhnlichen Eigenschaften. Es war *nicht* farblos, aber es besaß auch keine einheitliche Farbe, sondern bot dem Auge im Dahinfließen, den Farbtönen schillernder Seide vergleichbar, jede erdenkliche Purpurschattierung. Dieser Wechsel der Farbwerte ging in einer Weise vor sich, die uns ebenso in Erstaunen setzte wie Tuwit der Spiegel. Wir füllten ein Gefäß mit Wasser, warteten, bis es sich völlig gesetzt hatte, und entdeckten nun in der Flüssigkeit eine Anzahl verschiedener Adern, jede anders getönt. Diese Adern verbanden sich nicht; der Zusammenhang der einzelnen Teilchen war zwar vollkommen, doch hingen sie mit den Nachbaradern überhaupt nicht zusammen. Zog man eine Messerklinge quer durch die Adern, so schloß sich das Wasser wie bei uns sofort über der Klinge, und wenn man das Messer herauszog, hinterließ es keine Spuren. Wurde jedoch der Schnitt genau zwischen zwei Adern gemacht, so entstand eine Trennung, die durch die Kohäsion keineswegs sofort geschlossen wurde. Das Phänomen dieses Wassers war das erste bestimmte Glied einer endlosen Kette offenbarer Wunder, die mich schließlich umschlingen sollte.

19

Wir brauchten fast drei Stunden, ehe wir das Dorf erreichten. Der Weg ins Innere war mehr als neun Meilen lang und führte durch hügeliges Gelände. Während wir so dahinzogen, erhielt Tuwits Gefolge – die hundertundzehn Eingeborenen von den Kanus – fortgesetzt Verstärkung durch kleinere Gruppen von zwei bis sechs oder sieben Mann, die sich an verschiedenen Stellen des Pfades scheinbar zufällig zu uns gesellten. Darin schien so viel System zu liegen, daß ich mich des Mißtrauens nicht erwehren konnte und Kapitän Guy meine Besorgnisse mitteilte. Doch zur Umkehr war es jetzt zu spät, und wir hielten es für den besten Schutz, so zu tun, als vertrauten wir fest auf Tuwits Redlichkeit. Wir zogen also weiter, verfolgten aber die Bewegungen der Wilden aufmerksam und duldeten nicht, daß sie uns trennten, indem sie sich zwischen uns schoben. Endlich gelangten wir durch eine steile Schlucht zu einem Dorf, das, wie es hieß, das einzige auf der Insel war. Als es in Sicht kam, stieß Tuwit einen Schrei aus und wiederholte mehrmals das Wort »Klock-klock«, das wohl der Name des Dorfes oder die allgemeine Bezeichnung für Dorf war.

Die unbeschreiblich elenden Behausungen waren nach keinem einheitlichen Plan angelegt, wie man das sonst sogar bei den uns bekannten niedersten Rassen findet. Einige, die den Mächtigen der Insel, den Wampus oder Yampus, gehörten, bestanden lediglich aus einem etwa vier Fuß über der Wurzel gefällten Baum, über den man ein großes schwarzes Fell geworfen hatte, das in losen Falten bis zum Boden herabhing. Unter diesen Fellen hockten die Eingeborenen. Auch sah man unbehauene Baumäste mit verwelktem Laub, die in einem Winkel von 45° gegen unförmige, fünf bis sechs Fuß hohe Lehmwälle gelehnt waren. Wieder andere Unterkünfte bestanden aus senkrecht in die Erde gegrabenen und mit ähnlichen Zweigen bedeckten Löchern, beim Einsteigen nahm der Bewohner nur die Zweige weg und zog sie dann wieder darüber. Einige Behausungen befanden sich in den Astgabelungen aufrechter Bäume, deren obere Äste geknickt waren, so daß sie über die unteren herabhingen und Schutz gegen Unwetter boten. Am häufigsten aber waren niedrige, kleine Höhlen, die man in den jäh abstürzenden Grat eines dunklen Gesteins gegraben hatte, das wie Walkerde aussah und das Dorf von drei Seiten umgab. An der Tür einer jeden solchen primitiven Höhle lag ein kleiner Stein, den der Bewohner beim Verlassen seiner Bleibe sorgfältig vor den Eingang schob. Warum das geschah, blieb mir unklar; denn der Stein verschloß höchstens ein Drittel der Öffnung.

Dieses Dorf, wenn es die Bezeichnung verdient, lag in einem ziemlich tiefen Tal und war nur von Süden zugänglich; jeden Zutritt von anderer Seite verwehrten die bereits erwähnten Steilwände. Mitten durch das Tal floß ein rauschender Bach von demselben schon beschriebenen seltsamen Wasser. In der Nähe der Behausungen sahen wir ein paar sonderbare Tiere, die offenbar zahme Haustiere waren. Das größte hatte den Körperbau und den Rüssel unseres Schweins, der Schwanz aber war buschig und die Läufe so schlank wie die der Antilope. Es bewegte sich sehr plump und unbeholfen, rennen sahen wir es nie. Wir entdeckten noch einige ähnliche Tiere, die aber einen längeren Körper und ein schwarzes Wollfell hatten. Eine Menge zahmes Federvieh trieb sich herum, das wohl die Hauptnahrung der Eingeborenen bildete. Wir waren nicht wenig erstaunt, als wir unter diesen Vögeln schwarze Albatrosse sahen, die völlig zahm waren. Von Zeit zu Zeit flogen sie zur Futtersuche aufs Meer hinaus, kehrten aber stets ins Dorf als in ihre Heimat zurück. Die nahe gelegene Südküste diente ihnen als Brutplatz. Dort gesellten sich ihnen wie üblich ihre Freunde, die Pinguine, zu, die ihnen jedoch nie zu den Behausungen der Eingeborenen folgten. An zahmem Geflügel gab es außerdem Enten, die sich wenig von den Kanevas-Enten unserer Breiten unterschieden, schwarze Tölpel und einen großen, dem Bussard ähnlichen Vogel, der aber nicht zu den Fleischfressern gehörte. Fische schien es in Hülle und Fülle zu geben. Während unseres Aufenthalts sahen wir viel getrockneten Lachs, Klippfische, blaue Delphine, Makrelen, Grindwale, Rochen, gemeine Meeraale, Seekatzen, Meerbarben, Seezungen, Papageifische, Schweinsfische, Knurrhähne, Hechtdorsche, Flundern, Parakutas und unzählige andere. Es fiel uns auf, daß die meisten Fische denen in den Gewässern der Aucklandinseln auf dem 51.° s. Br. glichen. Auch die Galapagos-Schildkröten waren zahlreich vertreten. Wir fanden nur wenig wilde Tiere, große überhaupt nicht, auch keines einer uns bekannten Art. Ein oder zwei widerlich aussehende Schlangen kreuzten unsern Weg, aber die Eingeborenen beachteten sie kaum, also schienen sie nicht giftig zu sein.

Als wir uns mit Tuwit und seinen Leuten dem Dorf näherten, kam das Volk in Scharen angelaufen und begrüßte uns mit lauten Rufen, aus denen wir das ewige »Anamu-mu!« und »Lama-Lama!« heraushörten. Zu unserer großen Überraschung waren die Neuankömmlinge bis auf ein oder zwei völlig nackt. Nur die Kanuleute trugen Felle, und in deren Besitz schienen sich auch alle Waffen zu befinden, denn die Dorfbewohner trugen keine bei sich. Wir sahen viele Kinder und Frauen, und die Weiber konnte man durchaus nicht häßlich nennen. Sie waren geradegewachsen, groß und wohlgebaut, von einer Anmut und Ungezwungenheit, wie man sie bei zivilisierten Völkern nicht findet. Nur ihre Lippen waren wie bei den Männern dick und plump, so daß die Zähne auch beim Lachen nicht entblößt wurden. Ihr Haar war feiner als das der Männer. Unter den nackten Dorfbewohnern waren etwa zehn oder zwölf wie Tuwits Leute in schwarze Felle gekleidet und mit Speeren und schweren Keulen bewaffnet. Sie wurden mit »Wampu« angeredet und besaßen offenbar großen Einfluß auf die andern. Sie waren auch die Bewohner der mit schwarzen Fellen verhängten Paläste. Tuwits Wohnsitz befand sich in der Mitte des Ortes und war viel größer und etwas stabiler als die übrigen. Den Baum, der als Stütze diente, hatte man etwa zwölf Fuß über der Wurzel abgehauen und am Stamm einige Äste belassen, auf denen die Felle ausgebreitet wurden, so daß sie nicht schlaff herunterhingen. Die Bedachung bildeten vier riesige Tierhäute, die mit Holzspießen verbunden und am Boden von Pflöcken festgehalten wurden. Eine Schicht trockener Blätter bedeckte den Boden wie ein Teppich.

Mit großer Feierlichkeit wurden wir zu dieser Hütte geleitet, in die sich nach uns soviel Eingeborene wie möglich hineindrängten. Der Häuptling ließ sich auf den Blättern nieder und bedeutete uns, seinem Beispiel zu folgen. Dies taten wir und befanden uns damit in einer ausgesprochen ungemütlichen, um nicht zu sagen bedenklichen, Lage. Wir saßen nämlich alle zwölf auf dem Boden, während etwa vierzig Wilde so dicht um uns hockten, daß wir bei einem Überfall keinen Gebrauch von unsern Waffen hätten machen, ja uns nicht einmal hätten erheben können. Aber nicht nur im Zelt herrschte dieses Gedränge, sondern auch davor, wo sich wahrscheinlich sämtliche Eingeborenen der Insel versammelt hatten. Nur die unentwegten Bemühungen und das Brüllen Tuwits bewahrten uns davor, von der Menge totgetrampelt zu werden. Seine Gegenwart war immerhin unser bester Schutz. Wir beschlossen also, ihm nicht von der Seite zu weichen, was der beste Ausweg aus dieser Klemme war, und ihn bei den ersten Feindseligkeiten umzubringen.

Als schließlich die Ruhe einigermaßen hergestellt war, hielt der Häuptling eine lange Ansprache, die sehr an seine Kanurede erinnerte, nur daß jetzt die »Anamu-mus« weit nachdrücklicher betont wurden als die »Lama-Lamas«. Wir lauschten schweigend, bis er seine Ansprache beendet hatte, worauf Kapitän Guy eine Gegenrede hielt und Tuwit seiner ewigen Freundschaft und seines Wohlwollens versicherte. Er bekräftigte seine Worte, indem er mehrere blaue Perlenketten und ein Messer als Geschenke überreichte. Zu unserer Überraschung rümpfte der Herrscher über die Ketten verächtlich die Nase, aber das Messer freute ihn sehr, und er ließ sogleich das Mahl auftragen. Es wurde über die Köpfe des Gefolges hinweg ins Zelt gereicht und bestand aus den noch zuckenden Eingeweiden eines uns unbekannten Tieres, wahrscheinlich eines jener dünnbeinigen Schweine, die wir auf unserm Weg zum Dorf gesehen hatten. Als Tuwit uns zögern sah, ging er mit gutem Beispiel voran und schlang die verlockende Speise ellenweise hinunter, bis wir es nicht länger mit ansehen konnten und unsere Mägen so unverhohlen rebellierten, daß Seine Majestät nun wiederum ähnlich verblüfft war wie über die Spiegel. Wir lehnten die Leckerbissen höflich ab und suchten ihm begreiflich zu machen, wir wären gar nicht hungrig, da wir eben erst ein herzhaftes Frühstück eingenommen hätten. Als der Herrscher seine Mahlzeit beendet hatte, begannen wir ihn auf jede erdenkliche Weise auszufragen, um etwas über die wichtigsten Güter des Landes zu erfahren und ob sich mit einigen davon ein Geschäft machen ließe. Endlich schien er unsere Fragen zu begreifen und erbot sich, uns zur Küste zu begleiten, wo es nach seiner Behauptung *biches-de-mer* in Hülle und Fülle gab; bei diesen Worten zeigte er auf eins dieser Tiere. Wir waren froh, so schnell aus dem Menschengedränge herauszukommen, und gaben zu verstehen, daß wir gleich losgehen wollten. Wir verließen das Zelt und folgten, vom ganzen Dorf begleitet, dem Häuptling zur Südostspitze der Insel, unweit der Bucht, wo unser Schiff vor Anker lag. Hier warteten wir fast eine Stunde, bis einige Eingeborene die vier Kanus um die Insel herum zu uns brachten. Unsere gesamte Abordnung bestieg ein Kanu, und die Eingeborenen ruderten uns an dem bereits erwähnten Riff entlang zu einem zweiten, weiter entfernten. Dort fanden wir viel mehr biches-de-mer, als sie der älteste Seemann unter uns innerhalb der niederen Breitengrade, die durch diesen Handelsartikel berühmt sind, je gesehen hatte. Als wir uns überzeugt hatten, daß wir, wenn wir es wollten, ohne weiteres ein Dutzend Schiffe mit den Tieren füllen konnten, verweilten wir nicht länger, sondern ließen uns zum Schoner zurückrudern. Tuwit versprach, uns binnen der nächsten vierundzwanzig Stunden so viel Kanevas-Enten und Galapagos-Schildkröten zu bringen, wie seine Kanus faßten. Das Benehmen der Eingeborenen im Verlaufe dieses Abenteuers war nicht dazu angetan, Verdacht zu wekken, abgesehen von der planmäßigen Verstärkung ihrer Truppe auf dem Weg vom Schoner zum Dorf.

20

Der Häuptling hielt Wort, bald waren wir reichlich mit frischen Lebensmitteln versehen. Die Schildkröten standen den uns bekannten keineswegs nach, und die Enten übertrafen unser bestes Wildgeflügel an Zartheit, Saft und Wohlgeschmack. Außerdem brachten uns die Eingeborenen, denen wir unsere Wünsche begreiflich gemacht hatten, noch viel braunen Sellerie und Löffelkraut, dazu eine ganze Kanuladung frischer Fische und einige getrocknete. Der Sellerie war ein wirklicher Hochgenuß, und das Löffelkraut erwies sich als von unschätzbarem Nutzen, weil es diejenigen unserer Männer wieder auf die Beine brachte, bei denen sich Krankheitssymptome gezeigt hatten. Nach ganz kurzer Zeit stand kein einziger mehr auf der Krankenliste. Auch sonst bekamen wir alle möglichen frischen Lebensmittel, unter anderem eine Art Schaltier, das der Miesmuschel ähnelte, aber wie Auster schmeckte, ferner Krabben und Garnelen im Überfluß sowie dunkelschalige Albatros- und andere Vogeleier. Auch nahmen wir einen großen Fleischvorrat von der früher beschriebenen Schweineart an Bord. Der Mehrzahl unserer Besatzung mundete es, aber ich fand es tranig und unappetitlich. Unsere Gegengaben an die Eingeborenen bestanden aus blauen Glasperlen, Messingschmuck, Nägeln, Messern und rotem Tuch, und sie freuten sich sehr über den Tausch. Wir hielten regelrecht Markt an Land, direkt unter den Kanonen des Schoners, wo sich unser Tauschhandel mit allen Zeichen guter Absicht und so geordnet vollzog, wie wir es nach unsern Erfahrungen im Dorfe Klock-klock von den Eingeborenen nicht erwartet hätten.

So lebten wir mehrere Tage recht friedlich. Gruppen von Eingeborenen kamen häufig an Bord, und unsere Leute gingen in Gruppen an Land, um ausgedehnte Ausflüge ins Innere der Insel zu machen, ohne im geringsten belästigt zu werden. Als Kapitän Guy sah, wie leicht das Schiff mit biches-de-mer zu füllen war – die Inselbewohner waren uns freundlich gesinnt und halfen mit großer Bereitwilligkeit beim Sammeln –, beschloß er, mit Tuwit über den Bau entsprechender Häuser zum Dörren der biches-de-mer zu verhandeln. Tuwit und seine Stammesgenossen sollten soviel wie möglich sammeln, während der Kapitän das schöne Wetter nutzen und die Fahrt nach Süden fortsetzen wollte. Als er dem Häuptling diesen Plan unterbreitete, schien Tuwit ihn sehr bereitwillig zu akzeptieren. So wurde eine beide Teile völlig zufriedenstellende Vereinbarung getroffen, die besagte, daß nach den notwendigen Vorarbeiten, wie Abstecken des geeigneten Geländes, Errichtung einiger Gebäude und dergleichen mehr, wozu es unserer ganzen Mannschaft bedurfte, der Schoner seine Fahrt fortsetzen und nur drei unserer Leute auf der Insel zurücklassen sollte, um die Fertigstellung des Projekts zu überwachen und die Eingeborenen beim Trocknen der biches-de-mer anzuleiten. Die Entlohnung der Eingeborenen sollte sich nach ihrer Leistung während unserer Abwesenheit richten. Sie sollten nach unserer Rückkehr eine bestimmte Anzahl von blauen Perlen, Messern, rotem Tuch und anderen Waren im Austausch für soundsoviel Piculs biches-de-mer erhalten.

Die Beschreibung dieses wichtigen Handelsartikels und die Art der Zubereitung dürfte für meine Leser von einigem Interesse sein, und ich weiß keine bessere Gelegenheit, als an dieser Stelle darüber einiges zu sagen. Die folgende umfassende Darstellung ist einem modernen Reisebericht aus der Südsee entnommen:

»Es handelt sich um jene Molluske aus dem Indischen Ozean, die im Handel unter dem französischen Namen biches-de-mer bekannt ist, was etwa bedeutet ›ein leckerer Bissen aus dem Meer‹. Wenn ich mich nicht irre, nennt der berühmte Cuvier das Tier *gasteropeda pulmonifera.* Es wird in großen Mengen an den Küsten der pazifischen Inseln, vorwiegend für den chinesischen Markt, gesammelt, wo die Molluske wohl ebensohoch im Kurs steht wie die vielgepriesenen delikaten Vogelnester, die wahrscheinlich aus einer gallertartigen Masse bestehen, die gewisse Schwalben dem Körper jener Mollusken entziehen. Die Tiere besitzen weder eine Schale noch Beine, noch irgendeinen ausgeprägten Körperteil, sondern bestehen nur aus einem *Aufnahme-* und einem *Ausscheidungsorgan,* die einander gegenüberliegen. Mittels ihrer elastischen Ringe kriechen sie wie Raupen oder Würmer in seichten Gewässern, wo sie von einer bestimmten Schwalbenart erspäht werden. Der Vogel schlägt seinen scharfen Schnabel in das Weichtier und entzieht ihm eine klebrige, faserige Substanz, die in trockenem Zustand in die festen Nestwände eingearbeitet werden kann. So erklärt sich der Name *gasteropeda pulmonifera.*

Diese Molluske ist länglich und von unterschiedlicher Größe, die zwischen drei und achtzehn Zoll Länge liegt, doch sah ich auch einige von nicht weniger als zwei Fuß Länge. Sie waren fast kugelig und nur auf der einen, dem Meeresboden aufliegenden Seite leicht abgeflacht. In der Höhe messen sie ein bis acht Zoll. Zu bestimmten Jahreszeiten kriechen sie in seichte Gewässer, wahrscheinlich zum Zwecke der Fortpflanzung, da man sie dann meist paarweise antrifft. Wenn die Sonne am höchsten steht und das Wasser erwärmt, nähern sich die Mollusken dem Strand. Dabei geraten sie oft an so seichte Stellen, daß sie bei Eintritt der Ebbe auf dem Trockenen liegen und der Sonnenhitze ausgesetzt sind. Ihre

Jungen bringen sie indessen nicht im seichten Wasser zur Welt, denn ihr Nachwuchs ist unauffindbar, und die ausgewachsenen Tiere kommen stets aus tiefen Gewässern. Ihre Hauptnahrung sind die Zoophyten jener Gattung, aus denen die Korallen bestehen.

Biches-de-mer werden meist in drei bis vier Fuß tiefem Wasser gefangen, an Land gebracht und an einem Ende etwa ein Zoll tief oder mehr, je nach Größe des Tieres, mit dem Messer aufgeschlitzt. Durch diese Öffnung werden die Eingeweide herausgepreßt, die denen der anderen kleinen Meeresbewohner ähneln. Dann werden die Tiere gewaschen und leicht gekocht, nicht zuviel und nicht zuwenig. Darauf legt man sie vier Stunden in ein Erdloch, kocht sie schließlich nochmals kurz und läßt sie dann am Feuer oder an der Sonne dörren. Die an der Sonne gedörrten erzielen den höchsten Preis. Allerdings braucht ein an der Sonne gedörrtes Picul (133 1/3 Pfund) ebensoviel Zeit zum Trocknen wie dreißig am Feuer gedörrte Piculs. Wenn sie ordnungsgemäß behandelt sind, können sie bedenkenlos zwei bis drei Jahre an einem trockenen Ort aufbewahrt werden, doch sollte aller paar Monate, das heißt viermal im Jahr, nachgesehen werden, ob sie nicht durch Feuchtigkeit verderben.

Die Chinesen halten, wie schon gesagt, biches-de-mer für eine große Kostbarkeit. Sie glauben nämlich, daß diese Speise den Körper auf wundersame Weise stärkt und nährt und den von unmäßiger Wollust erschöpften Organismus neu belebt. Die beste Sorte hat in Kanton den recht hohen Preis von neunzig Dollar je Picul; die zweite Sorte kostet fünfundsiebzig Dollar, die dritte fünfzig Dollar, die vierte dreißig Dollar, die fünfte zwanzig Dollar, die sechste zwölf Dollar, die siebente acht Dollar, die achte vier Dollar. In Manila, Singapur und Batavia bringen kleine Ladungen jedoch oftmals noch mehr Geld ein.«

Als das Abkommen mit Tuwit geschlossen war, brachten wir unverzüglich alles an Land, was zum Roden und Bauen gebraucht wurde. Nahe der Ostküste der Bucht, wo es viel Wald und Wasser gab und von wo es nicht weit war zu den Hauptfangplätzen der biches-de-mer, wurde ein großer, flacher Platz ausgesucht. Dann gingen wir alle munter ans Werk, hatten zur großen Verwunderung der Eingeborenen bald genügend Bäume gefällt und das Balkenwerk für die Häuser in wenigen Tagen so weit zugehauen, daß wir den Rest der Arbeit getrost unseren drei Kameraden überlassen konnten, die auf der Insel zurückblieben. Dazu hatten sich John Carson, Alfred Harris und Peterson, die wohl alle gebürtige Londoner waren, freiwillig gemeldet.

Am Monatsende war alles zur Abfahrt fertig. Wir hatten uns jedoch bereit erklärt, im Dorf einen förmlichen Abschiedsbesuch zu machen, und Tuwit bestand so hartnäckig auf unserm Versprechen, daß wir es nicht für ratsam hielten, ihn zu guter Letzt durch eine Absage zu kränken. Ich glaube, zu diesem Zeitpunkt zweifelte keiner von uns auch nur im geringsten an der Redlichkeit der Eingeborenen. Sie hatten sich allesamt äußerst anständig benommen, uns bereitwillig bei der Arbeit geholfen und ihre Waren häufig ohne Gegenleistung angeboten. Niemals war von ihnen auch nur das geringste entwendet worden, obwohl sie jedes unserer Geschenke mit überschwenglichen Freudenbezeigungen entgegennahmen und damit bekundeten, welch hohen Wert sie unsern Gütern beimaßen. Besonders die Frauen waren in jeder Hinsicht sehr gefällig, und wir hätten die mißtrauischsten Geschöpfe der Welt sein müssen, wenn wir ein Volk, das uns so freundlich entgegenkam, auch nur der leisesten Treulosigkeit hätten verdächtigen wollen. Doch allzubald sollte sich herausstellen, daß ihr scheinbares Wohlwollen nur einem ausgeklügelten Plan zu unserer Vernichtung entsprang und die Inselbewohner, die wir so über die Maßen schätzten, zu den barbarischsten, abgefeimtesten und blutrünstigsten Schurken gehörten, die jemals das Angesicht der Erde befleckten.

Am 1. Februar gingen wir an Land, um dem Dorf unseren Besuch abzustatten. Wenn wir auch nicht den geringsten Verdacht hegten, so ließen wir doch keine Vorsichtsmaßregel außer acht. Sechs Mann blieben an Bord des Schoners mit der Weisung, während unserer Abwesenheit keinen Eingeborenen in die Nähe des Schiffs zu lassen, gleich unter welchem Vorwand, und ständig auf Deck zu bleiben. Die Enternetze waren aufgezogen, die Kanonen mit Kartätschen und Schrot doppelt geladen und die Drehbassen mit Kartätschen aus Musketenkugeln schießbereit. Das Schiff lag eine Meile vom Strand entfernt mit dem Anker vor der Klüse, und kein Kanu konnte sich nähern, ohne sofort entdeckt zu werden und der vollen Ladung unserer Drehbassen gewärtig zu sein.

Ohne die sechs Mann, die an Bord blieben, bestand unser Trupp aus insgesamt zweiunddreißig Personen. Wir waren bis an die Zähne mit Musketen, Pistolen und Hirschfängern bewaffnet, außerdem hatte jeder von uns ein langes Seemannsmesser, dem im Westen und Süden unserer Heimat jetzt so gebräuchlichen Bowiemesser ähnlich. Bei der Landung erwarteten uns hundert Krieger in schwarzen Fellen, um uns auf unserm Weg zu begleiten. Zu unserer Überraschung trugen sie keinerlei Waffen bei sich, und Tuwit bemerkte auf unsere Frage nur: »Matti non wi pa pa si«, was heißen sollte: Wozu Waffen, wenn alle Brüder sind. Das hörten wir gern und marschierten los.

Wir hatten die bereits erwähnte Quelle und den Bach überschritten und betraten eine enge Schlucht, die durch die Kette von Specksteinhügeln führte, in die das Dorf eingebettet lag. Durch diese Schlucht, die sehr felsig und uneben war, hatten wir uns schon beim ersten Besuch des Dorfes Klock-klock ziemlich mühsam hindurchgearbeitet. Der Hohlweg mochte im ganzen anderthalb bis zwei Meilen lang sein. Er schlängelte sich in vielen Windungen zwischen den Bergen hin und änderte alle zwanzig Yard schroff die Richtung. Allem Anschein nach war er früher das Bett eines Gießbachs gewesen. Die Wände dieser Schlucht stiegen ringsum senkrecht bis auf etwa siebzig, achtzig Fuß an, an manchen Stellen jedoch ragten sie in schwindelnde Höhen empor und überschatteten den Pfad, so daß nur mattes Dämmerlicht hinabdrang. Die Schlucht war durchschnittlich etwa vierzig Fuß breit, verengte sich allerdings mitunter so, daß höchstens fünf oder sechs Leute nebeneinander laufen konnten. Kurzum, in der ganzen Welt gab es keinen geeigneteren Ort für einen Überfall, und als wir die Schlucht betraten, packten wir unwillkürlich unsere Waffen fester. Wenn ich nachträglich unsere ungeheuerliche Torheit bedenke, wundere ich mich besonders darüber, wie wir uns jemals den unbekannten Wilden so völlig ausliefern konnten, daß wir ihnen gestatteten, beim Marsch durch diese Schlucht die Vorhut und die Nachhut zu bilden. Verblendet wie wir waren, gaben wir uns mit dieser Marschordnung zufrieden und vertrauten törichterweise auf die Stärke unserer Truppe, auf die Waffenlosigkeit Tuwits und seiner Männer, die Treffsicherheit unserer Feuerwaffen, deren Wirkung den Eingeborenen noch ein Geheimnis war, und in erster Linie auf die immer wieder vorgebrachten Freundschaftsbeteuerungen dieser schändlichen Halunken. Fünf oder sechs von ihnen liefen voraus, als wollten sie uns den Weg zeigen, und räumten mit viel Getue größere Steine und Schutt aus dem Weg. Danach folgte unser Trupp, dicht beieinander und darauf bedacht, nicht getrennt zu werden. Den Schluß bildete die Hauptabteilung der Wilden, die ungewöhnliche Disziplin und Anstand zeigte.

Dirk Peters, ein gewisser Wilson Allen und ich liefen zur Rechten unserer Kameraden. Dabei betrachteten wir die merkwürdige Schichtung der überhängenden Steilwand zu unseren Häupten. Ein Spalt in dem weichen Gestein erregte unsere Aufmerksamkeit. Er bot genügend Raum für eine Person und verlief im Hügel etwa achtzehn bis zwanzig Fuß geradeaus, um dann nach links abzubiegen. Diese Öffnung maß in der Höhe, soweit wir das von der Schlucht aus sehen konnten, sechzig bis siebzig Fuß. Aus den Wänden wuchsen ein oder zwei verkümmerte Sträucher mit einer Art Haselnüssen, die ich gern näher betrachtet hätte. Ich schob mich daher in den Spalt, riß mit einem Ruck fünf, sechs Nüsse ab und wollte schnell zurückkehren. Beim Umdrehen merkte ich, daß Peters und Allen mir gefolgt waren. Ich bat sie, zurückzugehen, da wir hier zu zweit nicht durchkamen, und versprach, meine Nüsse mit ihnen zu teilen. Sie wandten sich um und kletterten zurück. Als Allen fast am Ausgang des Spalts war, fühlte ich plötzlich eine Erschütterung, wie ich sie nie zuvor erlebt hatte, die in mir die unklare Vorstellung weckte – sofern ich überhaupt einer Überlegung fähig war –, daß die Grundfesten des Erdballs zusammenstürzten und das Weltende gekommen war.

21

Ich fühlte mich dem Ersticken nahe, als ich wieder zu mir kam und in völliger Finsternis auf dem Bauche zwischen lockeren Erdmassen herumkroch, die von allen Seiten auf mich herabrutschten und mich vollends zu begraben drohten. Dieser Gedanke entsetzte mich derart, daß ich alles daransetzte, mich herauszuarbeiten, was mir endlich gelang. Einige Augenblicke verharrte ich regungslos und bemühte mich zu begreifen, wo ich mich befand und was geschehen war. Plötzlich hörte ich dicht an meinem Ohr ein tiefes Stöhnen und gleich darauf Peters' gedämpfte Stimme, ich möge ihm in Gottes Namen helfen. Ich kroch ein paar Schritte weiter und landete direkt auf Kopf und Schultern meines Gefährten, der bis zu den Hüften in losem Erdreich stak und sich vergeblich daraus zu befreien suchte. Ich tat, was ich konnte, um die Erde beiseite zu räumen, und zog ihn schließlich heraus.

Sobald wir Entsetzen und Überraschung einigermaßen überwunden hatten und wieder eines klaren Gedankens fähig waren, kamen wir zu dem Schluß, daß die Wände des Spalts, in den wir uns gewagt hatten, entweder durch eine Erderschütterung oder durch ihre eigene Schwere eingestürzt waren und wir daher auf ewig verloren, das heißt lebendig begraben, wären. Lange ergaben wir uns untätig der Todesangst und Verzweiflung, die keiner ermessen kann, der sich nie in einer ähnlichen Situation befunden hat. Nichts, was dem Menschen auf Erden zustoßen kann, vermag ihm größere körperliche und seelische Qualen zu bereiten als ein Schicksal wie das unsere: lebendig begraben zu sein. Die undurchdringliche Finsternis, die das Opfer umgibt, die furchtbare Beklemmung der Lungen, die stickigen Dünste der feuchten Erde, dazu die grausame Erkenntnis, jeglicher Hoffnung beraubt und dem Los der *Toten* verfallen zu sein – all das erfüllt das menschliche Herz mit einem Übermaß von Angst und Entsetzen, das unerträglich und unvorstellbar ist.

Endlich sagte Peters, wir müßten unser Unglück genauer untersuchen und unser Gefängnis abtasten, ob es nicht vielleicht doch eine Öffnung gäbe, durch die wir entkommen könnten. Ich klammerte mich an diese Hoffnung und versuchte mich mit aller Kraft durch das lose Erdreich zu zwängen. Ich war noch keinen Schritt weit gekommen, als ich einen schwachen Lichtschein gewahrte, der mich immerhin überzeugte, daß wir zumindest nicht gleich ersticken würden. Wir faßten etwas Mut und trösteten uns gegenseitig. Als wir über einen Schutthaufen gekrochen waren, der uns den Weg zum Licht versperrte, ging es leichter vorwärts, nicht zuletzt, weil der quälende Druck von unsern Lungen gewichen war. Jetzt konnten wir unsere Umgebung schwach erkennen: Wir befanden uns fast am Ende des geraden Ganges, dort, wo der Spalt nach links führte. Nach kurzer Anstrengung standen wir an der Biegung, wo zu unserer unaussprechlichen Freude eine lange Fuge oder ein Riß klaffte, der sich in einem Winkel von fünfundvierzig Grad, mitunter noch steiler, weit hinaufzog. Zwar konnten wir die Öffnung nicht ganz übersehen, da aber genügend Licht hereinfiel, zweifelten wir kaum, oben einen Weg ins Freie zu finden, falls wir nur irgend hinaufkamen.

Jetzt fiel mir wieder ein, daß wir ja von der Hauptschlucht aus zu dritt den Spalt betreten hatten und unser Gefährte Allen fehlte. Wir beschlossen, sofort umzukehren und ihn zu suchen. Nach vielen Mühen, stets in Gefahr, aufs neue begraben zu werden, rief Peters endlich, er halte Allens Fuß in der Hand, der Körper stecke aber zu tief im Geröll und sei unmöglich zu befreien. Leider mußte ich mich von der Wahrheit dieser Worte und von Allens Tod bald überzeugen. Schweren Herzens ließen wir die Leiche zurück und krochen wieder zu der Biegung.

Der Riß war kaum breit genug, um sich hineinzuzwängen; nach ein paar vergeblichen Versuchen verzweifelten wir aufs neue. Ich erwähnte schon, daß die Bergkette aus einem weichen, an Speckstein erinnernden Gestein bestand. Die Wände des Risses, den wir hinaufklimmen wollten, waren vom gleichen Gestein und durch Nässe so schlüpfrig, daß wir selbst an den weniger steilen Stellen kaum Halt fanden, während die nahezu senkrecht ansteigenden weit größere Schwierigkeiten boten und uns vorläufig unüberwindlich schienen. Aber mit dem Mut der Verzweiflung schnitten wir mit unsern Bowiemessern Stufen in das weiche Material und klammerten uns unter Lebensgefahr an eine Art harten Schiefer, der hier und da aus dem Gestein vorsprang, bis wir endlich auf einer natürlichen Plattform standen, von wo wir ein Fleckchen blauen Himmel am Ende einer dichtbewaldeten Schlucht erspähten. Als wir mit einiger Erleichterung die hinter uns liegende Strecke betrachteten, ließ sich an den Wänden deutlich erkennen, daß dieser Riß erst kürzlich entstanden war und daß die Erschütterung, oder was es gewesen sein mochte, die uns so unvermutet begraben hatte, zugleich auch diese Fluchtmöglichkeit geschaffen hatte. Weil wir von den Strapazen nahezu erschöpft und so geschwächt waren, daß wir kaum stehen oder sprechen konnten, hielt Peters es für das beste, die Pistolen, die wir noch im Gürtel trugen, abzufeuern und unsere Kameraden zu Hilfe zu rufen. Die Musketen und Hirschfänger hatte das herabstürzende Erdreich im Spalt unter sich begraben. Wir hätten die Schüsse allerdings bitter bereuen müssen, wie die folgenden Ereignisse beweisen sollten. Zum Glück aber war ein leiser Verdacht in mir erwacht, und wir unterließen es, uns den Wilden zu verraten.

Nach einer Ruhepause von etwa einer Stunde erklommen wir langsam die Schlucht und waren noch nicht weit gekommen, als furchtbare Schreie ertönten. Endlich gelangten wir dorthin, was man oben nennen könnte, denn seit dem Verlassen der Plattform war unser Pfad unter Felswölbungen und weit droben grünendem Laub verlaufen. Vorsichtig schlichen wir zu einer schmalen Öffnung, die uns einen guten Überblick über das Gelände gewährte, als sich uns mit einem Blick das ganze furchtbare Geheimnis der Erschütterung offenbarte.

Unser Ausguck lag nicht weit vom höchsten Gipfel der Specksteinberge. Die Schlucht, die unsere Schar von zweiunddreißig Mann betreten hatte, zog sich in einer Entfernung von etwa fünfzig Fuß zu unserer Linken hin. Das Bett dieser Schlucht war aber nun auf einer Strecke von wenigstens hundert Yard mit den Trümmern von mehr als einer Million Tonnen Erd- und Gesteinsmassen ausgefüllt, die künstlich hineingestürzt worden waren. Die Mittel, mit denen die ungeheuren Massen in Bewegung gesetzt worden waren, waren ebenso einfach wie augenfällig, denn noch waren untrügliche Spuren der mörderischen Arbeit vorhanden. An mehreren Stellen des Ostrandes der Bergschlucht – wir befanden uns jetzt auf deren Westrand – waren Holzpfähle zu sehen, die in den Boden gerammt waren. Dort hatte das Erdreich nicht nachgegeben; wo aber die Masse heruntergestürzt war, fanden sich in der ganzen Wand Vertiefungen, wie sie etwa der Bohrer bei einer Felssprengung hinterläßt. Genau solche Pfähle, wie sie zum Teil noch standen, waren also auf einer Strecke von annähernd dreihundert Fuß mit einer Elle Abstand und etwa zehn Fuß vom Schluchtrand entfernt eingerammt worden. An den stehengebliebenen Pfählen hingen starke Stricke aus Weinreben, und natürlich waren sämtliche Pfähle mit solchen Stricken versehen gewesen. Die seltsame Schichtung der Specksteinhügel habe ich schon erwähnt, und meine Beschreibung des engen, tiefen Risses, durch den wir unserm Grab entrannen, wird das Bild weiter verdeutlichen. Jede natürliche Erschütterung spaltete den Boden unweigerlich in senkrechte, parallellaufende Schichten, das gleiche war schon mit einer geringen künstlichen Erschütterung zu erzielen. Die Eingeborenen hatten sich die Beschaffenheit der Berge für ihre verräterischen Pläne zunutze gemacht. Die lange Pfahlreihe hatte den Boden zweifellos bereits gelockert wahrscheinlich ein bis zwei Fuß tief; wenn dann an jedem Strickende ein Wilder zog – die Stricke waren an den Pfahlspitzen befestigt und führten vom Rand der Schlucht weg – mußte eine ungeheure Hebelwirkung erzeugt werden, die

die ganze Vorderseite des Hügels auf ein verabredetes Zeichen in den Abgrund schleuderte. Das Los unserer armen Gefährten war nun nicht länger ungewiß. Wir allein waren dem Sturm der alles vernichtenden Gewalt entronnen. Wir waren die einzigen überlebenden Weißen auf der Insel.

22

Unsere jetzige Lage war fast so schrecklich wie zuvor, als wir uns auf ewig begraben glaubten. Entweder wurden wir von den Wilden gemordet oder zu jämmerlicher Gefangenschaft verurteilt. Sicherlich konnten wir uns eine Zeitlang im Schutze der Berge vor ihnen verstecken und in dem eben verlassenen Spalt eine letzte Zuflucht finden, doch mußten wir in dem langen Polarwinter an Hunger und Kälte zugrunde gehen oder bei unseren Fluchtversuchen entdeckt werden.

Weit und breit wimmelte es von Schwarzen, die in Scharen auf flachen Flößen von den Inseln im Süden herbeigeeilt waren, wohl um sich am Kapern und Plündern der »Jane« zu beteiligen. Noch lag das Schiff ruhig in der Bucht vor Anker, die Männer an Bord ahnten offenbar nicht, welche Gefahr ihnen drohte. Wie sehnten wir uns in diesem Augenblick, bei ihnen zu sein, um ihnen bei der Flucht zu helfen oder mit ihnen bei dem Versuch der Verteidigung unser Leben zu lassen! Wir konnten sie nicht einmal vor dem Unheil warnen, ohne unseren eigenen Untergang sogleich heraufzubeschwören; auch war nicht sicher, ob wir ihnen damit genützt hätten. Ein Pistolenschuß hätte vielleicht genügt, um sie zu unterrichten, daß etwas Schlimmes geschehen war, aber der Schuß konnte ihnen nicht begreiflich machen, daß ihre einzige Rettung ein rasches Verlassen des Hafens war, daß keine Ehrbegriffe sie noch zum Bleiben zwangen und ihre Gefährten nicht mehr unter den Lebenden weilten.

Auch wenn sie unseren Pistolenschuß hörten, so konnten sie doch nicht besser auf den Gegner vorbereitet sein, der nun zum Angriff vorging, als sie es jetzt und alle Zeit über gewesen waren. Der Schuß konnte also nichts Gutes bewirken, sondern nur grenzenloses Unheil anrichten, und nach reiflicher Überlegung ließen wir es bleiben.

Unser nächster Gedanke war, zur Bucht hinunterzulaufen und mit einem der vier Kanus dort uns vielleicht den Weg zum Schiff zu erzwingen. Aber wir mußten bald einsehen, daß dieser Verzweiflungsakt nicht die geringste Aussicht auf Erfolg hatte. Wie ich schon sagte, wimmelte das Land geradezu von Eingeborenen, die sich im Gebüsch und in den Bergen versteckten, um vom Schoner aus nicht gesehen zu werden. In unserer unmittelbaren Nähe lag unter Tuwits Oberbefehl die ganze Abteilung Schwarzfellkrieger und versperrte uns den einzigen Pfad, auf dem wir zur Bucht hätten gelangen können. Sie warteten offensichtlich nur auf Verstärkung, um den Sturm auf die »Jane« zu eröffnen. Auch die Kanus an der Spitze der Bucht waren mit Wilden bemannt, die zwar keine Waffen bei sich trugen, aber sie doch zweifellos in greifbarer Nähe hatten. Wir mußten daher, wenn auch widerwillig, in unserm Versteck bleiben und dem Kampf, der jeden Augenblick entbrennen konnte, tatenlos zusehen.

Nach etwa einer halben Stunde sahen wir die Eingeborenen auf sechzig bis siebzig Flößen oder Flachbooten mit Auslegern die südliche Bucht des Hafens umschiffen. Als Waffen schienen sie nur kurze Keulen und Steine zu haben, die auf dem Boden der Boote lagen. Gleich darauf näherte sich aus entgegengesetzter Richtung eine weitere, größere Abteilung, die ebenso ausgerüstet war. Auch die vier Kanus wurden jetzt schnell von Eingeborenen bemannt, die aus dem Gebüsch an der Spitze der Bucht aufsprangen und rasch zu den beiden Abteilungen stießen. So sah sich die »Jane« in kürzerer Zeit, als ich zum Berichten brauche, wie durch Zauberei von unzähligen Tollkühnen umzingelt, die das Schiff auf jede Gefahr hin erobern wollten.

An ihrem Erfolg war nicht einen Augenblick zu zweifeln. Unsere sechs Mann auf dem Schiff waren, wie tapfer sie sich auch wehren mochten, allesamt unfähig, die Kanonen richtig zu bedienen oder bei einer solchen Überlegenheit des Feindes den Kampf durchzustehen. Ich konnte mir kaum vorstellen, daß sie überhaupt Widerstand leisten würden, doch darin täuschte ich mich; denn auf einmal sah ich, daß sie sich an den Springleinen zu schaffen machten und das Schiff so manövrierten, daß es mit der Steuerbordbreitseite die Kanus bestrich, die jetzt schon in Pistolenschußnähe waren, während die Floßabteilung nahezu eine Viertelmeile luvwärts ablag. Aus einem unerklärlichen Grund – höchstwahrscheinlich trug die Aufregung unserer armen Freunde über ihre hoffnungslose Lage die Schuld – war die Salve ein glatter Fehlschlag. Nicht ein Kanu war getroffen, nicht ein Wilder verwundet worden; die Schüsse lagen entweder zu kurz oder gingen abprallend über ihre Köpfe hinweg. Der einzige Erfolg war das maßlose Erstaunen der Eingeborenen über den unerwarteten Knall und Rauch. Letzterer war so heftig, daß ich vorübergehend hoffte, sie würden ihre Absicht aufgeben und an Land zurückkehren. Und das wäre sicherlich auch geschehen, wenn unsere Leute der Breitseite ein ordentliches Gewehrfeuer hinterhergeschickt hätten, was bei der geringen Entfernung der Kanus seine Wirkung nicht verfehlen konnte. Zumindest wäre die Kanuabteilung am weiteren Vorrücken gehindert worden, bis auch den Flößen eine Breitseite aufgebrannt worden wäre. Statt dessen ließen sie den Kanukriegern Zeit, sich von ihrer Panik zu erholen und sich zu vergewissern, daß sie keinerlei Verletzungen erlitten hatten, und eilten nach Backbord, um die Flöße aufs Korn zu nehmen.

Die Backbordsalve war von fürchterlichster Wirkung. Die Stern- und doppelt gepfropften Geschosse der schweren Geschütze rissen sieben oder acht Flöße förmlich auseinander und töteten ungefähr dreißig oder vierzig Wilde auf der Stelle, während mindestens hundert ins Wasser geschleudert wurden, die meisten davon schrecklich zugerichtet. Die übrigen verloren vor Schreck den Kopf und zogen sich überstürzt zurück, ohne ihre verstümmelten Gefährten zu retten, die jammernd und hilferufend überall herumschwammen. Doch für unsere todgeweihten Kameraden kam der großartige Erfolg zu spät. Die Kanuabteilung mit mehr als hundertfünfzig Mann war bereits an Bord des Schoners. Den meisten von ihnen war es gelungen, über Ketten und Enternetze hochzuklettern, noch ehe die Zündschnur an die Backbordkanonen gelegt worden war. Nichts blieb von ihrer tierischen Raserei verschont. Unsere Leute wurden im Nu überwältigt, niedergetrampelt und buchstäblich in Stücke gerissen.

Kaum hatte die Floßmannschaft das bemerkt, als sie ihre Furcht überwand und in Scharen an Bord kletterte, um zu plündern. In fünf Minuten bot die »Jane« ein erbarmungswürdiges Bild der Verwüstung und rohen Gewalt. Die Decks wurden gespalten und aufgerissen, Tauwerk, Segel und alles Bewegliche an Deck wie durch Zauberei zerstört. Mittlerweile schoben, schleppten und zogen Tausende, die herumwimmelten, das Schiff von hinten, vorn, von allen Seiten, und als das Ankertau nachgegeben hatte, gelang es den Bösewichten, das Schiff auf den Strand zu setzen, wo sie es Tuwit übergaben. Der hatte wie ein erfahrener General während des ganzen Gefechts einen sicheren Beobachtungsposten auf den Hügeln eingenommen und geruhte jetzt, nachdem der Sieg zu seiner Zufriedenheit errungen war, mit seinen Schwarzfellkriegern zum Strand zu eilen und sich an der Plünderung zu beteiligen.

Nach dem Abzug Tuwits und seiner Krieger konnten wir unser Versteck verlassen und den Berg in der Nähe der Schlucht untersuchen. Etwa fünfzig Yard von deren Eingang entfernt entdeckten wir eine kleine Quelle, an der wir unsern brennenden Durst löschten, und unweit davon ein paar Haselnußsträucher, die ich schon erwähnt habe. Wir fanden die Nüsse, die uns an die englischen Haselnüsse erinnerten, sehr wohlschmeckend. Rasch füllten wir unsere Hüte damit, legten sie in den Spalt und kehrten zurück, um mehr zu pflücken. Während wir eifrig damit beschäftigt waren, erschreckte uns ein Rascheln im Gebüsch, und wir wollten gerade in unser Versteck zurückschleichen, als sich ein großer schwarzer Vogel, eine Art Rohrdommel, schwerfällig und langsam aus den Büschen erhob. Ich war vor Angst wie gelähmt, aber Peters besaß so viel Geistesgegenwart, um hinzuzuspringen und den Vogel am Hals zu packen, ehe er entrann. Er wehrte sich und kreischte dabei so laut, daß wir ihn schon freilassen wollten, damit der Lärm etwa in der Nähe lauernde Eingeborene nicht stutzig mache. Ein Stich mit dem Bowiemesser brachte ihn jedoch zum Schweigen, und wir schleiften ihn in den Felsspalt, beide froh, auf diese Weise einen Vorrat zu haben, der für eine Woche reichen würde.

Nun hielten wir nochmals Umschau und wagten uns ziemlich weit den südlichen Bergabhang hinunter, fanden aber nichts Eßbares mehr. Wir sammelten nur etwas trockenes Holz und kehrten damit zurück, weil ein oder zwei große Trupps Eingeborener mit gestohlenem Schiffsgut ihrem Dorf zueilten und uns auf ihrem am Fuße der Hügel vorbeiführenden Pfad leicht hätten entdecken können.

Unsere nächste Sorge galt der Tarnung unseres Verstecks. Über den Ausgang, durch den wir von der Plattform im Innern des Spalts das blaue Himmelsfleckchen gesehen hatten, legten wir Gestrüpp und ließen nur eine ganz schmale Öffnung, durch die wir gerade noch die

Bucht überblicken konnten, ohne von unten bemerkt zu werden. Wir freuten uns über dieses sichere Versteck; denn solange wir in dem Spalt blieben und uns nicht auf den Berg hinauswagten, waren wir gegen jede Beobachtung abgeschirmt. Wir fanden auch nichts, was darauf schließen ließ, daß jemals Eingeborene hier gewesen waren. Als wir jedoch bedachten, daß der Riß, der uns an diesen Ort geführt hatte, erst durch den Einsturz der gegenüberliegenden Bergwand entstanden und kein weiterer Zugang zu sehen war, freuten wir uns nicht mehr so über unsere Sicherheit, sondern fürchteten, wir könnten gar nicht wieder hinuntergelangen. Wir nahmen uns vor, bei günstiger Gelegenheit den Berggipfel gründlich zu erforschen. Unterdes beobachteten wir durch unser Guckloch das Treiben der Eingeborenen.

Sie hatten unser Schiff schon in ein Wrack verwandelt und wollten es nun anzünden. Bald stiegen große Rauchschwaden aus der Hauptluke, und gleich darauf schlugen dichte Flammen aus dem Vorderdeck. Takelage, Masten und was noch von den Segeln übrig war, wurden sogleich vom Feuer ergriffen, das sich rasch über alle Decks ausbreitete. Aber noch blieben viele Eingeborene an Bord und hämmerten mit großen Steinen, Äxten und Kanonenkugeln auf den Bolzen und anderen Kupfer- und Eisenteilen herum. Am Strand, in den Kanus und auf den Flößen drängten sich wohl nicht weniger als zehntausend Inselbewohner in unmittelbarer Nähe des Schoners, nicht mitgerechnet die beutebeladenen Scharen, die auf dem Weg zum Dorf oder zu den Nachbarinseln waren. Wir sahen eine Katastrophe voraus und wurden nicht enttäuscht. Zuerst kam ein starker Stoß, den wir in unserm Versteck so deutlich fühlten, als wären wir leicht galvanisiert worden, von einer Explosion aber war noch nichts zu sehen. Die Wilden waren merklich bestürzt und unterbrachen für einen Augenblick ihre Beschäftigung und ihr Lärmen. Sie wollten gerade wieder ans Werk gehen, als sich plötzlich eine ungeheure Rauchmasse wie eine schwarze, schwere Gewitterwolke aus den Decks wälzte. Dann schoß gleichsam aus dem Wolkeninnern eine Riesenfeuersäule empor, wohl eine Viertelmeile hoch, dann breiteten sich die Flammen kreisförmig aus, und dann verwandelte sich die Luft in einem einzigen Augenblick in ein wüstes Durcheinander von Holz, Metall und menschlichen Gliedern. Nun folgte die Explosion mit voller Wucht und schleuderte uns zu Boden, während die Hügelketten das Getöse in mehrfachem Echo zurückwarfen und winzige Trümmerteile in dichtem Schauer rings um uns niedergingen.

Die Verheerung unter den Wilden übertraf unsere höchsten Erwartungen, sie hatten nun voll und ganz die Früchte ihres Verrats geerntet. Wohl an die Tausend wurden durch die Explosion getötet, mindestens ebensoviel furchtbar verstümmelt. Die ganze Bucht war förmlich übersät mit den Leibern der im Todeskampf zuckenden und ertrinkenden Schurken, und am Strand spielte sich noch Schlimmeres ab. Sie schienen zutiefst erschrocken zu sein über die plötzliche, umfassende Niederlage und dachten nicht daran, einander beizustehen. Auf einmal änderte sich aber ihr Verhalten. Aus völligem Stumpfsinn schienen sie zu sinnloser Erregung zu erwachen, stürzten wild durcheinander und rannten an einer bestimmten Stelle am Strand hin und her; dabei spiegelte sich in ihren Gesichtern eine seltsame Mischung von Entsetzen, Wut und lebhafter Neugier, und sie schrien aus Leibeskräften: »Tekeli-li! Tekeli-li!«

Kurz darauf stieg eine große Schar die Hügel hinauf und kehrte bald mit etlichen Holzpflöcken dahin zurück, wo sich die Menschen am dichtesten drängten. Jetzt teilte sich die

Menge, als wolle sie uns den Blick auf den Gegenstand der ganzen Aufregung freigeben. Wir bemerkten etwas Weißes am Boden, wußten aber nicht sogleich, was es war. Endlich erkannten wir es als den Leichnam des seltsamen Tieres mit den scharlachroten Zähnen und Klauen, den der Schoner am 18. Januar im Meer aufgefischt hatte. Kapitän Guy hatte ihn aufgehoben, weil er den Balg ausstopfen lassen und mit nach England nehmen wollte. Ich erinnere mich, daß er kurz vor dem Anlaufen der Insel einige diesbezügliche Anordnungen gegeben hatte, worauf das Tier in die Kajüte gebracht und in einer Truhe verwahrt worden war. Die Explosion hatte es nun an den Strand geschleudert, wir konnten aber die Aufregung, die es unter den Eingeborenen hervorrief, nicht begreifen. Obwohl sie es ziemlich dicht umdrängten, wagte sich doch keiner nahe heran. Rund um den Leichnam pflanzten die Männer nach und nach ihre Holzpfähle auf, und kaum war das getan, da stürzte die ganze riesige Versammlung mit den lauten Schreien »Tekeli-li! Tekeli-li!« ins Innere der Insel.

23

Während der folgenden sechs oder sieben Tage blieben wir in unserm Versteck auf dem Berg und holten uns nur gelegentlich Wasser und Nüsse, wobei wir die größte Vorsicht walten ließen. Wir hatten auf dem Felsvorsprung eine Art Schutzdach gebaut und darunter aus trockenem Laub eine Ruhestatt und aus drei großen flachen Steinen eine Feuerstelle errichtet, die uns gleichzeitig als Tisch diente. Feuer entzündeten wir ganz einfach, indem wir zwei trockene Holzstücke, ein hartes und ein weiches, aneinanderrieben. Der Vogel, den wir zur rechten Zeit gefangen hatten, lieferte uns wohlschmeckendes, wenn auch etwas zähes Fleisch. Es war kein Seevogel, sondern eine Abart der Rohrdommel mit kohlschwarzen und grauen Federn und im Verhältnis zum Körper winzigen Flügeln. Später sahen wir in der Nähe der Schlucht noch drei dieser Vögel, die offenbar nach dem verlorenen Gefährten suchten; da sie sich aber nicht ein einziges Mal niederließen, konnten wir keinen fangen.

Solange das Fleisch reichte, waren wir zufrieden gewesen, nun aber war alles aufgezehrt, und wir mußten schleunigst auf Nahrungssuche gehen. Die Haselnüsse konnten unsern Heißhunger nicht stillen, außerdem verursachten sie heftiges Leibweh und nach zu reichlichem Genuß starke Kopfschmerzen. Östlich von unserm Berg hatten wir am Strand einige große Schildkröten erspäht, die sich sicher leicht fangen ließen, wenn wir nur unbemerkt von den Wilden hinunterkamen. Wir beschlossen daher, den Abstieg zu wagen.

Zunächst kletterten wir auf der Südseite hinab, die uns die geringsten Schwierigkeiten zu bieten schien, doch hatten wir noch keine hundert Yard zurückgelegt, als uns – wie wir von der Hügelspitze aus schon vermutet hatten – ein Ausläufer der Schlucht, in der unsere Gefährten umgekommen waren, den Weg abschnitt. Dem Rand dieser Schlucht folgten wir etwa eine Viertelmeile weit, als uns ein tiefer Abgrund erneut den Weg versperrte und wir, da wir nicht weiterkamen, wohl oder übel denselben Weg an der Hauptschlucht zurückgehen mußten.

Jetzt wandten wir uns nach Osten, jedoch mit dem gleichen Ergebnis. Einstündiges, halsbrecherisches Klettern führte uns lediglich in einen riesigen Schlund aus schwarzem Granit, dessen Grund mit feinem Staub bedeckt war und aus dem nur der schroffe Pfad hinausführte, auf dem wir hinabgelangt waren. Diesen Pfad klommen wir mühsam wieder hinauf und versuchten es nun mit dem Nordrand des Berges. Hier mußten wir äußerst vorsichtig sein, denn die geringste Unbesonnenheit gab uns den Blicken des ganzen Dorfes preis. Wir krochen also auf Händen und Füßen und mußten uns sogar manchmal lang hinlegen und auf dem Bauche durchs Gestrüpp kriechen. Mit solcher Vorsicht hatten wir erst ein kurzes Stück bewältigt, als wir an einen Abgrund kamen, der tiefer war als alle bisherigen und unmittelbar in die Hauptschlucht mündete. Unsere Befürchtungen hatten sich damit vollauf bestätigt, wir fanden uns von der Welt unter uns ganz und gar abgeschnitten. Erschöpft von den Anstrengungen, schleppten wir uns zu unserm Felsvorsprung zurück, warfen uns auf das Laubbett und schliefen einige Stunden lang süß und fest.

Nach dieser fruchtlosen Erkundung durchsuchten wir mehrere Tage lang jeden Winkel unseres Gipfels, um die vorhandenen Hilfsquellen zu erforschen. Wir fanden aber nichts, was uns als Nahrung dienen konnte, außer den wenig bekömmlichen Nüssen und eine Art Löffelkraut, das auf einem Fleckchen von vielleicht vier Quadratruten wuchs und bald verzehrt sein würde. Am 15. Februar war davon, soweit ich mich erinnere, nicht ein Halm übrig, auch Nüsse waren selten geworden. Es konnte kaum trostloser um uns bestellt sein.* Am 16. schritten wir nochmals die Wälle unseres Gefängnisses ab und hofften, einen Fluchtweg zu finden, doch vergeblich. Wir stiegen auch in den Spalt hinunter, in dem wir verschüttet worden waren, in der leisen Hoffnung, eine Öffnung zur Hauptschlucht zu finden, doch auch hierin wurden wir enttäuscht. Immerhin fanden wir eine Muskete, die wir mitnahmen.

* Dieser Tag prägte sich uns ein, weil wir im Süden einige ungeheure Streifen jenes schwach-grauen Dunstes wahrnahmen, von dem ich schon früher gesprochen habe.

Am 17. machten wir uns auf zu dem Abgrund aus schwarzem Granit, den wir auf unserm ersten Rundgang betreten hatten und diesmal gründlicher erforschen wollten. Wir erinnerten uns eines Risses in diesem Abgrund, den wir damals nur flüchtig betrachtet hatten und den wir jetzt genauer untersuchen wollten, wenn auch ohne Hoffnung, einen Ausweg zu entdecken.

Ohne besondere Schwierigkeit gelangten wir hinunter und betrachteten diesmal alles aufmerksam und mit der nötigen Ruhe. Es war in der Tat einer der seltsamsten Orte, die man sich vorstellen kann, und wirkte kaum wie ein Werk der Natur. Der Schlund maß von der östlichen bis zur westlichen Ecke etwa fünfhundert Yard, alle Windungen eingerechnet, die Entfernung zwischen Ost- und Westecke in gerader Linie aber betrug nach meiner Schätzung – ich hatte ja nichts zum Nachmessen – nicht mehr als vierzig oder fünfzig Yard. Im obersten Abschnitt, bis hundert Fuß unterhalb des Berggipfels, wiesen die beiden Wände des Abgrunds wenig Ähnlichkeit auf und waren offenbar nie miteinander verbunden gewesen, denn die eine bestand aus Speckstein, die andere aus Mergel mit metallischer Körnung. Der Abstand zwischen den beiden Wänden mochte hier im Durchschnitt sechzig Fuß betragen, aber es fehlte eine regelmäßige Gestaltung. Stieg man indessen unter die genannte Grenze hinab, so näherten sich die Wände einander rasch und verliefen auch parallel, obschon sie noch ein Stück in der Art des Gesteins und der Oberflächengestaltung voneinander abwichen. Erst wenn man bis auf die letzten fünfzig Fuß hinabgestiegen war, zeigte sich völlige Übereinstimmung. Die Wände waren nun gleich in Gestein, Farbe und Verlauf. Sie bestanden aus tiefschwarzem, glänzendem Granit, die Entfernung zwischen beiden betrug an jedem Punkt genau zwanzig Yard. Eine an Ort und Stelle angefertigte Skizze wird den genauen Verlauf des Schlundes am besten verdeutlichen. Glücklicherweise hatte ich ein Taschenbuch und einen Bleistift bei mir, die ich durch unzählige spätere Abenteuer hindurch rettete und denen ich die Bewahrung vieler Einzelheiten verdanke, die mir sonst entfallen wären.

Die Abbildung 1 gibt die allgemeinen Umrisse der Kluft bis auf mehrere kleinere Höhlungen in den Wänden wieder, denen jeweils auf der gegenüberliegenden Wand ein Vorsprang entsprach. Die Sohle des Schlundes war mit einer drei bis vier

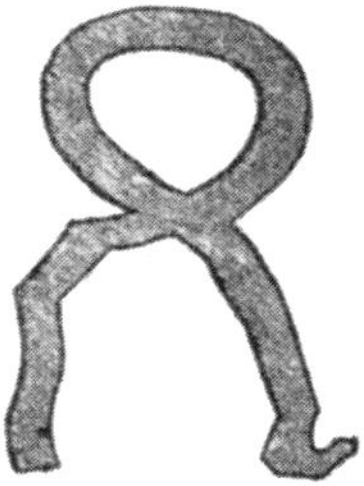

Abbildung 1

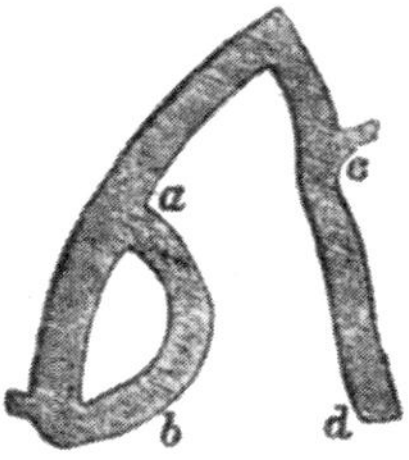

Abbildung 2

Zoll hohen hauchfeinen Pulverschicht bedeckt, unter der wieder schwarzer Granit lag. Zur Rechten öffnete sich ein kleiner Spalt, eben der bereits erwähnte, den wir jetzt näher untersuchen wollten. Wir drängten uns beherzt hinein, mähten die Dornsträucher, die uns den Weg versperrten, nieder und räumten einen Haufen scharfer Feuersteine beiseite, die in der Form an Pfeilspitzen erinnerten. Ein schwacher Lichtschein vom andern Ende des Spalts spornte uns an. Als wir uns endlich etwa dreißig Fuß hineingezwängt hatten, führte der Weg unter einem niedrigen, regelmäßigen Gewölbe hin, dessen Sohle mit dem gleichen hauchfeinen Pulver bedeckt war wie die Hauptschlacht. Grelles Licht fiel jetzt herab, und nach einer kurzen Wendung gelangten wir in eine andere hohe Felsenkammer, die sich von der ersten nur durch ihre längliche Form unterschied. Ihre Gestalt ist in Abbildung 2 wiedergegeben.

Die Gesamtlänge dieses Spalts vom Eingang *a* um die Kurve *b* bis zum Ausgang *d* betrug fünfhundertfünfzig Yard. Bei *c* entdeckten wir einen schmalen Weg, der genau wie der erste mit Dornengestrüpp verwachsen und mit einer Menge weißer Feuersteinpfeilspitzen besät war. Wir zwängten uns hindurch und gelangten nach etwa vierzig Fuß in einen dritten Spalt. Auch er glich genau dem ersten, abgesehen von seiner länglichen Form, die aus Abbildung 3 ersichtlich ist.

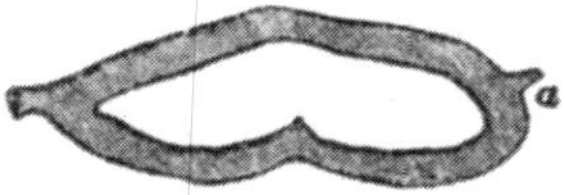

Abbildung 3

Abbildung 5

Der dritte Spalt war insgesamt dreihundertzwanzig Yard lang. Bei *a* befand sich eine Öffnung, die etwa sechs Fuß breit war und fünfzehn Fuß tief in den Felsen vordrang, um in einer Mergelschicht zu enden; dahinter existierte, entgegen unseren Erwartungen, kein weiterer Spalt. Eben wollten wir diesen, in den nur wenig Licht drang, verlassen, als Peters mich auf eine Reihe seltsamer Kerben in der Oberfläche der die Sackgasse abschließenden Mergelwand hinwies. Mit ein wenig Phantasie konnte man die linke oder nördlichste dieser Kerben für einen primitiven Versuch der Darstellung eines aufrecht stehenden Menschen mit ausgestrecktem Arm halten. Die übrigen Kerben hatten eine gewisse Ähnlichkeit mit Buchstaben; Peters jedenfalls neigte zu der törichten Annahme, es seien wirklich welche. Ich überführte ihn schließlich seines Irrtums, indem ich auf den Boden wies, aus dessen Pulverschicht wir einige große Mergelstücke aufsammelten, die mit ihren erhabenen Stellen genau in die Einkerbungen paßten und offenbar durch eine Erderschütterung

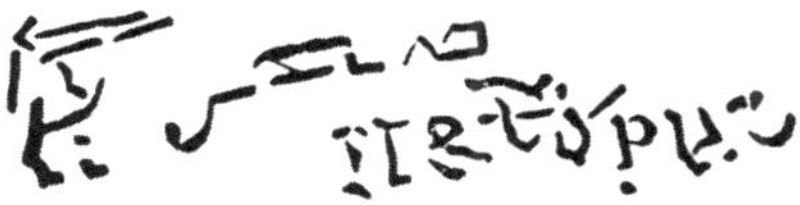

Abbildung 4

aus der Wand gelöst worden waren. Also waren die »Buchstaben« ein Werk der Natur. Die Abbildung 4 ist eine genaue Wiedergabe des Ganzen.

Nachdem wir uns überzeugt hatten, daß diese eigentümlichen Höhlen keinen Ausweg aus unserm Gefängnis boten, kehrten wir bedrückt und entmutigt zum Berggipfel zurück. Im Laufe der nächsten vierundzwanzig Stunden ereignete sich nichts Besonderes, außer daß wir bei der Durchforschung des Geländes östlich des dritten Spalts zwei dreieckige, tiefe Löcher mit schwarzen Granitwänden entdeckten. In diese Löcher hinunterzusteigen, schien uns nutzlos, denn sie wirkten wie ganz natürliche Vertiefungen ohne Abfluß. Jedes Loch maß etwa zwanzig Yard im Umfang. Ihre Form sowie ihre Entfernung von Spalte 3 gibt Abbildung 5 auf Seite 412 wieder.

24

Wir konnten uns unmöglich länger von Haselnüssen ernähren, deren Genuß quälende Schmerzen zur Folge hatte, und entschlossen uns am 20. des Monats zu dem verwegenen Versuch, den Südhang des Berges hinunterzusteigen. Dieser Abhang bestand aus ganz weichem Speckstein, fiel aber in seiner ganzen Länge von mindestens hundertfünfzig Fuß fast senkrecht ab und ragte an manchen Stellen sogar über. Nach langem Suchen entdeckten wir einen schmalen Vorsprung etwa zwanzig Fuß unter dem Rand des Abhangs. Peters gelang der Sprung hinunter mit meiner Hilfe und unsern zusammengeknoteten Taschentüchern. Auch mir glückte es, allerdings war es etwas schwieriger. Wir begriffen nun, daß sich der ganze Abstieg in der gleichen Weise bewältigen ließ, in der wir aus dem Spalt herausgeklettert waren, nachdem uns der Bergrutsch verschüttet hatte, das heißt, wir mußten mit den Messern Stufen in den Speckstein schneiden. Dieser Versuch bedeutete zwar ein geradezu unvorstellbares Wagnis, da uns aber keine andere Wahl blieb, gingen wir es ein.

Auf dem Vorsprung, wo wir standen, wuchsen einige Haselnußsträucher. An einem befestigten wir unsern Strick aus Taschentüchern. Das andere Ende band ich Peters um den Leib und ließ ihn über den Rand des Abgrunds hinab, bis sich der Strick straffte. Nun höhlte er den Speckstein ungefähr acht bis zehn Zoll tief aus und schrägte die Wand ungefähr einen Fuß über dem Loch so ab, daß er mit seinem Pistolenkolben einen ordentlichen Pflock hineintreiben konnte. Dann zog ich ihn um etwa vier Fuß hinauf, wo er wieder ein Loch grub und einen Pflock einschlug und nun für Hände und Füße einen Halt hatte. Jetzt löste ich die Taschentücher von dem Strauch und warf ihm das Ende zu. Er band es an den Pflock im obersten Loch und ließ sich langsam um drei Fuß unter den unteren hinab, gerade so weit, wie die Taschentücher reichten. Hier bohrte er wieder ein Loch und trieb wieder einen Pflock ein. Dann zog er sich hoch, trat mit den Füßen in das eben ausgehöhlte Loch und hielt sich mit den Händen an dem nächsthöheren Pflock fest. Nun mußte er die Taschentücher vom obersten Pflock lösen, um sie an dem zweiten zu befestigen, und da erwies sich der allzu große Abstand der Löcher als ein Fehler. Nach einigen fruchtlosen und gefährlichen Versuchen, den Knoten zu fassen – wobei er sich mit der linken Hand festhalten und mit der rechten die Schlinge lösen mußte –, schnitt er schließlich den Strick durch, wobei ein Ende von sechs Zoll hängenblieb. Jetzt band er die Taschentücher an den zweiten Pflock und ließ sich unter den dritten hinab, wobei er darauf achtete, nicht zu tief hinabzusteigen. Eine solche Methode wäre mir selbst nie eingefallen; sie ist einzig das Verdienst eines so findigen, mutigen Menschen wie Peters, der nun auch unter Benutzung einiger Felsvorsprünge wohlbehalten unten ankam.

Es dauerte eine Weile, bis ich mich aufraffen konnte, ihm zu folgen; endlich wagte ich es. Peters hatte vor dem Abstieg sein Hemd ausgezogen, das zusammen mit dem meinen das erforderliche Seil für das Wagnis ergab. Erst warf ich die Muskete hinunter, die ich in dem Spalt gefunden hatte, befestigte dann mein Seil an den Sträuchern und ließ mich rasch hinab, wobei ich durch lebhafte Bewegungen das Zittern zu besiegen suchte, dessen ich anders nicht Herr wurde. Bis zur vierten oder fünften Stufe ging alles soweit gut. Als ich dann aber plötzlich an die unermeßliche Tiefe dachte, die noch zu überwinden war, und an den zweifelhaften Halt der Pflöcke und Specksteinstufen, die meine einzige Hilfe waren, ergriff mich furchtbare Erregung. Vergeblich suchte ich diese Gedanken zu unterdrücken und die Augen fest auf die glatte Bergwand vor mir zu heften. Aber je heftiger ich meine *Gedanken* bekämpfte, um so lebhafter und deutlicher wurden meine Vorstellungen. Und dann war der entscheidende Augenblick da, der in solchen Lagen so fürchterliche kritische Punkt, der uns im voraus empfinden läßt, was wir beim Sturz fühlen werden: die Übelkeit, den Schwindel, das letzte Ringen, die halbe Ohnmacht und endlich das Grauen des rasenden Falls. Aus diesen Phantasien wurde nun Wirklichkeit, und alle eingebildeten Schrecken bedrängten mich leibhaftig. Ich fühlte meine Knie heftig aneinanderschlagen und meine Finger langsam, aber unvermeidlich erschlaffen. In meinen Ohren war ein Klingen, und ich sagte mir: »Das ist mein Grabgeläute.« Ein unwiderstehliches Verlangen packte mich, in die Tiefe zu blicken. Ich konnte, nein, ich wollte nicht mehr nur auf die Bergwand starren; mit einem wilden, unbeschreiblichen Gefühl halben Grauens, halber Erleichterung tauchten meine Augen tief in den Abgrund hinunter. Für einen Augenblick umklammerten meine Finger noch einmal krampfhaft den Halt, wobei der Gedanke an Rettung schattenhaft an mir vorüberhuschte – doch im nächsten erfüllte meine Seele nur noch eine Sehnsucht, ein Wunsch, ein Verlangen, eine unbezwingliche Begierde: *zu fallen*. Meine Hand löste sich vom Pflock, ich wandte mich halb vom Abgrund ab und verweilte noch eine Sekunde lang schwankend im Angesicht des nackten Felsens. Eine schrille Geisterstimme gellte in meinen Ohren, eine finstere, teuflische, nebelhafte Gestalt stand direkt unter mir, mit brechendem Herzen und einem Seufzer sank ich und fiel der Gestalt in die Arme.

Ich war ohnmächtig geworden, und Peters hatte mich im Sturz aufgefangen. Vom Fuß der Bergwand aus hatte er meine Bewegungen verfolgt, die drohende Gefahr begriffen und mir mit allen möglichen Ratschlägen Mut einflößen wollen; in meiner Verwirrung aber hatte ich seine Worte entweder nicht verstanden oder gar nicht erfaßt, daß er überhaupt zu mir sprach. Als er mich schwanken sah, kletterte er mir eilends entgegen und kam gerade noch zur rechten Zeit, um mich aufzufangen. Wäre ich mit voller Wucht gefallen, so hätte der Leinenstrick unweigerlich reißen und ich in den Abgrund stürzen müssen. So aber glückte es Peters, mich behutsam aufzufangen, und ich blieb sicher in der Schwebe, bis meine Sinne wiederkehrten. Das dauerte ungefähr eine Viertelstunde. Als ich mich erholt hatte, war meine Angst verflogen; ich fühlte mich wie neugeboren und gelangte mit Peters' Hilfe wohlbehalten hinunter.

Wir befanden uns nun nicht weit von der Schlucht, die unsern Gefährten zum Grab geworden war, und zwar südlich von der Stelle, wo der Berg eingestürzt war. Es war ein seltsam wilder Ort, und sein Anblick erinnerte mich an Reiseschilderungen der öden Regionen, die von der Stätte des zerstörten Babylon zeugen. Es waren nicht allein die Trümmer der abgestürzten Bergwand, die als Barrière des Chaos den Blick nach Norden versperrten, der Boden ringsum war von riesigen Grabhügeln bedeckt, anscheinend Resten gigantischer Kunstbauwerke, wenn im einzelnen auch nichts Kunstvolles zu entdecken war. Viel Schlacke lag herum und große, ungefüge schwarze Granitblöcke neben Haufen von Mergelgestein*, beides mit Metall durchsetzt. In dieser Einöde gab es, so weit das Auge reichte, auch nicht eine Spur von Pflanzenwuchs, wohl aber einige riesenhafte Skorpione und verschiedene Reptilien, die sonst in diesen hohen Breiten nicht anzutreffen sind.

Nahrung war aber jetzt unsere Hauptsorge; wir wollten uns daher zur Küste durchschlagen, die etwa eine halbe Meile entfernt lag, um Schildkröten zu fangen, von denen wir aus unserm Versteck auf dem Berg mehrere beobachtet hatten. Einige hundert Yard hatten wir vorsichtig zwischen großen Felsblöcken und Hügeln zurückgelegt und bogen um eine Ecke, als fünf Wilde aus einer kleinen Höhle heraussprangen und Peters mit einem Keulenschlag zu Boden streckten. Als er fiel, stürzte sich die ganze Meute auf das Opfer, was mir Zeit ließ, mich von meiner Bestürzung zu erholen. Die Muskete hatte ich zwar noch, doch war der Lauf der Waffe, die ich den Berg hinuntergeworfen hatte, so stark beschädigt worden, daß ich sie beiseite schleuderte und

* Auch der Mergel war schwarz; wir fanden auf der ganzen Insel wahrhaftig überhaupt keine hellen Farbtöne.

auf meine Pistolen vertraute, die wir sorgsam behandelt hatten. Mit ihnen ging ich gegen die Angreifer vor und drückte rasch hintereinander ab. Zwei Wilde fielen, und einer, der Peters gerade seinen Speer in den Leib stoßen wollte, sprang auf, ohne seine Tat zu vollenden. Als mein Kamerad frei war, gab es keine Schwierigkeiten mehr für uns. Auch Peters hatte seine Pistolen noch, wollte sie aber nicht gebrauchen, sondern verließ sich lieber auf seine ungeheuren Kräfte, die weit größer waren als die jedes andern Menschen. Mit der Keule eines Wilden schlug er den letzten drei die Schädel ein, wozu ein einziger Schlag für jeden genügte, und wir blieben als Beherrscher des Schlachtfeldes zurück.

Das alles hatte sich so schnell abgespielt, daß wir das Geschehene kaum für Wirklichkeit hielten und in dumpfem Staunen vor den Körpern der Erschlagenen standen, als uns das Geräusch ferner Schreie zur Besinnung brachte. Unsere Schüsse hatten natürlich die Eingeborenen aufgeschreckt, und wir hatten wenig Aussicht, unentdeckt zu bleiben. Um zu der Bergwand zurückzukehren, hätten wir dem Geschrei entgegenlaufen müssen, und selbst wenn wir bis zum Fuß der Wand kamen, so hätten wir doch niemals unbemerkt hinaufklettern können. Unsere Lage war äußerst gefährlich, und wir zögerten noch, welchen Weg wir wählen sollten, als einer der Wilden, auf den ich geschossen und den ich für tot gehalten hatte, flink aufsprang und zu fliehen versuchte. Wir holten ihn jedoch nach wenigen Schritten ein und wollten ihn gerade töten, als Peters bedachte, er könne uns von Nutzen sein, wenn wir ihn zwängen, uns auf der Flucht zu begleiten. Wir zerrten ihn mit fort und bedeuteten ihm, er würde beim ersten Widerstand erschossen. Nach ein paar Minuten war er ganz gefügig und lief neben uns her, als wir zwischen den Felsblöcken dem Strand zueilten.

Bisher hatte uns das bergige Gelände die Sicht auf die See verwehrt und nur ab und zu einen Blick gestattet. Als sie nun offen vor uns lag, hatten wir ungefähr noch zweihundert Yard zurückzulegen. Als wir den Strand betraten, stürzte jedoch zu unserm großen Schrecken eine riesige Menge Eingeborener vom Dorf und überall her, so weit wir blicken konnten, mit wütenden Gebärden und tierischem Geheul auf uns zu. Schon wollten wir umkehren und zwischen den Hügeln Schutz suchen, als ich hinter einem großen Felsvorsprung den Bug zweier Kanus entdeckte. Dorthin rannten wir jetzt, so schnell wir konnten, und fanden sie unbewacht; lediglich drei große Galapagos-Schildkröten und Paddel für sechzig Mann lagen darin. Im Handumdrehen brachten wir ein Kanu zu Wasser, trieben unsern Gefangenen an Bord und stießen mit aller Kraft vom Strand ab.

Wir hatten jedoch kaum fünfzig Yard zurückgelegt, als wir bei ruhiger Überlegung begriffen, welch großen Fehler wir begangen hatten, indem wir den Wilden das andere Kanu überließen. Sie waren nur noch doppelt so weit wie wir vom Strand entfernt und näherten sich rasch, um die Verfolgung aufzunehmen.. Es war keine Zeit zu verlieren. Unsere Chance war mehr als gering, doch hatten wir keine andere. Es war sehr zweifelhaft, ob wir ihnen selbst mit größter Anstrengung bei der Jagd nach dem Kanu zuvorkamen, aber die Möglichkeit bestand immerhin. Glückte uns das, so mochte unsere Rettung gelingen. Wagten wir den Versuch nicht, so lieferten wir uns selbst ans Messer.

Bug und Stern des Kanus hatten die gleiche Bauart, wir brauchten also nicht zu wenden, sondern lediglich in die andere Richtung zu paddeln. Sobald die Wilden das merkten, verdoppelten sie nicht nur ihr Geschrei, sondern auch ihren Lauf und kamen unvorstellbar rasch näher. Wir paddelten mit der Kraft der Verzweiflung und waren am Streitort, ehe mehr als ein Eingeborener sein Ziel erreichte. Dieser mußte seine Schnelligkeit teuer bezahlen, denn Peters streckte ihn mit einem Kopfschuß nieder, als er den Strand betrat. Die Spitzengruppe war noch etwa zwanzig oder dreißig Schritt entfernt, als wir das Kanu packten. Zuerst versuchten wir es ins tiefe Wasser und damit außer Reichweite der Wilden zu ziehen; es saß aber zu fest, und da keine Zeit zu verlieren war, zertrümmerte Peters durch ein oder zwei mächtige Schläge mit dem Musketenkolben großenteils den Bug und eine Seitenwand. Dann stießen wir ab. In diesem Augenblick hatten sich zwei Eingeborene auf unser Boot gestürzt und widersetzten sich hartnäckig, es loszulassen, bis wir sie mit unseren Messern niederstachen. Nun hatten wir freie Bahn und hielten mit mächtigen Schlägen auf die offene See zu. Als sich der Haupttrupp der Inselbewohner bei dem beschädigten Kanu versammelte, brach er in ein unbeschreibliches Geheul der Wut und Enttäuschung aus. So wie ich diese Schurken kennengelernt hatte, waren sie in meinen Augen wahrhaftig die verruchteste, heuchlerischste, rachsüchtigste, blutdürstigste und teuflischste Sippschaft des Erdballs. Wären wir ihnen in die Hände gefallen, hätte uns keine Gnade erwartet. Sie unternahmen noch einen zwecklosen Versuch, uns in dem zertrümmerten Kanu zu folgen; als sie aber die Sinnlosigkeit einsahen, gaben sie ihrer Wut aufs neue in gräßlichen Schreien Ausdruck und liefen in die Berge hinauf.

Die unmittelbare Gefahr war zwar überstanden, doch blieb unsere Lage trostlos genug. Die Eingeborenen besaßen, wie wir wußten, insgesamt vier Kanus von der Art des unseren; daß aber zwei davon bei der Explosion der »Jane Guy« zerstört worden waren, sollten wir erst später von unserem Gefangenen erfahren. Deshalb rechneten wir damit, unsere Feinde würden die Verfolgung wiederaufnehmen, sobald sie die etwa drei Meilen entfernte Bucht erreichten, wo die Boote sonst lagen. In dieser Furcht setzten wir alles daran, die Insel hinter uns zu bringen, und glitten rasch durchs Wasser, weil auch der Gefangene ein Paddel nehmen mußte. Etwa eine halbe Stunde später, als wir schon fünf, sechs Meilen mit Südkurs zurückgelegt hatten, tauchte am Ausgang der Bucht eine Riesenflotte von Flachbooten oder Flößen auf, die uns offenbar nachsetzen wollten. Auf einmal drehten sie ab; sie hatten wohl die Hoffnung aufgegeben, uns einzuholen.

25

So schwammen wir nun auf dem weiten, öden antarktischen Ozean, auf einer Breite von über 84°, in einem zerbrechlichen Boot und mit drei Schildkröten als einzigem Vorrat. Der lange Polarwinter konnte nicht mehr fern sein, und es galt gut zu überlegen, welchen Kurs wir einschlagen wollten. Sechs oder sieben Inseln tauchten auf, die zu derselben Gruppe gehörten und fünf oder sechs Meilen voneinander entfernt waren, doch wir wollten auf keiner eine Landung wagen. Als wir mit der »Jane Guy« von Norden gekommen waren, hatten wir die strengsten Eisregionen allmählich hinter uns gelassen. Mag dies auch nicht mit den allgemeingültigen Ansichten über den Südpol übereinstimmen, so war es für uns auf Grund unserer Erfahrung doch eine unbestreitbare Tatsache. Es wäre daher, besonders zu so später Jahreszeit, reine Torheit gewesen, jetzt an Rückkehr zu denken. Wir setzten unsere Hoffnung auf den einen Weg, der uns übrigblieb, und beschlossen, kühn weiter nach Süden zu steuern, wo zumindest eine Wahrscheinlichkeit bestand, andere Länder zu entdecken, und mehr als eine Wahrscheinlichkeit, ein noch milderes Klima vorzufinden.

Bislang hatten wir den antarktischen Ozean, wie den arktischen, ohne schwere Stürme und hohen Seegang kennengelernt. Unser Kanu war zwar groß, aber eben doch recht zerbrechlich, und wir versuchten, es mit unseren beschränkten Mitteln so seetüchtig wie möglich herzurichten. Der Rumpf des Bootes bestand nur aus Rinde, der Rinde eines uns unbekannten Baumes. Die Spanten waren aus festem Weidenholz, das sich für diesen Zweck gut eignete. Vom Bug bis zum Heck maß das Boot fünfzig Fuß, in der Breite vier bis sechs, in, der Tiefe durchweg vier und einen halben; somit unterschieden sich die Kähne erheblich von denen anderer Südseeinsulaner, die den zivilisierten Völkern bekannt sind. Wir glaubten einfach nicht, daß die Boote das Werk der einfältigen Inselbewohner waren, denen sie gehörten, und ein paar Tage später erfuhren wir von unserem Gefangenen, daß diese Boote von den Eingeborenen einer südwestlich gelegenen Inselgruppe gebaut worden waren und unseren Barbaren nur durch Zufall in die Hände gerieten. Es war recht wenig, was wir für die Sicherheit unseres Bootes tun konnten. In die großen Risse, die an beiden Enden klafften, stopften wir Fetzen von unsern Wolljacken. Am Bug errichteten wir aus den vielen überzähligen Paddeln eine Art Wand zum Schutz gegen etwa hereinbrechende Wellen. Zwei Paddel, einander gegenübergestellt, dienten als Masten und ersparten uns so die Rah. Zwischen den Masten spannten wir mit vieler Mühe unsere Hemden als Segel auf, was nicht ganz einfach war; denn hierbei verweigerte unser Gefangener, der sich bis dahin recht willig gezeigt hatte, jede Hilfe. Der Anblick des Leinens übte eine seltsame Wirkung auf ihn aus. Wir konnten ihn nicht dazu bewegen, die Leinwand anzurühren oder sich ihr auch nur zu nähern, und wenn wir ihn dazu zwingen wollten, zitterte er und schrie: »Tekeli-li!«

Nun, da wir das Kanu seetüchtig gemacht hatten, nahmen wir zunächst Kurs nach Südsüdost, um die südlichste Insel der oben erwähnten Gruppe zu umschiffen. Darauf richteten wir unsern Bug geradewegs nach Süden. Das Wetter war durchaus nicht ungünstig zu nennen. Wir hatten leichten, beständigen Wind aus Nord, glatte See und immer Tageslicht. *Schon seit wir die Gegend der Bennets-Insel verlassen hatten, war nirgends mehr Eis zu sehen.* Und die milde Wassertemperatur hätte auch eine Eisbildung gar nicht aufkommen lassen. Wir schlachteten unsere größte Schildkröte, die uns nicht allein Nahrung, sondern auch reichlich Wasser spendete, behielten etwa sieben oder acht Tage lang ohne nennenswerte Zwischenfälle den gleichen Kurs bei und hatten in dieser Zeitspanne wohl ein gewaltiges Stück nach Süden zurückgelegt, da uns eine kräftige Strömung mit dem anhaltenden Wind genau in die gewünschte Richtung trieb.

1. März*: Vielerlei seltsame Erscheinungen waren die Vorboten eines neuartigen, wunderbaren Reiches, das wir nun betreten sollten. Eine lichte, graue Dunstwand verschleierte ständig den südlichen Horizont und sandte von Zeit zu Zeit helle Strahlen aus, die bald von Ost nach West, bald von West nach Ost zuckten und dann wieder eine geschlossene, waagerechte Linie bildeten – kurz, es war wie das wechselvolle Spiel des Nordlichts. Die Durchschnittshöhe der Dunstwand mochte von unserem Standort aus 25° betragen. Das Wasser schien mit jedem Augenblick wärmer zu werden und änderte sichtbar seine Farbe.

2. März: Durch wiederholtes Befragen unseres Gefangenen erfuhren wir viele Einzelheiten über die Mordinsel, ihre

* Für die absolute Genauigkeit der Daten kann ich mich natürlich nicht verbürgen. Ich habe sie zwar mit Bleistift notiert, doch sollen sie hauptsächlich die Erzählung verdeutlichen.

Bewohner und deren Sitten – doch soll ich den Leser *jetzt* noch damit behelligen? Ich möchte nur so viel berichten, daß die Gruppe aus acht Inseln bestand, die alle von einem König beherrscht wurden, der Tsalemon oder Psalemoun hieß und auf einer der kleinsten Inseln residierte. Die schwarzen Felle, aus denen die Gewänder der Krieger gefertigt waren, stammten von einem Riesentier, das nur in einem Tal in der Nähe des Herrschersitzes lebte. Die Bewohner der Inselgruppe bauten lediglich flache Holzflöße; die vier Kanus, die sie ganz zufällig erbeutet hatten, gehörten den Bewohnern einer großen Insel im. Südwesten und waren die einzigen Boote dieser Art, die sie besaßen. Unser Wilder selbst nannte sich Nu-Nu. Von der Bennets-Insel hatte er nie etwas gehört; die Mordinsel, die wir zusammen verließen, hieß Tsalal. Die Worte Tsalemon und Tsalal wurden mit einem langgezogenen, zischenden Anlaut gesprochen, den wir trotz aller Versuche nicht nachahmen konnten. Dies Zischen erinnerte auffallend an den Laut der von uns auf dem Hügel erlegten schwarzen Rohrdommel.

3. März: Das Wasser war nun außerordentlich warm, seine Farbe wechselte ständig. Es war nicht mehr durchsichtig, sondern von milchähnlicher Dichte und Färbung. In unserer unmittelbaren Umgebung war es fast immer glatt und nie so bewegt, um das Kanu zu gefährden, doch geriet die Wasserfläche zu unserer großen Verwunderung zur Rechten und Linken in unterschiedlichen Abständen plötzlich in heftige Bewegung, und dieser Erscheinung ging, wie wir herausfanden, stets ein wildes Flackern in der Dunstregion des Südens voraus.

4. März: Heute zog ich ein weißes Taschentuch aus meiner Rocktasche, um die Segelfläche zu vergrößern, da die Brise aus Nord ganz merklich nachgelassen hatte. Nu-Nu saß neben mir, und als ihm zufällig das Leinen ins Gesicht flat-

terte, verfiel er in heftige Zuckungen. Danach sank er in Schläfrigkeit und Stumpfsinn und murmelte immerzu: »Tekeli-li! Tekeli-li!«

5. März: Der Wind halte sich völlig gelegt, aber die gewaltige Strömung führte uns offenbar unaufhaltsam nach Süden. Eigentlich hätte uns der Lauf der Dinge wirklich beunruhigen müssen, doch es war nicht der Fall. Peters' Gesicht zeigte keinerlei Besorgnis, obwohl es bisweilen einen rätselhaften Ausdruck hatte. Der Polarwinter schien zu nahen, jedoch ohne Schrecknisse. Ich spürte eine *Mattigkeit* in Geist und Gliedern, eine traumhafte Befangenheit – sonst nichts.

6. März: Der graue Dunst hatte sich jetzt um viele Grade über den Horizont erhoben und verlor allmählich die graue Färbung. Das Wasser war so heiß geworden, daß wir es ungern berührten, und seine milchige Tönung verstärkte sich. Heute bewegte sich das Meer heftig in der Nähe des Kanus. Dies war wie üblich von einem wilden Flackern im oberen Rand der Dunstschicht begleitet, während sich der untere Saum für einen Augenblick teilte. Ein feiner, weißer, ascheähnlicher Staub, der indessen gewiß keine Asche war, senkte sich auf das Kanu und weite Strecken des Wassers, als das Flackern im Dunst erstarb und die Bewegung der See verebbte. Nu-Nu warf sich mit dem Gesicht zu Boden, und kein Zureden konnte ihn zum Aufstehen bewegen.

7. März: Heute befragten wir Nu-Nu, was seine Landsleute bewogen hatte, unsere Gefährten umzubringen, doch schien er zu verstört zu sein, als daß er eine vernünftige Antwort hätte geben können. Er lag noch immer im Boot, und als wir aufs neue nach den Gründen fragten, bediente er sich nur einer einfachen Zeichensprache, indem er mit dem Zeigefinger die Oberlippe hochschob und seine Zähne entblößte. Sie waren schwarz. Bis dahin hatten wir noch bei keinem Eingeborenen von Tsalal die Zähne gesehen.

8. März: Heute trieb eins der weißen Tiere an uns vorüber, das am Strand von Tsalal unter den Wilden solche Verwirrung angerichtet hatte. Ich wollte es auffischen, doch da überfiel mich mit einemmal Gleichgültigkeit, und ich unterließ es. Die Hitze des Wassers stieg, so daß ich meine Hand nicht mehr hineintauchen konnte. Peters sprach wenig, seine Teilnahmslosigkeit war mir unerklärlich. Von Nu-Nu war außer seinen Atemzügen nichts zu hören.

9. März: Der ascheähnliche Staub fiel jetzt unaufhörlich und in ungeheuren Mengen auf uns nieder. Die Dunstwand im Süden hatte sich gewaltig über den Horizont ausgedehnt und nahm allmählich deutliche Formen an. Ich kann sie nur mit einem gigantischen Wasserfall vergleichen, der sich lautlos von einem riesigen und weit entfernten Himmelswall ins Meer ergoß. Dieser unermeßliche Vorhang bedeckte den südlichen Horizont in seiner ganzen Breite. Kein Laut drang von dort herüber.

21. März: Nun schwebte eine schwermütige Finsternis über uns, aber aus der milchigen Tiefe des Ozeans stieg ein schimmerndes Leuchten auf und glitt an den Bootswänden entlang. Wir wurden fast begraben unter dem weißen Ascheregen, der auf uns und das Kanu niederging, sich im Wasser jedoch auflöste. Der obere Rand des Wasserfalls verlor sich im Dämmerlicht der Ferne, doch schienen wir uns ihm mit schreckenerregender Geschwindigkeit zu nähern. Zuweilen gähnten in diesem Katarakt sekundenlang breite Spalten, und aus diesen Spalten, in denen flüchtige, undeutliche Bilder durcheinanderwirbelten, brachen mächtige, aber stumme Winde hervor, die den flammenden Ozean aufrissen.

22. März: Die Finsternis war immer dichter geworden, sie wurde nur von dem Widerschein des leuchtenden Wassers auf dem weißen Dunstvorhang vor uns gemildert. Zahlreiche bleiche, weiße Riesenvögel flatterten unablässig aus dem

Dunstschleier hervor, und wenn sie unseren Blicken entschwanden, schrien sie das ewige »Tekeli-li!« Da bewegte sich Nu-Nu auf dem Boden des Bootes, doch als wir ihn anrührten, war sein Geist schon von ihm gewichen. Und nun rasten wir der Umarmung des Wasserfalls entgegen, in dem sich eine Kluft auftat, um uns aufzunehmen. Doch plötzlich wuchs vor uns eine verhüllte Gestalt auf, die alles Menschenmaß übertraf. Ihre Haut war makellos weiß wie Schnee.

Nachbemerkung

Die Tagespresse hat die Leserschaft über den unerwarteten und betrüblichen Tod des Herrn Pym schon hinreichend unterrichtet. Es ist zu befürchten, daß die wenigen Kapitel, die seine Erzählung abschließen sollten und die er während der Drucklegung der übrigen Kapitel noch einmal zu überprüfen gedachte, durch seinen tödlichen Unfall unwiederbringlich verloren sind. Sollte dies jedoch nicht der Fall sein und die Papiere schließlich noch gefunden werden, wird man sie nachträglich der Öffentlichkeit übergeben.

Man hat nichts unversucht gelassen, um das Fehlende zu ergänzen. Der Herr, dessen Name im Vorwort erwähnt wird, wäre nach den dortigen Ausführungen sicherlich in der Lage gewesen, die Lücke zu füllen, aber er hat das Ersuchen abgelehnt. Er begründete dies ausreichend mit der Ungenauigkeit der ihm mitgeteilten Einzelheiten und darüber hinaus mit den Zweifeln, die er an der Glaubwürdigkeit des letzten Teils der Erzählung hegt. Peters, von dem man einige Hinweise erwarten könnte, lebt noch und ist in Illinois ansässig, jedoch zur Zeit nicht zu ermitteln. Vielleicht wird er noch gefunden, und dann wird er sicherlich die nötigen Unterlagen für den Abschluß von Herrn Pyms Bericht liefern.

Der Verlust der letzten zwei oder drei Kapitel – mehr waren es wohl nicht – ist um so mehr zu bedauern, als sie zweifellos Mitteilungen über den Pol selbst oder zumindest über die ihm nächstgelegenen Gebiete enthielten, und ferner, weil die Angaben des Autors über jene Gebiete in Kürze von einer Expedition, die unsere Regierung gerade für die Antarktis ausrüstet, bestätigt oder widerlegt werden könnten.

Über einen Punkt der Erzählung wäre wohl noch einiges zu bemerken, und es würde dem Verfasser dieses Anhangs großes Vergnügen bereiten, wenn seine Mitteilungen dazu dienten, die hier veröffentlichten seltsamen Erlebnisse etwas glaubhafter zu machen. Wir denken hierbei an die Felsspalten auf der Insel Tsalal und an die Zeichnungen auf den Seiten 412 und 413.

Herr Pym hat die Spalten ohne Kommentar wiedergegeben und entschieden erklärt, die *Kerben* am Ende der östlichsten hätten zwar eine verblüffende Ähnlichkeit mit Buchstaben, doch seien es *keine*. Diese Behauptung wird so schlicht ausgesprochen und von einer Reihe so schlüssiger Beweise gestützt (die aus dem Staub aufgelesenen Splitter passen nämlich in die entsprechenden Kerben in der Wand), daß wir dem Autor Glauben schenken müssen, und kein vernünftiger Leser würde anders handeln. Da aber die Zeichnungen und die Begleitumstände höchst seltsam sind, besonders wenn «man sie im Zusammenhang mit bestimmten Angaben der Erzählung betrachtet, so mögen hier ein paar Worte am Platz sein, um so mehr, als die erwähnten Zusammenhänge offensichtlich Herrn Poes Aufmerksamkeit entgangen sind.

Wenn man die Zeichnungen 1, 2, 3 und 5 entsprechend der genauen Reihenfolge der Spalten nebeneinanderstellt, die kleinen Abzweigungen und Bögen ausgenommen, die nur als Verbindung zwischen den Haupträumen dienten und ganz anders waren, so bilden sie die Wurzel eines äthiopischen Zeitworts – die Wurzel ጸለመ, das heißt »schattig sein«, von der alle Wortbildungen für Schatten oder Dunkelheit abgeleitet werden.

Was nun die linken oder nördlichsten Kerben der Abbildung 4 anbelangt, so hat Peters aller Wahrscheinlichkeit nach mit seiner Meinung recht, daß nämlich die Hieroglyphe künstlich entstanden ist und eine menschliche Gestalt darstellt. Der Leser kann die Skizze betrachten und mag die vermeintliche Ähnlichkeit anerkennen oder verwerfen. Die übrigen Kerben aber bestätigen in starkem Maße Peters' Ansicht. Die obere Zeichenreihe ist ganz offenbar die Wurzel des arabischen Zeitworts صلع ,das heißt »weiß sein«, wovon sich alle Ausdrücke für Glanz und Weiße ableiten. Der Sinn der unteren Reihe ist weniger leicht zu deuten. Die Zeichen sind etwas brüchig und unzusammenhängend; dennoch besteht kein Zweifel, daß sie im unbeschädigten Zustand das vollständige ägyptische Wort ΠΑϢΥΡΗϹ, das heißt »die Region des Südens«, bilden. Die Deutung bestätigt Peters' Ansicht über die nördlichste Zeichnung; der ausgestreckte Arm weist nach Süden.

Solche Deutungen öffnen Spekulationen und erregenden Vermutungen ein weites Feld. Vielleicht sollte man sie mit einigen in der Erzählung flüchtig gestreiften Ereignissen in Verbindung bringen, obwohl sich kein sichtbarer lückenloser Zusammenhang ergibt. »Tekeli-li!« war der Schrei der entsetzten Eingeborenen von Tsalal, als sie den Leichnam des aus dem Meer gefischten *weißen* Tieres erblickten. So rief aber auch schaudernd der gefangene Insulaner beim Anblick der *weißen* Habseligkeiten von Herrn Pym. Schließlich war es der kreischende Schrei der schnellen *weißen* Riesenvögel, die dem *weißen* Dunstschleier des Südens entflatterten. Weder auf Tsalal noch während der folgenden Fahrt war irgend etwas *Weißes* zu entdecken. Es ist nicht unmöglich, daß das Wort »Tsalal«, der Name des Eilands der Klüfte, bei genauer philologischer Untersuchung entweder auf die Spalten selbst deutet oder einen Hinweis auf die äthiopischen Schriftzeichen gibt, die so geheimnisvoll in die Windungen geritzt sind.

»Ich habe mein Wort in die Hügel eingegraben und meine Rache in den Staub des Felsens.«

Nachwort

von Karl-Heinz Wirzberger

Zu Ende des 18. Jahrhunderts, 1783, hatten sich nach einem mehrjährigen revolutionären Krieg die dreizehn englischen Kolonien auf nordamerikanischem Boden als unabhängiger amerikanischer Bundesstaat etabliert. Knapp fünf Jahrzehnte später gelang es einer kleinen Zahl von Dichtern und Schriftstellern, nach der politischen auch die literarische Mündigkeitserklärung abzugeben. James Fenimore Cooper (1789–1851), Washington Irving (1783–1859) und Edgar Allan Poe (1809–1849) waren unter den ersten, die sich vom englischen literarischen Vorbild lösten und spezifisch amerikanische Themen zum Gegenstand von Werken machten; sie leiteten (in der historischen Rückschau wird dies deutlich) eine Entwicklung ein, die schließlich zu einer auch in der Form eigenständigen amerikanischen Literatur hinführte.

Irving und Poe haben ihren Ruhm auf dem Gebiet der kurzen Prosaerzählung errungen; beide haben die amerikanische Literatur über die Grenzen der Vereinigten Staaten hinaus durch die Short Story bekanntgemacht. Dabei ist die Short Story (wie man sie übrigens erst seit dem Ende des 19. Jahrhunderts nennt) nun keine amerikanische Erfindung; denn Geschichten erzählt haben sich die Menschen sicher schon bald, nachdem sie der Sprache mächtig waren, und aufgezeichnet worden sind solche künstlerisch immer perfekter werdenden Erzählungen bereits Jahrhunderte, bevor Irving und Poe ihre *Prose Tales* und *Sketches* zu Papier brachten. Die kurze Prosaerzählung ist aber besonders in Amerika durch das Vorhandensein günstiger Publikationsmöglichkeiten (in periodischen Zeitschriften, Sammelbänden und jährlich neuaufgelegten Geschenkalmanachen) besonders gefördert worden. Außerdem wurden viele Autoren durch die Konkurrenz der tantiemenlos eingeführten englischen Roman-Raubdrucke zur kurzen Prosaform hingedrängt. Solange man wegen des fehlenden Urheberrechtsschutzes ungestraft die Romane englischer Erfolgsautoren nachdrucken konnte, bestand wenig Aussicht, daß bei Romanmanuskripten von noch unbekannten Schriftstellern jemand bereit war, sich in ein verlegerisches Experiment mit unsicherem Ausgang einzulassen. Die Short Story hingegen ließ sich ohne übermäßiges Risiko als literarische Ware schnell umschlagen.

Die Autoren der ersten Hälfte des vorigen Jahrhunderts mußten (bis auf ganz wenige, die auf der Höhe ihres nationalen und internationalen Ruhms ausschließlich vom Ertrag ihrer Feder leben konnten) sämtlich einen bürgerlichen Broterwerb suchen, um überhaupt existieren zu können und zugleich etwas Muße für die literarische Arbeit zu finden. Von Nathaniel Hawthorne (1806–64) und Herman Melville (1819–91), den bedeutenden Romanciers der Jahrhundertmitte, wissen wir zum Beispiel, daß sie beide als Subalternbeamte des Zolldienstes wirkten, der Dichter Henry Wadsworth Longfellow (1807–82) war Universitätsprofessor, und Washington Irving hat im diplomatischen Dienst wichtige Ämter innegehabt. Edgar Allan Poe jedoch, der in Boston geboren wurde, die meiste Zeit seines Lebens in den Südstaaten verbracht hat und in Baltimore unter unaufgeklärten, äußerst bedrückenden Umständen gestorben ist, gehörte zu den Ärmsten der Armen.

Er war als früh verwaistes Kind wandernder Schauspieler in das Haus des reichen Kaufmannes John Allan aus Richmond, Virginia, aufgenommen worden. Aber der Jugendzeit in der Atmosphäre bürgerlichen Wohllebens folgten Zerwürfnisse mit seinem Ziehvater, Kränkungen durch Allan und schließlich der endgültige Bruch. An Erziehungserlebnissen (mit positivem Vorzeichen) buchen die Biographen seine Schulbildung in England und einen kurzen Besuch der damals gerade erst begründeten Staatsuniversität von Virginia, als negatives Bildungserlebnis darf man den mißglückten Versuch ansehen, nach der Trennung von Allan unter falschem Namen und falscher Altersangabe die Offiziersschule West Point absolvieren zu wollen.

Wo seine Begabung tatsächlich lag, war jedoch in seinen ersten Gedichtbänden (*Tamerlane,* 1827; *Al Aaraf,* 1829; *Poems,* 1831) deutlich geworden. Sie ließen erkennen, daß hier ein eigenwilliges Talent gewachsen war, das sich einem hohen literarischen Standard verpflichtet fühlte und zunächst an sich selbst (und später als Kritiker auch an andere) unerbittliche Qualitätsforderungen stellte. Die volle Ausprägung der Gaben Poes wird dann in den beiden Erzählungssammlungen *Tales of the Grotesque and Arabesque* (1839) und *Tales* (1845) offenbar. In ihnen sind seine Meisternovellen – darunter auch viele dieses Bandes – gesammelt; sie bilden zusammen mit Poes Gedichten und seinen literaturtheoretisch bedeutsamen Kritiken und Schriften (wie zum Beispiel *The Philosophy of Composition,* 1846, und *The Poetic Principle,* 1848/49) den unverlierbaren Kern seines Schaffens, auf den sich sein Ruhm und seine nicht nachlassende Beliebtheit bei den Kennern und Freunden der amerikanischen Literatur in der ganzen Welt gründen.

Unsere Leser werden im vorliegenden Bande die gleichen Erzählungstypen vorfinden, durch die der Charakter der »Phantastischen Erzählungen« (Sammlung Dieterich, Band 148)* bestimmt worden ist. »Morella« und »Das ovale Porträt« *(The Oval Portrait)* sind Horror-Stories, die sich aber

* Jetzt Anaconda Verlag, Köln 2005.

nicht darin erschöpfen, uns gruseln zu machen. In »Morella« (1835) rührt uns vielmehr der indirekte autobiographische Bezug zu Poes Ehe mit der vierzehnjährigen Virginia Clemm sowie sein nachgerade monomanischer Glaube an die Unüberwindlichkeit der Macht der Liebe. Diese Liebe, die sein unglückliches Leben als literarischer Tagelöhner und schlechthonorierter journalistischer Fronarbeiter erhellte, war, zusammen mit seinem Streben nach Schönheit und mit dem Wirken seines durchdringenden Verstandes, ein oasenhafter Fluchtbezirk, in den sich Poe vor den Belästigungen einer ihm feindlich vorkommenden Umwelt zurückzog. In »Das ovale Porträt« (1842) untersucht der Autor – ähnlich wie Hawthorne dies später in den Erzählungen »Das Muttermal« (*The Birthmark,* 1843) und »Rappacinis Tochter« (*Rappacini's Daughter,* 1844) getan hat – die moralischen Probleme und möglichen fatalen Folgen übertriebenen menschlichen Perfektionsstrebens. Und »Das verräterische Herz« (*The Tell-tale Heart,* 1843) ist als weitere Variation des in literarische Fruchtbarkeit umgemünzten menschlichen Grauens vor allem beispielgebend für das stilistische Raffinement, mit dem die Sprache durch ihre Stakkato-Rhythmen zum Spiegel einer aufgewühlten, krankhaft-nervösen Täterpersönlichkeit wird.

Von besonderem Reiz für den Menschen eines Zeitalters, das durch den Raumflug und die Leistungen der Elektronik bestimmt ist, sind die Erzählungen pseudowissenschaftlichen Inhalts, die ein moderner Bibliothekar unter *Science Fiction,* Naturwissenschaftsdichtung, einstellen würde. »Eine Flaschenpost« *(MS. found in a Bottle)* (mit dem Poe 1833 in Zeiten bitterster Not einen Preis von 50 Dollar und die Freundschaft eines einflußreichen Herausgebers gewann) zeigt bereits Elemente der Naturbeobachtung und des wissenschaftlich anmutenden Berichts; im »Gespräch zwischen Eiros und Charmion« (*The Conversation of Eiros and Charmion,* 1839) wird dieser Bericht detaillierter, die Vision des herannahenden Unheils wird dichter und eindringlicher, und dem Leser teilt sich zugleich die aus einer anderen, der philosophischen Dimension des literarischen Gestaltungsprozesses stammende Gewißheit mit, daß Poe den Untergang der Welt für durchaus verdient und folgerichtig hielt. »Lebendig begraben« (*The Premature Burial,* 1844) und »Die Tatsachen im Fall Valdemar« (*The Facts in the Case of M. Valdemar,* 1845) spiegeln Poes Interesse an den zeitgenössischen Pseudowissenschaften wider und sein Bestreben, über das hinlänglich Bekannte, den Mesmerismus zum Beispiel, hinauszugehen und den Leser durch die Hypnosekonservierung einer Leiche zu überraschen. In beiden Erzählungen übt sich Poe in der Kunst der Erweckung von Glaubwürdigkeit, die er einmal selbst als *»the magic of verisimilitude«* bezeichnet hat. Ihm dient der sachkundige Tbc-Befund genau wie der Bericht über die Beerdigung Scheintoter dazu, beim Leser zunächst den Eindruck absoluter Verläßlichkeit zu erwecken, damit er schließlich auch die nicht mehr plausiblen unwahrscheinlichen »Fakten«, die Poe ihm danach vorsetzt, ohne Widerspruch hinnimmt.

»Das Geheimnis um Marie Rogêt« (*The Mystery of Marie Rogêt,* 1842) gehört zur kleinen, aber recht einflußreichen Gruppe von *Stories of Ratiocination,* der der Schlußfolgerungsstories, die Poe den Beinamen »Vater der Detektivgeschichte« eingetragen hat und in denen er die Lösung eines Problems durch den Einsatz analytischer Fähigkeiten vollbringt. Mit den Mitteln der genauen Beobachtung und scharfsinnigen Ableitung des Ganzen aus den Einzelheiten löst Dupin auf der Basis des Zeitungsstudiums einen Pariser Kriminalfall, der jedoch unter genauer Beachtung aller Details in Parallele zum Mord an der New Yorker Zigarrenverkäuferin Mary Cecilia Rogers gestaltet worden ist und schließlich sogar zur Ergreifung des Täters geführt haben soll.

Die Zahl der Poeschen Geschichten, die einen direkten Zeitbezug erkennen lassen und etwas aussagen über seine Stellung zu der Welt, die ihn umgab, ist klein. Die Kritik hat Poes Erzählung vom »Hüpffrosch« (*Hop Frog,* 1849) autobiographisch gedeutet und eine Parallele zwischen dem (allerdings in Wahrheit wohlgestalteten) Dichter und dem verkrüppelten Zwerg gezogen, der am Ende Rache für all die Demütigungen nehmen kann, die ihm als Hofnarr von den Mächtigen im Staate zugefügt worden sind. Auch »Die Heilmethode von Doktor Teer und Professor Feder« (*The System of Dr. Tarr and Prof. Fether,* 1845) behandelt die Frage einer gewaltsamen Veränderung, die letztlich auf die zurückfällt, die sich (aus von Poe allerdings nicht näher definierten Gründen) ihrer Aufgabe nicht gewachsen gezeigt haben. Wie in der »Unterhaltung mit einer Mumie« (*Some Words with a Mummy),* die im gleichen Jahr veröffentlicht wurde, unterzieht Poe in chiffrierter Form die amerikanische Demokratie einer kritischen Analyse und offenbart, daß ihm das Treiben vulgärer politischer Windmacher und der kaum verhüllte Provinzialismus Amerikas gründlichst zuwider sind. Ein ernster Mangel sämtlicher zeitkritischer Äußerungen Poes besteht jedoch darin, daß er kein der Satire gegenüberstehendes positives Gegenbild einzuflechten vermag, von dem aus seine Negation mehr Gewicht und sein Protest wirklich Substanz und Richtung hätte gewinnen können. So bleibt es bei der Kontemplation und bei der Gestaltung eines Unbehagens, das sich gegen den groben Vulgärmaterialismus der ersten Hälfte des 19. Jahrhunderts richtete. Über die Rolle eines Wächters und Warners, der mit seismographischer Feinfühligkeit bereits Erschütterungen spürte, die erst nach dem Bürgerkrieg (1861–65) für jeden erkennbar wurden, ist Poe nie hinausgewachsen; die wenigen Bekundungen seines Unmuts und seines fast schon körperlichen Mißvergnügens mit dem Zustand der ihn umgebenden Gesellschaft wußte er dafür um so eindringlicher zu gestalten.

Einen besonderen Platz im Schaffen Poes nimmt »Die Erzählung des Arthur Gordon Pym« (*The Narrative of Arthur Gordon Pym*, 1837) ein, die bisher von der Forschung unterbewertet worden ist. Erst zu Anfang der fünfziger Jahre unseres Jahrhunderts hat der amerikanische Literaturwissenschaftler Patrick F. Quinn (*Hudson Review* IX, 1952) auf die zentrale Stellung hingewiesen, die »Pym« – obschon es als Romanfragment der Form nach völlig vom Erwarteten abweicht – im Prosaschaffen Poes einnimmt. Im Spannungsfeld zwischen Schein und Sein, das ja doch den Charakter sehr vieler Poescher Geschichten bestimmt, ereignet sich eine Folge von Abenteuern, die nicht so sehr Teile einer Gesamtstruktur, sondern eher durch einfache Aneinanderreihung zusammengefügte Episoden mit dem Charakter von Einzelstories sind. In jeder dieser Episoden wird der Erzähler mit Problemen konfrontiert, die er nur lösen kann, weil er seine geistigen Fähigkeiten bis zum äußersten anstrengt. Wenn Pym die unwahrscheinlichsten Situationen überlebt, dann nur kraft seines überlegenen analytischen Verstandes, der es ihm erlaubt, auf Grundlage seiner Erfahrung zu den jeweils einzig erfolgversprechenden Schlußfolgerungen zu gelangen. Obwohl es noch Jahre dauern sollte, bis Poe mit den auf die Kombinationen des Verstandes abgestellten Detektivgeschichten den Typ der *Story of Ratiocination* als echte Gattungsbereicherung entwickeln konnte, enthielt die »Erzählung des Arthur Gordon Pym« schon so ziemlich alle Elemente, die diesem Storytyp zu eigen sind: Streben nach absoluter Glaubwürdigkeit und Wahrscheinlichkeit (selbst der Schauplätze und Handlungen, die nur in einer vorgestellten Realität liegen beziehungsweise vollzogen werden), Detailtreue der Beschreibung (auch abseitiger und weniger bekannter Tätigkeiten und Berufe), wahlweise Anwendung der induktiven (seltener der deduktiven) Methode, Freude an der Kombinatorik, die zum Aufschlüsseln von Kodetexten und Kryptogrammen führt, und seine tiefe Begabung für die Individual- und Gruppenpsychologie. Dabei darf aber nicht übersehen werden, daß Poes negative Erfahrungen ihn zuweilen zu nötigen scheinen, die Grenzen des Reichs der Erfahrung abzustecken und uns einen Blick in die jenseits dieser Grenzen sich öffnenden Abgründe der Unmenschlichkeit tun zu lassen. Dadurch wird zwar nicht vermittels des Schauplatzes selbst – denn er bleibt ja ein nur vorgestellter –, wohl aber durch das von diesem Schauplatz suggerierte beklemmende Lebensgefühl ein (wenn auch nur indirekter) Wirklichkeitsbezug suggeriert und abermals auf Poes ablehnende Haltung gegenüber seiner Zeit und Gesellschaft hingewiesen. Daß es dabei mitunter auch zu Verzeichnungen kommen kann, zeigt die ungerechtfertigte Art, in der die Ureinwohner der antarktischen Inseln entsprechend Poes unglücklichen Erfahrungen in seiner Zeit und Umwelt als verschlagen und blutrünstig (als das genaue Gegenteil der Rousseauschen edlen Wilden) dargestellt werden.

Die Erzählung Gordon Pyms ist nicht nur für die Entwicklung der Erzählkunst Poes von Belang; sie hat auch große Bedeutung für die Herausbildung des Seeromans, der bis zum Heranreifen des Erzählertalents von Herman Melville (*Moby Dick,* 1851) in Amerika vor allem die Domäne Coopers war. Außerdem ist in motivgeschichtlichen Untersuchungen darauf verwiesen worden, daß die weiße Farbe als Schreckenssymbol, angefangen mit Samuel Taylor Coleridges »Gedicht des alten Matrosen« (*The Rime of the Ancient Mariner,* 1798) über Melvilles weißen Wal Moby Dick bis hin zu Ernest Hemingways Meisternovelle »Der Schnee vom Kilimandscharo« (*The Snows of Kilimanjaro,* 1936), in der englischen und amerikanischen Literatur eine große Rolle spielt und daß in dieser Reihe Poes »Gordon Pym« einen zentralen Platz einnimmt. Und schließlich hat es nicht an Hinweisen gefehlt, daß der erfindungsreiche Jules Verne bei der Abfassung seiner »Eissphinx« (1897) sicherlich von dem nicht minder phantasiebegabten Poe inspiriert worden ist.

Der Autor der hier vorgelegten Erzählungen war vorwiegend Romantiker; es kann aber nicht übersehen werden, daß auch bereits in sein Werk durch sein Streben nach Authentizität und Glaubwürdigkeit realistische Züge kamen, wie sie später von Mark Twain (1835–1910) und seinem Freund William Dean Howells (1837–1920) als Ergebnis einer auf Erfahrung begründeten wirklichkeitsbezogenen Erzählkunst gefordert worden sind. So haben die historische Entwicklung und die historisch fundierte Kunst- und Gesellschaftskritik Poe auf Grund seiner theoretischen Erörterungen, seiner Forderungen, die er an sich und seine Zeitgenossen stellte, und seiner eigenen literarischen Praxis als eine der hervorragenden künstlerischen Persönlichkeiten der ersten Hälfte des 19. Jahrhunderts bestätigt. Er hat die Entwicklung der amerikanischen Nationalkultur gefördert, darüber hinaus die Literaturen anderer Länder nachhaltig beeinflußt und als Enterbter einer nach materiellem Wohlstand strebenden Gesellschaft, deren krasseste Vertreter das Mal der Ungeistigkeit und Kunstfeindlichkeit auf der Stirn trugen, das Streben nach Schönheit und nach Erkenntnis der Welt immer aufs neue angeregt und wachgehalten.

Glossar

Abdomen: (lat.) Unterleib, Bauch.

Afrasiyab: Frangasyan, in Firdausis pers. Epos »Schâh-Nâme« (»Königsbuch«, um 1000) unter dem Namen Fragharscha erscheinend, sagenhafter König von Turan, gilt als Stammvater türk. Dynastien.

Asphyxie: (griech.) Pulsstockung, Ohnmacht.

Bartholomäusnacht: In der Nacht vom 23. zum 24. Aug. 1572 wurden von fanatisierten Katholiken in Paris 2000, in den Provinzen 30 000 franz. Protestanten (Hugenotten) niedergemetzelt.

Beresina, Übergang über die: Beim Rückzug der Reste der Großen Armee Napoleons I. von Moskau nahmen die Russen am 28. Nov. 1812 die Brücken über die B., nördl. von Borissow, unter Artilleriebeschuß, und in der Nacht zum 29. Nov. wurden die Brücken abgebrannt, so daß Tausende Verwundeter, Erschöpfter und Kranker zurückbleiben mußten.

»Bibliotheca Forensica«: »Gerichts-Bibliothek«.

Bowling-Green: Örtlichkeit in New York an der Südwestspitze Manhattans am heutigen Battery Park.

Brougham, Henry Baron B. and Vaux (1779–1868), liberaler brit. Staatsmann und berühmter Redner – Bewunderer des Demosthenes –, trat für die Abschaffung des Sklavenhandels, die Errichtung von Kleinkinder- und Handwerkerschulen ein und brachte als Lordkanzler 1830 die Reformbill durch.

»Buchan«: William Buchan (1729–1805), schott. Arzt, Verfasser eines verbreiteten Hausarzneibuches (1772).

Carathis: vermutlich der Totenfährmann der ägypt. Mythologie h-r-t-i, der im griech. Charon fortlebt. Oder sollte auf Geruthus, den Beherrscher des unterirdischen Lemuren- und Geisterreichs, angespielt sein (Saxo Grammaticus »Gesta Danorum«, VIII, 14)?

Caus, Salomon de: franz. Ingenieur und Physiker. Sein Werk »Les raisons des forces mouvantes« (»Die Ursachen der Treibkräfte«, Frankfurt 1615) enthielt bereits den Plan einer Dampfmaschine.

de lunatico inquirendo: (lat.) (eine Kommission), die noch auf dem Monde nachforschen solle.

Demosthenes: der berühmte griech. Redner (384–322 v. u. Z.) und Führer der athenischen Unabhängigkeitspartei gegen Philipp von Makedonien.

Diodorus Siculus: aus Sizilien stammender griech. Geschichtschreiber, verfaßte um 60–30 v. u. Z. eine Weltgeschichte »Bibliotheke«, vom alten Orient bis auf seine Zeit reichend, von deren 40 Büchern 15 erhalten sind.

Egli è vivo ...: (ital.) Er ist lebendig und würde reden, wenn er nicht das Gelübde des Schweigens einhielte.

Enak: im 4. und 5. Buch Mose Stammvater eines Volkes von Riesen im südl. Kanaan bei Hebron.

Et hinc illae irae?: (lat.) Und daher dieser Zorn?

Fichte, Schelling, Identität: Poe besaß nur oberflächliche Kenntnis der deutschen spekulativen Philosophie. In »Morella« stellt er den Gedanken der *Wiedergeburt* dar und vermischt ihn mit der Frage der *Identität:* ob die Wiedergeborene also *ein und dieselbe Person* mit der Verstorbenen sei. – Der Pantheismus Johann Gottlieb *Fichtes* (1762–1814): Gott und All sind eins, Gott ist gleich der moralischen Weltordnung – und Friedrich Wilhelm Joseph *Schellings* (1776–1854) Lehre von der Identität (Geist und Natur, Subjekt und Objekt der Erkenntnis sind identisch, d. h. dasselbe; sie sind nur zwei verschiedene Erscheinungs- und Auffassungsweisen, zwei »Pole« desselben

Seinsgrundes: der »Identität« von Idealem und Realem) haben mit Poes Gedankengängen nichts gemeinsam.

Gallsche Schädellehre: Der Arzt Franz Joseph Gall (1758–1828) vertrat in Wien und Deutschland, seit 1807 in Paris die Lehre, daß bestimmte geistige Eigenschaften mit bestimmten Gehirnpartien zusammenhängen (Anfänge der Gehirnlokalisation), doch sollen sie auch in der Schädelform zum Ausdruck kommen und an dieser ablesbar sein (Kranioskopie), was jedoch nicht oder nur sehr wenig zutrifft. Sein Schüler J. K. Spurzheim (s. d.) nannte Galls Lehre »Phrenologie«, was etwa »Wissenschaft vom Sitz des Geistes« bedeuten soll. Galls Hauptwerk: »Anatomie et physiologie du système nerveux«, 4 Bde, 1810–18.

»Gargantua«: der burlesk-satirische Abenteuerroman »Gargantua und Pantagruel« (1532–62) des franz. Renaissancedichters und Humanisten François Rabelais.

Gehenna: (hebr.) Hölle.

Heron: bedeutender griech. Mathematiker, Physiker und Techniker, lebte um 150–100 v. u. Z. in Alexandria als Leiter einer Schule für Mechaniker und Feldmesser, beschrieb eine Anzahl von Apparaten, die durch erwärmte Luft oder Dampf in Bewegung gesetzt werden. Die »Heronische Formel« berechnet die Fläche des Dreiecks aus dessen drei Seiten. Der »Heronsball«: aus einem zum Teil mit Wasser gefüllten Gefäß, durch dessen Verschluß eine Röhre hineinragt, wird durch Hineinpressen von Luft Wasser herausgetrieben (Spritzflasche, einfache Feuerspritze). Heron gilt mit seinem Lehrer Ktesibios und seinem Mitschüler Philon von Byzanz als Erfinder des Taxameters (Wegmessers), des Theodolithen (Hauptinstrument der Vermessungskunde), der Wasseruhr und zahlreicher Automaten. Seine Werke mit deutscher Übersetzung gab W. Schmidt heraus (2 Bde, 1899–1901, Supplementband 1899).

Hinnom: Tal südl. von Jerusalem (Jos. 15, 8), hier für Jerusalem selbst.

Identität: s. Fichte, Locke, principium individuationis.

ignes fatui: (lat.) die Feuer der Torheit, heller Blödsinn.

Kabbala: (hebr.) »Überlieferung«, die schwerverständliche Sammlung der jüd. Mystik des Mittelalters, vom 7.–15. Jh. entstanden und großenteils anonym oder pseudonym überliefert. Sie erstrebt das mystische Einssein mit Gott vermittels allegorischer Auslegung des religiösen Gesetzes, Zahlen- und Namensymbolik.

Kalkutta, Erstickungstod: Kalkutta, seit 1686 brit. Faktorei der Ostind. Kompanie und seit 1707 Sitz der brit. Präsidentschaft Bengalen, wurde am 20. Juni 1756 vom Nawab von Bengalen, Siradsch-ud-daula, erobert, wobei die brit. Gefangenen in der heißen Nacht im Festungskerker (black hole) größtenteils umkamen. Januar 1757 eroberte Clive Kalkutta zurück.

Landor, Walter Savage (1775–1864), bedeutender engl. Schriftsteller im Übergang von Romantik zu Klassik, Verfasser der »Erdichteten Gespräche zwischen Männern der Literatur und des Staates« (1824–28).

Lissabon, Erdbeben von: am 1. Nov. 1775, zerstörte zwei Drittel der Stadt und verursachte 30 000 Todesfälle.

Locke, John (1632–1704), engl. Aufklärungsphilosoph. An der von Poe angeführten Stelle hat »Identität« den Sinn: eine Person ist nur sich selber gleich, keiner andern Person.

Magnetismus, tierischer: s. Mesmerismus.

mania a potu: (griech.-lat.) Säuferwahn.

Mercator: Gerhard Kremer, der größte darstellende Geograph seiner Zeit (1512–94), aus Flandern gebürtig, schuf 1569 in Duisburg die epochemachende Weltkarte zum Gebrauch der Seefahrer in der von ihm zuerst angewandten Projektion.

Mesmer: s. Mesmerismus.

Mesmerismus: die von Franz Mesmer (1734–1815) zuerst in Wien, seit 1788 in Paris vertretene Lehre, wonach das Nervenleben eines Menschen auf das eines anderen mittels einer körperlichen Kräfteausstrahlung einwirke, die auf einem ausgesandten, unendlich feinen Stoff beruhen soll und beim Empfänger Veränderungen oder Heilung hervorruft. M. nannte diese Kräfteausstrahlung »tierischen Magnetismus« (»Über den natürlichen und tierischen Magnetismus, den innern Sinn und den Somnambulismus«, 1814). Er untersuchte damit zuerst die Hypnose – gekennzeichnet durch vorübergehende Einschränkung der Eigentätigkeit des Denkens und Wollens, durch Monotonisierung des Bewußtseins und Auflösung seiner Einheit (»Dissoziation«), indem einzelne Hirnteile schlafen, andere ihre Tätigkeit fortsetzen –, deren physiologische Ursachen noch unbekannt sind. I. P. Pawlow hielt sie für die Ausbreitung einer Schutzhemmung gewisser fast erschöpfter Gehirnpartien.

»monstrum horrendum ...«: Vergils »schreckliches, unförmiges, übergroßes Ungeheuer, des Lichtes beraubt«.

»Nachtgedanken über Leben, Tod und Unsterblichkeit«: elegisch-grübelndes, den Ungläubigen Lorenzo zu Glauben und Tugend ermahnendes, sentimentales Lehrgedicht des Engländers Edward Young, in Blankversen, 1742–45 erschienen. Welterfolg.

nil admirari: (lat.) über nichts staunen! Aus Horaz »Episteln« I, 6, Vers 1.

Oxus: antiker Name des heutigen Amu-darja, des Hauptstromes von Usbekistan, der auf dem Pamir entspringt und in den Aralsee mündet.

Pest in London: von Ende Nov. 1664 bis Febr. 1666 mit Höhepunkt in den Sommermonaten 1665, raffte etwa 70 000

Menschen von der halben Million Einwohner Londons hinweg.

Phalaris: Tyrann von Akragas (Agrigent) auf Sizilien 570–554 v. u. Z. Verurteilte nach der Sage Menschen zum Verbrennungstod in einem hohlen Stier, durch dessen Nüstern die Schmerzenslaute der Verurteilten verstärkt wurden.

Plutarch »De facie lunae«: der durch seine Biographien hervorragender Griechen und Römer bekannte, vielseitige griech. Schriftsteller (um 46–120) schrieb auch »Über die Gestalt des Mondes« und erwähnte das heliozentrische Weltbild des Aristarchos von Samos (s. Ptolemäus).

principium individuationis: die Frage nach der Ursache der Vereinzelung und Besonderung der Individuen; die Frage, warum und wodurch es individuell verschiedene Einzelwesen gibt, die nur mit sich selbst, mit keinem anderen Einzelwesen, identisch sind, und ob deren Eigenart mit dem Tode endet (s. Fichte, Locke).

Ptolemäus: Klaudios Ptolemaios, ägypt. Astronom, Geograph und Mathematiker in Alexandria (100–178). Nach seinem »Großen astronomischen System«, 827 aus dem Griech. als »Almagest« ins Arab. und aus ihm seit dem 12. Jh. als »Syntaxis mathematica« mehrfach ins Latein, übersetzt, steht die Erde im Mittelpunkt der Welt; um sie drehen sich Sonne und Planeten (geozentrisches, »Ptolemäisches Weltsystem«, das bis zu Kopernikus' »De revolutionibus orbium coelestium«, 1543, galt). Nach den Berichten von Archimedes und Plutarch (s. d.) soll Aristarchos von Samos (um 320–250 v. u. Z.) dagegen gelehrt haben, Sterne und Sonne seien unbeweglich; die Erde aber wälze sich in einem schiefen Kreise (der Ekliptik) fort und drehe sich dabei um ihre Achse. – Die »Anleitung zur Erdbeschreibung« des Ptolemäus bildet im 15. Jh. die Grundlage der wissenschaftlichen Geographie.

Pyrrhonismus: Skeptizismus, Zweifelsucht, genannt nach dem ältesten skeptischen Philosophen der Griechen Pyrrhon von Elis, um 360 bis um 270 v. u. Z.

Pythagoreer: die Schüler des Philosophen Pythagoras aus Samos (580–500 v. u. Z.), der im unteritalischen Kroton (dem heutigen Crotone) einen Bund mit sittlich-religiösen Zielen und asketischer Lebensordnung begründete. Sie lehrten die Seelenwanderung, also Wiedergeburt, trieben mathematische Spekulationen und erklärten die Zahlen und ihre Verhältnisse zu Grundprinzipien der Welt.

Qui n'a plus ...: (franz.) Wer nur noch einen Augenblick zu leben hat, der hat nichts mehr zu verbergen.

Quinault, Philippe (1635–88), Vorläufer Racines in der Liebestragödie, dichtete für J. B. Lully unter anderen das Operntextbuch zu »Atys«, 1676.

Radcliffe, Ann, geb. Ward (1764–1823), Verfasserin des engl. Schauerromans »Die Geheimnisse von Udolpho« (1794).

Randolph, John (1773–1833), Politiker des amerikan. Staates Virginia.

Schelling: s. Fichte.

Spurzheim, Johann Kaspar (1776–1832), Arzt, Schüler Galls und Fortführer von dessen Schädellehre (s. d.), die er in Vorträgen in London und Paris verbreitete, wo sie verboten wurden. Schrieb: »Observations sur la phrénologie ou la Connaissance de l'homme moral et intellectuel« (1810), »The Physiognomical Systems of Gall and Spurzheim« (1815).

Sully, Thomas (1783–1872), amerikan. Porträt- und Landschaftsmaler, in England geboren, kam 1792 nach Amerika, lebte in Philadelphia. Haupt einer Malerfamilie.

Thebanische Weise: die gelehrten, auf die Leichtgläubigkeit des Volkes rechnenden Priester des Sonnengottes Amon-Re im oberägypt. Theben (Karnak).

»Von Gräbern sprach ich. ...«: frei nach Shakespeare »König Richard der Zweite«, III, 2, Vers 145 (nach A. W. Schlegels Übersetzung Vers 149).

»Wallenstein«: Schillers Dramenfolge (1799) war schon 1800 von S. T. Coleridge, allerdings ohne »Wallensteins Lager«, ins Engl. übersetzt worden.

Welsh Rabbits: geröstete Käseschnitten, aus Wales stammendes Gericht.

»Yankee Doodle«: Volkslied und ältestes Nationallied der Nordamerikaner aus ihrem Unabhängigkeitskrieg gegen England (1775–82) mit dem Anfang »A Yankee boy is trim and tall« (»Ein Neuenglandbursch ist schlank und rank«). Der Text wird dem Regimentsarzt Shuckburg zugeschrieben. Als »Yankee Doodle« (Sinn unbekannt) zuerst in Samuel Arnolds Oper »Two to one«, 1787.

»Das Zifferblatt«: »The Dial« (1840–44), die literarisch-philosophische Zeitschrift des »Transcendental Club«, einer Vereinigung junger amerikan. Schriftsteller, von denen R. W. Emerson berühmt wurde. Die Zeitschrift vertrat unter dem Eindruck der deutschen Literatur (Goethe, Schiller) und Philosophie (Fichte, Schelling) erstmalig in Amerika den Idealismus der Gedanken und des sittlichen Willens ohne kirchlich-dogmatische Fessel.

Rudolf Marx